ENGEL · POLITISCHE GESCHICHTE WESTFALENS

Mit 2 Karten im Text und 5 beigegebenen Kartenblättern

GUSTAV ENGEL

POLITISCHE GESCHICHTE WESTFALENS

4. stark veränderte und ergänzte Auflage

„... *in Sachsen, der Gegend, die wir jetzt „Westfalen" nennen und die im Osten die Weser, im Westen den Rhein, dessen Ufer sie zwar nicht ganz erreichte, im Süden die Berge Hessens, im Norden die Issel und Friesland als Grenzen hatte, ...*"
Joann Itel Sandhoff, 1785.

GROTE

Dieses Exemplar ist vom Land Nordrhein-Westfalen beschafft und für
Zwecke der politischen Bildung kostenlos abgegeben worden.

Minister für Wissenschaft und Forschung des Landes Nordrhein-Westfalen
— Landeszentrale für politische Bildung —

© 1980 G. Grote'sche Verlagsbuchhandlung KG Köln und Berlin
Alle Rechte einschließlich derjenigen der fotomechanischen
Vervielfältigung und der Mikrokopie vorbehalten
Gesamtherstellung: Druckerei J. F. Ziegler KG, 5630 Remscheid
Printed in Germany 1980
ISBN 37745 6442 6

Joann Itel Sandhoff,

geb. 1723 in Osnabrück, Schüler des dortigen Gymnasium Carolinum, wie sein Vater Jurist, Amtmann der Klöster Gertrudenberg und Bersenbrück, zuletzt Vogt und ,,Prokurator" des Gerichtes der kleinen Herrschaft Dinklage des Grafen von Galen, 1794 gestorben, ist einer der letzten Typen des humanistisch-historisch gebildeten Juristen des 18. Jahrhunderts.
Sein umfangreiches Hauptwerk, ,,Antistitum Osnabrugensium res gestae" hat er noch in dem einfachen, flüssigen Gelehrtenlatein geschrieben.

Inhalt

VORWORT 19

EINLEITUNG: Quellenlage, allgemeine Literatur 21

1. Teil: WESTFALEN IM SÄCHSISCHEN STAMMESVERBAND

Der „Staat" der Sachsen 37
    Herkunft der Sachsen
        Westfalen als Name und Begriff (37–38), Vordringen der Sachsen (38-40), Bildung einer Westgruppe („Westleute") zwischen Hase und Hunte (40), Berührung mit den Franken (40).
    Der sächsische Stammesverband
        Gliederung, Verfassung (41), Stände (42).

Die Sachsenkriege Karls des Großen und die Einführung des sächsischen Reiches in den Staat der Franken 44
    Verlauf des Krieges bis zur Taufe Widukinds
        Eresburg, Irminsul, Fritzlar, Buriaburg, Sigiburg, Brunsberg, Lübbecke, die Fränkischen Reichsannalen (44), 1. fränkische Reichsversammlung in Paderborn und erste Nennung Widukinds, Vorstoß der Sachsen gegen den Rhein (45), 2. und 3. fränkische Reichsversammlung in Lippspringe, Karls Gesetze für Sachsen, Grafschaftsverfassung (45), Süntel und Verden (46–48), Detmold, Osnabrück, Widukinds Taufe und Abtreten, Sicherung Sachsens durch Besatzungstruppe, Sattelmeyer (48–50).
    Fortsetzung und Ende des Krieges
        Sintfeld, Herstelle, Minden, die Lex Saxonum, die sächsischen Heerschaften (50–51).

2. Teil: WESTFALEN IM SÄCHSISCHEN STAMMESHERZOGTUM

Weltliche und geistliche Mächte in Westfalen (9. bis 11. Jahrh.) 55
    Die Fränkische Grafschaft (55).
    Bistümer und Abteien
        Köln, Münster, Bremen, Paderborn, Minden, Osnabrück, Corvey, Herford, Essen, Werden, Elten (57).
    Die späten Karolinger (58).
    Die Liudolfinger und das neue Stammesherzogtum der Sachsen.

Liudolf, Otto „der Erlauchte", Heinrich „der Vogler"
(58), Mathilde (59), Ungarneinfälle, das engersche „Timpken"-Fest (59), die herzoglichen Rechte (59).
Die Ottonen
Otto d. Große, das Herzogtum des Hermann Billung (60), Otto II., Otto III. und die alten Grafengeschlechter (60–62), die Steinplastik Widukinds: Bild und Geschenk Ottos III. (?) (62).
Immunität und Vogtei (63).
Meinwerk von Paderborn (63–66).
Die Geschlechter des hohen Mittelalters (66), Belagerung der Schalksburg (67), Kaiser Heinrich III. in Westfalen (67), Kampf der Grafen von Werl um Grafschaften im Emsgau, in Westfalen und Engern (67–68).

Der Investiturstreit in Westfalen (11./12. Jahrh.) ... 71
Bischöfe zwischen Papst und König (71–73).
Lothar von Süpplingenburg (73–74).
Friedrich von Arnsberg (74).

Frühe Herrschaftsräume (12. Jahrh.) 75
Gottfried von Cappenberg († 1127) (75).
Herrentum und Königtum (76–78).
Das Erbe der Billunger (78).
Heinrich der Löwe, das Herzogtum „Westfalen und Engern" (79–81).

100 Jahre Kölnischer Politik in Westfalen
(13./14. Jahrh.) 82
EB Philipp von Heinsberg
Seine „Burgenkäufe", sein „Herzogtum" (82–83), Rückwirkungen des Gelnhauser Urteils auf Westfalen (83), EH Bernhard zur Lippe (83).
Die Verschwörung Friedrichs von Isenberg
EB Engelberts Absichten auf die Essener Vogtei (83–84), Überfall und Tod Engelberts bei Schwelm (84), Friedrichs Ende (84).
EB Heinrich von Moelenark; Aufstieg des Hauses Lippe (84–85).
EB Konrad von Hochstaden; der Essener Friede
Niederlage Bischof Simons von Paderborn auf dem Wülferichtskampe, der Essener Friede (85–86), Westfalen „zwischen Rhein und Weser" (86).
Das Scheitern der kölnischen Politik
Schlacht bei Zülpich (1267) (86), Schlacht bei Worringen (1288) (87).

3. Teil: DIE TERRITORIALISIERUNG
WESTFALENS (13.–15. Jahrh.)

Wege zur Landeshoheit 93
Überlagerung der Gewalten, der Begriff „Land" (93).
Gogericht, Freigericht (94).
Burg (94–95).
Grundherrschaft (95).
Villikationsverfassung / Der Bauer.
Schutz (Munt), Begebung, Wachzinsigkeit, Hörigkeit,
Grundherr, Leibherr (95–96).
Markenhoheit und Holzgericht (96–97).
Forstbann, Hagen und Stadtgründung (97).
Die kleinen Regalien / Steuern (97–98).
Vogtei / Vogtbefreiung (98–99).
Der Rechtsgedanke (99).
Landeshoheit (99–100).

Ausbau der westfälischen Territorien 102
Die territorialen Gewalten (102–103),
im Raume südlich der Lippe (103–104),
im Raume Münster (106), Erwerb des calvelage-vlothoschen
Erbes durch Münster 1252 (106).
im Raume Paderborn,
Die Bischöfe von Paderborn als Territorialherren (107),
die Grafen von Schwalenberg und ihre Teilungen: Schwalenberg, Pyrmont-Lügde, Sternberg, Waldeck (107); die kleindynastischen Territorien Donnersberg, Everstein, Büren, Brilon und Padberg (107); Corvey und Herford (107), Lippe (107–109), Ravensberg (109–110), Herford (110); die kleindynastischen Territorien Blankena und Spenge, die osnabrückische Exklave Reckenberg; Rheda, Rietberg (110).
im Raume Osnabrück,
die Bischöfe von Osnabrück als Territorialherren (112), Tecklenburg (112), die kleindynastischen Herrschaften Oesede, Holte, Dinklage (113–114); Diepholz (114).
im Raume Minden,
Die Bischöfe von Minden und ihre Vögte, die Edelherrn zum Berge (115); die kleindynastischen Herrschaften Roden-Wunsdorf, Wölpe, Hodenberg, Quernheim (115); Schaumburg, Oldenburg, Bruchhausen, Delmenhorst, Hoya, Stumpenhausen, Stedingen (116).

Der spätmittelalterliche „Raum Westfalen"
(13.–15. Jahrh.) 118
„Raum Westfalen" als neuer politischer Begriff (118–119).

Die Kleinterritorien und Städte
Essen, Werden, Corvey, Herford, Helmarshausen, Enger, Asbeck, Quernheim (120–121), Steinfurt, Gemen, Anholt, Rheda, Rietberg, Lage, Schwalenberg, Pyrmont, Lügde, Itter, Canstein, Alme, Gronau, Limburg (121–123), Dortmund (123), Soest (124), Münster, Osnabrück, Paderborn, Minden (125), Vlotho, Ibbenbüren, Stedingen, Rüdenberg, Grafschaft, Vore-Bilstein, Fredeburg, Padberg, Volmarstein, Hörde, Ardey, Westhofen, Schwerte (125–126); Ahaus, Ottenstein, Stromberg, Börninghausen, Wildeshausen, Schönberg, Roden-Wunsdorf, Waldenburg, Spenge, Blankena, Holte, Oesede (126); Horstmar, Lon, Ahaus, Büren, Bruchhausen, Wölpe (127).

Schwerpunkte der territorialen Entwicklung
Mark, Lippe, Hoya, Oldenburg, Ravensberg, Schaumburg, Everstein, Werl-Arnsberg, Tecklenburg (128); Konzentration und Abrundung (128–129); Villikation und grundherrliches Amt, Freibauerntum und Hörigkeit, Markenordnung (129); Hagenrecht und Hagensiedlung als Herrschaftsgewinn (129–130); zur territorialgeschichtlichen Kartographie (130); die Erbgänge Ravensberg – Berg – Jülich, Kleve – Mark, Arnsberg – Köln („Herzogtum Westfalen") (131–132); das tecklenburgische Osnabrücker Nordland fällt an Münster („Niederstift Münster") (132); Wilhelm von Berg, Elekt von Paderborn und Graf von Ravensberg, gewinnt die lippische Herrschaft Enger für Ravensberg und verzichtet auf Paderborn (132–133); die Soester Fehde (133–135), die Münstersche Stiftsfehde (135–136); Lippes Aufstieg (Grafschaft 1529) (137); Minden und Paderborn in Abwehr äußerer und innerer Feinde (137); Zunftkämpfe (137), Anteil der Ministerialität an der Landesverwaltung (135); politische Beschränkung der Westfalen auf ihren „Raum" (138), Wolter von Plettenberg (138); westfälische Rechtsschöpfungen (138–139).

Manifestitionen gesamtwestfälischen Denkens (139–140), der „Staatsgedanke" der Westfalen (140).

Jülich-Berg-Ravensberg an Kleve-Mark (141).

4. Teil: WESTFALEN IN DER NEUZEIT
(bis zum Wiener Kongreß)

Die Überfremdung Westfalens im 16. und 17. Jahrhundert 149
Das Kräfteverhältnis der westfälischen Territorien untereinander zu Beginn des 16. Jahrhunderts (149).

Die Herzöge von Kleve-Mark als Territorialherren in Westfalen
   Herzog Johann III. und Herzog Wilhelm V. (150–155), der Niederrheinisch-Westfälische Kreis (150–151), die Herforder Cessio (152), die Wiedertäufer in Münster (152), Franz von Waldeck, Bischof von Münster, Osnabrück und Minden und der Schmalkaldische Krieg in Westfalen (153), Zerfall der Grafschaft Tecklenburg (153–154); die Truchsessischen Wirren in Köln und die Wahl Herzog Ernsts von Bayern zum Erzbischof von Köln und Bischof von Münster (155), sein Nachfolger, Herzog Ferdinand von Bayern (156), die Hildesheimer Stiftsfehde und der Erwerb von Hoya und Diepholz durch die Welfen (156), Übergreifen des Spanisch-holländischen Krieges auf Westfalen und der Kriegszug Simons VI. gegen Mendoza (156–157), der Ausgang des Hauses Kleve-Mark und der Jülich-klevische Erbfolgestreit (157–158), Paderborn und Bischof Dietrich von Fürstenberg (158–159).
Der Dreißigjährige Krieg in Westfalen (161–167).
   Das Haus Wittelsbach als führende Macht in Westfalen und im Niederrheinisch-Westfälischen Kreise (161), 1. Phase des Krieges: Christian von Braunschweig, Stadtlohn (162); 2. Phase: Kampf um das jülich-klevische Erbe, Franz Wilhelm von Wartenberg, Bischof von Osnabrück und Minden (162–163); 3. Phase: der Hessisch-münsterische Krieg. Oldendorf, Alexander von Vehlen, Landgraf Wilhelms von Hessen „westfälischer Kriegsstaat", Vlotho-Valdorf (163–165); 4. Phase: die „Defensionsarmee" des Niederrheinisch-Westfälischen Kreises (166), die militärische und politische Lage in Westfalen bei Kriegsende (166–167).

Westfalen zwischen fremden Mächten 169
   Münster
      Der Westfälische Friede (169), „Reintegration" des Niederrheinisch-Westfälischen Kreises (170), Christoph Bernhard von Galen, Bischof von Münster (171–173), der Bielefelder Kreistag von 1671 (173–175).
   Osnabrück, Welfen und Wittelsbacher (175–176).
   Brandenburg-Preußen in Westfalen
      Religionsvergleich mit Pfalz-Neuburg (177), Widerstände in Kleve, Mark und Ravensberg (177–178), in Minden (178), Wegnahme Herfords (178–179), die „Kontribution" (179), „Spinn- und Leinenländchen" Ravensberg (179–180), Kriege gegen Münster und Frankreich 1673, 1679 (180), Ansprüche auf Dortmund (180–181), Brandenburg-Preußen und die Westfalen (181–182), der Ausgang des Großen Kurfürsten (182).

Kreistruppen gegen Ludwig XIV.
  Friedrich Christian von Plettenberg, Bischof von Münster (183–187), Georg Friedrichs von Waldeck „Union der vorderen Reichskreise" (183–184), Einsatz von Kreistruppen (184), Kurfürst Friedrich III. von Brandenburg, seine westfälischen Ratgeber Danckelmann und Ilgen (185), Kreistruppen im Spanischen Erbfolgekriege (185–186), die Kreisstände in Abwehr der Fremden (185–186), Bischofswahlen in Münster nach Friedrich Christians Tode (187–188).
Clemens August. Höhepunkt wittelsbachischer Herrschaft in Westfalen.
  Wittelsbach und Preußen in Westfalen (188–189), Clemens August: Persönlichkeit und Fürst (189–192), Aufnahme der Verwaltungsreformen König Friedrich Wilhelms I. und die preußischen Militärlasten in Westfalen (192–193), Friedrich der Große in Westfalen (193–194), über Clemens August (194), Clemens August über Friedrich (194).
Der Siebenjährige Krieg in Westfalen
  Bedrohung der preußischen Westflanke (195), Hastenbeck, Konvention von Zeven, Berufung Herzog Ferdinands von Braunschweig (196), Graf Wilhelm von Schaumburg, Krefeld, der „Hannöversche Krieg" (196–197), Schlacht bei Minden (197–203), Philipp Westphalen (197), Contades, Broglie (199), Bergen (199), Verlauf der Schlacht bei Minden (200–203), Belagerung Münsters (203), Korbach, Warburg, Vellinghausen, Arnsberg (204), Ausgang des Krieges in Westfalen (204).
Die letzten Jahrzehnte des „alten" Westfalen.
  Behebung von Kriegsschäden (205), Bischofswahlen in Köln, Paderborn, Osnabrück (205–206), Justus Möser (206), Bischofswahl in Münster, Franz Fr. Wilh. von Fürstenberg als Minister (206–207), Max Franz, Bischof von Münster (207–208), Lage und Verwaltung der geistlichen Länder (208–209), der weltlichen: Schaumburg-Lippe (209), Lippe, Limburg, Bentheim, Steinfurt, Rietberg, Rheda, Gemen, Anholt, Dortmund, Waldeck, Oldenburg, Diepholz, Hoya (209–210), die preußischen Länder Westfalens, Stein und Vincke (210–212).

Alt-Westfalens Zerfall 214
  Vom Ausbruch der Französischen Revolution bis zum Reichsdeputationshauptschluß
    Aufstand in Lüttich, französiche Emigranten in Westfalen (214–215), Demarkationslinie nach dem Frieden von Basel, Blücher (215), Friede von Lunéville, Reichsdeputationshauptschluß (215–216), Paderborn (216), Münster, Oldenburg, Aremberg, Rheina-Wolbeck, Croy, Anholt,

Osnabrück, Arnsberg, Recklinghausen, Dortmund, Corvey (216–217), Stein, Blücher und Vincke in Münster (217–218), Besetzung Hannovers (mit Osnabrück) durch Frankreich 1803, durch Preußen 1805 (218).

Die „Franzosenzeit" in Westfalen 219
Das „Königreich Westfalen" und sein König
Napoleons Rheinbund (219), Berg, Murat (219), Königreich Westphalen, Jérôme Bonaparte (219–223), das Großherzogtum Berg, Graf Beugnot (223–224), totale Verfremdung Westfalens, Übersicht (225), die Markaner, der Pfarrer von Elsey (226),
Westfalen in den Freiheitskriegen, Bülow, Vincke, Anteil der Westfalen an den Freiheitskriegen (226–227),
Der Wiener Kongreß, die Neuordnung Westfalens (227–228).

5. Teil: DIE PREUSSISCHE PROVINZ WESTFALEN (1815 – 1946)

Die nicht preußisch gewordenen Landesteile
Westfalens 233
Bedeutung der Wiener Entscheidung (233).
Wirkung auf die Westfalen (233),
die Entscheidung (233–234)
Die ausgeschiedenen Länder
Hoya, Diepholz, Osnabrück, Bentheim, Lingen, Meppen (Aremberg) an Hannover (234), Schaumburg-Lippe (234), Oldenburg (235),
Waldeck und Lippe, die Fürstin Pauline, der Thronstreit, Eingliederung in das Land Nordrhein-Westfalen (235–237).

Politische Gegensätze im preußischen
Westfalen 246
Ludwig Freiherr Vincke, erster Oberpräsident
Persönlichkeit, Wirken für Westfalen, Konfessionalismus (238–240), Provinziallandtag (240–242).
Männer um und nach Vincke
Leo Benedikt Waldeck, Georg Vincke, Ernst u. Karl von Bodelschwingh, die Oberpräsidenten Eduard von Schaper u. Eduard Heinrich von Flottwell (242–243).
Vormärz und 48er Revolution
Anfänge der Bewegung in Westfalen und Motive (243–245), Lüning, Rempel (245), 1. Westfälischer Demokratenkongreß in Bielefeld (245–246), der Kongreß von Münster, v. Löher, Becker, Temme, die „Dezember-Gefangenen" (246–247), Ablehnung der Kaiserwahl durch König

Friedrich Wilhelm IV. (247), der Aufstand in Iserlohn (248), Ferdinand Freiligrath (248), Bildung der politischen Parteien, Tölcke, Hasenclever (249).

Erster Ausbau der Provinzialverwaltung 250
  Das „Regulativ" von 1871, Landesdirektor und Verwaltungsausschuß (250), Bevorzugung der Ostprovinzen, Kompetenzen des Oberpräsidenten im Osten (251).

Kulturelle und konfessionelle Erschwerungen 252
  Versuch einer „Vernunftehe"
  Franz von Duesberg, Oberpräsident (252).
  Der „Kulturkampf" in Westfalen (253).
  Die „Maigesetze", Friedrich von Kühlwetter, Oberpräsident (253), die Ereignisse in Münster (253–254), Robert von Hagemeister, Oberpräsident, Abbruch des Kulturkampfes (254–255).

Provinzialverfassung und provinzielle
Selbstverwaltung in ihrer weiteren
Entwicklung 256
  Die „Neue Provinzialordnung" von 1886 (256), Zusammensetzung des Provinziallandtages (257), die Landeshauptmänner August Overweg, Ludwig Holle, Wilhelm Hammerschmidt, Franz Dieckmann (257–258).

Von der „Ära Wilhelmina" bis zur Auflösung
der Provinz im Jahre 1946 259
  Die Provinz Westfalen im Reich
    Wirtschaftlicher Aufschwung (259), Konrad Studt, Oberpräsident (259), der Bergarbeiterstreik von 1889 und die Arbeiterbewegung (Sozialdemokratie), Otto Hue (259–260), das Bürgertum, Bismarck und Westfalen (261), die Oberpräsidenten Eberhard von der Recke und Karl Prinz zu Ratibor und Corvey (262), Westfalen und Preußen: Gegensätze zweier Welten (262–263).
  in der Weimarer Republik
    Westfalen als „Reichsprovinz", politische Aufgaben des Landtages (263–265), Bernhard Würmeling, Oberpräsident (265), Carl Severing als Reichskommissar in Westfalen, der Ruhrkampf und das „Bielefelder Abkommen" (265–267), Besetzung des Ruhrgebietes durch Frankreich, der passive Widerstand (267), Johannes Gronowski, Oberpräsident (267).
  im nationalsozialistischen Regime
    Ferdinand Freiherr von Lüning, Oberpräsident, Alfred Meyer, Gauleiter (267), Bischof Clemens August von Galen (267), das „neue" Westfalen (268–270), Karl Friedrich

Kolbow, Landeshauptmann (270), der Zweite Weltkrieg in
Westfalen (270–271)

6. Teil: WESTFALEN
IM LANDE NORD-RHEIN-WESTFALEN   276

Landeshauptmann Bernhard Salzmann, Rudolf Amelunxen, letzter Oberpräsident (277), Bildung des Landes Nordrhein-Westfalen, Karl Zuhorn, Helmut Naunin (277–278), Eingliederung Lippes (278), der Landschaftsverband „Westfalen-Lippe" (279–280), Anton Köchling (280), Aufgabenkatalog des Landschaftsverbandes (280–281), das Luther-Gutachten (281–282).

REGISTER

    I. Personen, Orte, Ereignisse 285

   II. Sachen 305

  III. Autoren, Quellen, Literatur 307

VORWORT

Bei Westfalen weiß jeder, was gemeint ist. Das übrige Sachsenland hat keinen eigenen Namen von gleichem Gewicht mehr" (Zaunert). Dazu kann man Ja und Nein sagen. So ausgeprägt die Vorstellung von einem W e s t f a l e n t u m auf der einen Seite ist, so vielfältig und schillernd wird sie, wenn man in der Welt umherfragt und die Meinungen und Urteile hört und liest, die andere, Nichtwestfalen, über die Westfalen geäußert haben. ,,Was also ist westfälisch?" hat Josef Bergenthal gefragt, nachdem er ein ganzes Buch mit solchen Zeugnissen gefüllt hatte, und ,,einen westfälischen Schinken für eine gute Definition dessen, was westfälisch ist", versprochen.

In Verlegenheit bringt auch die Frage: ,,Was ist W e s t f a l e n ?" schon, wenn sie im geographischen Sinne erhoben wird. Man mache die Probe! Von 10 Befragten wird man 10 verschiedene Antworten erhalten. Noch schwieriger, scheint es, ist die Antwort von der Geschichte her zu finden; denn die politisch-geschichtlichen Gebilde ,,Westfalen", die es gegeben hat, sind entweder ephemer gewesen oder sie haben sich nicht mit den geographischen Vorstellungen gleichen Namens gedeckt oder sie haben zwar in den politischen Vorstellungen der Westfalen bestanden, sich aber nicht mit der politischen Wirklichkeit vertragen.

Um alles Geschehen auf unserem planetaren Stäubchen schlägt die Politik ihre eisernen Klammern. Wirtschaft, Kultur, Kunst, selbst die Verehrungen des Gottesgedankens hält sie in ihrem Griff. So dürfte es sich rechtfertigen, eine *politische* Geschichte Westfalens zu schreiben und den Wegen nachzuspüren, die in jene unwirkliche Wirklichkeit „Westfalen" geführt haben.

Bielefeld, September 1968 *Gustav Engel*

Zur 4. Auflage:

Die „Politische Geschichte Westfalens" sucht nach den Wesenszügen der Geschichte eines Landes, das, im politischen Sinne, kein „Land" gewesen ist. Dafür durfte das Buch nicht mit dem vollen Ballast eines auf Statistik und Aufreihung abgestellten Handbuches belastet werden. Sollte es ein h a n d l i c h e s Buch bleiben, mußte die gelegentliche Flucht in die Faktenzählung auf das Notwendigste beschränkt werden. Ohne sie kommt eine Landesgeschichte nicht aus. In den Schulen wird sie nicht gelehrt und auf Universitäten pflegt sie ein Stiefkind zu sein.

Verfassung, Recht und gesellschaftliches Gefüge des mittelalterlichen und frühneuzeitlichen Westfalens tragen in vielem ein eigenes Gesicht. Herrschaft, Hoheit und „Land" und ihre Entwicklung in den Ablauf des Geschehens zu stellen, hatte der dem Buch gesteckte enge Rahmen kein Genüge gegeben. Sie zu gebührender Geltung zu bringen, ist die Veranlassung gewesen, einen Sachteil „Wege zur Landeshoheit" (III, 1) zusammenfassend einzuschalten. Erreicht werden sollte damit auch, daß die Wellenschläge, die das hohe Mittelalter, die große Zeit der deutschen Geschichte, nach Westfalen geworfen hat, greifbarer erschienen und in ihrem Ablauf geschlossener dargestellt wurden.

Teil II des Buches und Teil III, 1 sind n e u g e s c h r i e b e n. Versucht ist, den Abschnitten des 16., 17. und 18. Jahrhunderts durch Zusätze ein Mehr an Farbe zu geben. Quellen- und Literaturverzeichnisse sind revidiert und soweit möglich, auf den letzten Stand gebracht.

Bielefeld, Oktober 1979. *Eg.*

EINLEITUNG

Quellenlage, allgemeine Literatur

Sammlung, Erhaltung und bibliographische Erfassung der Quellen und Literatur zur Geschichte Westfalens sind von jeher denkbar erschwert gewesen. Weniger schuld daran ist die politische Zerstückelung des westfälischen Raumes; sie ist in anderen Gegenden Deutschlands ungleich stärker gewesen. Der eigentümliche Ablauf der Geschichte der Westfalen, besonders die Überfremdung fast aller ihrer staatlichen Bildungen durch auswärtige Mächte sind die tiefere Ursache. Hinzu kommt, daß selbst der Begriff ,,Westfalen" im politischen wie im räumlichen Sinne der geschichtlichen Wirklichkeit entgegen gedeutet worden ist. Die unter B i b l i o g r a p h i e hierunter genannten Titel deuten es an.

Friedrich von Klockes Versuch einer Quellenkunde der westfälischen Geschichte ist leider im Entwurf steckengeblieben. Seine im Sommersemester 1937 gehaltene Vorlesung ,,Die Quellen der westfälischen Geschichte" ist nicht über das Vorlesungsmanuskript hinaus gediehen. (Nachschrift im Stadtarchiv Bielefeld.) –

In der Übersicht hierunter erscheinen die darstellenden Quellen nicht einzeln. Da sie zeitlich und räumlich begrenzt sind, werden sie zu den betreffenden Abschnitten des Textes aufgeführt. Genannt werden hier nur die Quellensammlungen und auch diese nur, soweit sie ausschließlich westfälische Quellen enthalten. Auf die großen Sammlungen darstellender Quellen: Monumenta Germaniae historica, Bibliotheca rerum Germanicarum (Jaffé), Fontes rerum Germanicarum (Böhmer), Geschichtsschreiber der deutschen Vorzeit und auf die älteren von Goldast, Pistorius, Meibom und Leibniz an dieser Stelle hinzuweisen, genüge. Nicht genannt werden kirchengeschichtliche, wirtschaftsgeschichtliche, volkskundliche und ähnliche Quellen. Für die rechtsgeschichtlichen Quellen, die den Rahmen der politischen Geschichte berühren, kann auf die Nummern 289, 290, 300–309 bei W. Leesch, Schrifttum zur westfälischen Geschichte, verwiesen werden.

Geraten erschien es, die einschlägigen Archive wenigstens zu nennen. Abgesehen davon, daß naturgemäß alle benachbarten Länder in ihren Archiven auch westfälisches Material bewahren, hat die Zerstreuung des westfälischen Archivgutes dadurch zugenommen, daß geschlossene Bestände bei Wechsel politischer Zugehörigkeit überführt wurden oder daß auswärts, z. B. in Düsseldorf, Hannover und Berlin, neue Bestände entstanden.

Daß das große Westfälische Urkundenbuch nur das Gebiet der preußischen Provinz Westfalen erfaßt, ist wohl zuerst eine Frage des

Geldes gewesen, wird es jedenfalls aber in Zukunft sein; denn der Landschaftsverband Westfalen-Lippe, der solche Aufgaben des ehemaligen Provinzialverbandes weiterführt, wird sich schwerlich dazu verstehen, für jetzt niedersächsische, hessische und rheinische Landesteile kostspielige Urkundenpublikationen herstellen zu lassen. (In welchem anderen Lande Europas würde man darüber nicht den Kopf schütteln?). Man muß bedauern, daß die Weiterführung des WUB erschreckend langsam vorangeht. Erst im 8. 9. und 10. Bande ist das Jahr 1300 um ein Vierteljahrhundert überschritten worden. Die Urkundenbücher aller benachbarten Länder, Bistümer, Herrschaften usw., die zum Teil bedeutend weiter sind, heranzuziehen, ist unumgänglich, eben weil das Westfälische UB bei seiner räumlichen Beschränkung in Wirklichkeit kein westfälisches Urkundenbuch ist. – Zu einem Regestenwerk hat es von allen westfälischen Ländern nur dasjenige gebracht, das seine Eigenstaatlichkeit über die Turbulenz der Franzosenzeit und jenseits der Betriebsamkeit der Preußenzeit bewahren und sein reiches Archivgut ohne Verluste durch die Jahrhunderte hindurchbringen konnte: Lippe. Ein 1. Teil „Ravensberger Regesten", bis zum Jahre 1346 reichend, steht vor dem Druck.

Mit der Veröffentlichung klösterlicher Hebe- und Einkünfteregister dagegen hat Westfalen seine Nachbarn übertroffen. Die Weiterführung des einstmals mit großartigem Schwung unternommenen Werkes, des „Codex traditionum Westfalicarum" hat sich seit 1914 aber lediglich dadurch bemerkbar gemacht, daß von zwei Bänden photomechanische Neudrucke gemacht sind. Auf ihre Veröffentlichung warten noch sehr dringend die Heberegister der Klöster und Stifte Iburg, St. Johann Osnabrück, Schildesche, Hardehausen, St. Patrokli Soest, Flaesheim, Herzebrock, Obernkirchen, Abdinghof, Frenswegen, Marienmünster, Grafschaft u. a.

Während die westfälischen Geschichtsschreiber des 17. und 18. Jahrhunderts mit dem Begriff „Westfalen" noch eine eindeutige und klare Vorstellung verbanden, sofern nicht einige von ihnen ihn sogar noch ausweiteten und alle Menschen des Niederrheinisch-westfälischen Reichskreises von 1512 schlechtweg „Westphälinger" nannten, haben die Historiker des 19. und beginnenden 20. Jahrhunderts die preußischen Scheuklappen nicht ablegen können und das Rumpfwestfalen von 1815, die preußische Provinz Westfalen, als das eigentliche, auch für das Mittelalter mehr oder weniger so zu benennende Westfalen angesehen. So konnte es geschehen, daß man in Betrachtungen zur westfälischen Geschichte aus dieser Zeit kein Sterbenswörtchen liest über die Menschen und Völkerschaften, die zwischen Hase und Hunte, im Osnabrücker Nordlande, als die ersten in der Geschichte „Westfalen" genannt werden, um so mehr Tinte und Druckerschwärze aber verschwendet wurde z. B. für immer neue Theorien über die Örtlichkeit der Varus-Schlacht im Teutoburger Walde, an der kein einziger Westfale teilgenommen hat, auch nicht teilnehmen konnte, weil es zur Zeit des Kaisers Augustus weder ein Land noch ein Volk gab, das man „Westfalen" hätte nennen können. Erst Hermann Rothert, von westfälischen Eltern in Lippstadt geboren und im Herzen von Westfalen-Engern, in Soest aufgewachsen, lange Jahre hindurch verdienter Landrat des nordosnabrückischen Kreises, in dem die Wiege des Westfalentums gestanden hat und in dem heute noch das reinste, ungebrochene westfälische Platt gesprochen wird, hat – im Einvernehmen mit seinem Auftraggeber, dem Provinzialverband Westfalen – mit seiner großen, dreibändigen „Westfälischen Geschichte" den geschichtlichen Raum Westfalen der Geschichtsschreibung wieder geöffnet. Aber sein Werk reicht nur bis zum Jahre 1815. Ist er die Darstellung des 19. Jahrhunderts seinen Lesern schuldig geblieben, weil er wußte, daß das Westfalen des 19. und 20. Jahrhunderts ein anderes Westfalen war als das von ihm mit soviel fesselnder Darstellungskunst und soviel liebevollem und sachkundigen Eingehen auf die wirtschaftsgeschichtlichen, agrargeschichtlichen, kulturellen, geistigen und anderen Zuständlichkeiten geschilderte?

Selbstverständlich müssen die Z e i t s c h r i f t e n der Nachbarn weitgehend herangezogen werden. Die Auswahl zu finden ist schwer. Ausgelassen werden hier auch die großen historischen Zeitschriften: Blätter für Landesgeschichte, Historische Zeitschrift, Deutsches Archiv für Geschichte des Mittelalters, Historisches Jahrbuch der Görresgesellschaft, Zeitschrift der Savigny-Stiftung für Rechtsgeschichte u. a., ebenso alle Zeitschriften für Wirtschaftsgeschichte, Kunstgeschichte, Kirchengeschichte, Volkskunde, geographische Landeskunde, Siedlungsgeschichte usw.

Die H i l f s w i s s e n s c h a f t e n und reinen H i l f s b ü c h e r wie sprachliche und sachliche Nachschlagewerke wenigstens mit einigen Titeln zu berücksichtigen, möchte nicht nur dem Anfänger, sondern auch dem willkommen sein, der keine große öffentliche Bücherei vor der Haustür hat.

Bleibt noch zu bemerken, daß die hierunter aufgeführten Titel in den Quellen- und Literaturangaben des Textteiles gewöhnlich nicht noch einmal genannt werden. Für Urkundenbücher u. ä. wäre das zu beachten. – Angaben über Seitenzahlen, Abbildungen, Formate usw. sind hier und in den Nachweisungen des Textteiles nur dann gemacht, wenn sie für das betreffende Werk eine gewisse Aussage bedeuten.

A b k ü r z u n g e n

MG	=	Monumenta Germaniae Historica
MG SS	=	Monumenta Germaniae Historica, Scriptores
MG DD	=	Monumenta Germaniae Historica, Diplomata
WZ	=	Westfälische Zeitschrift
SavZR, G	=	Zeitschrift der Savigny-Stiftung für Rechtsgeschichte, Germanistische Abteilung
SavZR, K		Kanonistische Abteilung
JBHVR	=	Jahresbericht des Historischen Vereins für die Grafschaft Ravensberg
EB	=	Erzbischof
EH	=	Edelherr

LB = Literaturbericht zur westfälischen Geschichte 1946 bis 1958. In: Westfälische Forschungen 12 (1959), S. 105–142.

BIBLIOGRAPHIEN

Bömer, S. u. H. Degering: Westfäliche Bibliographie zur Geschichte, Landeskunde und Volkskunde (der Provinz Westfalen). Zum Druck gebracht von R. Schetter.

Bd. 1: A. Allgemeines; B. Landeskunde; C. Volks- und Gemeinschaftskunde; D. Allgemeine und politische Geschichte; E. Rechts-, Verfassungs- und Verwaltungsgeschichte, Gesundheitswesen, Tierarzneiwesen; F. Geschichte des Heerwesens; G. Wirtschaftsgeschichte; H. Geschichte des geistigen und kulturellen Lebens; I. Kirchengeschichte; K. Geschichte der einzelnen Landesteile. 1955.

Bd. 2: L. Geschichte der einzelnen Orte. (im Erscheinen; Lieferung 1, 2 u. 3 liegen vor).

Bd. 3: M. Bevölkerungsgeschichte, Rassen-, Stammes- und Familienkunde, N. Einzelne Familien und Persönlichkeiten. 1977.

Westfälische Bibliographie. Bearbeitet von der Stadt- und Landesbibliothek Dortmund, 23 Bände, 1954 – 1978.
(erfaßt die Erscheinungen über den altwestfälischen Raum seit 1945; wird fortgesetzt).

Leesch, W.: Schrifttum zur westfälischen Geschichte. Ein bibliographischer Überblick. 1964. 71 S.
(berücksichtigt auch die Sparten Volkskunde, Landeskunde, Kunst usw., beschränkt sich aber auf das Gebiet des heutigen Landschaftsverbandes Westfalen-Lippe; bemerkenswert ist die erstrebte Vollständigkeit der Zeitschriften, Kalender usw. und der heimatkundlichen Beilagen der Tageszeitungen).

Hansen, W.: Lippische Bibliographie. Hrsg. vom Landesverband Lippe. Mit Hinweisen auf die Buchbestände der Lippischen Landesbibliothek. 1957. XXX s., 1640 Spalten, 113 Abbildungen.
(sehr vollständig und übersichtlich geordnet) (LB 8).

Wülfrath, K.: Bibliotheca Marchica. Die Literatur der westfälischen Mark. Teil 1: Von Frühdrucken bis 1666. Mit 23 Strichätzungen, 28 Kunstdruckseiten und 2 Karten. 1936.
(Teil 2 nicht erschienen).

Edel, L.: Neue Bibliographie des landes- und heimatkundlichen Schrifttums über die Grafschaft Bentheim. 1962. (= Das Bentheimer Land, 54).

Thiekötter, H.: Bibliographie zur Geschichte des Westfälischen Friedens. In: Ex officina literaria. Beitr. z. Gesch. d. westf. Buchwesens, hrsg. von J. Prinz, 1968, S. 299 – 364.

Engel, G.: Literaturbericht zur westfälischen Geschichte 1946 – 1958. In: Westf. Forschgn. 12 (1959), S. 105 – 142; Blätter für deutsche Landesgesch. 95 (1959), S. 572 – 617.

Kohl, W.: Sammelbericht Westfalen 1959 – 1961/62, 1962 – 1966/67. In: Blätter für deutsche Landesgesch. 98 (1962), S. 439 – 469, 103 (1967). S. 538 – 592.

Janssen, W.: Literatur zur Geschichte des Landes Nordrhein-Westfalen. In: Westf. Forschgn. 18 (1965), S. 191 – 200.

Richtering, H.: Quellen und Literatur zur Landes- und Ortsgeschichtsforschung in Westfalen. 1973.

QUELLENSCHRIFTEN

von Steinen, J. D.: Die Quellen der westfälischen Historie oder . . . 1741.
(„Die erste und einzige Quellenkunde zur westfälischen Geschichte; ein Versuch, höchst lückenhaft, aber noch brauchbar". (v. Klocke).

Preuß, O. u. A. Falkmann: Allgemeinere, insbesondere die westfälische Geschichte betreffende Quellenkunde. In: Lipp. Regesten 1, S. 3 - 48. 1860.
(ebenfalls ein Versuch, enthält jedoch brauchbare Angaben; größtenteils allerdings nur Literaturnachweis zur lippischen Geschichte).

Kletke, K.: Die Quellenschriften zur Geschichte des Preußischen Staates, nach ihrem Inhalt und Wert dargestellt. 1858.
(gibt ausführliche Inhaltsangaben und nennt in dem Abschnitt ,,Westfalen'' (s. 432 - 583) eine größere Anzahl kaum bekannter, ungedruckter darstellender Quellen, zumeist freilich von mehr lokaler Bedeutung).

Engel, G.: Geistiges Leben in Minden, Ravensberg und Herford während des 17. und 18. Jahrhunderts. Teil 1: Die Geschichtsschreibung. In: 52. JBHVR (1938). S. 1 - 158.

QUELLENSAMMLUNGEN

Quellen der westfälischen Geschichte. Hrsg. von J. S. Seibertz. 3 Bände, 1857 - 1869.
(enthält vornehmlich südwestfälische Quellen, darunter kleinere, weniger bekannte).

Die Geschichtsquellen des Bistums Münster. 8 Bände, 1851 - 1937.

Osnabrücker Geschichtsquellen. Hrsg. vom Hist. Verein Osnabrück. Bd. 1- 8, 10. 1891 - 1967.

Mindener Geschichtsquellen. Hrsg. von K. Löffler u. M. Krieg. 3 Bände, 1917 - 1931.

Lippische Geschichtsquellen. Hrsg. vom Naturwissenschaftlichen und Hist. Verein für das Land Lippe. Bd. 1-7, 1963 - 1977; Sonderband 1-3, 1965 - 1969.

Die Chroniken der westfälischen und niederrheinischen Städte.
Bd. 1: Dortmund, Neuss. 1887.
Bd. 2: Soest. 1889.
Bd. 3: Soest und Duisburg. 1895.
(= Chroniken der deutschen Städte 20, 21, 24).

Westfälische Briefwechsel und Denkwürdigkeiten. 5 Bände, 1932 - 1960.

ARCHIVE UND INVENTARE

Staatsarchive Münster, Detmold, Düsseldorf, Osnabrück, Bückeburg, Hannover, Marburg, Wiesbaden, Oldenburg, Zentralarchiv Abteilung Merseburg.

Kommunale (Stadt-) Archive Münster, Dortmund, Soest, Minden, Recklinghausen, Lemgo, Höxter, Osnabrück, Paderborn, Arnsberg, Essen, Hagen, Hamm, Bielefeld, Rinteln, Bocholt, Bochum, Coesfeld, Iserlohn, Lünen, Witten, Köln, Siegen, Wanne-Eickel, Warburg, Warendorf, Wattenscheid.

Westfälisches Landesamt für Archivpflege, Münster.
(gibt Auskunft über den Verbleib früherer, privater und öffentlicher Archive).

Schmitz-Kallenberg, L.: Monasticon Westfaliae. Verzeichnis der im Gebiet der Provinz Westfalen bis zum Jahre 1815 gegründeten Stifter, Klöster und sonstiger Ordensniederlassungen. 1909.
(verzeichnet den Verbleib der Archive aller aufgehobenen Stifter, Klöster usw.; infolge der Beschränkung auf die Provinz Westfalen fehlen aber so bedeutende geistliche Niederlassungen wie Werden, Essen, Flechtorp (Waldek, Frenswegen (Bentheim), St. Johann Osnabrück, Bersenbrück, Obernkirchen, Fischbeck, Wildeshausen, Oesede, Iburg u. a.)

Richtering, H.: Münster. Das Staatsarchiv und seine Bestände. 2 Bände, 1964 - 1973.

Stolte, B.: Das Archiv des Vereins zur Geschichte und Altertumskunde Westfalens, Abteilung Paderborn.
I: Codices und Akten. 1899.
II: Urkunden. 1905.
(fortgesetzt durch Bd. II, 2 der Inventare der nichtstaatlichen Archive).

Dösseler, E.: Inventar der Quellen zur westfälischen Geschichte im Staatsarchiv Düsseldorf. 1952.

Das Staatsarchiv Düsseldorf und seine Bestände. Bd. 1: Landes- und Gerichtsarchive von Jülich-Berg, Kleve-Mark, Moers und Geldern. Bestandsübersichten. 1957.

Penners, Th. u. H. J. Behr: Übersicht über die Bestände des Niedersächsischen Staatsarchivs Osnabrück. 1978.

Das Staatsarchiv Detmold und seine Bestände. Bd. 1. Archiv des niederrheinisch-westfälischen Grafenkollegiums. 1975.

Übersicht über die Bestände des Hessischen Hauptstaatsarchivs Wiesbaden. 1970.

Branig, H.: Übersicht über die Bestände des Staatsarchivs in Berlin-Dahlem. 2 Bände, 1966, 1967.

Inventare der nichtstaatlichen Archive der Provinz Westfalen. Hrsg. von der Historischen Kommission Westfalens. 4 Bände, 3 Beibände; Neue Folge Bd. 1 - 8. 1899 - 1937, 1961 - 1978.
*(verzeichnet sind kirchliche, kleinere kommunale Archive und die Adelsarchive der Kreise Ahaus, Borken, Coesfeld, Steinfurt, Tecklenburg, Warendorf, Lüdinghausen, Büren, Paderborn, Warburg, das Salm-Salmsche Archiv in Anholt, das Salm-Horstmarsche Archiv in Coesfeld, das Archiv der Herzoglich Croyschen Domänenverwaltung in Dülmen, das Archiv des Generalvikariats Paderborn, das Diözesanarchiv Münster und das Archiv der Städte Höxter, Werl, Brilon, Kamen.
Die Urkunden sind in Form von Kurzregesten, die Akten mit kurzen Sachbetreffs verzeichnet. Leider fehlen noch größere Adelsarchive wie Herdringen (v. Fürstenberg), Münster (v. Galen), Ostenfelde (Vincke), Holtfeld-Krassenstein (v. Wendt, jetzt im Staatsarchiv Münster), Gemen (v. Landsberg-Vehlen), Hollwinkel (v. d. Horst, v. Sloen), Crollage (v. Ledebur) u. a.*

URKUNDENBÜCHER UND REGESTEN

Westfälisches Urkundenbuch.
  Bd. 1: Regesta historiae Westfaliae accedit codex diplomaticus bis zum Jahre 1125. Bearb. von H. A. Erhard.
  Bd. 2: dsgl. bis 1200. 1851.
    Index zu 1 und 2 von R. Wilmans. 1861.
  Bd. 3: Die Urkunden des Bisthums Münster von 1201 - 1300. Bearb. von R. Wilmans. 1871.
    Personenregister, bearb. von O. Weerth. 1921.
  Bd. 4: Die Urkunden des Bisthums Paderborn.
    1. Abtheilung: Die Urkunden der Jahre 1201 - 1240.
    Bearb. von R. Wilmans. 1874.
    2. Abtheilung: ... 1241 - 1250. Bearb. von R. Wilmans. 1880.
    3. Abtheilung: ... 1251 - 1300. Bearb. von H. Finke. 1894.
  Bd. 5: Die Papsturkunden Westfalens.
    1. Teil: ... bis zum Jahre 1304. Bearb. von H. Finke. 1888.
  Bd. 6: Die Urkunden des Bisthums Minden vom Jahre 1201 - 1300. Bearb. von H. Hoogeweg. 1898.

Bd. 7: Die Urkunden des kölnischen Westfalens vom Jahre 1200 – 1300. Bearb. vom Staatsarchiv Münster. 1908.
Personen- und Ortsregister, Nachträge. 1919.
Bd. 8: Die Urkunden des Bistums Münster von 1301 – 1325. Bearb. von R. Krumbholz. 1913.
Bd. 9: (Fortsetzung von Bd. 4: Paderborn. von 1301 – 1325. Bearb. von J. Prinz. Lfg. 1, 2; 1972, 1976).
Bd. 10: Die Urkunden des Bistums Minden 1301/1325. Bearb. von R. Krumbholz. 1940. 2., verbesserte und ergänzte Auflage. Bearb. von J. Prinz. 1977.
Additamenta. Bearb. von R. Wilmans. 1877.
Supplement zum Westfälischen Urkundenbuch. Bearb. von W. Diekamp. Lieferung 1 (bis 1019), 1885.

Wilmans, R. (u. F. Philippi): Die Kaiserurkunden der Provinz Westfalen. Nebst anderweitigen Documenten und Excursen.
Bd. 1: Die Urkunden der karolingischen Zeit (777 –900). 1867.
Bd. 2: Die Urkunden der Jahre 901 – 1254.
1. Abtheilung: Die Texte, bearb. von F. Philippi. 1881.

Niesert, J.: Münsterische Urkundensammlung. 7 Bände, 1826 – 1837.

Niesert, J.: Beiträge zu einem Münsterschen Urkundenbuch. 2 Bände, 1823.

Rübel, K. (u. E. Rose): Dortmunder Urkundenbuch.
Bd. I, 1: 899 – 1340. 1881.
2: 1342 – 1372. 1885.
Bd. II, 1: 1372 – 1394. Bearb. von E. Rose. 1890.
2: Nachträge 899 – 1393; Fortsetzung 1393 – 1400. 1894.
Bd.III, 1: Nachträge zu I u. II; Undatierte Urkunden 1401 – 1410. 1899. Ergänzungsband I: 789 – 1350. 1910.

Seibertz, J. S.: Urkundenbuch zur Landes- und Rechtsgeschichte des Herzogtums Westfalen. 3 Bände. 1839 – 1854. (= Seibertz, J. S.: Landes- und Rechtsgeschichte des Herzogtums Westfalen 2,3,4).
(umfaßt die Zeit von 799 – 1800).

Philippi, F. u. M. Bär: Osnabrücker Urkundenbuch. 4 Bände, 1892 – 1902.
(umfaßt die Zeit von 772 – 1300).

Kohl, D. u. G. Rüthning: Oldenburgisches Urkundenbuch.
1. Band: Stadt Oldenburg. Von D. Kohl. 1914.
2. Band: Grafschaft Oldenburg bis 1482. Von G. Rüthning. 1926.
3. Band: Grafschaft Oldenburg von 1482 bis 1550. Von G. Rüthning. 1927.
4. Band: Grafschaft Oldenburg. Klöster und Kollegiatkirchen. Von G. Rüthning. 1928.
5. Band: Süd-Oldenburg. Von G. Rüthning. 1930.
6. Band: (fehlt noch).
7. Band: Die Kirchen und Ortschaften der Grafschaft Oldenburg. Von G. Rüthning. 1934.
8. Band: dsgl. 1935.

Sudendorf, H.: Urkundenbuch zur Geschichte der Herzöge von Braunschweig und Lüneburg und ihrer Lande.
1. Theil bis zum Jahre 1341. 1859.
2. Theil vom Jahre 1342 bis zum Jahre 1356. 1860.
3. Theil vom Jahre 1357 bis zum Jahre 1369. 1862.
4. Theil vom Jahre 1370 bis zum Jahre 1373. 1864.
5. Theil vom Jahre 1374 bis zum Jahre 1381. 1865.
6. Theil vom Jahre 1382 bis zum Jahre 1389. 1867.
7. Theil vom Jahre 1390 bis zum Jahre 1394. 1871.
8. Theil vom Jahre 1395 bis zum Jahre 1399. 1876.
9. Theil vom Jahre 1399 bis zum Jahre 1405. 1877.

Hansisches Urkundenbuch.
Bd. 1: (975 – 1294). Bearb. von K. Hohlbaum. 1876.
Bd. 2: (1300 – 1343). Bearb. von K. Hohlbaum 1879.
Bd. 3: (1343 – 1360). Bearb. von K. Hohlbaum. 1882 – 86. Glossar von P. Feit.
Bd. 4: 1361 bis 1392. Bearb. von K. Kunze. 1896.
Bd. 5: 1392 bis 1414. Bearb. von K. Kunze. 1899.
Bd. 6: 1415 bis 1433. Bearb. von K. Kunze. 1905.
Bd. 7, 1: 1434 – 1441. Bearb. von H. G. von Rundstedt. 1939.
Bd. 7, 2: noch nicht erschienen.
Bd. 8: 1451 – 1463. Bearb. von W. Stein. 1899.
Bd. 9: 1463 – 1470. Bearb. von W. Stein. 1903.
Bd. 10: 1471 – 1488. Bearb. von W. Stein. 1907.
Bd. 11: 1486 – 1500. Bearb. von W. Stein. 1916.

Philippi, F., W. Menn u. B. Messing: Siegener Urkundenbuch. 2 Bände, 1887, 1927.
(bis 1500).

Lacomblet, Th. J.: Urkundenbuch für die Geschichte des Niederrheins oder des Erzstifts Cöln, der Fürstenthümer Jülich und Berg, Geldern, Meurs, Cleve und Mark und der Reichsstifte Elten, Essen und Werden. 4 Bände, 1840–1857.
(umfaßt die Zeit von 779 bis 1500).

Preuß, O. u. A. Falkmann: Lippische Regesten. 4 Bände, 1860 bis 1868.
(umfaßt die Zeit von 783 bis 1536; Neubearbeitung in Angriff genommen.

May, O. H. u. G. Möhlmann: Regesten der Erzbischöfe von Bremen.
Bd. 1: (787–1306). 1937.
Bd. 2, 1. Lieferung: (1306–1327). Bearb. von G. Möhlmann. 1953.

Oediger, F. W., R. Knipping u. W. Kisky: Die Regesten der Erzbischöfe von Köln im Mittelalter.
Bd. 1.: 313–1099, Bearb. von F. W. Oediger. 1954–61.
Bd. 2: 1100–1205. Bearb. von R. Knipping. 1901.
Bd. 3, 1. Hälfte: 1205–1261. Bearb. von R. Knipping. 1909.
        Photomechanischer Neudr. 1964.
Bd. 3, 2. Hälfte: 1261–1304. Bearb. von R. Knipping. 1913.
Bd. 4: 1304–1332. Bearb. von W. Kisky. 1915.
Bd. 5: 1332–1349. Bearb. von W. Jansen. 1973.
Bd. 6: 1349–1362. Bearb. von W. Jansen. 1977.
(ausgewertet sind etwa 100 Urkundenfonds und alle erreichbaren darstellenden Quellen; von hervorragender Bedeutung besonders für das südliche Westfalen.

Engel, G. u. Mitarbeiter: Ravensberger Regesten I, 785–1346. 2 Bände (im Druck); II, 1347 ff. in Vorbereitung.

LEHNS- UND HEBEREGISTER

Frisch, M.: Die ältesten Lehnbücher der Grafschaft Mark. Hrsg. von . . . (in Vorbereitung).

Kötzschke, R.: Die Urbare der Abtei Werden an der Ruhr. 4 Bände, 1906–1958. (Rheinische Urbare 2–4).

Herberhold, F.: Das Urbar der Grafschaft Ravensberg von 1556. Bd. 1: Text. 1960; Bd. 2: Register (in Vorbereitung).

Friedländer, E. u. F. Darpe: Codex traditionum Westfalicarum.
Bd. 1: Kloster Freckenhorst.
Bd. 2: Domkapitel Münster.

Bd. 3: Klöster Überwasser und Stift St. Mauritz, Münster.
Bd. 4: Abtei Herford und Stift auf dem Berge bei Herford.
Bd. 5: Aegidii-Kloster, die Kapitel an St. Ludgeri und St. Martini, die St. Georgs-Kommende in Münster, die Klöster Vinnenberg, Marienfeld und Liesborn.
Bd. 6: Die Klöster Marienborn und Marienbrink in Coesfeld, Kloster Varlar, die Stifter Asbeck und Nottuln.
Bd. 7: Die Stifter Langenhorst, Metelen, Borghorst, Groß- und Klein-Burloh. 1872–1914.
(Die Lagerbücher, Lebensregister, Lehnsregister, Hebe- und Einkünftelisten der geistlichen Grundherrschaften enthalten ein schier unerschöpfliches Material für die Familien- und Hofesgeschichte, sind aber auch ergiebige Quellen für die ländliche Ortsgeschichte und im besonderen immer heranzuziehen, wenn es darum geht, landeshoheitliche Entwicklung von der untersten Ebene, der Gemeinde, her zu untersuchen, (vgl. Westf. Forschungen 29 (1978/79), S. 157–179).

Westfälische Schatzungs- und Steuerregister

Bd. 1: Die lippischen Landschatzregister von 1590 u. 1618. Bearb. von H. Stöwer. 1964.
Bd. 2: Die Schatzungsregister des 16. Jhs. für das Herzogtum Westfalen. Teil 1, 1971.
Bd. 3: Die lippischen Landschatzregister von 1535, 1545, 1562 u. 1572. Bearb. von F. Verdenhalven. 1971.
Bd. 4: Schatzungs- und sonstige Höferegister der Grafschaft Tecklenburg. Bearb. von W. Leesch. 1974.
Bd. 5: Die Register der Willkommschatzung von 1498 a. 1499 im Fürstentum Münster. Bearb. von J. Hartig. 1976.

Nordsiek, H.: Grundherrschaft und bäuerlicher Besitz im Amt Reineberg. 1966.

GESAMTDARSTELLUNGEN

Witte, B.: Historia antiquae occidentalis Saxoniae nunc Westphaliae. 1778.
(geschrieben zwischen 1512 und 1517, „Darstellung noch unselbständig und mittelalterlich, wichtig aber wegen Verwertung untergegangener Quellen und wegen der Auffassung des Verfassers von Westfalen und seines Volkes als einer Einheit" v. Klocke).

Stangefol, H. (i. e. Fley genannt Stangefol): Annales circuli Westphalici. 1. Ausg. 1640, 2. Ausg., 4 Bände, 1656.
(Vf. Kölner Gymnasialprofessor, gest. 1655. „Weniger tiefgründig als Witte; Bd. 1 bis zum Jahre 500 reine Kirchengeschichte, Bd. 2 bis 999 unbrauchbar, Bd. 3 u. 4 in Einzelheiten nützlich" v. Klocke).

Schaten, N.: Historia Westphaliae. 1690.
(reicht nur bis zum Tode Karls des Großen).

von Steinen, J. D.: Westphälische Geschichte. 4 Teile in 8 Bänden. 1755 bis 1760. Teil 5 (Band 9) Nachtrag von P. F. Weddigen: „Paderbornische Geschichte nach Schatens Annalen".
(Vf. Pfarrer in Frömern bei Unna, gest. 1759. „Das Werk ist stoffreich, lokalgeschichtlich und genealogisch ergiebig, seine Quellen z. T. inzwischen untergegangen. Eine „westfälische" Geschichte ist es aber weder in räumlicher noch in sachlicher Hinsicht; es behandelt nur Südwestfalen". v. Klocke).

Hartmann, J.: Geschichte der Provinz Westfalen. Mit einer farbigen Karte (Westfalen um 1700) und einer Kartenskizze (Westfalen um 1808). VI, 331 S., 1912.
(Der Titel ist irreführend. Das Buch ist eine Geschichte Westfalens von der Steinzeit bis zum Ende des 19. Jahrhunderts. Da es sich aber auf das Gebiet der Provinz Westfalen von 1815 beschränkt, ist es wiederum keine „westfälische" Geschichte und liefert nirgends gesamtwestfälische Bilder. Gedacht als Handbuch für Seminaristen, beschäftigt sich gut ein Drittel des Buches mit Vorgeschichte, Wirtschaftsgeschichte, Kultur-, Kunst- und Schulgeschichte, Landwirtschaft, Verwaltungs- und Steuerwesen und Verkehrsgeschichte, recht

ausführlich auch und im „vaterländischen" Sinne mit dem Anteil der westfälischen Truppenteile an den Kriegen des 19. Jahrhunderts. Jedem größeren Abschnitt sind gute Literaturhinweise beigegeben, Quellennachweise dagegen nur ausnahmsweise. Im ganzen ist das Buch auf breiter Grundlage und sorgfältig gearbeitet, wenn es auch vielfach an überkommenen Vorstellungen festhält und sich gern in Einzelheiten verliert).

Philippi, F.: Geschichte Westfalens. 1926.
(berücksichtigt, wie Hartmann, nur das Gebiet der preußischen Provinz Westfalen; legt das Schwergewicht auf die Wirtschaftsgeschichte).

Rothert, H.: Westfälische Geschichte. Bd. 1: Das Mittelalter. XVI, 565 S., 34 Abbildgn., 17 Karten u. Pläne, 1949; 2. Aufl. mit Nachtrag von A. K. Hömberg, 1962, Bd. 2: Das Zeitalter der Glaubenskämpfe. VII, 376 S., 21 Abbldgn., 5 Karten u. Pläne, 1950. Bd. 3: Absolutismus und Aufklärung. VII, 472 S., 21 Abbldgn., 5 Karten u. Pläne, 1951. (LB 84).
(zu Rotherts Westf. Geschichte und den älteren Gesamtdarstellungen vgl. des Vfs. Besprechung in: Ravensberger Blätter 1950, L. 81–86, 142 f. Alle Besprechungen nennt F. Petri in: Westfalen 30 (1952), S. 225 ff.).

Hömberg, A. K.: Zum geschichtlichen Werden des Landesteiles Westfalen. In: Handb. d. hist. Stätten Deutschlands, Bd. 3, 1963, S. XLIX – CVI.
(Bis 1815 und mit einer Wirtschaftgeschichte des Ruhrgebietes. Fortgesetzt für das 19. u. 20. Jh. von W. Leesch; ebdt., 2. Auflage. 1970).

Hömberg, A. K.: Westfälische Landesgeschichte. Mit einer Faltkarte (Westfalen im 9.–10. Jahrhundert, Reichsgut, Burgen, Kirchen, Wege) und einem Geleitwort von Prof. Dr. Bauermann. 282, 4 S., 1967.
(posthume Veröffentlichung eines Vorlesungsmanuskriptes. „So kommt es, daß die neuzeitlichen Abschnitte nicht in solchem Maße durchgearbeitet sind wie ... die mittelalterlichen ..., daß das Buch keine allseitige und gleichmäßige Darbietung des Stoffes liefert, ... vielmehr jeweils bestimmte Sachverhalte herausstellt: .... Siedlung und Wirtschaft, „Landesorganisation" – weltliche wie kirchliche...!" (Geleitwort). – Die beigegebene, inhaltlich reiche, jedoch zu spärlich beschriftete Karte endet im Norden auf einer Linie Emsbüren - Bramsche - Windheim).

ABHANDLUNGEN UND SAMMELWERKE

Der Raum Westfalen. Im Auftrage der Provinz Westfalen hersg. von H. Aubin, O. Bühler u. a. (LB. 89).

Bd. I: Grundlagen und Zusammenhänge. 1931.

Bd. II, 1, 2: Untersuchungen zu seiner Geschichte und Kultur. 1934, 1955.

Bd. III: Untersuchungen über Wirtschaft, Verkehr und Arbeitsmarkt. 1932.

Bd. IV, 1: Wesenszüge seiner Kultur. 1958.

Bd. IV, 2: Beiträge zur Volkskunde und Baugeschichte. 1965.

Bd. IV, 3: Pieper, P.: Das Westfälische in Malerei und Plastik. 1964.

Bd. V, 1: Schwidetzki, J. u. H. Walter: Untersuchungen zur anthropologischen Gliederung Westfalens. 1967.

Schnath, G.: Hannover und Westfalen in der Raumgeschichte Nordwestdeutschlands. Mit 19 Karten und 4 Tabellen. 55 S., 1932.

Schnath, G.: Vom Sachsenstamm zum Lande Niedersachsen. Grundzüge der staatlichen Gebietsentwicklung im niedersächsischen Raum. Mit 6 Karten. 1966.
(vgl. die Besprechung Penners' in: Osn. Mittlgn. 74, S. 206).

Niedersachsen-Territorien – Verwaltungseinheiten – geschichtliche Landschaften. Hrzg. von L. Haase. 1971.
(die Beiträge über die ehedem westfälischen Länder Osnabrück (Penners) und Oldenburg (Haase) sind Kabinettstücke moderner Landesgeschichtsschreibung).

Geschichte des Rheinlandes von den ältesten Zeiten bis zur Gegenwart. Von H. Aubin, Th. Frings u. a. Bd. 1: Politische Geschichte; Bd. 2: Kulturgeschichte. 1922.

1000 Jahre deutscher Geschichte und deutscher Kultur am Rhein. Hrsg. von A. Schulte. 1925.

Deutsches Städtebuch. Handbuch deutscher Geschichte, hrgs. von E. Kayser. Bd. III, 1: Niedersachsen und Bremen; 2: Westfalen. 1952, 1954. 400 S., 396 S. (LB. 194).

Die Bau- und Kunstdenkmäler von Westfalen. Im Auftrage des Provinzialverbandes der Provinz Westfalen bearb. von A. Ludorff (u. a.) Bd. 1–48. 1893–1968.
(jedem Bande sind für Kreis und Orte geschichtliche Einleitungen beigegeben; von den älteren Bänden sind Neubearbeitungen teilweise in Vorbereitung).

Dehio, G. u. E. Gall: Handbuch der deutschen Kunstdenkmäler. Bd. 2: Niedersachsen und Westfalen. 2. Aufl. 1950.
(mit orts- und gebietsgeschichtlichen Einleitungen).

Handbuch der historischen Stätten Deutschlands. Bd. 2: Niedersachsen und Bremen. Hrsg. von K. Brüning. 1958; 3., verbesserte Aufl. 1969. Bd. 3: Landesteil Nordrhein. Hrsg. von W. Zimmermann und H. Börger. Landesteil Westfalen. Hrsg. von F. v. Klocke und J. Bauermann. 1963; 2., neubearbeitete Aufl. 1970.

Westfälische Lebensbilder. Im Auftrage der Historischen Kommission des Provinzialinstitutes für westfälische Landes- und Volkskunde hrsg. von A. Bömer und O. Leunenschloß (u. a.). Bd. 1–11, 1930–1975.

Schulte, W.: Westfälische Köpfe. 300 Lebensbilder bedeutender Westfalen. Biographischer Handweiser. 1963; 2., verbesserte Aufl. 1977.

Kunst und Kultur im Weserraum 800–1600. Ausstellung des Landes Nordrhein-Westfalen. Corweg 1966.

    Bd. 1: Beiträge. 1966.
    Bd. 2: Katalog. 1966.
    Bd. 3: Ostwestfälisch-weserländische Forschungen. Hrsg. von H. Stoob. 1970.

Hömberg, A. K.: Zwischen Rhein und Weser. Aufsätze und Vorträge zur Geschichte Westfalens. Mit 4 Karten. VIII, 279 S. 1967.

Bauermann, J.: Von der Elbe bis zum Rhein. Aus der Landesgeschichte Ostsachsens und Westfalens. Gesammelte Studien. 1968.

Rheinisch-Westfälische Rückblende. Hrsg. von W. Först. (= Beiträge zur neueren Landesgeschichte des Rheinlandes und Westfalens, Bd. 1, 1967; Bd. 2, 1968).

ZEITSCHRIFTEN

Archiv für Geschichte und Alterthumskunde Westfalens. Hrsg. von P. Wigand. 7 Bde. 1826–1838.
(fortgesetzt durch ,,Zeitschrift für vaterländische Geschichte und Alterthumskunde").

Zeitschrift für vaterländische Geschichte und Alterthumskunde. 1838 ff. Ab 1930: Westfälische Zeitschrift. Register für Bd. 1–50, 3 Bde., (1903–06); für 51–75, 2 Bde. (1930–31). Ergänzungsheft 1 (1894).
(ab Jahrgang 1874 sind die Bände unterteilt in die Abteilung I. Münster; Abteilung II, Paderborn).

Westfalen. Mitteilungen des Vereins für Geschichte und Altertumskunde Westfalens und des Landesmuseums der Provinz Westfalen. 1909 ff.

Westfälische Forschungen. Mitteilungen des Provinzialinstitutes für westfälische Landes- und Volkskunde. 1938 ff.

Westphalen und Rheinland. Hrsg. von W. Wenderoth u. a. Jg. 1–6, 1822–1827.

Westphalia. Zeitschrift für Geschichte und Alterthumskunde Westphalens und Rheinlands. Hrsg. von L. Tross. Jg. 1–3, 1824–1826.

Monatsschrift für rheinisch-westfälische Geschichtsforschung und Alterthumskunde. Hrsg. von R. Pick. Ab 1878: Monatsschrift für die Geschichte Westdeutschlands mit besonderer Berücksichtigung der Rheinlande und Westfalens. Jg. 1–7, 1875–1881.

Allgemeines Archiv für die Geschichte des Preußischen Staates. Hrsg. von L. von Ledebur. 17 Bde. 1830–1835.
(vornehmlich für *Westfalen*).

Blätter zur näheren Kunde Westphalens. Im Auftrag des Hist. Vereins zu Arnsberg hrsg. von J. S. Seibertz. Jg. 1–21, 1862–1884.

Beiträge zur Geschichte Dortmunds und der Grafschaft Mark. 1875 ff.

Jahrbuch des Emsländischen Heimatvereins. 1953 ff.

Beiträge zur Geschichte von Stadt und Stift Essen. 1881 ff.

Herforder Jahrbuch. Beiträge zur Geschichte der Stadt und des Stiftes Herford. 1960 ff.

Mitteilungen aus der lippischen Geschichte und Landeskunde. Ab 1957: Lippische Mitteilungen aus Geschichte und Landeskunde. 1903 ff.

Jahrbuch des Vereins für Orts- und Heimatkunde in der Grafschaft Mark, verbunden mit dem Märkischen Museum zu Witten. (Wittener Jahrbuch). 1886 ff.

Der Märker. Heimatblatt für den Bereich der ehemaligen Grafschaft Mark. 1951 ff.

Westphälische Provinzialblätter. Verhandlungen der Westphälischen Gesellschaft für vaterländische Cultur, Minden. Bd. 1–4, 1825–1847.

Mindener Jahrbuch. Bd. 1–9, 1925–1938.

Mindener Beiträge zur Geschichte, Landes- und Volkskunde des ehemaligen Fürstentums Minden. (= Mindener Jahrbuch, Neue Folge, Heft 1–15, 1950–1977.

Auf Roter Erde. Beiträge zur Geschichte des Münsterlandes und der Nachbargebiete. 1931 ff.

Jahrbuch für die Geschichte des Herzogtums Oldenburg. Ab 1914: Oldenburger Jahrbuch. 1892 ff.

Heimatstimmen aus dem Kreise Olpe. 1948 ff.

Mitteilungen des Vereins für Geschichte und Landeskunde (Historischen Vereins) von Osnabrück. 1848 ff.

Die Warte. Heimatzeitschrift für das Paderborner Land. 1933 ff.

Jahresbericht des Historischen Vereins für die Grafschaft Ravensberg. 1877 ff.

Ravensberger Blätter. Organ des Hist. Vereins für die Grafschaft Ravensberg. 1901 ff.

Zeitschrift der Vereine für Orts- und Heimatkunde im Veste und Kreise Recklinghausen. Ab 1940: Vestische Zeitschrift. 1891 ff.

Mitteilungen des Vereins für Geschichte, Altertümer und Landeskunde des Fürstentums Schaumburg-Lippe. 1904 ff.

Zeitschrift des Vereins für die Geschichte von Soest und der Börde. Ab 1953: Soester Zeitschrift. 1881 ff.

Geschichtsblätter für Waldeck und Pyrmont. 1901 ff.

Zeitschrift des Bergischen Geschichtsvereins. 1863 ff. Register für Bd. 1–30 von W. Harleß. Inhaltsverzeichnis für Bd. 1–77 in Band 80 (1963), S. 77–158.

Hansische Geschichtsblätter. 1871 ff.

Hessisches Jahrbuch für Landesgeschichte. 1951 ff.

Beiträge zur Geschichte des Niederrheins. Jahrbuch des Düsseldorfer Geschichtsvereins. 1886 ff.

Annalen des Historischen Vereins für den Niederrhein, insbesondere für die alte Erzdiöcese Köln. 185 ff.

Vaterländisches Archiv des historischen Vereins für Niedersachsen. Hrsg. von Spilcker u. Broennenberg.
Ab 1849: Archiv des historischen Vereins für Niedersachsen.
Ab 1852: Zeitschrift des historischen Vereins für Niedersachsen.
Ab 1924: Niedersächsisches Jahrbuch. 1835 ff.

Zeitschriftenschau regelmäßig in den Westf. Forschgn.

Wappen-, Siegel- und Münzkunde

Gritzner, E.: Heraldik. 2. Aufl. 1914. In: Grundriß der deutschen Geschichtswissenschaft, hrsg. von A. Meister.

von Spießen, M.: Wappenbuch des westfälischen Adels. 2 Bände, 1901, 1903.

Meyer, E.: Wappenbuch der westfälischen Gemeinden. 1940.

Ilgen, Th.: Sphragistik. 2. Aufl. 1912. In: Grundriß der deutschen Geschichtswissenschaft, hrsg. von A. Meister.

Philippi, F., G. Tumbült u. Th. Ilgen: Die westfälischen Siegel des Mittelalters. 4 Bände, gr. 1°, 1882–1890.
(„mustergültiges Werk wie keines in Deutschland." v. Klocke).

Kittel, E.: Siegel. Mit über 400 Abbildungen und 8 farbigen Tafeln. 1970.

Friedensburg, F.: Münzkunde und Geldgeschichte der Einzelstaaten des Mittelalters und der neueren Zeit. 1926. In: Handbuch der mittleren und neueren Geschichte, hrsg. von G. v. Below u. F. Meinecke.

HILFSBÜCHER

Leist, F.: Urkundenlehre. Katechismus der Diplomatik. Paläographie, Chronologie und Sphragistik. 2., verbesserte Aufl. Mit 6 Tafeln Abbildungen, 372 S. 1893.

Sturm, H.: Unsere Schrift. Einführung in die Entwicklung ihrer Stilformen. Reich illustriert. 162 S. 1961.

Cappelli, A.: Lexicon abbreviaturarum. Wörterbuch lateinischer und italienischer Abkürzungen, wie sie in Urkunden und Handschriften besonders des Mittelalters gebräuchlich sind, dargestellt in über 16 000 Zeichen, nebst einer Abhandlung über die mittelalterliche Kurzschrift, einer Zusammenstellung epigraphischer Sigel, der alten römischen und arabischen Zählung und der Zeichen für Münzen, Maße und Gewichte. 2. Aufl. 1928.

Grun, P. A.: Schlüssel zu alten und neuen Abkürzungen. Wörterbuch lateinischer und deutscher Abkürzungen des späten Mittelalters und der Neuzeit mit historischen und systematischen Einführungen. 1966.

Du Cange: Glossarium mediae et infimiae Latinitatis. Unveränderter Neudruck der Ausgabe 1883–1887. 5 Bände, 1954.

Habel, E.: unter Mitarbeit von F. Gröbel: Mittelllateinisches Glossar. 1931.

Mittellateinisches Wörterbuch bis zum ausgehenden 13. Jahrhundert. Hrsg. in Gemeinschaft mit der Bayrischen Akademie der Wissenschaften und der Deutschen Akademie der Wissenschaften in Berlin. Bd. 1, 2, Lfg. 1–7. 1959–1976.

Schiller, K. u. A. Lübben: Mittelniederdeutsches Wörterbuch. 6 Bände, 1875–1881.

Lasch, A. u. C. Borchling: Mittelniederdeutsches Handwörterbuch. Fortgeführt von G. Cordes. Bd. I, 1956.
(wird fortgesetzt).

Klöntrup, J. Ä.: Alphabetisches Handbuch der besonderen Rechte und Gewohnheiten des Hochstiftes Osnabrück mit Rücksicht auf die benachbarten westfälischen Provinzen. 3 Bände, 1798–1800.

Haberkorn, E. u. J. F. Wallach: Hilfswörterbuch für Historiker, Mittelalter und Neuzeit. 2., neu bearbeitete und erweiterte Aufl. 1964.
(Die ausgezeichneten Erläuterungen der Fachausdrücke des mittelalterlichen und frühneuzeitlichen Rechtes und Kirchenrechtes, der Grundherrschaft, des Lehnswesens, des Fehde- und Kriegswesens, der Verwaltung usw. machen das Buch für jeden, der sich mit Landesgeschichte beschäftigen will, unentbehrlich).

Grotefend, H.: Taschenbuch der Zeitrechnung des deutschen Mittelalters und der Neuzeit. 10. Aufl., hrsg. von Th. Ulrich. 1960.

Mooyer, E. F.: Verzeichnis der deutschen Bischöfe seit dem Jahre 900 nach Chr. Geb. Nebst einem Anhange die Würdenträger einiger Abteien und Ritterorden enthaltend. 1854.

Rothert, E.: Rheinland-Westfalen im Wechsel der Zeiten. Karten und Skizzen zur Förderung der Heimatgeschichte. 1900.
(ersetzt nicht den noch fehlenden historischen Atlas für Westfalen).

Schnath, G.: Geschichtlicher Handatlas Niedersachsens. 1939.

Niessen, J.: Geschichtlicher Handatlas der deutschen Länder am Rhein, Mittel- und Niederrhein. 1950.

Stoob, H.: Westfälischer Städteatlas. Lfg. 1, 1975.

Franz, G.: Bücherkunde zur deutschen Geschichte. 179 S. 1951
(unterrichtet, teils mit kurzen Wertungen und Hinweisen, über die großen Quellenveröffnetlichungen, über die großen quellenkundlichen Werke von Potthast bis Schnabel und über die wichtige Literatur; ein höchst willkommenes Hilfsbuch auch für die Landesgeschichte).

1. Teil

Westfalen im sächsischen Stammesverband

Der „Staat" der Sachsen

Herkunft der Sachsen

„Ich bin überzeugt, daß Hermann der Cherusker in westfälischem Dialekt gesprochen hat. Ich wüßte nicht, woraus man schließen könnte, daß er damals anders gelautet hätte wie heut in Paderborn und dem Teutoburger Walde." (Bismarck) – Auch ohne daß wir den Wortlaut der über die Weser hinweg geführten Wechselrede zwischen Arminius und seinem Bruder Flavus kennen, dürfen wir sagen, daß Arminius n i c h t westfälisch gesprochen hat; denn in seiner Zeit gab es noch keine „Westfalen".

„Westfälische Geschichte" beginnt nicht mit Arminius und der Varusschlacht, sondern – mutatis mutandis – mit dem ·„Herzog" Widukind. „U n u s   e x   p r i m o r i b u s   W e s t p h a l a o r u m" nennen ihn zeitgenössische Quellen. Als Völkerschafts- oder Stammesbezeichnung erscheint der Name „Westfalen" in der schriftlichen Überlieferung der Zeit erst im Jahre 775. Die Metzer Annalen berichten zu diesem Jahre, es seien die „Hostfali" die „una pars Saxoniae", die „Angari" die „altera pars", die „Westfali" die „tertia pars Saxonum".

Die Bedeutung des Namens ist umstritten. Schon der 100 Jahre später schreibende Poeta Saxo scheint sich Gedanken darüber gemacht zu haben. Die Westgrenze der „Westfali" sagt er, entferne sich nicht weit vom Rheine, die Grenze der „Osterludi", die auch „Ostfali" genannt werden, liege den Slaven gegenüber, zwischen beiden wohnen die „Angari". „Westfali" und „Ostfali" bedeuteten ihm wohl nichts anders als „Westleute" und „Ostleute". (Wenn der Name „Angari" auf die Angrivarier zurückzuführen ist, was möglich, aber nicht gesichert ist, wären die Angrivarier, die schon zu Tacitus' Zeiten beiderseits der Weser saßen, eine der wenigen, vielleicht die einzige germanische Völkerschaft, die nicht in den Strom der Völkerwanderung gerissen wäre).

Für die Herkunft dieses dreigeteilten S a c h s e n v o l k e s galt bisher die Nachricht des Ptolemäus (2. Jahrh. nach Chr.) als authentisch. Die Sachsen, berichtet er, hätten ursprünglich „auf dem Nacken des cymbrischen Chersones gesessen", d. h. in Jütland oder Holstein. Gegen die Richtigkeit dieser Nachricht haben sich jedoch Zweifel erhoben. So erschien es fraglich, daß schon zu Ptolemäus Zeiten der Name „Sachsen" überhaupt gebräuchlich oder bekannt gewesen wäre, und man war geneigt, hier einen Schreib- oder Hörfehler, „Saxones" statt „Aviones", anzunehmen und der Meinung der Archäologen zu folgen, nach der die später so genannten „Sachsen" in etwa die Nachfolger der Chauken wären, die zwischen Unterelbe und Unterweser bis nach Friesland hinüber gesessen haben. Die Anfänge der Bildung einer Völkerschaft – nicht eines „Stammes" – „Sachsen" sieht man heute eher in einer „Unruhebewegung", die im Gebiete nördlich der Elbmündung, im Lande Hadeln, um die Zeitenwende spürbar wird und von 150 bis 700 n. Ch. nach Süden und Südwesten fortgeschritten ist. In den „Gefolgschaften", wie sie aus germanischer Zeit glaubhaft überliefert sind, schlagen sich, je nachdem welche Anziehungskraft der Gefolgsherr ausübt, Angehörige, vornehmlich die Jungmannschaften v e r s c h i e d e n e r „Stämme" zu kriegs- und abenteuerlichen Verbänden zusammen. Sie ziehen in den Ländern umher, nicht mit Weib und Kind und großem Troß, sondern als kleine, aber disziplinierte und geübte Heerhaufen, verbreiten – wie die „Franken" als „Speerleute" (?) – als „Sachsen" d. h. „Messer"- oder „Kurzschwertleute" (?), Angst und Schrecken, beladen sich mit Beute und gehen wieder zurück. Die Landnahme und damit die Bewegung größerer Massen ist ein sekundärer Vorgang und folgt eher einem Sog, als daß sie von einem Druck her bewirkt wird. Chauken, Chamaven, Brukterer usw. werden nicht einfach aufgesogen, verschwinden nicht einfach; ihnen wird nur ein neuer Name beigelegt *(„vocabulum, recens et nuper additum")*, eben der Schreckensname jener, die sich bei ihnen festgesetzt oder zu denen sie sich selbst geschart haben, ein Vorstellungsbild, das sich dem neuerdings gewandelten Stammesbegriff anpaßt. War es früher allein blutmäßig bestimmt, erblickt man jetzt darin mehr eine „geschichtlich gewordene Einheit", an der viele Kräfte, im besonderen auch politische, beteiligt gewesen sind (Steinbach).

Name, Herkunft und Stammesbildung der Sachsen sind noch stark umstritten. Wenn darauf hingewiesen ist, daß der „Sachs" als Waffe erst in spätantiker Zeit, aus Asien kommend, in Europa bekannt wurde, als der Sachsen-Name längst bestand, mithin der Name nicht von der Waffe hergeleitet werden könne (Drögereit), möchte man dagegen geltend machen, daß das lateinische saxum (Stein) ursprünglich auch ein Steinmesser bezeichnet haben kann (vgl. skandinavisch saks = Schere). Der in vorgeschichtlichen Zeiten bekannte Dolch konnte sich leicht zu einer Art Kurzschwert entwickeln. Für ein Zusammenfließen verschiedener Worte zu – annähernd – ein und derselben Bedeutung spricht auch de Vries' geistvolle Betrachtung der sächsischen Stammessage und seine Frage nach den mythischen Hintergründen. Die Sage kennt den Sachs (Schwert) tragenden Gott Tiwaz (Tiu) und den Speer tragenden Wotan.

Umfangreiche Funde *spätantiker* Goldbrakteaken und goldener Schmuckstücke bei Sievern im Lande Hadeln haben neuerdings die These aufstellen lassen, daß dänische (wikingische) Kaufleute um 500 in dem vom Meere her auf einem schiffbaren Fluß zu erreichenden Ort S i e v e r n – wie in Haithabu – Handelsniederlassungen gegründet haben und daß diese Gruppen von Kaufleuten mit ihrem Gelde und ihrer Intelligenz weite Kreise Einheimischer an sich gezogen und sie, wie ähnliche Fälle zeigten, zu Unternehmungen benutzt hätten, die zur Bildung eines Stammes der Sachsen beigetragen haben könnten (Hauck). – Ob solche Erwägungen zeitlichen und räumlichen Bedenken gegenüber standhalten, fragt sich. Im 6. Jahrhundert standen die Sachsen bereits zwischen Hase und Hunte.

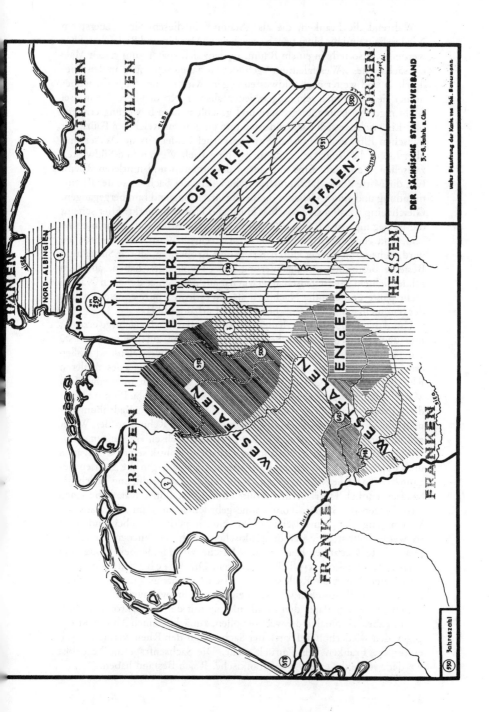

Westfalen im sächsischen Stammesverband

Während die Franken, die als „Stamm" in diesem Sinne zuerst am Niederrhein und bis hinauf nach Osnabrück, Minden und Bielefeld faßbar werden –, also teils in einem Raum, in dem sich später zum ersten Male ein sächsisches „Westfalentum" gebildet zu haben scheint –, an den Niederrhein und weiter nach Südwesten zogen, wird bei den Sachsen, woher immer sie gekommen sein mögen, jedenfalls von Norden her, eine in drei Richtungen verlaufende, größere und geschlossenere Bewegung erkennbar. Eine richtete sich nach Südosten und ging in das Reich der Thüringer zwischen Elbe und Weser, die zweite verlief beiderseits der Weser und überflutete die Angrivarier, die dritte ging nach Westen und Südwesten zwischen Weser und Ems und gegen den unteren und mittleren Rhein. Um die Mitte des 4. Jahrhunderts stehen Teile der Sachsen an der Rheinmündung und sind vielleicht von hier aus nach England hinübergegangen. Gleichzeitig werden sie zwischen Hase und Hunte bemerkt. Hier scheint die Bewegung etwa 100 bis 200 Jahre lang zum Stillstand gekommen zu sein, und eben hier, wo heute noch das reinste Westfälisch gesprochen wird, scheint sich jener durch Krieg und Eroberung, durch Sieger und Besiegte bestimmte Amalgamierungsprozeß vollzogen haben, aus dem schließlich ein Menschenschlag erwuchs, auf den keiner der alten Namen mehr paßte und den die Nachbarn als „Westleute" bezeichneten, wobei der Sammelname „Sachsen" bekannt und erhalten blieb.

Um das Jahr 500 n. Chr. haben die Sachsen das Wiehengebirge erreicht und überschritten. 556 machen sie einen Vorstoß auf Deutz. Um 700 unterwerfen sie die Boruktuarier im heutigen Mittelwestfalen und stoßen erneut gegen die Franken vor, die seit 300 n. Chr. beiderseits des mittleren Rheins und im alten Gallien Fuß gefaßt hatten. Daraufhin unternahm Karl Martell Heereszüge gegen die Sachsen (715, 718). Sein Sohn Pippin nimmt die Abwehr der ständig wieder auflebenden sächsischen Bedrohung erneut auf. Er ist in wiederholten Kriegszügen bis Rehme an der Weser gekommen und hat zeitweise Tribute von den Sachsen erzwungen.

Karl der Große setzte also nur die sächsische Politik seines Großvaters und Vaters fort, als er im Jahre 772 seinen Krieg gegen die Sachsen begann. Er m u ß t e sie fortsetzen, wenn er der Beunruhigung durch die Sachsen endlich Herr werden wollte. Die Vorstellung, Karl habe einen Krieg gegen die Sachsen vom Zaune gebrochen mit dem Ziele, aus der Vereinigung aller germanischen Völker ein „imperium" zu begründen, ist so wenig haltbar, wie der in fränkischen, d. h. kirchlichen, Berichten propagierte Gedanke, Karl sei der Kirche zur Heidenbekehrung und christlichen Mission verpflichtet gewesen. Die K i r c h e hatte schon seinem Vater Pippin die Rolle eines „patricius Romanus" als des Beschützers der abendländischen Christenheit zugedacht; wie auch die Frage erhoben ist, ob der Papst den Frankenkönig mit der Kaiserkrönung überrascht habe. – Einmal in die wechselvollen, zunächst reinen Abwehrkriege gegen den wiederholten Druck der Sachsen auf den Rhein verbissen, gab es für die Franken kein Zurück mehr. Die Sachsenfrage mußte gelöst werden, sollte ihr eigenes, das fränkische, Reich Bestand haben.

Der „Staat" der Sachsen

Das sächsische Stammesreich

Vielleicht hat Karl die Widerstandskraft der Sachsen anfänglich unterschätzt. Der straffen Organisation seines eigenen Staatswesens mit dem allbeherrschenden Königtum an der Spitze, dem einheitlichen Oberbefehl im Kriege und der überlegenen, aus gallo-romanischen Erbe übernommenen Kriegstechnik stand auf Seiten der Sachsen ein weit lockeres Gebilde gegenüber. Bei ihnen allein hatte sich die republikanische Staatsform der Völkerwanderungszeit erhalten, mit allen Vorzügen, aber auch mit allen Nachteilen. Diese machten sich immer dann bemerkbar, wenn es in Krisenzeiten und in schweren kriegerischen Auseinandersetzungen nicht gelang, die Kräfte einheitlich zusammenzufassen.

Der sächsische Stammesverband zerfiel in drei „Provinzen": Ostfalen, Engern und Westfalen, die wiederum in „Gaue" unterteilt waren. Die Sachsen hätten, so berichtet die ältere Vita Lebuini, keine Könige gehabt, sondern „per pagos satrapas constitutos", gewählte Gauführer. Es habe „viele" solcher „satrapae" – das Wort ist der Septuaginta entlehnt – gegeben, bemerkt Beda Venerabilis. Die Zahl der Gaue und Gauführer mag nach vorsichtiger Schätzung insgesamt 60 bis 80 betragen haben. An der Spitze jeder der drei Provinzen soll nach Widukind von Corvey (Res gestae Saxonum, beendet um 967) ein „princeps" (Fürst) gestanden haben. Gauführer und Fürsten wurden ausschließlich aus dem Kreise der Edelinge gewählt; denn nach germanischer Anschauung war nur der Adel zum Herrschen bestimmt. In Kriegszeiten allein wählten die Sachsen einen „Herzog" als militärischen Führer. (Ob er in jedem Falle den Oberbefehl über die gesamte sächsische Streitmacht gehabt oder jeweils nur den über die „Heerschaft" der Provinz, bleibt fraglich; die Sachsen sind später, in den Kriegen Heinrichs IV. z. B., noch in ihren Heerschaften getrennt zu Felde gezogen). Über allen, Gauführern, Fürsten und Herzog, aber stand die allgemeine Volksversammlung, das „generale concilium". Es tagte einmal im Jahre „in media Saxoniae" zu Marklo. Der Ort, vermutlich nur eine Waldlichtung oder ein ähnlicher Platz, ist am ehesten an der mittleren Weser zu suchen, etwa auf der Höhe von Nienburg, dort, wo eine uralte Straße, die „via publica dicta folkweg", an die Weser herankommt und durch eine etwas nördlich gelegene Furt Fortsetzung nach Osten hatte. Zu der Versammlung erschienen alle Gauführer und aus jedem Gau als gewählte Vertreter der drei Volksstände 12 Edelinge, 12 Frielinge und 12 Laten. Es war also die gesamte rechtsfähige Bevölkerung vertreten. Die Versammlung behandelte die allgemeinen Landesangelegenheiten und beschloß im besonderen über Krieg und Frieden. (Die Ansicht, die Marklo-Versammlung sei eine Fiktion, der Schreiber der Vita Lebuini habe vielmehr den Sachsen eine für die Zeit ganz ungewöhnliche Verfassung angedichtet, weil sie in Wirklichkeit überhaupt keine Verfassung gehabt hätten (Hömberg), hat keine Zustimmung gefunden).

Über das Werden des sächsischen „Staates" und seines inneren Gefüges können wir uns nur sehr vage Vorstellungen machen. Die Sachsen sind als Eroberer gekommen und in der Wahl ihrer Mittel nicht wählerisch gewesen. So wird glaubhaft berichtet, daß sie gelegentlich die adelige Führerschicht eines benachbarten, befreundeten oder verbündeten Stammes zu Gastmälern einluden und sie dabei hinterrücks umbrachten. Das Volk, seiner Führer beraubt, pflegte sich dann auf Gnade und Ungnade den Fremden auszuliefern. Soweit sich die Freien unter den Besiegten nicht freiwillig als Bundesgenossen zur Verfügung stellten, wurden sie mit der Waffe niedergeschlagen und in die Unfreiheit herabgedrückt. In jedem Falle verloren sie die vollen Rechte ihrer einstigen Freiheit, auch wenn sie als „Frielinge" (Halbfreie, Minderfreie?) weiterleben durften. Den hohen Stand der fränkischen bürgerlichen „Gemeinfreien" hat es bei den Sachsen nicht gegeben. Die Eroberer allein warfen sich zum höchsten Stand der „nobiles" und der „liberi" auf. Nur vereinzelt mögen alteingesessene Adelsgeschlechter in diesen Kreis aufgenommen sein. Dafür spricht, daß z. B. bestimmte typisch cheruskische Namen auf -dag, wie „Fridag", sehr früh unter den ersten urkundlich faßbaren sächsischen Adeligen in karolingischer Zeit auftauchen (Edvard Schröder). Im übrigen zerfielen die sächsischen Edelinge wieder in zwei Schichten: eine Schicht fürstenmäßiger Geschlechter, die auf Großgrundbesitz gestützt sind, wie das Geschlecht Widukinds, und in eine niedrigere, aber sehr zahlreiche Schicht von Landjunkern, die sich im Zuge der Eroberung kleinere Grundherrschaften gebildet hatten (v. Klocke). Die seit der Zeitwende in die germanische Welt langsam eingedrungenen Begriffe des römischen Kriegsrechtes, die „deditio" (Ergebung auf Gnade und Ungnade anstelle der bisher üblichen Ausräumung oder Versklavung der Besiegten) und die „manumissio" (Freilassung) haben anscheinend in diese Verhältnisse hineingespielt, im besonderen auch die frühe Ausbildung der Grundherrschaften mit ihren unfreien, aber nicht rechtlosen Laten oder Liten gefördert. Das soziale Bild der sächsischen Ständeordnung gewinnt gerade durch die letzteren ihr besonderes Gepräge. Auch in der Verfassung macht es sich bemerkbar. Während nämlich die Liten der Franken weder kriegsdienstfähig waren noch politische Rechte hatten, entsandten die sächsischen Laten zu der obersten Volksversammlung eigene, aus ihrer Mitte gewählte Vertreter. Das Verhältnis der drei Stände zueinander drückt sich im übrigen in dem Wergeld aus, wie es die Lex Saxonum vom Jahre 802/803 wiedergibt: 12:6:4. (Der Stand der völlig rechtlosen Sklaven wird bei den Sachsen, wenigstens in der vorchristlichen Zeit, natürlich auch bestanden haben). Die im Vergleich zu den Franken gehobene Rechtsstellung der sächsischen Laten scheint in der großen kriegerischen Auseinandersetzung der Sachsen und Franken eine entscheidende Rolle gespielt zu haben. Der drohende Verlust dieser Rechte dürfte es nicht zuletzt gewesen sein, der die Masse der Bevölkerung, eben die Laten, in erbittertem Widerstand gegen die Franken verharren ließ. Widukinds, des Herzogs, Stellung stützte sich vornehmlich auf sie, während der Adel, vielleicht in besserer Einschätzung der beiderseitigen politischen und militärischen Kräfteverhältnisse, im Verlauf des Krieges mehr und mehr zu den Franken neigte.

Der Staat der Sachsen

QUELLEN

Vita Lebuini antiqua. Hrsg. von A. Hofmeister. In: MG SS 30, 2, S. 789 bis 795.
(„um 880–900 entstanden, enthält jedoch in deutlicher Abzeichnung die verschollene, um 800 entstandene Vita Lebuini antiquissima mit den einzigen, als gesichert geltenden zeitgenössischen Nachrichten aus dem vorkarolingischen Sachsen, u. a. von der Marklo-Versammlung, auf der der hl. Liafwin (Lebuin, Levin) als Missionar selbst zugegen gewesen sein will." (von Klocke). – Die jüngere, von Hucbald verfaßte Vita Lebuini ist unzuverlässig).

LITERATUR

Drögereit, R.: Fragen der Sachsenforschung in historischer Sicht. In: Niedersächs. Jahrb. für Landesgesch., 31 (1959), S. 38–76.

de Vries, J.: Die Ursprungssage der Sachsen. In: Niedersächs. Jahrb. für Landesgesch. 31 (1959), S. 20–37.

Tackenberg, K.: Chauken und Sachsen. In: Nachr. aus Niedersachsens Urgeschichte, Nr. 8 (1934), S. 21–43. In: Niedersächs. Jahrb. für Landesgesch. 11 (1934).

Zylmann, P.: Der Ursprung der Sachsen. In: Nachr. aus Niedersachsens Urgeschichte, Nr. 9 (1935), S. 74–83. Mit einem Nachwort von Kahrstedt, S. 84 f. In: Niedersächs. Jahrb. für Landesgesch. 12 (1935).

Carsten, R. H.: Chauken, Friesen und Sachsen zwischen Elbe und Flie. 98 S. 1948 (LB 105)

Schröder, Edw.: Sachsen und Cherusker. In Nidersächs. Jahrbuch für Landesgesch. 10 (1933), S. 5–28.

Brandi, K.: Stammesgrenzen zwischen Ems und Weser. In: Osnabr. Mittlgn 18 (1893), S. 1–14.

Lintzel, M.: Zur Entwicklungsgeschichte des sächsischen Stammes. In: Sachsen und Anhalt 3 (1927), S. 1–46.

Lintzel, M.: Untersuchungen zur Geschichte der alten Sachsen. In: Sachsen und Anhalt 5 (1929), S. 1–37; 6 (1930), S. 1–24; 10 (1934), S. 30–70; 13 (1937), S. 28–77.

Lintzel, M.: Der sächsische Stammesstaat und seine Eroberung durch die Franken. 1933. (= Eberings Historische Studien 227).

Entstehung und Verfassung des Sachsenstammes. Hrsg. von W. Lammers. 1967. (= Wege der Forschung 50). Mit Beiträgen von Drögereit, Hagemann, Hofmeister, Wenzkus, Philippi).
(sehen den Sachsenstaat Lintzels nur als losen Stammesverband; reiche Literaturangaben).

Heck, Ph.: Untersuchungen zur altsächsischen Standesgliederung. 1936.

Hauck, K.: Goldbrakteaken aus Sievern. 1970.

Die Sachsenkriege Karls des Grossen und die Einfügung des sächsischen Reiches in den Staat der Franken

Verlauf des Krieges bis zur Taufe Widukinds

Auf einem Reichstage in Worms, im Sommer des Jahres 772, hatte Karl den Krieg gegen die Sachsen beschlossen und war mit Heeresmacht, durch Hessen anmarschierend, in Sachsen eingerückt. Zu größeren Kämpfen ist es aber weder in diesem noch in den nächsten Jahren gekommen. Die Sachsen verhielten sich, entgegen ihrer sonstigen Gewohnheit und Kriegstaktik, die ganz auf Angriff eingestellt war, abwartend und verharrten mehr oder weniger in der Defensive. Die Feindseligkeiten beschränkten sich auf Kämpfe um Burgen und befestigte Plätze. Die Eresburg (Obermarsberg) wechselte ein halbes Dutzend Male die Besitzer. Ein sächsisches Heiligtum, wohl eine der Irminsulen, Säulen, die den Träger des Weltalls symbolisieren sollten, wurde von den Franken zerstört, der Ort Fritzlar im Hessischen wurde auf einem Vorstoß der Sachsen nach Süden von den Sachsen genommen, dagegen widerstand die fränkisch besetzte Buriaburg auf dem rechten Ufer der Eder ihren Angriffen. 775 verloren sie ihren Stützpunkt Sigiburg (Hohensyburg) und konnten Karl nicht hindern, nach einem für ihn erfolgreichen Treffen am Brunsberge bei Höxter die Weser zu überschreiten und nach Ostfalen bis zur Elbe vorzudringen. Die überraschten Ostsachsen unterwarfen sich. Karl wandte sich nach Westfalen zurück, nachdem ein dort allzu sorglos operierender fränkischer Heeresteil bei Hlidbeki (Lübbecke) von den Sachsen überfallen und nahezu vernichtet war. Die Westfalen sollen sich, so wird berichtet, als harmlose Bauern gekleidet und ihre Waffen versteckt tragend, unter die fränkischen Futterholer gemischt und sich ins Lager der Franken geschlichen haben, während diese ihre Mittagsruhe hielten, und dort über die Schlafenden hergefallen sein. Der Bericht entbehrt nicht der Glaubwürdigkeit; denn seine Quelle sind die nach dem Tode Karls revidierten und neugefaßten Fränkischen Reichsannalen (früher fälschlich als „Annales qui dicuntur Einhardi" dem Biographen Karls, Einhart, zugeschrieben, weil sie in einigen Handschriften unmittelbar auf Einharts „Vita Caroli" folgen). Während nämlich die Reichsannalen erster Fassung („Annales regni Francorum", auch „Annales Laurissenses majores" genannt, weil sie im Kloster Lorsch bei Worms fortgesetzt sind), zu Lebzeiten Karls alljährlich niedergeschrieben und in Karls Gegenwart vorgelesen, alles den Franken Nachteilige entweder verschweigen oder in einen Sieg ummünzen, werden die Ereignisse in der revidierten Fassung, als man auf die Person Karls keine Rücksicht mehr zu nehmen brauchte, nicht nur ausführlicher, sondern auch unbefangener, objektiver und wahrheitsmäßiger, oft sogar unter Nennung von Augenzeugen und Mitkämpfern, dargestellt.

Die Sachsenkriege Karls des Großen

Trotz dieser mehr als Kleinkrieg und nur zur Sommerzeit geführten Kämpfe zeichnet sich nach den ersten 5 Kriegsjahren ein für die Franken bemerkenswertes Ergebnis ab. Im Jahre 777 konnte Karl im Lande der Engern, an den Quellen der Pader (Paderborn), eine allgemeine Reichsversammlung abhalten. (Paderborn, begünstigt durch die Lage in einem Talkessel mit seinen nahezu 200, zum Teil warmen Quellen, ist damals bereits eine größere, wenn auch lockere Niederlassung gewesen. Ihr einen stadtähnlichen Charakter zuzusprechen oder gar zum „Vorort" Westfalen zu stempeln (Ortmann), dürfte jedoch nicht angehen). Hierzu erschienen auf Aufforderung des Königs aus allen Teilen Sachsens Abgesandte, gelobten ihre Unterwerfung und bekräftigten sie durch feierliche Eide. Karl schätzte seine Position in Sachsen damit bereits als so befestigt ein, daß er daran denken konnte, christliche Missionare aus Franken nachzuholen und ihnen für die Missionierung des Landes bestimmte, näher begrenzte Bezirke zuzuweisen. Gehorsam dem königlichen Befehl nahmen sie ihre Tätigkeit sogleich auf, mußten aber für die nächste Zukunft erhebliche Rückschläge erleiden und vielfach Blutopfer bringen.

Auch im übrigen dürfte Karl seine Lage in Sachsen zu diesem Zeitpunkt zu günstig beurteilt haben. In den Berichten über die Reichstage zu Paderborn wird nämlich zum ersten Male der Name desjenigen Mannes genannt, der in der Folgezeit, für die nächsten 8 Jahre, die Führung des Krieges auf Seiten der Sachsen in seine Hand nahm und die Feindseligkeiten zu einem Kriege großen Stiles ausweitete mit dem Ziele, die letzte Entscheidung zu erzwingen, der Name Widukinds. „Im Bewußtsein seiner vielen Übeltaten", sagen die fränkischen Quellen – nur solche stehen für den ganzen Verlauf des Krieges zur Verfügung –, blieb er als einziger der sächsischen Großen der Versammlung fern. Er ist also an den Ereignissen der vorangegagenen Jahre nicht unbeteiligt gewesen.

Schon im Jahre darauf kündigt sich eine Wendung an. Die Sachsen werden offensiv. Während Karl in Spanien weilt, stoßen sie gegen den Rhein auf Deutz und Koblenz vor. Aber Karl übt Vergeltung. 779 marschiert er von der Lippemündung her in Westfalen ein. Die Sachsen werden in mehreren kleinen Treffen geschlagen. Karl dringt über Osnabrück bis nach Medofulli (vielleicht Medefeld, eine größere Flur westlich Vlotho) vor. Widukind entzieht sich der drohenden Gefangenschaft durch die Flucht zu seinen königlichen Verwandten in Dänemark. Er ist zwei Jahre dort geblieben, so daß Karl im Jahre darauf Gelegenheit fand, eine neue Reichsversammlung an den Quellen der Lippe (Lippspringe) abzuhalten und von dort aus nach Ostsachsen bis an die Elbe vorzudringen, ohne auf nennenswerten Widerstand zu stoßen. Er betrachtete ganz Sachsen nunmehr schon als einen Teil seines Reiches und entschloß sich, die innerpolitischen Verhältnisse des eroberten Landes durch Gesetze zu regeln. Auf der dritten Reichsversammlung, wiederum in Lippspringe, richtete er für das ganze Land eine Verwaltung nach fränkischem Muster ein. Das Land wurde in kleine Bezirke, „Grafschaften", etwa von der Größe eines heutigen Landkreises, eingeteilt und an ihre Spitze ein beamteter Verwaltungsmann gestellt.

Westfalen im sächsischen Stammesverband

Im Lande umherreisenden K ö n i g s b o t e n („missi") stellen eine höhere Verwaltungsinstanz dar. Die Amtssitze des Grafen wurden gern zu befestigten K ö n i g s h ö f e n („curtes") ausgebaut (Erwitte, Schieder, Westhofen, Dortmund u. a.) und mit einer militärischen Besatzung belegt, so daß sie im Kriegsfalle als Etappenstation dienen konnten.

Eine zweite, nicht weniger einschneidende Maßnahme war die Einführung einer allgemeinen Kirchensteuer, des sogenannten „Zehnten". Nach dem mittelalterlichen, im wesentlichen noch heute gültigen Kirchenrecht („jus canonicum") mußte der „Tisch" (mensa) eines jeden Pfarrers, d. h. sein Lebensunterhalt, gesichert sein. Das geschah einmal dadurch, daß jede Pfarrkirche mit Grundvermögen ausgestattet werden mußte, zum andern dadurch, daß jedes „Pfarrkind" (parrochianus) den zehnten Teil des Ertrages seines Vermögens und seiner Arbeit alljährlich an die Kirche abzuführen hatte.

Aufgehoben wurde das freie Versammlungsrecht, verboten die allgemeine Volksversammlung (Marklo). Darüber hinaus wurde durch die berühmte und berüchtigte „Capitulatio de partibus Saxoniae" ganz Sachsen unter S t a n d r e c h t gestellt, wie es unter Kriegführenden üblich ist. Das harte Kriegsrecht dieser Capitulatio vom Jahre 782 bedrohte fast jeden Verstoß gegen die Gebote des fränkischen Staates und gegen die Gebote und Einrichtungen der Kirche mit dem Tode.

Karl hatte den Bogen überspannt! Widukind kehrte aus Dänemark zurück. Die Masse des empörten Volkes strömte ihm wieder zu. Ein vornehmer Sachse, Emmich, der sich den Franken zur Verfügung gestellt hatte, wurde im Lerigau (westlich der Hunte um Cloppenburg) erschlagen, dort tätige Missionare wurden vertrieben oder erschlagen. Es gelang Widukind in Kürze, eine Streitmacht zu sammeln. Er stellte sie auf dem rechten Weserufer bereit, hart ostwärts von Minden am Nordhang des S ü n t e l – im Mittelalter trug der ganze Bergzug von Osnabrück über die Weser hinüber bis hinunter zum Ith diesen Namen – vielleicht unter Benutzung einer befestigten, burgartigen Anlage (Nammer Lager). Die Franken erfuhren erst davon, als sie sich zu einem Kriegszuge gegen die aufständischen Sorben an der Elbe rüsteten. Eine fränkische Heeresabteilung, darin zum ersten Male sächsische Aufgebote, unter dem Grafen D i e t r i c h war vom Niederrhein her auf dem Marsche nach Osten, eine andere unter dem Kämmerer A d a l g i s, dem Marschall G e i l o und dem Pfalzgrafen W o r a d rückte von Südwesten her, wohl über den Hellweg, ebenfalls nach Osten vor. Als fränkische Späher dem Grafen Dietrich die alarmierende Nachricht von sächsischen Truppenkonzentrationen jenseits der Weser überbrachten, veranlaßte er, daß Adalgis, Geilo und Worad ihren Marsch nach Osten aufgaben und nach Norden umschwenkten. Beide Gruppen vereinigten sich hart südlich der Weserscharte in der Gegend von R e h m e, vielleicht auf dem „Hahnenkamp" (hohen Kamp). Die Führer hielten Kriegsrat und beschlossen, die Sachsen umfassend anzugreifen und in die Zange zu nehmen. Die Gruppe Adalgis-Geilo-Worad sollte die Weser ein Stück südwärts, etwa in Gegend des heutigen Rinteln, auf einer dortigen Furt überschreiten, den Bergzug durch die Pässe bei Steinbergen überqueren und die Sachsen von Osten angreifen,

Die Sachsenkriege Karls des Großen

während Dietrich den Weserübergang von seinem Standlager aus erzwingen und gleichzeitig von Westen her den Angriff führen sollte. Der Plan macht dem strategischen Denken der fränkischen Militärs alle Ehre. Er war nicht schlecht, wurde aber von Adalgis, Geilo und Worad zuschanden gemacht. Nachdem sie, ohne auf Widerstand zu stoßen, den Übergang über Fluß und Berg überraschend leicht gewonnen hatten, warteten sie nicht ab, bis auch Dietrich, was gewiß nicht so leicht gewesen wäre, das rechte Weserufer gewonnen hätte. Sie beschlossen, so berichten die Reichsannalen 2. Fassung, die Früchte des nahegeglaubten Sieges allein zu pflücken und griffen aus der Marschkolonne heraus vorzeitig an. Sie trafen die Sachsen, denen die fränkischen Bewegungen natürlich nicht verborgen geblieben waren, in wohlvorbereiteter Stellung an und wurden vernichtend geschlagen. Adalgis, Geilo und 4 fränkische Grafen fielen im Kampfe, nur Reste fluteten durch die Berge zurück, durchschwammen oder durchwateten ein zweites Mal die Weser und retteten sich zu Dietrich, der noch auf dem linken Ufer stand.

Wir dürfen annehmen, daß Widukind selbst die Sachsen in der Schlacht am Süntel geführt hat. Aber es ist ihm nicht möglich gewesen, seinem Gegner etwa durch eine sofort einsetzende energische Verfolgung hier an der Weser ein Waterloo zu bereiten. In diesen Tagen, als das Kriegsglück Widukind die Hand bot, einen taktischen Erfolg auf dem Schlachtfelde zu einem strategischen Sieg auszuweiten, trat ihm das Schicksal in den Weg.

Wie es sich im einzelnen zugetragen hat, wissen wir nicht. Der Adel, seine eigenen Standesgenossen, die, wie offenkundig ist, von Anfang an den Franken mehr geneigt waren, müssen ihm in diesem Augenblick in den Rücken gefallen sein. Ja, es muß, so unglaublich es klingt, zu einem schweren Bruderkampf oder ähnlichen Gewalttätigkeiten gekommen sein. Wie wäre es anders möglich gewesen, daß fast die ganze Streitmacht Widukinds, 4500 Männer, in die Hände der Gegner aus den eigenen Reihen fiel? Widukind selbst rettete sich wieder durch die Flucht. Seine Kampfgefährten vom Süntel wurden als Gefangene von den eigenen Landsleuten hinweggeführt. Als Karl in Eilmärschen herankam, lieferte der Adel sie ihm aus, damit er nach Kriegsrecht über sie als Hochverräter richtete: „ad occidendum", wie die Quellen wörtlich melden.

Das Blutbad von Verden ist kein Ruhmesblatt in der Geschichte des „großen" Karl, der er trotzdem bleibt. Hätte er Milde walten lassen sollen? Der Krieg kennt keine Milde. Haben die wütenden Franken die wehrlosen Gefangenen bei der ersten Begegnung zusammengeschlagen? Ist der Rest nach förmlichem Verfahren gerichtet worden? Das alles kann man fragen; doch alle Versuche, das schaurige Ereignis durch gezwungene Ausdeutung der Quellentexte aus der Welt zu diskutieren, haben sich als verfehlt erwiesen. „*Omnes una die decollati sunt*", die Hammerschläge dieser Worte des amtlichen Berichtes der Reichsannalen dröhnen lauter als alle Künste interpretationswütiger Geister.

Das Verdener Blutgericht kann ein bloßer, im Affekt begangener Racheakt gewesen sein, es kann auch die Tat eines Herrschers gewesen sein, der sein unbedingtes Herrschertum durch unbedingte Gewalt über Leben

Westfalen im sächsischen Stammesverband

und Tod von Tausenden offenkundig machen wollte; es kann sogar aus einer gewissen politischen Zwangslage heraus erfolgt sein, daß Karl dem ausdrücklichen Verlangen des sächsischen Adels nachgeben mußte. Als „Sachsenschlächterei" kann man es jedenfalls nicht abtun. Die grausige Scheußlichkeit ist durch nichts zu beschönigen oder zu entschuldigen. Nicht ungefragt aber bleibt: Wer trug die größere Schuld, Karl oder der sächsische Adel? Die Antwort ist uns verschlossen.

Karl konnte in Verden wohl ein Exempel seiner Macht und seines Machtwillens statuieren, aber kein lähmendes Entsetzen verbreiten. Dem Menschen des Mittelalters, gleichgültig an welchen Gott er glaubte, an einen „christlichen" oder einen „heidnischen", war der Tod kein Schrecknis. Für ihn begann das Leben erst mit dem Tode. Bestehen blieb nur eins und das als göttliches Gebot: die Rache.

Schon im Jahre darauf ist Widukind wieder da. Noch einmal reißt er alle mit sich fort, dieses Mal entschlossen, die Entscheidung herbeizuführen. Zweimal treten sich die Gegner in offenen Felde gegenüber. Das Jahr 783 sieht die beiden einzigen, wirklich großen Feldschlachten des langen Krieges. In der ersten, bei Detmold, kämpfen beide Parteien vergeblich um den Sieg. Karl bricht den Kampf ab und geht nach Paderborn zurück, um Verstärkungen heranzuziehen; Widukind weicht in der gleichen Absicht nach Nordwesten aus. In der Nähe von Osnabrück, an der Hase, treffen sie kurz darauf erneut aufeinander. Die Sachsen erleiden eine vernichtende Niederlage.

Der Krieg ist damit entschieden. Widukind irrt noch ein Jahr lang flüchtig im Lande umher, während Karl letzte Widerstände in Westfalen mühelos niederwirft. Gegen Ende des Jahres 784 stehen die Franken an der Weser in Gegend Petershagen bei einem Ort Uculvi (vermutlich alter Name für Petershagen) und verbringen den Winter in Lügde. Als Karl 785 in Paderborn eine vierte Reichsversammlung abhält, bietet Widukind seine Unterwerfung an, folgt dem König nach Zusicherung freien Geleites nach Franzien, läßt sich in Attigny taufen, nimmt Taufgeschenke entgegen und darf in sein Land zurückkehren. Sein Name wird in der zeitgenössischen Geschichtsschreibung nicht wieder genannt.

Das Leben dieses Mannes sollte weniger in seinem „Heldentum" gesehen werden, als vielmehr in seiner Tragik: ein Feuerkopf, ein glänzender Redner und hinreißender Führer, der „gefährlichste Feind der Franken" – alle diese Eigenschaften legen ihm die Quellen ausdrücklich bei –, ein tapferer Krieger im aussichtslosen Kampf gegen einen übermächtigen Feind, mit seinen Standesgenossen, die ihm mißtrauen und argwöhnen, daß er nach der Alleinherrschaft strebe, zerfallen, ständig auf der Flucht, gejagt und gehetzt, selbst nach der siegreichen Schlacht am Süntel wieder auf der Flucht. Schließlich die Taufe – warum? Aus Verzweiflung, aus Verzicht, aus Politik? Nicht in seine Heimat, nach Wildeshausen, durfte er zurückkehren. Dort hätte man ihn totgeschlagen, denn dort wurde weitergekämpft, sondern in seine Besitzungen um Enger. Hier durfte er leben, bewacht von fränkischen, gerade um Enger besonders dicht angesiedelten Besatzungskriegern, hier durfte er sterben (vgl. die Bemerkung zu Lobbedey im Literaturverzeichnis).

Die Sachsenkriege Karls des Großen

Nach den jüngsten Grabfunden in Enger braucht kaum noch bezweifelt zu werden, daß Widukind den Rest seines Lebens, zwei, vielleicht drei Jahrzehnte, hier verbracht hat. Für die Mitwelt war er nun tot. Die zeitgenössischen Quellen, ausnahmslos fränkische, nennen ihn nicht mehr. Von allen Geschehnissen, die ihm für diese Zeit noch zugeschrieben werden, gehen nur zwei auf schriftliche Überlieferung zurück; die eine: in Enger soll er eine kleine Kirche, eine cellula, gebaut haben, die andere: er soll einen Pferdedieb haben steinigen lassen. Erstere Nachricht bringt die ältere, 100 Jahre nach Widukinds Tode geschriebene, aus Wundergeschichten, Erfindungen und antiken Entlehnungen zusammengestoppelte, als Quelle wenig zuverlässige Lebensbeschreibung seine Urururenkelin Mathilde; die jüngere Fassung kennt sie nicht. Die zweite Nachricht, aus der ein halbes Jahrhundert früher geschriebenen Vita Liudgeri, des ersten Bischofs von Münster, verbindet das Ereignis mit dem bloßen Namen „Widukind", dazu mit einer Wundergeschichte und verlegt es in die Gegend etwa des heutigen Korbach, weitab von Enger.

Es ist völlig unglaubhaft, daß der Frankenkönig seinen ehedem gefährlichsten Feind, bei dessen endlichen Niederwerfung der Papst auf Wunsch Karls ein dreitägiges Dankfest in der ganzen Christenheit anordnete, frei im Lande hätte umhergehen lassen. Wenn er ihn nicht, wie später den unglücklichen Bayernherzog Tassilo, in ein Kloster irgendwo südlich des Main einsperren ließ, hat er ihn sicherlich bewachen und jeden seiner Schritte beargwöhnen lassen. Ohnehin mußte das eroberte Land durch eine Besatzung gesichert werden. Wir wissen recht genau, wie die Franken das z. B. im eroberten Langobardenreich gemacht haben: die besten Höfe wurden geräumt und mit fränkischen Wehrbauern besetzt. (Es ist ein Kinderglaube, die Franken hätten, was man immer noch lesen kann, ihre Besatzungen in die Einöde geschickt, Zelte bauen und roden lassen. Besatzung sucht sich immer, gestern wie heute, das Beste aus, jagt die Bewohner von Haus und Hof und legt sich in das gemachte Bett). Sie wurden im besonderen verpflichtet, für die Abgesandten des Königs, die „missi", die ständig das Land bereisten, jederzeit ein Pferd mit Sattel und Zaum bereit zu halten. Sie hießen dort „Pferdemänner" (paravedarii) (Dannenbauer). Ebendiese Pflicht deckt sich auffallend mit denen der vielgenannten engerschen S a t t e l m e y e r.

Sage und Volksdichtung hat sie zu Widukinds Genossen, Jagdfreunden und Gefährten vergangener Tage gemacht. Die Sage sucht nicht die Wirklichkeit, sondern das freundliche, von Schatten ungetrübte „Erinnerungsbild" (Fr. Kaufmann). Die Menschen um Enger haben damals erleben müssen, was Menschen unter der Geißel des Eroberers immer erleben: die Vertreibung von der eigenen Scholle, den Marsch ins Elend. Enger, das Land rings herum mit den stattlichen Höfen, muß eine besonders starke und dauernde Besatzung aufgenommen haben. Zahlreiche fränkische Spuren verraten es: das Patrozinium des Pariser Kirchenheiligen Dionys, das Fest des Remigius, des Bischofs von Reims (Rameyfest), die königlichen Freienschaften, Hundertschaften (honschaffen), die es sonst in Sachsen nicht gibt, und die Anhäufung von Reichsgut bei Enger.

Es wird nicht abwegig sein, e i n e Wurzel der in Enger gepflegten

49

Westfalen im sächsischen Stammesverband

Sattelmeyer-Tradition in den fränkischen Bewachern Widukinds zu sehen. Sattelmeyer, Sadelhovers, Sadelhöfe und Salhöfe gab es aber auch im übrigen Westfalen. Die corveyischen „Salhöfe" z. B. sind die vom Kloster selbst bewirtschafteten, nicht nach der bäuerlichen Leihe besetzten Höfe. Die osnabrückischen „Sadelhöfer" sind die Urteilsfinder am Hochgericht und müssen Rad, Galgen und Leiter liefern (Klöntrup). Die Sattelmeyer Engers erscheinen mit der Benennung „Sattelmeyer" merkwürdigerweise nicht, wo man sie erwarten sollte, in dem bekannten Lagerbuch der Grafschaft Ravensberg vom Jahre 1556, sondern erst in Akten des 17. Jahrhunderts. Dort werden sie genannt mit der Verpflichtung, für die in Ravensberg, wie fast überall in Westfalen, militärisch neu organisierte Miliz eine berittene Formation zu stellen. Die Pflicht der Pferdehaltung für reisende Beamte bestand daneben. Es scheint mithin, als seien in dem spezifischen, von Erzählung und Dichtung breit übernommenen engerschen Sattelmeyertum zwei verschiedene Traditionen zusammengeflossen.

Fortsetzung und Ende des Krieges

Mit dem Abtreten Widukinds war der Krieg im südlichen und mittleren Westfalen entschieden, während im Norden und in Nordalbingien mit längeren Unterbrechungen weitergekämpft wurde, ohne daß es jedoch wieder zu großen, offenen Feldschlachten gekommen wäre. In Westfalen ist es lediglich noch einmal, im Jahre 794, zu einem Aufstandsversuch gekommen. Auf dem Sintfelde (Kreis Büren) hatte sich ein bewaffneter sächsischer Verband zusammengefunden. Als Karl mit Heeresmacht erschien, gaben die Sachsen auf. Immerhin war Karls Anwesenheit im eroberten Lande auch in den nächsten Jahren noch wiederholt nötig. So überwinterte er 796 in Herstelle an der Weser und hielt im nächsten Jahre bei Minden Heerschau, bevor er zur unteren Elbe aufbrach, um einen dortigen Aufstand niederzuwerfen. Umfangreiche Konfiskationen von sächsischen Gütern und Höfen und die Deportation und Verpflanzung von mehreren tausend Sachsen in die Gegend südlich des Main und nach Franzien sollten das eroberte Land sichern. Seine endgültige Einverleibung erfolgte im Jahre 797 auf einem Reichstage in Aachen, wozu auch sächsische Abgesandte aller drei Provinzen erschienen waren. Eine Lex Saxonum wurde hier erlassen und setzte das harte Kriegsrecht der Capitulatio von 782 außer Kraft. 799 ist Karl noch einmal in Paderborn und empfängt hier den aus Rom vertriebenen Papst Leo III. Er geleitet ihn nach Rom zurück, setzt ihn wieder auf den Stuhl Petri und empfängt in der denkwürdigen Weihnachtsfeier des Jahres 800 in der Peterskirche zu Rom aus der Hand des Papstes die Kaiserkrone. Zu einem offiziellen Friedensschluß mit den Sachsen scheint es nicht gekommen zu sein. Das erübrigte sich nunmehr. Der sogenannte Friede von Salza, nach einer Mitteilung des Poeta Saxo angeblich im Jahre 803 abgeschlossen, ist geschichtlich nicht verbürgt.

Das alte Sachsen ist nicht wieder erstanden; es hat auch als Teil des

Die Sachsenkriege Karls des Großen

karolingischen Reiches keine Einheit, etwa als Herzogtum, mehr gebildet. Dagegen haben seine drei Teile, Westfalen, Engern und Ostfalen, in ihrer alten Form als Organisationen des militärischen Aufgebotes, den „Heerschaften", das karolingische Reich noch eine Zeitlang überdauert. In den „Sachsenkriegen" des 11. Jahrhunderts tritt das Aufgebot der Westfalen noch einmal als „Heerschaft" auf. Als Landname dagegen sind sie immer lebendig geblieben, wiederholt auch zur Benennung neuer politischer Räume verwandt worden. Dabei ist allerdings der Name des Mittelteiles, „Engern", im Laufe der Zeit aus dem Bewußtsein des Volkes und aus dem Sprachgebrauch, mit Ausnahme des Gebrauches in fürstlichen Titeln, mehr und mehr verschwunden. Seit der Mitte des 13. Jahrhunderts spricht man nur noch von „Westfalen" und „Ostfalen" und legt den Namen „Sachsen" schließlich nur noch den Ostfalen, auch „Ostsachsen" genannt, bei. Als Scheidelinie der beiden Teile gilt im großen und ganzen die Weser.

QUELLEN

Annales regni Francorum („Annales Laurissenses majores", Reichsannalen 1. Fassung);

Annales qui dicuntur Einhardi (Reichsannalen 2. Fassung). Beide hrsg. von Fr. Kunze in: MG. Scr. in usum scholarum. 1895, Neudruck 1930.
(788 von einem Priester am Hofe Karls des Großen begonnen, zurückgreifend bis 741, von zweiter Hand, jedoch nicht Einhards, überarbeitet und fortgesetzt bis zum Jahre 829.)

Poetae Saxonis Annales de gestis Caroli Magni. Hrsg. von P. v. Winterfeld in: MG Antiquitates, Poetae latini 4.
(Versifikation der Reichsannalen und der Vita Caroli Einhards, beide mit Einzelnachrichten ergänzend).

Nithardi Historiarum libri quator. Hrsg. von E. Müller in: MG Scr. in usum scholarum 1907, Neudruck 1925.
(aufschlußreich, jedoch umstritten sind seine Nachrichten zum Ständewesen und zur Sozialordnung der Sachsen).

Capitulatio de partibus Saxoniae.
(hartes Kriegsrecht, vermutlich vom Jahre 782);

Capitulare Saxonicum.
(gemildert, vom Jahre 797);

Lex Saxonum.
(Gesamtkodifizierung des Sachsenrechts mit fränkischen Zusätzen).
Hrsg. von Cl. v. Schwerin in: MG Leges, Reihe II. Bd. 1, 2 und MG 8⁰, Leges.
Fontes iuris Germanici. 1918.
Deutsche Übersetzungen von Eckhardt in: Germanenrechte II, 1934.

Widukind von Corvey: Rerum gestarum Saxonicarum libri tres. Hrsg. von P. Hirsch in: MG Scr. in usum scholarum, 5. Aufl. 1935.
Deutsche Übersetzung von P. Hirsch in: Geschichtsschreiber der deutschen Vorzeit 33 (1931).
(dazu: Beumann, H.: Widukind von Corvey. Untersuchungen zur Geschichtsschreibung und Ideengeschichte des 10. Jahrhunderts. 1950).
dazu ferner: Abhandlungen über Corveyer Geschichtsschreibung. Hrsg. von F. Philippi. 2 Bde. 1906, 1916.

Westfalen im sächsischen Stammesverband

dazu ferner: B a r t e l s , G.: Geschichtsschreibung des Klosters Corvey. In: Abhandlungen über Corveys Geschichte Bd. 1.

dazu ferner: Kunst u. Kultur im Weserraum III.

(Widukinds Werk ist eine erste und großartige Darstellung der Sachsengeschichte, gut unterrichtet über die Stammessagen der Sachsen, mit Nachrichten über soziale Zustände, Verfassung und gerichtliche und politische Verhältnisse des 10. Jahrhunderts.)

W i g a n d : Die Vita Waldgeri. Hrsg. von R. Wilmans in: Kaiserurkunden 1, S. 488 ff.

(entstanden um 1230, enthält in den einleitenden Teilen nicht unbedingt zu verwerfende Nachrichten über den Personenkreis um Herzog Widukind und über die Tätigkeit des Bonifatius in Sachsen).

(dazu: E n g e l , G.: Um die Vita Waldgeri. In: Rav. Bll. 1954, S. 77–82.)

dazu: H o n s e l m a n n , K.: Zum Papstbrief in der Vita Waldgeri. Ebdt., 1955, S. 99.

A n n a l e n der Klöster Lorsch, St. Amand, Metz, Gorze (Ann. Petaviani) u. a. siehe Abel-Simson.

LITERATUR

A b e l , S. u. B. S i m s o n : Jahrbücher des Fränkischen Reiches unter Karl dem Großen. 2 Bände, 1883, 1888.

(stellt die Texte der gesamten, reichen klösterlichen Annalistik des 9. und 10. Jahrhunderts für jedes Jahr zusammen und wertet sie interpretierend aus; ist somit Quelle und Literatur in eins).

K r ü g e r , H.: Die vorgeschichtlichen Straßen in den Sachsenkriegen Karls des Großen. In: Korrespondenzbl. des Gesamtvereins der dt. Gesch. u. Altertumsvereine 80 (1932), Sp. 223–279.

B r a n d i , K.: Karls des Großen Sachsenkriege. In: Niedersächs. Jahrb. für Landesgeschichte 10 (1933), S. 29–52.

L i n t z e l , M.: Karl der Große und Widukind. 1935.

L i n t z e l , M.: Widukind. In: Westf. Lebensbilder 5 (1937), S. 13–28.

R u n d n a g e l , E.: Der Mythos vom Herzog Widukind. In: Hist. Zeitschr. 155 (1937), S. 234–277, 475–505.

v o n K l o c k e , F.: Um das Blutbad von Verden und die Schlacht am Süntel. In: Westf. Zeitschr. 93 I (1937), S. 159–192.

P h i l i p p i , F.: Die Umwandlung der Verhältnisse Sachsens durch die fränkische Eroberung. In: Hist. Zeitschr. 129 (1924) S. 189.

B a u e r m a n n , J.: „herescephe". Zur Frage der sächsischen Stammesprovinzen. Mit 3 Kartenskizzen. In: Westf. Zeitschr. 97 I (1947), S. 38–68.

D a n n e n b a u e r , H.: Paraveredus – Pferd. In: SavZR, G 71 (1954), S. 55–73.

L o b b e d e y , U . , W, K l e n k e und N. E i c k e r m a n n : Die Ausgrabungen in der Stiftskirche zu Enger I. 1979.

Das Skelett des in einem Stiftergrab der Kirche zu Enger Bestatteten kann das Widukinds gewesen sein. Es zeigt nach anthropologischen, pathologischen und röntgenologischen Untersuchungen eine schwere Rückgratsveränderung (Spondylosis hyperostotica). Das rasch sich verschlimmernde Leiden würde den Herzog schon im Alter von 40 bis 50 Jahren verhindert haben, sich in das Getümmel einer Schlacht zu stürzen. Es hätte ihn gezwungen, seine Sache aufzugeben. Sich von seinen Göttern verlassen geglaubt, hätte er den Christenglauben angenommen.

2. Teil

Westfalen im sächsischen Stammesherzogtum

WELTLICHE UND GEISTLICHE MÄCHTE DES 9.–11. JAHRHUNDERTS IN WESTFALEN

Die fränkische „Grafschaft"

Hatte Karl dem Großen ein Aufgehen des Sachsenvolkes in dem Reich der Franken vorgeschwebt, als er, noch im Kriege, durch die Gesetze vom Jahre 782 die Einführung des fränkischen Verwaltungssystems in Sachsen befahl? – Aus seinem engeren Gefolge (comitatus) wählte er den für die Spitze einer Verwaltungseinheit geeignet erscheinenden Mann (comes). Schon im Merowingischen war dafür das Wort „graphio" gebraucht worden; es soll aus dem Byzanthinischen übernommen sein und dort einen hohen Hofbeamten (graveús) bezeichnet haben. Die neu einzurichtenden Verwaltungsbereiche („G r a f s c h a f t e n") haben sich an die alte Gau-Einteilung angelehnt, gelegentlich auch in der Weise, daß größere Gaue unterteilt wurden. Daß ein Netz solcher karolingischer Grafschaften mit der Zeit über ganz Westfalen und Engern gelegt ist, braucht nicht bezweifelt zu werden angesichts der aus allen Teilen früh und zahlreich überlieferten Namen mit dem Titel „Graf". Ob dieses Netz als Organisation einer zentralen Reichsverwaltung funktioniert hat, wo es durchgeführt und wie lange es bestanden hat, führt vielfach noch zu Fragen und kontroversen Antworten.

Die Stelle des A m t s g r a f e n sollte in etwa der eines Beamten gleichkommen. Er wurde ernannt und konnte abgerufen werden, eine Auffassung, die gelegentlich noch im 11. Jahrhundert praktiziert worden ist (S. 67). Bald jedoch geriet die Stelle in das Lehnswesen und seine Gesetze und wurde erblich.

Das Schwergewicht der B e f u g n i s s e des Amtsgrafen lag in der Ausübung der hohen Gerichtsbarkeit im Namen des Königs (Blutbann, Königsbann). Der Graf richtete „unter Königsbann". Daneben hatte er die wehrfähige Mannschaft seines Bezirkes aufzubieten (Glockenschlag) und zur Abwehr von örtlichen Notlagen einzusetzen.

Das „Aufgebot" hat, oft in Form einer organisierten Miliz, noch im 17. Jahrhundert bestanden; Versuche, es für größere kriegerische Unternehmungen einzusetzen, sind, abgesehen von den bekannten schweizerischen Beispielen, in der Regel gescheitert (S. 207). Preußen hat im 18. Jahrhundert eine Enrollierungspflicht der ländlichen Bevölkerung daraus gemacht, im 19. Jahrhundert die „Allgemeine Wehrpflicht".

Gewisse polizeiliche Funktionen werden weiterhin dem Grafen obgelegen haben. Im übrigen ist zu sagen, daß wir über die Stellung und den Aufgabenkreis der Amtsgrafen mangelhaft unterrichtet sind.

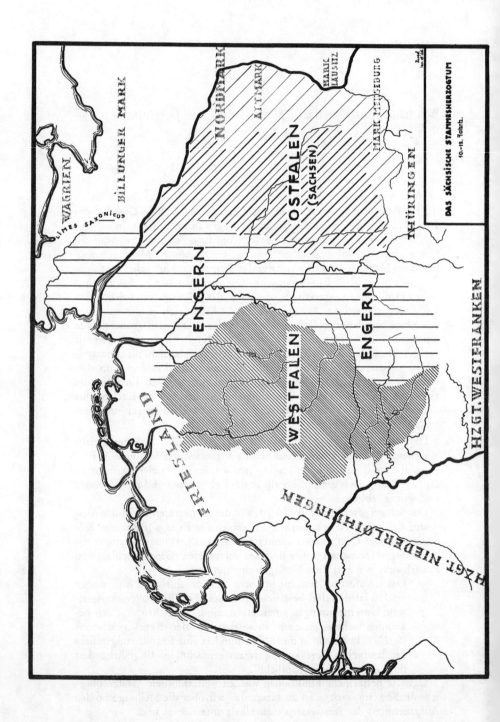

Weltliche und geistliche Mächte

Bistümer und Abteien

Die Christianisierung der Sachsen war nur durch Zwang und Gewalt möglich. Den Sachsen mag es unbekannt gewesen sein, daß Priester jetzt unter dem Schutz der bewaffneten Macht eine Lehre verkündeten; daß sie damit zwangsläufig in weltliche und politische Geschäfte gezogen wurden, wird den Nichtchristen weniger verwunderlich erschienen sein. Bei ihren, den „heidnischen", Priestern ist es schwerlich anders gewesen.
Während das Land südlich der Lippe schon seit der Mitte des 7. Jahrhunderts von K ö l n aus durch Bischof K u n i b e r t mit einigem Erfolg missioniert und der Hirtenschaft des Kölner Bischofs zugewiesen war, sind neue Bistümer im eroberten Sachsenlande nicht durch einen gemeinsamen Akt gestiftet oder gegründet worden, sondern aus den Bezirken erwachsen, die den nach Sachsen beorderten Sendboten des neuen Glaubens zugewiesen wurden. So sind von Utrecht aus das Münsterland und die Gegend der unteren Weser und unteren Ems, von Lüttich aus die Gegend um Osnabrück, von Würzburg aus das Paderborner Land und vom Kloster Fulda aus die Mindener Gegend missioniert worden, ähnlich die ostweserischen Gegenden. Noch zu Lebzeiten Karls sind die führenden Missionare zu Bischöfen ernannt worden: für Münster und die untere Ems L i u d g e r, für die untere Weser und Bremen W i l l e h a d, für Paderborn B a d u r a d oder schon dessen Vorgänger H a d u m a r, für Minden Erkambert, für Osnabrück W i h o. Westfalen südlich der Lippe blieb als „westfälisches Bistum Köln" bei der 795 gegründeten Kirchenprovinz (Erzbistum) Köln; ihm wurden von den vier „westfälischen Bistümern" M ü n s t e r, O s n a b r ü c k und M i n d e n unterstellt, während das Bistum P a d e r b o r n dem Erzbistum Mainz zugewiesen wurde.

Den neuen Bistümern wurden bald feste, lineare Abgrenzungen gegeben. Diese G r e n z e n haben fast unverändert bis in die Neuzeit hinein bestanden. Begrenzten sie auch nur dasjenige Gebiet, in dem der Bischof seine Funktionen als g e i s t l i c h e r Hirte ausübte, so sollten sie doch bald und im Laufe der Zeit in steigendem Maße politische Bedeutung gewinnen; denn zu den geistlichen Aufgaben der Bischöfe gesellten sich weltliche und politische. Während kein weltlicher Machthaber auch nur mit annähernder Genauigkeit sagen konnte, wo im Lande seine Machtsphäre anfing und wo sie aufhörte, waren die geistlichen Herren in dieser Hinsicht den weltlichen um einen großen Schritt voraus.

Bistümer im kleinen waren auch die aus den ersten Klostergründungen auf westfälischem Boden hervorgegangenen und dem unmittelbaren Schutz des Reiches alsbald unterstellten großen Reichsabteien C o r v e y, H e r f o r d, E s s e n, W e r d e n und E l t e n. Sie haben an der Missionierung mitgewirkt, und ihre Äbte und Äbtissinnen – Herford, Essen und Elten waren Frauenklöster – galten als reichs- und papstunmittelbar, unterlagen daher nicht der Aufsicht des Diözesanbischofs. Da sie zu großem Grundbesitz gelangten und ihre Insassen so gut wie ausschließlich dem hohen Adel angehörten, haben sie, wie die Bischöfe, von Anfang an am öffentlichen und politischen Leben teilgehabt.

Westfalen im sächsischen Stammesherzogtum

Die späten Karolinger

Das den Sachen Fremdartige dieser neuen, auf alle Gebiete des Lebens mit Zwang und Gesetz sich auswirkenden kirchlichen Institutionen und Organisationen mag dazu beigetragen haben, daß schon 30 Jahre nach Karls des Großen Tode (814) innere Schwierigkeiten in Sachsen entstanden. Karls Enkel, König Ludwig der Deutsche, hielt im Dezember 840 in Paderborn einen Hoftag, um sich von den Sachsen als König seines ostfränkischen Reiches huldigen zu lassen. Er stützte sich auf den Adel des Landes, der sich immer den Franken geneigt gezeigt hatte, und besetzte frei werdende Grafschaften mit Männern aus dessen Mitte. Da knüpfte hinter seinem Rücken sein Bruder, Kaiser Lothar, Verhandlungen an mit dem sächsischen Volk, versprach Wiederherstellung alter Rechte und Gewohnheiten und löste damit den Bauernaufstand der Stellinga gegen Ludwig aus. Der Aufstand wurde nach anfänglichen Erfolgen 842 von Ludwig blutig niedergeschlagen. Man wird an Verden erinnert, wenn man liest, wie er mit den Anführern des Aufstandes verfuhr.

Zu den inneren Schwierigkeiten traten bald äußere. 863 erschienen die Normannen (Wikinger) im Lande. Ein sächsisches Heer unter Führung des Ostfalen Brun aus dem Hause der Liudolfinger wurde 880 von den Normannen vernichtend geschlagen. Brun selbst und Bischof Dietrich von Minden fanden dabei den Tod. Dietrichs Nachfolger, Bischof Wolfhar, gleichzeitig Kanzler Ludwigs III., des Sohnes Ludwig des Deutschen, und als solcher in Reichsgeschäften tätig, fiel 886 im Kampf gegen die Slaven.

*Die Liudolfinger
und das neue Stammesherzogtum Sachsen*

Um 850 tritt das ostfälische Geschlecht der Liudolfinger mit dem im Kampf gegen die Normannen gefallenen Brun, mit Liudolf und dessen Sohn Otto, genannt „der Erlauchte", in die Geschichte. Aus dem Heerführertum Bruns mögen seine Nachfolger nach altem Brauch den Herzogstitel (S. 59), wie ihn schon Widukind geführt hatte, angenommen haben. Dadurch, daß sie aus ihrer militärischen Führung politische Ansprüche ableiteten und durchsetzten, haben sie ihre Stellung ausgeweitet, eine zu der Zeit nicht ungewöhnliche Erscheinung. Ihr „Herzogtum" ist nicht eine bloße Erneuerung des alten, in Kriegszeiten aufgerufenen Herzogtums der einzelnen Teile der Sachsen; es wird zugleich und noch mehr ein neues, anders geartetes Herzogtum und umgreift das ganze Sachsen.

Der Enkel Liudolfs, Heinrich, der „Vogler" genannt, setzte im Verbund mit den Brunonen – im späteren Braunschweig – diese Ansprüche im Kampf gegen König Konrad I., aus dem fränkischen Zweige der Karolinger, und den konkurrierenden Cobbonen erfolgreich durch. Im Mittelpunkt dieser Kämpfe hatte wieder die alte Eresburg gestanden.

Weltliche und geistliche Mächte

Heinrich hatte im Jahre 909 M a t h i l d e , die in Herford aufgewachsene und erzogene Urururenkelin Widukinds, geheiratet; die Hochzeit hatte in Wallhausen bei Sangershausen stattgefunden. Seine ,,Herforder Heirat" hat dazu beigetragen, das liudolfingische Herzogtum in Westfalen und Engern nach anfänglichen Schwierigkeiten zur Anerkennung zu bringen. Die Domburg in Osnabrück, der befestigte Reichshof Dortmund und die Wewelsburg bei Paderborn werden als seine Gründungen angesprochen. Die alte Volks- und Fluchtburg Gellinghausen südlich Paderborn hat er im Zuge seiner zahlreichen Burgengründungen als militärischen Stützpunkt für seine ,,agrarii milites" herrichten und erweitern lassen. Abtei und Ort Herford soll er durch seine ,,Heinrichsburg" (Pape) gesichert haben.

In der Abwehr der Ungarngefahr hat er auch militärische Kräfte der Westfalen mobilisiert. 915, 919 und 924 tauchten die A v a r e n in Westfalen auf. In H e r z f e l d an der Lippe zerstörten sie die von der hl. I d a gegründete Kirche. Die Gebäude der Abtei H e r f o r d ließen sie in Flammen aufgehen und verbrannten alle Urkunden. Nach einer Herforder Tradition vom Ende des 13. Jahrhunderts (Darpe IV, S. 152) sollen sie im benachbarten Enger eine Gruppe von Klosterfrauen – ,,unsere Schwestern" werden sie genannt – umgebracht haben.

Die Erinnerung daran ist in Herford jahrhundertelang lebendig geblieben. Wenn der Unglückstag sich jährte, so wird berichtet, ließen die Damen der Abtei sich nach Enger fahren und hielten dort zusammen mit den engerschen Stiftsherren ein Mahl zum Gedächtnis der Hingemordeten. Die Reste der Mahlzeit wurden an die Kinder und Armen von Enger verteilt. – Das in Enger noch alljährlich gefeierte ,, T i m p k e n f e s t ", bei dem ein spitzes Weizengebäck und Wurst an die engerschen Kinder ausgeteilt werden, geht wahrscheinlich auf dieses Erinnerungsmahl zurück. Es ist auf eine Stiftung Widukinds umgedeutet worden; eine Erinnerung an den e r s t e n deutschen König damit zu verbinden, wäre angebrachter.

R e c h t e und Befugnisse des neuen Herzogtums müssen aus Einzelnachrichten und späteren Quellen erschlossen werden. Sie umfaßten neben der Wehrhoheit einschließlich des Befestigungsrechtes (Burgenbau, Stadtgründung, Burgfestdienst) die Gerichtshoheit als oberste Appellationsinstanz, auch das Recht, eine im Grafengericht anhängende Sache an sich zu ziehen, wenn der Herzog am Orte weilte – wie es auch der König konnte –, das ,,Geleit" (conductum, die Sorge für die Sicherheit von Reisenden und Kaufmannszügen auf den Straßen) und die Einberufung einer allgemeinen und repräsentativen Versammlung der Großen des Landes.

Herzog und Graf des hohen Mittelalters üben die in ihre Hände gegebenen Rechte nicht ü b e r ein Gebiet aus, sondern i n einem Gebiet.

Westfalen im sächsischen Stammesherzogtum

Die Ottonen

Heinrichs großer Sohn, Otto, hat die Befestigung seines Königtums ebenfalls auf westfälischem Boden austragen müssen. In seinen Kämpfen gegen Herzog Eberhard, den Bruder König Konrads I., hat die Eresburg nochmals eine Schlüsselstellung eingenommen. In der E r e s b u r g hat Ottos Halbbruder Tankmar aus der ersten, auf Geheiß der Kirche geschiedenen Ehe des Vaters mit der Merseburger Gräfin Hadeburg, den Tod gefunden. Auf der Seite der Gegner stand auch Ottos Bruder Heinrich, später sogar sein eigener Sohn Liudolf, im Bunde mit Ottos Schwiegersohn, dem Herzog Konrad von Lothringen. Von Dortmund aus rüstete Otto zum entscheidenden Gegenschlag und zwang die Empörer nieder. Das Herzogtum Lothringen übertrug er nun seinem jüngsten Bruder B r u n , der seit 953 bereits Erzbischof von Köln war. Die Vereinigung von geistlicher Würde und weltlicher Macht ist damit, vorwegnehmend, schon sanktioniert worden, und das 200 Jahre später einsetzende Streben der Kölner Erzbischöfe, sich zu weltlichen Herren über Westfalen aufzuwerfen, hat nicht zuletzt in diesem Vorgang seine traditionelle Wurzel. Wie stark das Interesse der Kölner Erzbischöfe für das südliche Westfalen, ihr ,,westfälisches Bistum", wo sie bereits umfangreichen Grundbesitz erworben hatten: um Recklinghausen, in Soest und Werl und in der Bochumer Gegend, schon im 10. Jahrhundert gewesen ist, fand einen beredten Ausdruck, als Erzbischof Brun im Jahre 964 von einem Feldzug in Frankreich aus Troyes die Gebeine des hl. Patroklus mitbrachte, sie in Soest niederlegte und über dem Grabe des Heiligen die prächtige Kirche, den mächtigen Patroklusdom, errichtete, eines der imposantesten und herrlichsten, wenn nicht das herrlichste, jedenfalls das ,,westfälischste" Bauwerk Westfalens.

Bei Ottos des Großen Wirken für Westfalen ist zu gedenken, daß er im Jahre 948 die Kirche zu E n g e r mit dem von seiner Mutter Mathilde gestifteten Kanonikerstift seinem Erzbistum Magdeburg inkorporierte. Bei seiner Kaiserkrönung in Rom im Jahre 962 sind aus Westfalen Bischof Landward von Minden und Bischof Drogo von Osnabrück zugegen gewesen.

Bedeutung, auch für Westfalen, hat gewonnen, daß Otto, um für seine Italienpolitik freie Hand zu gewinnen, dem H e r m a n n B i l l u n g die M a r k g r a f s c h a f t , d. h. die Sicherung der Grenzen des Reiches im Norden und Nordosten, übertrug und ihn ermächtigte, dafür über die militärischen Kräfte der Westfalen und Engern zu verfügen. Daß die Billunger sich damit als N a c h f o l g e r in seinem, Ottos, l i u d o l f i n g i s c h e m H e r z o g t u m Sachsen ansahen, hat er stillschweigend gebilligt.

Unter Ottos Sohn O t t o II. scheint Westfalen von der Interessensphäre der Reichspolitik nicht in dem Maße wie bisher ergriffen. Otto II. hat immerhin mehrere Hoftage in Westfalen gehalten, in Dortmund zum Beispiel und auf dem Königshof Erwitte. In Dortmund beschloß er 978 den Feldzugsplan gegen Frankreich, der ihn bis vor die Tore von Paris führte. Westfalen werden daran beteiligt gewesen sein; welche, wissen wir nicht. An dem unglücklichen Feldzug des Jahres 982 in Unteritalien, der

Weltliche und geistliche Mächte

mit der furchtbaren, aber weniger folgenschweren Niederlage Ottos am Kap Colonne (13. Juli 982) endete, scheint Westfalen nicht beteiligt gewesen zu sein, wenigstens nennt die Aufgebotsliste, mit der Otto 981 aus Deutschland als Verstärkung für den Feldzug 2100 Panzerreiter anforderte, keine Westfalen. (Die Liste ist jedoch nur als Bruchstück auf uns gekommen.) Herzog Bernhard von Sachsen, der Sohn Hermann Billungs, war jedenfalls in Deutschland geblieben. Auf die Nachricht von der Niederlage berief er eine Versammlung der deutschen Fürsten nach Sachsen ein, um über Hilfsmaßnahmen für den König zu beraten.

Aus der Zeit der Regentschaft von Ottos II. Witwe T h e o p h a n u und seiner Mutter Adelheid liegen nennenswerte Zeugnisse einer Wirksamkeit in oder für Westfalen nicht vor. Wir hören zwar, daß sich der Hof des öfteren in Westfalen aufgehalten hat, so in Paderborn (984), Corvey (984), Wiedenbrück (985), Soest (985), Dortmund (986, 993), Wildeshausen (988) und Essen (993). Westfälische Belange werden bei solchen Gelegenheiten behandelt sein; Nachrichten darüber aber fehlen. Bemerkenswert ist, daß ein westfälischer Bischof, Switger von Münster, wohl im Auftrage der Kaiserin-Witwe Adelheid – Theophanu war 991 gestorben – im letzten Jahr ihrer Regentschaft, 995, zu einer vom Papst Johann XV. nach Mouzon, einem deutschen Grenzort an der Maas bei Mézières, einberufenen Synode reiste. (Die Synode sollte den Streit um das Erzbistum Reims schlichten. Im Mittelpunkt des Streites, dessen Hintergründe Thronstreitigkeiten in Frankreich bildeten, stand der gelehrte EB Gerbert von Reims, der nachmalige Freund, wissenschaftlicher und politischer Berater Ottos III. Die Synode brachte aber keine Entscheidung.)

Dürftiger sind die Nachrichten zur Geschichte Westfalens in der Zeit O t t o s III. Die Westfalen selbst haben ihn wohl nur als Kind in Begleitung seiner Mutter und Großmutter gesehen. Im übrigen aber haben sich die Großen des Landes nach wie vor als Glieder des Reiches gefühlt und ihre politische Betätigung im Dienste des Reiches gesehen. Dabei scheinen die Bischöfe auch im politischen Bereiche immer noch den Vorrang vor den weltlichen Großen gehabt zu haben. Die Namen der späteren großen Grafen- und Herrengeschlechter Westfalens, der Cobbonen (Egbertinger), der Werler Grafen, der Cappenberger, der Calvelager, der von Altena-Berg, der Schwalenberger, der Egilmare (im Oldenburgischen) u. a. erscheinen in dieser Zeit noch nicht oder nur in gelegentlichen Nennungen von Vornamen, die gesicherte genealogische Zusammenhänge nicht erkennen lassen. Andere Namen wie die der Hessi, Rikdag (auch in Ostfalen vertreten), Asig und Haold tauchen auf und verschwinden wieder, und die Versuche, den gesamten sächsischen Adel des 10. Jahrhunderts aus den alten Adelssippen der Liudolfinger, Brunonen (im Braunschweigischen), Immedinger (Widukindiden), der Schwalenberger, der Hessi usw. herzuleiten (Sabine Krüger, Ruth Göbel-Schöllkopf), sind stark mit Konjekturen, Wahrscheinlichkeiten und Möglichkeiten belastet. Wir wissen auch nicht, inwieweit der eingesessene altsächsische Adel mit fränkischem Adel durchsetzt worden ist. Von der Hand zu weisen ist nicht die Vorstellung, daß die Masse des sächsischen, mit Einschluß des westfälischen Adels, von dem die frühen Quellen sagen, daß er sehr zahlreich gewesen sei, in einem mehr oder weniger „kleindynastischem" Zustande gelebt habe. Einzelne Familien haben sich frühzeitig zu größerer Macht und Bedeutung erhoben, sicherlich zum Beispiel die Werler, sind aber ebenso frühzeitig wieder abgesunken. In der Zeit Ottos III. erscheint neben den Billungern nur ein einziges Mal ein Westfale in einer größeren Aktion, und wiederum ist es ein Bischof. In dem Kampf an der Ostgrenze des Reiches gegen die Wenden wird ein westfälisches Aufgebot angeführt von Bischof R a m w a r t v o n M i n d e n. Am Am 6. November des Jahres 997 tritt er, mit dem Kreuz in der Hand seinen Westfalen voranschreitend, den Wenden entgegen und bereitet ihnen eine Niederlage.

Der junge Kaiser und König, glänzend begabt, beschlagen in allen Wissenschaften, ständig im Umgang mit Gelehrten und Künstlern, im Äußeren von strahlender, jugendlicher Schönheit, hat seine Zeitgenossen zur Bewunderung hingerissen. „Mirabilia mundi", „Wunder der Welt", haben sie ihn genannt. Seine hochfliegenden Pläne gipfelten in dem Gedanken der renovatio imperii. Daß sie kein bloßer politischer Traum gewesen sind, beweist die Art, wie er an ihre Durchführung gegangen ist. Die konstruktiven Gedanken, die hier im Werke waren, zeugen von Schwung und innerer Geschlossenheit (Holtzmann). Freilich, er lebte – noch – in einer anderen Welt; zwischen mönchischer Askese und Weltherrschertum verschwärmte sich sein Tun und Wollen. Doch ist es richtig, daß er ein „verfehltes Leben" gelebt hätte (Rothert), daß „sein Reich auseinandergebrochen wäre, hätte er länger gelebt" (Holzmann)? Erst 21 Jahre alt war er, als er starb.

Zu dem Bilde des jungen, allzufrüh vollendeten Kaisers will eine Beobachtung passen, die vor kurzem über die S t e i n p l a s t i k auf dem Grabe des H e r z o g s W i d u k i n d in Enger geäußert worden ist. Bekleidung und Kopfbedeckung des mit der Plastik Dargestellten entsprechen in erstaunlichen Einzelheiten dem Königsornat Ottos III., wie es aus zeitgenössischen Abbildungen überliefert ist. Auch das Gesicht des Dargestellten trägt ausgesprochen die Züge eines jungen Mannes. Das hat zu der – mit aller Vorsicht ausgesprochenen – Vermutung geführt, daß der Dargestellte nicht der Herzog selbst ist beziehungsweise sein soll, sondern der junge Kaiser oder der Herzog im Bilde des Kaisers und daß dieser das Bildwerk der Stiftung seiner Urgroßmutter Mathilde als Geschenk übermacht habe (Angermann). Darum befragte Kunsthistoriker haben sich nicht schlüssig zu äußern gewagt. Uneingeschränkt zugestimmt hat keiner, die Möglichkeit abgelehnt auch keiner. Sollte die Vermutung zutreffen, läge auf dem Grabmal des Herzogs in Enger die ältest erhaltene deutsche Steinplastik. Sie müßte dann um 100 Jahre früher, als bisher geschehen, datiert werden.

Es mag an der Dürftigkeit der Überlieferung liegen, daß wir über das innerpolitische Geschehen Westfalens aus der im übrigen bewegten Zeit der drei ottonischen Kaiser, in der das „regnum Teutonicorum" das politische Geschehen Europas beherrschte, so wenig erfahren.

Weltliche und geistliche Mächte

Immunität und Vogtei

Die Kirche und das deutsche Episkopat waren die stärksten Stützen des ottonischen Hauses. Unter ihm und bis hinauf zu Heinrich III., dem ersten Salier auf dem deutschen Königsthron, war die deutsche Kirche eine reine Reichskirche. Kein Erzbischof, Bischof und Abt führte sein Amt ohne die ausdrückliche Ernennung durch den König. Dadurch, daß Otto und seine Nachfolger fast allen die hohe I m m u n i t ä t verliehen und sie damit der administrativen und oberrichterlichen Gewalt der Herzöge und Grafen entzogen, banden sie sie nur noch fester an das Königtum; denn die Ausübung dieser weltlichen Rechte über die kirchlichen Institutionen, über ihr Vermögen und ihre Hintersassen gingen in die Hände von Vögten. Sie wurden vom König ernannt und ausschließlich aus den Kreisen des hohen Adels genommen. Das so begründete Institut der Kirchenvögte ist für die Folgezeit von allergrößter politischer Bedeutung geworden. Der Geistliche durfte ohnehin nach kirchlichem Recht kein Bluturteil fällen; dazu bedurfte er des weltlichen Armes.

Ihn aber nach seinen Wünschen und nach seinem Willen zu wählen, lag von nun an nicht mehr in der Macht der Kirche. Der vom König dafür „H e r b e i g e r u f e n e" (advocatus, advócatus, Voget) übernahm diese Aufgabe. Er wurde der oberste Gerichtsherr über alles Kirchengut eines Sprengels oder eines Klosters samt den auf ihnen sitzenden Menschen (mit Ausnahme der geistlichen Personen selbst, die nur von einem geistlichen Gericht abgeurteilt werden konnten). Das V o g t g e r i c h t schaltete überall da die Zuständigkeit der alten Grafengerichte aus, wo die vor Gericht gezogene Person auf Kirchengut saß und der Kirche als Ministerialer oder Höriger verbunden war. Dem Vogt oblag nominell auch der militärische Schutz der Kirche und ihrer Hintersassen, wenn auch die Bestimmung des Kirchenrechts, daß kein Geistlicher Waffen führen durfte, für die hohe Geistlichkeit in der Praxis keine Bedeutung gewann. Die Bischöfe sind im ganzen Mittelalter und darüber hinaus streitbare Herren gewesen und geblieben. Immerhin konnten die Vögte von ihrem Recht Gebrauch machen, über militärische Kräfte der Kirche zu verfügen. In sonstigen weltlichen Geschäften, besonders bei Beisetzung von Höfen und bei Käufen und Verkäufen, haben sie stets mitgewirkt. Aus der Ausübung aller solcher Rechte, aber auch solcher Pflichten, sind ihnen erhebliche Einnahmen zugeflossen.

Meinwerk von Paderborn

Erst in der Zeit Kaiser Heinrichs II. gewinnt das geschichtliche Bild Westfalen wieder an Farbe. Zum ersten Male hebt sich in dieser Zeit aus den Kreisen der westfälischen Großen die profilierte Gestalt eines Menschen heraus. Erschienen hinter den bis dahin überlieferten, noch dazu wenigen Namen ihre Träger immer nur in mehr oder weniger schwachen Umrissen, tritt uns in dem Bischof M e i n w e r k das gerundete Bild einer Persönlichkeit in ihrem Wesen und Wirken entgegen. Aus Widukindschem Geblüt entsprossen, wird er schon als Kind, einem damals in Fürstenhäusern bereits wohl bestehenden Brauch entsprechend, zum geistlichen Stande bestimmt und in den Domschulen von Halberstadt und Hildesheim zum Geistlichen erzogen. Dieser Bestimmung hat er sich gefügt, mochte sie auch seinen Neigungen und Veranlagungen wenig entsprechen. Sein Jugendfreund und vermutlicher Studiengenosse in Hildesheim, der nachmalige Kaiser Heinrich II., übernahm ihn in der hohen Stellung eines Hofkaplans, in die er schon von seinem Vorgänger berufen war, und erhob ihn im Jahre 1009, bei eingetretener Vakanz, zum B i s c h o f v o n P a d e r b o r n . Der anfänglich Widerstrebende – ,,Was soll mir dies Bistum? Aus meinen eigenen Gütern kann ich mir ein glänzenderes errichten" – fügte sich auch diesem Befehl. Das Bewußtsein, zum Dienen bestellt zu sein, hat ihn sein Leben lang geleitet, mag es auch seiner ausgesprochenen Herrennatur ein hohes Maß von Selbstüberwindung abgefordert haben.

Meinwerks Familie gehörte dem hohen Adel an. Dessen Berufung war, auch in der Vorstellung des Volkes, zu herrschen. Der Adel s o l l t e herrschen und w o l l t e herrschen. Meinwerks Leben war ein Dienen. Seine Persönlichkeit muß auf seine Zeitgenossen tiefen Eindruck gemacht und bei den Nachfahren scheue Bewunderung hinterlassen haben, weil sie gänzlich aus dem gewohnten Rahmen des Bildes der Großen seiner Zeit herausfiel. 100 Jahre nach seinem Tode hat ein Mönch des von ihm gestifteten Klosters Abdinghof in Paderborn sein Leben beschrieben: die ,,Vita Meinwerci". Sie weicht erheblich ab von dem üblichen Stil der Vitenschreibung des frühen und hohen Mittelalters. Diese geht in der Regel auf eine Bestellung zurück, sei es, daß sie eine Rechtfertigung beabsichtigt, sei es, daß sie der religiösen Erbauung dienen soll, sei es, daß sie dem Biographierten große und gewaltige Taten zuschreibt, sei es, daß sie ihn in den Glanz der Märtyrerkrone rücken soll, sei es auch, daß sie seine Heiligsprechung vorbereiten soll und mit Wundergeschichten gespickt wird. Nichts von alledem in Meinwerks Vita! Von Heldentum weiß sie so wenig wie von frommer Asketik. Es gibt nichts zu bemänteln und zu beschönigen. Weder Heidenbekehrungen noch Ketzerverfolgungen werden berichtet, Erscheinungen, Wundergeschichten und absonderliche Dinge gibt es nicht zu erzählen. Der Mensch Meinwerk, wie er leibte und lebte und mit beiden Füßen auf der Erde wandelte, steht ganz im Mittelpunkt der Darstellung.

Meinwerk war reich, stolz und selbstbewußt, eine Herrennatur, aber nicht herrisch. Das Kirchenwesen scheint ihn nur so weit berührt zu haben, als er darauf bedacht war, Zucht und Ordnung unter der Geistlichkeit seines Sprengels aufrecht zu erhalten und den Bestrebungen der Klöster, sich von der Diözesangewalt ihrer Bischöfe durch königliche Privilegierungen und Exemptionen zu befreien, energisch entgegentrat (Bauermann). Die Reichsabteien H e l m a r s h a u s e n und S c h i l d e s c h e konnte er seiner geistlichen Aufsicht wieder unterstellen; in C o r v e y dagegen, der ältesten und vornehmsten Klostergründung Westfalens nördlich der Lippe, blieb ihm ein gleicher Erfolg versagt. Der Gedanke einer Herrschaft der Kirche über den Staat, wie er sich in der hohen

Geistlichkeit cluniazensischer Richtung bereits damals anbahnte, ist ihm zeit seines Lebens fremd geblieben. Einen Theologen im Sinne eines Eiferers für die Kirche haben die Halberstädter und Hildesheimer Domscholasten aus ihm nicht gemacht. Selbst von der Sprache der Kirche, dem Latein, haben sie ihm nicht mehr als die Anfangsgründe vermittelt. Bekannt ist die Erzählung von dem Scherz, den der Kaiser sich einst mit ihm erlaubte. Bei einem Aufenthalte des Hofes in Paderborn bat er den Bischof, für seine, des Kaisers, verstorbene Eltern eine Seelenmesse zu lesen, und gab ihm dafür ein Meßbuch, in dem er zuvor durch einen Kaplan eine Rasur hatte vornehmen lassen, so daß die Stelle „ora pro famulis et famulabus Dei" (bete für die Knechte und Mägde Gottes) sich nunmehr las „ora pro mulis et mulabus Dei" (bete für die Esel und Eselinnen Gottes). So las Meinwerk; verbesserte sich aber, wie sein Biograph bemerkt. Als der Kaiser, um den Scherz auszukosten, ihn nach der Messe coram publico zur Rede stellte, er habe nicht für Esel und Eselinnen eine Messe bestellt, gab der Bischof scharf zur Antwort, er werde sich zu rächen wissen. Alsbald ließ er den Radierer feststellen und ihm, als Substitutem des Kaisers, eine Tracht Prügel verabfolgen. Hernach, als sein Zorn verraucht war, schenkte er dem Geschundenen einen neuen Rock als Schmerzensgeld.

Das Kernmotiv dieser Geschichte, die Rasur, scheint im hohen Mittelalter ein verbreiteter und beliebter Scherz gewesen zu sein. Er findet sich zum Beispiel auch in den seit ca. 1185, also etwa gleichzeitig mit der Vita Meinwerci, verfaßten Gesta Danorum des Saxo Grammaticus, bei der Behandlung der Regierungszeit des Königs Svend Estridson (1047–1076) mit anderer Begleithandlung und dem Bemerken eines neueren Herausgebers, daß derselbe Scherz auch anderorts häufig praktiziert worden sei. Es ist mithin denkbar, daß auch Meinwerk auf einen bekannten Spaß hereingefallen ist. Sollte sein Biograph, der Abt Konrad von Abdinghof (1142–1173) (Honselmann), das Motiv auch einfach übernommen und ausgeschmückt haben, so kennzeichnet es dennoch auf das beste den selbstherrlichen Bischof, der sich nicht scheute, dem Kaiser gegenüber deutlich zu machen, wer er war.

Er war nicht gelehrt, aber er kannte den Wert der Bildung. Die Domschule in Paderborn erfreute sich seiner Förderung. In den Künsten hat er sich auch nicht versucht, aber er hatte Sinn für Kunst. Den Paderborner Dom hat er nach einem Brande wiederaufbauen und das bauliche Kleinod Paderborns, die Bartholomäus-Kapelle, von byzantinischen Künstlern („per operarios graecos"), die er eigens dazu berief, errichten lassen. Seine Lebensführung hat den Zeitgenossen keinen Anlaß zum Tadel gegeben, und es mag ihn tief bekümmert haben, seine eigene Mutter auf verbrecherischen Wegen zu sehen. Sie hatte sich zweimal mörderischer Anschläge schuldig gemacht und wurde von ihm, dem Sohne, vor ein Gericht gezogen. Auf seinen Pfründen auszuruhen, war ihm nicht gegeben. Er sieht überall nach dem Rechten, spricht mit seinen Bauern und fühlt sich am wohlsten, wenn er hausväterlich, haushälterisch und ordnungsliebend das Gut seiner Kirche hüten und mehren kann. Ein gewisses Maß von Bauernschläue ist ihm dabei nicht abzusprechen. Ständig unterhält er einen Stab von Agenten, die im Lande umherreisen und gegen reichen Vermittlerlohn Leute aufspüren, die in Geld- oder Gewissensnöten sind und durch Zuspruch oder Überredung sich bereit finden, ihren Besitz der Kirche zu veräußern. Das geschah nicht aus Raffgier, denn er bereicherte sich damit nicht persönlich, sondern seine Kirche und feilschte nicht um den Preis.

Meinwerks Sorge für sein Bistum steht aber zurück hinter seinem Dienst am Reich. Als Freund und politischer Berater zweier Kaiser, Heinrichs II. und Konrads II., ist er häufig längere Zeit seinem Bistum fern gewesen. Für Heinrich hat er auch einmal eine Heeresabteilung gegen die Slaven geführt. Heinrich hat es ihm und seinem Bistum reich gelohnt. Auch der weniger gebefreudige Konrad hat ihm seinen Dank nicht versagt und ausdrücklich einmal betont, daß Meinwerks Dienst ihm mehr bedeutet habe als der aller anderen Bischöfe. Worin diese im einzelnen bestanden haben, entzieht sich unserer Kenntnis. Der D i e n e r Meinwerk bleibt im Hintergrund.

Eben das unterscheidet ihn von seinen weltlichen Zeitgenossen in Westfalen, und zwar um so mehr, als die P o l i t i s i e r u n g der Bischöfe und ihre Ausstattung mit weltlich-politischen Rechten in seiner Zeit bemerkbar einsetzt. Meinwerk besaß aus kaiserlichen Zuwendungen G r a f s c h a f t s r e c h t e in nicht weniger als fünf Gauen und den F o r s t b a n n über die Senne und den östlichen Teil des Osnings bis hinunter zur Diemel. Seine Nachfolger haben die Grafschaftsrechte nicht halten können, und den weit inhaltsschwereren Forstbann mit Rodungsrecht und daraus resultierendem Herrschaftsgewinn haben sie durch Verlehnung größenteils aus der Hand gegeben. Meinwerk selbst hatte mancherlei Zwistigkeiten mit seinem eigenen Metropoliten, dem EB Aribo von Mainz, auszutragen, ohne daß es darüber zu Tätlichkeiten gekommen wäre.

Die Geschlechter des hohen Mittelalters

Die w e l t l i c h e n Großen unter Meinwerks westfälischen Zeitgenossen sind schwer in den Blick zu gewinnen. Spärliche Überlieferung läßt erst zwei oder drei Familien deutlicher hervortreten: das Herzogshaus der B i l l u n g e r und die Grafen von W e r l , vielleicht noch die Grafen von S c h w a l e n b e r g . Wieweit die Cappenberger, die Calverlager im Osnabrücker Nordlande, die von Altena-Berg-Hövel (späteren Grafen von der Mark), die Egbertinger (Tecklenburger, ein unruhvolles, abenteuerndes Geschlecht), die Ravensberger, die Oldenburger, die Stumpenhauser u. a. damals schon mitgespielt haben, steht noch dahin. Dagewesen sind sie wahrscheinlich schon, auch schon die Grafen von Holstein-Schaumburg und die ursprünglich an der Diemel angesessenen Grafen von Everstein.

Unter den Ottonen blieben die B i l l u n g e r auf ihr mit Herzogsrechten ausgestattetem Markgrafentum beschränkt. Später erwarben sie auch Grafschaftsrechte und Vogteien (S. 78). Die W e r l e r gewinnen Grafschaftsrechte in nicht weniger als 15 Comitaten beiderseits des Hellweges

Weltliche und geistliche Mächte

und bis noch hinauf nach Norden; im Paderbornischen erscheinen die H a h o l t e und R i g d a g als Inhaber mehrerer Grafschaften. Eines A d a l g a r Grafschaftsrechte sollen fast den ganzen Raum der Diözese Osnabrück gedeckt haben. Die S c h w a l e n b e r g e r ,ursprünglich an der unteren Elbe gesessen, fassen Fuß in den Gegenden westlich der mittleren Weser. Die Grafschaft karolingischen Gepräges hat nach wie vor ihre Bedeutung.

Graf Hermann II. von W e r l steht im Jahre 1018 gegen Meinwerk und bedrängt Herford und Münster, im Jahre darauf konspiriert er im Bunde mit Herzog Bernhard II. Billung und dessen Bruder, Graf Thietmar, gegen den Kaiser. Es kommt zu offener Empörung. Der Herzog wird vom Kaiser in der S c h a l k s b u r g (Hausberge auf dem rechten Weserufer bei Porta) belagert, die Versöhnung nur mit Mühe zustandegebracht. Thietmar unternimmt später einen Anschlag auf das Leben des Kaisers, muß sich einem Gottesurteil stellen und fällt im Zweikampf. Sein Bruder Herzog Bernhard II., ergreift daraufhin Partei gegen den Kaiser, und ein Bischof, Eilbert von Minden, schließt sich vorübergehend ihm an.

K a i s e r H e i n r i c h I I I ., der zweite Salier, unter dessen Hand das Reich noch einmal, zum letzten Male, seine große Zeit als Vormacht Europas und des christlichen Abendlandes erlebte, ist öfter als seine Vorgänger in Westfalen gewesen. 1040 war er in Corvey und Herford und feierte das Weihnachtsfest in Münster, umgeben von einer glänzenden Versammlung deutscher Fürsten, darunter 4 Erzbischöfe. 1046 ist er wieder in Corvey, um die Neuwahl des Abtes selbst zu leiten. Zu Ostern 1051 setzt er den Neffen Meinwerks, I m a d , auf den erledigten Bischofsstuhl von Paderborn und feiert 1056 zum zweiten Male das Osterfest in dieser Stadt. Dortmund und Minden hat er dreimal besucht. Von allen diesen Besuchen und von dem, was dort geschehen ist, wissen wir kaum Einzelheiten. Gewiß sprechen sie eine deutliche Sprache. Noch war Westfalen Glied und Stütze des Reiches; aber es scheint, als wehte jetzt ein kühlerer Wind zwischen den Westfalen und dem Kaiser. Eine Fürstenopposition führte zur Bildung politischer Gruppen. War zu Lebzeiten Heinrichs III. trotz seiner Hinneigung zur clunianzensischen Richtung das deutsche Episkopat noch die geschlossene Reichskirche in der Hand des Königs, nahm die Politisierung der hohen Geistlichkeit und ihr Interesse am Gewinn persönlicher, weltlicher Macht sichtbarlich zu.

Unter dem Einfluß seiner Vormünder, der ehrgeizigen und machthungrigen Erzbischöfe A d a l b e r t v o n B r e m e n und A n n o v o n K ö l n entzog der junge K ö n i g H e i n r i c h I V . im Jahre 1064 drei grafenrechtliche Bereiche ohne ersichtlichen Grund, kraft seines verfassungsmäßigen Verfügungsrechtes über die Grafschaften ihrem bisherigen Inhaber, dem Grafen B e r n h a r d I I . von W e r l , und übertrug sie dem Erzbischof Adalbert von Bremen. Der erste dieser Bereiche lag ,,im Emsgau", der zweite ,,im Gau Westfalen", der dritte ,,im Gau Engern". Bernhard dachte nicht daran, solche Rechte aus der Hand zu geben. Lange Kämpfe sind die Folge gewesen.

Die Bereiche dieser Grafschaften werden verschieden bestimmt. Der als ,,Emsgau" gedeutete mittlere Emsabschnitt (Hömberg), nördlich Mep-

Westfalen im sächsischen Stammesherzogtum

pen, um Aschendorf und die Burg Fresenberg herum bis hinauf nach Klein-Borsum, kann aus vielerlei Gründen hier n i c h t gemeint sein. Es muß der n ö r d l i c h e Emsgau um Emden und Leer gewesen sein; denn hier wurde noch 1092 um den Besitz des Grafschaftsrechtes gekämpft. Der Kampf endete mit einer Niederlage der Werler. Sohn und Enkel Graf Bernhards fanden darin den Tod.

Die Grafenbereiche im Westfalengau müssen in der nördlichen Diözese Osnabrück gesucht werden. Hier ist den Bremern, EB Adalbert und seinem Nachfolger, EB Liemar, der Erfolg anscheinend versagt geblieben. Die Grafschaften im Gau Engern sind wohl „im südwestlichen Kerngebiet der Macht der Grafen von Werl" (Hömberg) zu suchen. Hier die Werler zu verdrängen, haben die Erzbischöfe von Bremen nicht versucht.

Als Schlüsselfigur in diesen Kämpfen ist Graf Gottschalk von Zutphen vermutet worden (Hömberg). Er sei der nach dem Chronisten Adam von Bremen „von EB Adalbert eingesetzte Befehlshaber der Bremer Streitkräfte" gewesen. Adam von Bremen spricht aber nur von einem um die Bremer Sache verdienten „Präfekten Gottschalk", der in diesen Kämpfen den Tod fand. In der Bremer urkundlichen Überlieferung erscheint Gottschalk von Zutphen an k e i n e r Stelle; wohl aber tritt mehrfach und in der nächsten Umgebung des Erzbischofs dessen M i n i s t e r i a l Gottschalk auf. Sein Tod wird von Adam ausdrücklich beklagt. Ihm, nicht dem Grafen Gottschalk von Zutphen, die militärische Führungsrolle („praefectus") in den Kämpfen zuzuschreiben, sollte näher liegen.

Die weitgehenden Folgerungen, die aus der Gleichsetzung Gottschalk/Gottschalk von Zutphen gezogen sind und darauf hinauslaufen, die Zutphener durch diese Kämpfe in Westfalen Verlorenes wiedergewinnen zu lassen, sind nicht haltbar.

QUELLEN

v o n O t t e n t h a l, E.: Die Regesten des Kaiserreiches unter den Herrschern aus dem sächsischen Hause 919–1024. Lieferung 1, 2 (bis 983). 1893.
(Neubearbeitung von Bömers Regesten von 1831 ff.)

J o s t e s, F.: Die Kaiser- und Königsurkunden des Osnabrücker Landes. 1899.

W a i t z, G.: Jahrbücher des deutschen Reiches unter Heinrich I. 1863–1885.
(wie alle Ausgaben der Reihe „Jahrbücher . . ." Quelle und Literatur zugleich).

V i t a M a t h i l d i s R e g i n a e (antiquior prior). Hrsg. von R. Koepke in: MG SS 10 (1852), S. 573–582.
("jüngere Fassung (Vita M. R. (junior posterior). Hrsg. von E. Petz in: MG SS 4, S. 282–302), auf Veranlassung Heinrichs II. aus dynastischen Gründen geändert, daher mit Vorsicht zu benutzen." v. Klocke).

S i c k e l, Th.: Die Urkunden Konrads I., Heinrichs I., Ottos I., Ottos II. und Ottos III. 1879–1893. (MG DD 1,2).

R u o t g e r : Vita Brunonis. Hrsg. von I. Ott in: MG SS 4 (1841). S. 252 – 281. Deutsche Übersetzung von H. Schröss in: Annalen des Hist. V. f. d. Niederrhein 88 (1910), S. 1 – 95.

M i k o l e t z k i, H.: Die Regesten des Kaiserreiches unter Otto II. Nach J. F. Böhmers Regesta imperii neu bearbeitet. 1950. (LB 39).

Weltliche und geistliche Mächte

Uhlirz, K. u. M. Uhlirz: Jahrbücher des deutschen Reiches unter Otto II. und Otto III. 2 Bände, 1902, 1954.
(vgl. oben „Jahrbücher . . .").

Vitae Sancti Ludgeri, Hrsg. von W. Diekamp, 1881, (m Geschichtsquellen des Bistums Münster 4).

Paschasius, R.: Vita Adalhardi / Vita Walae. In: Acta Sanctorum (der Bollandisten), Abt. Juni, Bd. 1 / Acta Sanctorum ordinis Sti Benedicti, Bd. 4 dazu: Rodenberg: Die Vita Walae als historische Quelle. 1902.
(Die Brüder A. und W. waren tätig bei den Gründungen von Corvey und Herford).

Translatio Sancti Viti. Hrsg. von F. Stentrup in: Abhandlungen zur Corveyer Geschichtsschreibung 1 (1906).
(enthält u. a. Nachrichten über Soest und zur Gründungsgeschichte von Corvey).

Translatio Sancti Liborii. Hrsg. von G. H. Pertz in: MG SS 30.

Erconrads Translatio S. Liborii, hrsg. von A. Cohausz 1966. (= Studien u. Quellen z. westf. Geschichte, 6).

Rudolf von Fulda: Translatio Sancti Alexandri 865 – 867. Fortgesetzt von Meginhard. Hrsg. von B. Krusch in: Nachr. d. Ges. d. Wissenschaften zu Göttingen, Philos.-hist. Klasse, Heft 4, 1933.
zur Quellenkritik dazu: Meyer v. Knonau in: Odal IV, 3.
(Die Überführung von Rom nach Wildeshausen geschah durch Graf Walbert, einen Enkel Widukinds).

Vita Idae (Herzfeld) in: Wilmans, Kaiserkunden I. S. 469 – 488.

Beumann, Brunhölzel, Winkelmann: Karolus Magnus et Leo Papa. Ein Paderborner Epos v. J. 799, 1966 (= Studien u. Quellen z. westf. Geschichte, 8).

Breßlau, H.: Die Urkunden Heinrichs II. und Arduins. In: MG DD 3. 1900 – 1903.

Hirsch, S.: Jahrbücher des deutschen Reiches unter Heinrich II. 3 Bände. 1862 – 1875.
(vgl. oben „Jahrbücher . . .").

Breßlau, H.: Die Urkunden Konrads II. In.: MG DD 4. 1909.

Breßlau, H.: Jahrbücher des deutschen Reiches unter Konrad II. 2 Bände, 1879 – 1884.
(vgl. oben „Jahrbücher . . .").

Vita Meinwerci episcopi Paderbrunnensis. Hrsg. von F. Tenckhoff in: MG Scr. in usum scholarum, 1921.
dazu: Tenckhoff, F.: Der kultur- und wirtschaftsgeschichtliche Ertrag der Traditionskapitel (30 – 130) der Vita Meinwerci. In: Verzeichnis der Vorlesungen der Theol. Akad. Paderborn. WS 1919/20, S. 1 – 52.

LITERATUR

Müller, E.: Die Entstehungsgeschichte der sächsischen Bistümer unter Karl d. Großen. 1938.

Honselmann, Kl.: Reliquientranslationen nach Sachsen (m. Karte). In: Das erste Jahrtausend. Kultur und Kunst im werdenden Abendland. Textband I, 1962, S. 159 – 193.

Wigand, K.: Geschichte der gefürsteten Reichs-Abtei Corvey und der Städte Corvey und Höxter. Band 1, Abt. 1,2. 1819.

Krüger, H.: Zur älteren Geschichte Höxters und Corveys. In: Westf. Ztschr. 86 II (1929), S. 213 – 235.

Cohausz, A.: Herford als Reichsstadt und papstunmittelbares Stift. In: 42. JBHVR (1928), S. 1 – 106.

Westfalen im sächsischen Stammesherzogtum

Hübinger, P. E.: 1100 Jahre Stadt und Stift Essen. In: Beitr. zur Gesch. von Stadt u. Stift Essen 68 (1953); auch als selbständige Schrift erschienen. (LB 210).

Flaskamp, F.: König Otto III. in Wiedenbrück. In: WZ 113 (1963), S. 455–457.

Angermann, G.: Das Wittekindrelief in der Kirche zu Enger – ein Kunstwerk aus der Zeit um 1000. Mit 3 Tafeln. In: 58. JBHVR (1956), S. 173 – 215.
(Geschenk Kaiser Ottos III. für die Stiftung seiner Urgroßmutter?)

Schulze, H. K.: Die Grafschaftsverfassung der Karolingerzeit in den Gebieten östlich des Rheins. 1973.

Merker, O.: Grafschaft, Go und Landesherrschaft. In: Nieders. Jb. 38 (1966), S. 1–60.

Hömberg, A. K.: Geschichte der Comitate des Werler Grafenhauses. In: Westf. Ztschr. 100 I (1950), S. 9–133. (LB 121).

v. Klocke, F.: Die Grafen von Werl und die Kaiserin Gisela. In: WZ 98/99. S. 80 ff.

Leidinger, P.: Untersuchungen zur Geschichte der Grafen von Werl. 1965. (= Studien u. Quellen z. westfäl. Geschichte, 5.)

Bollnow, H.: Die Grafen von Werl. 109 S. 1930.

Forwick, F.: Die staatsrechtliche Stellung der ehemaligen Grafen von Schwalenberg, 1963. (= Veröff. d. Hist. Komm. Westf. 22).

Jordan, K.: Das sächsische Herzogtum und der Raum an der oberen Weser während des hohen Mittelalters. In: Kunst u. Kultur im Weserraum III, S. 127–133.

Freytag, H.-J.: Die Herrschaft der Billunger in Sachsen. Mit 4 Karten. 1952. (= Studien u. Vorarbeiten zum Hist. Atlas Niedersachsen 20). (LB 118).

Büttner, H. u. J. Dietrich: Weserland und Hessen im Kräftespiel der karolingischen und frühen ottonischen Politik. In: Westfalen 30 (1952), S. 133 bis 149. (LB 116).

Hauck, K.: Die fränkisch-deutsche Monarchie und der Weserraum. Mit 12 Karten. In: Kunst und Kultur im Weserraum I, S. 97–121.

Bauermann, J.: Meinwerk. In: West. Lebensbilder 1, S. 18 – 31. 1930.

Irsigler, F.: Bischof Meinwerk, Graf Dodiko und Warburg. In: WZ 126/127 (1976/1977). S. 181–200.

DER INVESTITURSTREIT IN WESTFALEN (11. / 12. JAHRHUNDERT)

Bischöfe zwischen Papst und König

Die unmittelbare Folgezeit, der Investiturstreit unter Heinrich IV. und Heinrich V., stellte alle, Weltliche und Geistliche, Große und Kleine, vor den Zwang einer Parteinahme für oder wider ihren königlichen Herrn. Die Bischöfe traf das am schwersten. Zu wählen zwischen dem Papst, dem sie Gehorsam schuldeten, und dem König, aus dessen Hand sie ihr Bistum empfingen, hat manchen von ihnen in schwere Konflikte gebracht. Mehrere haben darüber ihr Bistum verloren. Einer, Volkmar von Minden, ist Opfer einer von der Gegenpartei gedungenen Mörderhand geworden.

Fast ein halbes Jahrhundert lang ist Deutschland damals von Bürgerkriegen heimgesucht worden. Als der Streit mit dem berühmten Wormser Absagebrief Heinrichs IV. im Jahre 1076 zum offenen Ausbruch kam, saßen auf dem Bischofsstuhl von Münster, Paderborn und Minden Männer westfälischen oder sächsischen Geblütes. Ihnen mochte die Strenge des cluniazensischen Wesens und seine scharfe Verurteilung jeglicher „Simonie" wenig zusagen. Sie fühlten sich zudem in der Hand des Königs. Wenn er ihnen den Laufpaß gab, blieb ihnen nur der Weg in die Abgeschiedenheit einer Klosterzelle. Weit mehr Weltmann als Kirchenmann war der vierte, Bischof Benno von Osnabrück, ein geborener Schwabe. Alle vier, wie übrigens die Mehrzahl des deutschen Episkopates, haben den Wormser Brief mit unterzeichnet, wobei es freilich ohne einen gelinden Druck des Königs nicht abgegangen sein wird. In dieser kaiserfreundlichen Haltung sind auch ihre Nachfolger mehr oder weniger verharrt. Papst Gregors Bannfluch gegen den Kaiser, später das Dazwischentreten des neuen Sachsenherzogs Lothar von Süpplingenburg und sein Gegensatz zu dem neuen Kaiser Heinrich V. haben manche von ihnen schwankend gemacht. So ist es in Paderborn und Minden zweimal, in Osnabrück und Münster einmal zu schismatischer Besetzung der Bischofsstühle und häufig auch zu gewaltsamen Auseinandersetzungen gekommen. Sonst aber scheinen sie sich weniger mit der Waffe in der Hand in den Streit haben hineinziehen lassen; hatten sie doch auch schon von einer Teilnahme an dem großen Sachsenaufstand Ottos von Northeim der Jahre 1073/74, dem Vorspiel des großen Streites, sich ziemlich ferngehalten, obwohl der Aufstand zeitweise nach Westfalen übergriff. Ottos Burg auf dem Desenberge bei Warburg wurde vom Kaiser belagert und erobert. Überhaupt scheint man den Absichten des mächtigen Northeimers – Otto war gleichzeitig Herzog von Bayern – wenig Neigung entgegengebracht zu haben; wenigstens klagt Bruno, der Parteigänger Ottos und Chronist des „Sachsenkrieges", einmal, daß alle Westfalen sie verlassen hätten. Ob man diese Bemerkung im Sinne einer bestehenden oder beginnenden Abkapselung des Westfalentums vom Ostsachsentum deuten soll, darf immerhin als Frage erhoben werden, wenn man die Entwicklung der folgenden Jahrhunderte vor Augen hat.

Anders als die im ganzen doch stark passive Haltung der Bischöfe von Münster, Paderborn und Minden war die B e n n o s v o n O s n a b r ü c k. Von Jugend auf dem Kaiser eng verbunden, geschickter Unterhändler, verschlagener Diplomat, listenreich und klug und nicht eben wählerisch in seinen Mitteln – seine großen Urkundenfälschungen, mit denen er seinem Bistum einen riesigen Zuwachs an Zehnteinkünften auf Kosten von Corvey und Herford verschaffte, hat das Mittelalter als gern gepflegtes Mittel, den Gegner zu übertölpeln, mehr bewundert als getadelt –, ein praktischer Verwaltungsmann und erfahrener Burgenbauer, hat er die Sache seines kaiserlichen Herrn sein Leben lang mit Rat und Tat gefördert. Der Zwiegesichtige, ein Mann, recht nach dem Sinne des im Charakter und Anlage verwandten Kaisers, hat es sogar fertiggebracht, sich mit der Gegenpartei so zu stellen, daß ihm niemand etwas anhaben konnte. 1068 zum Bischof von Osnabrück erhoben, hat er die kaiserlichen Burgenbauten im Harz geleitet, die den Zorn der Sachsen und den Aufstand heraufbeschworen, 1075 an der Seite des Kaisers gegen die Sachsen gekämpft, ist ihm 1076/77 nach C a n o s s a vorausgeeilt und hat wesentlichen Anteil gehabt an dem Entschluß des Papstes, den Bannfluch gegen den Kaiser rückgängig zu machen. 1078/79 ist er wieder in Rom. Beinahe wäre es ihm dieses Mal gelungen, gegen den inzwischen von der northeimischen, päpstlichen, Partei zum Gegenkönig erhobenen Rudolf von Rheinfelden, einen Schwager des Kaisers, den Bann zu erwirken. Der neue Gegenkönig Hermann von Salm ließ ihn 1082 auf seiner Stiftsburg I b u r g belagern. Aber Benno wußte unter den Belagerern zwei alte Freunde und bewog sie, die Belagerung aufzuheben. 1088, am 27. Juli, ist er in der von ihm erbauten Iburg bei Osnabrück im Frieden mit Kaiser und Kirche gestorben.

In seine Fußtapfen als führender der westfälischen Bischöfe ist 10 Jahre später Bischof B u r g h a r d v o n M ü n s t e r getreten. Ihm ist nicht erspart geblieben, an der Seite des alternden Kaisers dessen tragischen Ausgang mitzuerleben und mitzuerleiden. Bedrängt, verfolgt und von seinem Bischofsamte suspendiert, hat er schließlich die Sache des Kaisers aufgegeben und sich für dessen abtrünnigen Sohn erkärt, sicherlich nicht als Opportunist; denn er ist sein Leben lang ein entschiedener Gegner päpstlicher Machtansprüche gewesen. Anzunehmem ist vielmehr, daß er die hoffnungslose Lage des alten Kaisers richtig einschätzte und daß ihm die wahre Gesinnung des kalten, herrschsüchtigen, Herzensregungen fremden, aber hoch veranlagten und von Ehrgeiz getriebenen Kaisersohnes nicht verborgen geblieben war; hatte dieser sich doch nur auf die Seite des Papstes geschlagen, um auf diesem Wege vorzeitig an die Macht zu kommen. Auf der Flucht vor seinen westfälischen Gegnern wurde Burghard in Neuß von Bürgern der Stadt Köln, den letzten Getreuen des alten Kaisers, erkannt, ergriffen und zum Kaiser geschleppt. Heinrich hielt ihn als Gefangenen bei sich, verzieh ihm aber zuletzt seinen Abfall. Auf seinem Sterbebette übergab er ihm die Reichsinsignien mit dem Auftrage, sie dem Sohn zu überbringen.

Heinrich V. hat ihm die frühere Gegnerschaft ebensowenig nachgetragen. Er setzte ihn sofort in sein Bistum wieder ein und führte ihn selbst nach Münster zurück. Über die künftig zu verfolgenden Ziele und die völlige Übereinstimmung ihrer Ansichten in den alles bewegenden Fragen der Kirchenpolitik werden sie sich hinlänglich ausgesprochen haben. Als Heinrich gleich nach dem Tode des Vaters der Kurie sein wahres Gesicht zeigte und ganz in die Politik des Vaters umschwenkte, zögerte Burghard nicht, ihm als Kanzler und ersten politischen Berater zu dienen. Diesem Dienst ist er bis an sein Lebensende in unbeirrter und klarer Zielsetzung treu geblieben. Die Gefangensetzung des Papstes Paschalis II. und seiner Kardinäle durch Heinrich V. im Jahre 1111 ist auf seinen Rat hin erfolgt. Seine Gegner haben ihm diese, des Kirchenmannes, Tat nicht verziehen und es seinem Bistum schwer entgelten lassen. Das Ende des großen Streites, das Wormser Konkordat von 1122, hat Burghard, die letzte Verkörperung des reichsbischöflichen Gedankens in Westfalen, nicht mehr erlebt. Er starb 1118 auf der Rückreise von einer diplomatischen Sendung nach Konstantinopel.

Lothar von Süpplingenburg

Sein Tod kam für sein Bistum zu früh. Inzwischen waren alle weltlichen Mächte auf den Plan gerufen und in den Streit hineingezogen worden; denn Heinrich V. hatte, wie die Rompolitik, auch die Sachsenpolitik des Vaters wieder aufgenommen und war dabei auf ebenso erbitterten Widerstand gestoßen wie einstmals der Vater. Führer der Sachsen (Ostsachsen) war L o t h a r   v o n   S ü p p l i n g e n b u r g. Heinrich selbst hatte ihn, den „stärksten Fürst in Sachsen" (Stoob), nach dem Aussterben der Billunger auf einem Fürstentage in Münster im Jahre 1106 zum Herzog von Sachsen erhoben. Lothar erwies sich als befähigter militärischer Führer und begabter Diplomat. Hatte er den jungen König bei dessen Empörung gegen den Vater im Jahre 1104 unterstützt, wurde er sein gefährlichster Gegner, als es galt, die sächsischen Interessen gegen die Ansprüche des Kaisers zu verfechten.

Das letzte Jahrzehnt des Streites hatte Westfalen die schwersten Heimsuchungen gebracht. Sie begannen, nachdem ein erster Zusammenstoß mit Lothar im Jahre 1112 vorangegangen war, 1114 mit dem Abfall des Erzbischofs Friedrich von Köln. Der Kaiser mußte die Belagerung der Stadt Köln aufgeben, als der streitbare Graf F r i e d r i c h   v o n   A r n s b e r g, der letzte Sproß des Hauses Werl, seinem früheren Feinde, dem Erzbischof, zu Hilfe kam. Die Reichsstadt Dortmund ging verloren, und der Kaiser und sein Kanzler Burghard mußten geschehen lassen, daß die Aufständischen das Bistum Münster verwüsteten. Der Kaiser konnte zwar Dortmund auf einem erneuten Heereszug nach Westfalen noch im Herbst desselben Jahres wiedergewinnen und in Lüdenscheid eine feste Burg bauen, sein Feldherr Hoyer von Mansfeld erlitt aber im Jahre darauf

Westfalen im sächsischen Stammesherzogtum

(1115) von den vereinigten Sachsen und Westfalen, unter ihnen Friedrich von Arnsberg, Hermann von Calvelage und ein Graf von Schwalenberg, am W e l f e s h o l z e nördlich Mansfeld eine schwere Niederlage. Lothar brach in Westfalen ein und eroberte Dortmund, Lüdenscheid und die Eresburg. Von seinen westfälischen Parteigängern hat allein H e r m a n n v o n C a l v e l a g e eine klare Haltung eingenommen. Durch seine Gattin Edelinde, eine Tochter Ottos von Northeim, und durch Ottos Enkelin Richenza, die Frau Lothars, mit Lothar verwandtschaftlich verbunden, hat er unentwegt zu ihm gehalten, und dieser hatte es ihm, später auch als Kaiser, gelohnt, u. a. vermutlich durch Belehnung mit Grafschaftsrechten im mittleren Emsgau (S. 68).

Diese Grafschaftsrechte sind später im Besitz der E r b e n der Calvelager Grafen, der Grafen von Ravensberg, ein Erbgang, der dazu beitragen kann, eine noch umstrittene Frage der westfälischen Geschichte zu klären (S. 68).

Friedrich von Arnsberg

F r i e d r i c h v o n A r n s b e r g hat nicht weniger als dreimal die Partei gewechselt. Als der Kaiser 1118 wieder in Westfalen erschien, ließ Friedrich Lothar im Stich und trat auf Heinrichs Seite. Aber Lothar behielt die Oberhand in Westfalen. Das feste Schloß Bentheim und die Burg Rüdenberg im Sauerlande fielen in seine Hand. 1121 nahm er die münstersche Burg Dülmen ein und führte einen vernichtenden Schlag gegen Münster. Die junge Stadt, als Stadt noch in ihren Anfängen, ging dabei in Flammen auf. Das Feuer soll von den eigenen Bürgern angelegt sein, ergriff auch die Domburg mitsamt dem Dom und legte alles in Schutt und Asche.

Kein gutes Andenken hat Friedrich von Arnsberg hinterlassen. Gewalttätig, skrupellos und wetterwendisch, von seinen Vorfahren im Besitz des kaiserlichen Rechtes des „Vorstreites", der gefürchtetste Mann in Westfalen, war ein Schrecken seiner Zeit. Als er starb, „atmete die Welt auf, von solcher Pest befreit", hat ein Zeitgenosse geschrieben. Er hinterließ zwei Töchter; eine hat den Grafen Gottfried von Cappenberg geheiratet, die andere den niederländischen Grafen G o t t f r i e d v o n C u i j k. Ihm fiel zu, was von der einstigen Macht des Hauses Werl noch übrig war, die kleine, aber schon stark geschlossene Grafschaft Arnsberg.

In dem halben Jahrhundert des Investiturstreites hat Westfalen noch einmal, zum zweiten Male, als Subjekt und Objekt im großen Reichsgeschehen gestanden. Mit dem Ende des Streites „hört es auf, ein lebendiges Glied des Reiches" zu sein (Rothert). Fortan muß es eigene Wege finden.

FRÜHE HERRSCHAFTSRÄUME (12. JHD.)

Gottfried von Cappenberg

Aus der Turbulenz des von allen Seiten und mit geistlichen wie mit weltlichen Waffen gleich erbittert geführten Investiturstreites hebt sich, von den Zeitgenossen fast als ein Wunder empfunden, die Tat eines einzelnen, des jungen Grafen G o t t f r i e d v o n C a p p e n b e r g, heraus. Ungewöhnlich war sie weniger in den einer religiösen Erschütterung entsprungenen Motiven als in ihren Ausmaßen und politischen Folgen.

Die Grafen von Cappenberg sind in den geschichtlichen Überlieferungen bisher kaum hervorgetreten. Sie waren reich, verfügten über großen Besitz an Eigengütern und Ministerialen und müssen dem Kreise der „Großen" zugerechnet werden. Die Lebensbeschreibung Gottfrieds, bald nach seinem Tode geschrieben, behauptet sogar, sie hätten von ihrer Burg Cappenberg aus ganz Westfalen beherrscht. Die übliche Übertreibung muß jedenfalls dahin verstanden werden, daß die Grafen vermöge ihres über ganz Westfalen verstreuten Besitzes weitgehende Herrschaftsrechte i n Westfalen ausgeübt und darin den Werlern, den Schwalenbergern und den Billungern nicht nachgestanden haben.

Gottfried war mit einer Tochter Friedrichs von Arnsberg verheiratet, hatte aber keine Kinder. Sein Vater ist möglicherweise in der Schlacht am Welfesholze gefallen; vielleicht hat auch der Sohn schon auf Lothars Seite gegen den Kaiser die Waffen geführt. Im Jahre darauf, 1116, erscheint der eben 20jährige in Dortmund, um, anscheinend im Auftrage des Kaisers, einen Streit seines Schwiegervaters Friedrich von Arnsberg mit den Dortmundern zu vermitteln. 1121 aber, als Lothar erneut in Westfalen einbricht, steht er auf dessen Seite und nimmt aktiv an dem Kampfe teil. Die Zerstörung Münsters in eben diesem Jahre soll sogar sein Werk gewesen sein.

Vor den rauchenden Trümmern der Stadt und angesichts des Elends, das er angerichtet hatte, ist der junge Graf mit sich selbst und seinem bisherigen Leben zerfallen. Er fand Verbindung zu dem asketischen Norbert von Xanten, dem Abt des Klosters Prémontrée in Frankreich und Gründer des strengen Prämonstratenserordens. Norbert überredete ihn, sein ganzes Vermögen dem neuen Orden zu schenken und es zur Stiftung von vier Klöstern prämonstratensischer Richtung: Cappenberg, Ibbenstadt, Varlar und Avendorf (bei Wesel), zu verwenden. Um das Geld zu beschaffen, das für die Bestätigung des neuen Ordens an die päpstliche Kurie zu entrichten war, verkaufte Gottfried zwei Burgen in Schwaben dem Herzog Friedrich von Schwaben, dessen Sohn Friedrich mit dem späteren Beinamen Barbarossa er aus der Taufe hob. (Barbarossa hat dem Stift Cappenberg später sein silbernes Kopfbildnis und eine silberne

Schale geschenkt; beide werden heute als große Kostbarkeiten in Cappenberg gezeigt.) In Worms, wahrscheinlich am Tage der Unterzeichnung des Konkordates, 23. September 1122, hat auch der Kaiser die Stiftung anerkannt und einen Schutzbrief für Cappenberg ausgestellt. Zwei Jahre später sind Gottfried, sein Bruder und seine Frau selbst Prämonstratenser geworden und haben im Kloster Prémontrée die niederen Weihen empfangen. Gottfried ist 1127, erst 30 Jahre alt, gestorben.

Seine Tat hat die Menschen seiner Zeit verwundert, die Großen befremdet und entrüstet. „Nie zuvor war dergleichen geschehen" (Grundmann). Friedrich von Arnsbergs Hoffnung, seinen kinderlosen Schwiegersohn einmal zu beerben, wenigstens das Heiratsgut seiner Tochter zu retten, war damit zunichte geworden. Sein Versuch, Gottfried sogar mit Androhung von Waffengewalt umzustimmen, hatte nichts gefruchtet. Auch der Bischof von Münster hatte sich von dieser Lösung, bei der für ihn und sein Bistum nichts abfallen sollte, wenig erbaut gezeigt. Um keinen Unfrieden zu hinterlassen und keine neuen Verwicklungen heraufzubeschwören, hatte Gottfried ihm noch im Jahre 1121 seine gesamten Ministerialen, nicht weniger als 105 Familien mitsamt ihrem Lehnsbesitz geschenkt. Das bedeutete nichts anderes, als daß die gesamte militärische Macht des Hauses Cappenberg dem Stift Münster anheim fiel. Das war das Unerhörte, nie Gehörte, daß ein solches militärisches Potential verschenkt und, damit nicht genug, der Kirche in den Schoß geworfen wurde. Das Hochstift Münster hat seine spätere Machtstellung nicht zuletzt darauf begründen können.

Herrentum und Königtum

Zu Beginn des 12. Jahrhunderts ist Westfalen kaum erst ein geographisch-landschaftlicher Begriff, selbst als ethnologische Raumvorstellung durch die Teilung Westfalen/Engern noch unvollkommen, fließend in seinen Abgrenzungen und kein politischer Begriff. Das Gefüge auch des hochmittelalterlichen Staates wurzelt noch, im großen wie im kleinen, in der G e f o l g s c h a f t der germanischen Frühzeit. Flächenhafte Organisation staatlicher Verwaltung und herrschaftlicher Rechte sind noch unbekannt. Die Großen des Reiches, Herzöge, Grafen, Vögte, Bischöfe und Erzbischöfe umschließt das starke Band des Königtums der Ottonen und der beiden ersten Salier. Wie der König sind sie viel auf Reisen, heute in seinem Hoflager oder als Kämpfer in seinen Kriegen, morgen in Rom, übermorgen bei ihrem Herzog, bei einem Erzbischof oder Bischof oder bei einem Nachbarn, sei es auch nur, um ihnen als Urkundenzeugen zu dienen.

Das schnell entwickelte Lehnswesen bringt der auf enge, örtliche Verhältnisse zugeschnittenen Gefolgschaft die breitere Basis. Die L e h n s - p y r a m i d e mit dem König als Spitze verbreitert sich nach unten hin. Edle und Freie verpflichten sich als Vasallen, Unfreie als Ministeriale dem jeweils auf der höheren Stufe Stehenden. Das L e h n s g e f o l g e nimmt feste, rechtliche Formen an; seine H e e r s c h i l d o r d n u n g deutet mit dem Namen an, daß es zuvörderst dem Kriegswesen dienen soll.

Frühe Herrschaftsräume

Nicht unbekannt ist der Begriff der E i g e n h e r r s c h a f t. Sie kann winzig klein gewesen sein. In der Verbindung von Wohnturmburg und Einzelallod ist sie ein echter Herrschaftsbereich (Mitteis). Ihr Inhaber fühlt sich kraft freien Eigenbesitzes und blutmäßigen Rechtes seines adligen Standes zu Herrschaft berufen. Er erkennt keinen Herrn über sich an als den König. In der Verfassungsgeschichte des deutschen Mittelalters stellt die allodiale Kleinherrschaft vielleicht ein Zwischenglied dar; sie kann sehr zahlreich gewesen sein.

Nur die „Großen" dieser Zeit treten uns in der Überlieferung entgegen. Hat das V o l k keine „Geschichte" gemacht? Westfalen hat im hohen Mittelalter nur seine vier Bischofsstädte Münster, Paderborn, Osnabrück und Minden gehabt, dazu noch Soest. Sie werden zusammen nicht viel mehr als 10 000 Bewohner gehabt haben. Die Masse der Menschen lebte als Bauern auf dem Lande, wie die Städter unter eigenen, vielschichtigen Rechts- und Gesellschaftsformen (S. 95, 97). Als geschichtlich Handelnde begegnen sie uns nicht. Ihr Beitrag zu einer politischen Geschichte Westfalens im hohen Mittelalter ist noch unbekannt.

Macht-, Recht- und Herrschaftsbereiche dieser Zeit sind ein unentwirrbares, für uns fast unverständliches Durcheinander, Nebeneinander und Übereinander von Königtum und Herrentum. Vollends verwirrt sich das Bild, wenn aus der Masse der k l e i n e n H e r r e n diese und jene Namen in der Frühzeit auftauchen. Am ehesten mag ein Eindruck entstehen, wenn man sie, deren Wurzeln sicherlich in die breite Adelsschicht des frühen Mittelalters zurückgehen, als Gesamtheit und politisch mithandelnde Masse in Erscheinung treten läßt. Sie sind da, stehen den übrigen ebenbürtig an der Seite und haben sich auf lange hinaus in ihren Herrschaftsrechten und Ansprüchen behauptet.

Im Süden: die Edelherrn von Bilstein, von Grafschaft, von Hörde, von Ardey, von Padberg, von Volmarstein, von Vorde (Gewore), von Schöneberg, von Itter und die Grafen Stecke-Dortmund. Im Osten: die Edelherrn von Büren-Hinnenberg, von Gehrden, von Brakel und die zur Lippe. Im „Herzen" Westfalens: die Edelherrn von Rheda (auch „Vögte" von Rheda genannt) und die Grafen von Rietberg, ein Abzweig der Werler Grafen.

Im Nordosten (Wesergegend): die Edelherrn vom Berge, von Hodenberg, von Wölpe, von Arnheim-Bückeburg, vom See (vor dem Düllwald), von Vlotho und die Grafen von Roden. Im mittleren Westfalen: die Edelherrn von Oesede, vom Gesmold, von Blankena, von Spenge, von Schloen, von Holte, von Hulefeld-Wittlage, von Ibbenbüren, wohl auch die von Quernheim. Im Westen (Münsterland): die Grafen von Anholt, die Edelherrn von Lon, von Ahaus-Ottenstein, von Werth, von Horstmar, von Wettringen, von Gemen, von Heiden, von Steinfurt, von Lage und die Grafen von Bentheim. Im Norden: die Edelherrn von Diepholz und die von Bruchhausen. Der Katalog ist sicherlich noch nicht vollständig.

Ihre Bereiche karthographisch sichtbar zu machen, ist unmöglich, es sei denn, daß man auf die kleinste politische Einheit, die Gemeinde oder das Kirchspiel, zurückgehe. Nur dort und nur bei

Westfalen im sächsischen Stammesherzogtum

günstiger Quellenlage ist die Substanz an ältesten Herrschaftsrechten schon zu erfassen. Im größeren Rahmen ergibt sich ein Bild, vor dessen Buntheit der Griffel des Karthographen versagt.

Nur d i e s e r Adel verkörpert das Herrentum. Herrschaft steht ihm nicht nur als Recht zu; er gilt dafür als befähigt. Sie auszuüben wird von ihm erwartet und gefordert. Ohne Beeinträchtigung seiner persönlichen Freiheit kann er Lehnsverpflichtungen (Vasallität) eingehen und sich durch aktive Lehnsbindungen ein Gefolge von unfreien, im Waffendienst ausgebildeten Dienstleuten (Ministeriale, miles, Reiter, Ritter) schaffen.

Der M i n i s t e r i a l e macht sich als Berufskrieger unentbehrlich und ist später und zunächst unter Beibehaltung seiner persönlichen Unfreiheit zum n i e d e r e n A d e l aufgestiegen. Vom Adel blieb er immer durch strenge Standesgesetze getrennt. Eine Heirat zwischen einem Adligen und einer Ministerialin oder umgekehrt konnte den Verlust des Adels zur Folge haben.

Das Erbe der Billunger

Das Herzogtum der Billunger war das ,,Herzogtum Sachsen". Sie selbst haben es nie anders genannt. Die These, daß sich ihr Herzogtum nominell über ,,Westfalen und Engern" erstreckt habe, da sie gemäß dem Auftrage Ottos des Großen zur Sicherung der Nordgrenze des Reiches über den Heerbann der Westfalen und Engern verfügen sollten, und daß Ostsachsen, zumindest die größere, südliche Hälfte, im 10. und 11. Jahrhundert ,,herzogsfrei" blieb (Hömberg), hat viel für sich. Keineswegs hat das billungische Herzogtum territorialen Charakter im Sinne eines flächenhaft geschlossenen Herrschaftsgebietes gehabt; denn das ,,Herzogtum" war zu dieser Zeit nicht mehr als ein staatsrechtlicher B e g r i f f. Es befähigte seinen Inhaber zur Ausübung bestimmter, weniger Rechte (S. 59) i n n e r h a l b eines Gebietes. Dasselbe galt von der ,,Grafschaft" (S. 55). Die Billunger haben eine größere Anzahl von Grafschaftsrechten im nördlichen und mittleren Westfalen, an der Weser um Minden und Herford, auch Vogteien in ihre Hände bringen können. Ihr Einfluß und Besitz sind in Westfalen und Engern nicht gering gewesen, südwärts aber kaum über die Lippe vorgedrungen.

Der Mannesstamm der Billunger war im Jahre 1106 ausgestorben; der Kaiser hatte die Anrechte der Erbtöchter W u l f h i l d und E i l i c k e mißachtet und dem Lothar von Süpplingenburg das Herzogtum übertragen (S. 73). Nach dessen Tode beanspruchte sein Schwiegersohn und Erbe, der Welfe H e i n r i c h d e r S t o l z e, Sohn Heinrichs des Schwarzen und der Billungerin Wulfhild, das Herzogtum. König Konrad III. aber sprach es dem Askanier A l b r e c h t d e m B ä r e n, einem Sohn des billungischen Eilicke, zu. Der Streit der beiden Bewerber endete 1142 damit, daß Konrad sich genötigt sah, das Herzogtum doch wieder einem Welfen zu übertragen, dem noch im Knabenalter stehenden H e i n r i c h mit dem späteren Beinamen ,, d e r L ö w e".

Frühe Herrschaftsräume

Das Erbe der Billunger ist in den Händen der Welfen trotz aller Wetterwendigkeiten des Schicksals, trotz aller Irrungen und Wirrungen bis an die Schwelle der Gegenwart lebendig geblieben. Westfalens Geschichte ist immer aufs neue von ihm berührt worden.

Heinrich der Löwe
Das Herzogtum ,,Westfalen und Engern"

Heinrich der Löwe, hat man gesagt, wollte König im Königreich werden. Ob er es gewünscht, geplant oder gedacht hat, ist nicht von Belang; es kennzeichnet nur seine Person: Wo er erschien, wollte er H e r r sein. Sein erster Schritt in die Geschichte hat seinen Lebensweg bestimmt. Eben großjährig geworden, zog er mit Bischof Werner von Münster mit dem Corveyer Abt Wibald von Stablo und mit westfälischen und ostfälischen Grafen und Herren, deren Namen nicht überliefert sind, in den sogenannten ,,Wendenkreuzzug", eine Bewegung im Rahmen des 2. Kreuzzuges König Konrads III. von 1147 bis 1149 ,,zur Bekehrung und Ausrottung (!) der heidnischen Slaven" (Rothert). Der Zug ist, wie Konrads Kreuzzug, ergebnislos geblieben; Uneinigkeit der Führer soll zu vorzeitiger Umkehr gezwungen haben.

Groß ist die Teilnahme der Westfalen am 3. Kreuzzug (1189–1190) gewesen. Dazu werden als Kreuzfahrer genannt: Graf Widukind von Schwalenberg, die Edelherrn Ludolf und Wilbrand von Hallermund, Graf Heinrich von Oldenburg, Widukind Vogt von Rheda, Graf Adolf von Schaumburg, der engersche Stiftministerial Reginbodo von Belke, die Bischöfe von Osnabrück und Minden, die Grafen von Bentheim und von Tecklenburg, einer der Herren von Gesmold, vielleicht auch Graf Hermann von Ravensberg.

Heinrichs Ziel ist seitdem der Osten gewesen. In Westfalen hat er herzogliche Rechte nur gelegentlich, dann aber mit Nachdruck, zur Geltung gebracht. Größere Wirkungsmöglichkeiten bot ihm hier die ihm 1152 übertragene, durch den Tod Hermanns von Winzenburg, des letzten Northeimers, ledig gewordene Hauptvogtei über Corvey. Als solcher mußte er vier Jahre später gegen seinen Untervogt Widukind von Schwalenberg einschreiten, als dieser den Höxterer Stadtrichter, der ihm den Platz auf dem Richterstuhl nicht einräumen wollte, erschlug. Er nahm ihm seine Burg auf dem Desenberg und verbannte ihn in ein Land jenseits des Rheins, damit andeutend, daß der Rhein als Grenze des sächsischen Herzogtums gelten sollte. 1157 war er mit Kaiser Friedrich Barbarossa, seinem Vetter, in Osnabrück; das einzige Mal, daß Osnabrück den Besuch eines Kaisers gehabt hat. Zu einem herzoglichen Fürstentag erschienen 1163 die Grafen von Ravensberg, Arnsberg, Schwalenberg und Everstein bei ihm in Hannover. In demselben Jahre erwarb er die Stiftsvogtei über Osnabrück, kurz darauf wahrscheinlich auch die Vogtei über die Abtei Herford. 1164 belagert er, zusammen mit dem Erzbischof von Köln und den Bischöfen von Münster, Paderborn und Minden den Grafen Heinrich von Arnsberg in dessen Burg. Der Graf hatte seinen eigenen

Westfalen im sächsischen Stammesherzogtum

Bruder im Gefängnis verhungern lassen. Widukind von Schwalenberg, der „wilde Eber", dem der Desenberg zurückgegeben war, wurde 1168 aufs neue aufsässig und wiederum in seiner Burg auf dem steilen, wie ein Zuckerhut aus der Warburger Ebene aufsteigenden Desenberg belagert. Heinrich ließ Bergleute aus Rammelsberg bei Goslar kommen, daß sie einen Stollen in den Berg gruben und den Belagerten das Trinkwasser abschnitten. Dann feierte Heinrich in Minden seine Hochzeit mit Mathilde, der Tochter König Heinrichs II. von England und Enkelin der Witwe Kaiser Heinrichs V. (Seine erste Ehe mit Clementia von Zähringen war 1162 wegen „zu naher Verwandtschaft", d. h. wegen Kinderlosigkeit, geschieden.) 1173 hält er seinen herzoglichen Repräsentativtag in Paderborn. Die Westfalen haben ihn und seine mächtige Hand respektiert.

Sein Anspruch auf den Rhein als die Westgrenze seines herzoglichen Sprengels aber war für den Kölner Erzbischof R a i n a l d   v o n   D a s s e l , den Kanzler des Reiches, Helfer und hochgeschätzten Ratgebers Barbarossas, aus reichspolitischen Gründen untragbar, so daß er sich der wachsenden Opposition der norddeutschen Fürsten gegen Heinrich, deren Haupt Erzbischof Wigmann von Magdeburg war, 1167 anschloß. Rainald aber starb schon im Jahre darauf in Italien den Fiebertod.

Heinrich der Löwe hat dann sein Schicksal herausgefordert, als er in Chiavenna dem Kaiser die Heeresfolge versagte. Die Rechtsgründe dieser Weigerung sind umstritten; ihre Folge aber, des Kaisers Niederlage bei Legnano (1176), gab der Opposition die moralische Handhabe. Rainalds Nachfolger auf dem Kölner Stuhle, Erzbischof P h i l i p p   v o n   H e i n s b e r g , riß die Führung der antiwelfischen Partei an sich und trat dem Herzog an der Spitze einer Koalition rheinischer und westfälischer Fürsten, unter ihnen die Bischöfe von Osnabrück und Paderborn und die Grafen von Arnsberg und von Ravensberg, im offenen Felde entgegen. Heinrichs westfälische Anhänger, die Grafen von Tecklenburg, Edelherr Bernhard zur Lippe, ein persönlicher Freund und Bewunderer des Löwen, und Graf Adolf von Schaumburg, konnten zwar zunächst ihre isoliert operierenden westfälischen Gegner in einem Treffen auf dem Halerfelde vor Osnabrück im Jahre 1179 schlagen, eine Entscheidung damit aber nicht herbeiführen. Der vereinigten Macht seiner Gegner unterlag Heinrich.

Die Schlußakte dieses Dramas, der Reichstag von G e l n h a u s e n (13. April 1180), ist das Werk Philipps von Heinsberg und trägt in allem den Stempel seiner Person. Der Gelnhauser Reichstag, auf dem die Westfalen mit Bischof Arnold von Osnabrück, Graf Heinrich von Arnsberg und Graf Hermann von Ravensberg vertreten waren, hatte nur noch das formelle Urteil über Heinrich zu sprechen: die Achterklärung. Der Kernpunkt der Frage, die Zerschlagung der welfischen Macht und die Gefahr eines Königs im Königsreiche, die hinter der Maßlosigkeit des Löwen auftauchte, zu bannen, hatte bereits im Jahre vorher, auf einem Reichstage zu Würzburg, eine Lösung gefunden. Die beiden Herzogtümer Heinrichs, Bayern und Sachsen, waren ihm abgesprochen und anderweitig vergeben worden: Bayern aufgrund berechtigter Erbansprüche an das

Frühe Herrschaftsräume

Haus Wittelsbach, Sachsen mit derselben Begründung an den Askanier Bernhard von Anhalt, den jüngsten Sohn Albrechts des Bären. Diese dem Denken der Zeit gemäße Konzeption wurde durch Philipps Eingreifen in Gelnhausen zerrissen. – Die allodialen Erbgüter des Hauses der Welfen sind unberührt geblieben.

Der Sinn der Gelnhauser Urkunde und die Motive, die den Kaiser bestimmt haben können, dem Drängen Philipps auf Aufteilung des Herzogtums Sachsen nachzugeben, sind in Einzelheiten noch nicht geklärt. Die Urkunde umschreibt sie vorsichtig und mit vielen Worten. Die verletzende Zurücksetzung Bernhards wird kurz abgetan: „consentiente Bernhardi". Bernhard stimmte zu. Leichthin wird er es nicht getan haben. Dem Machtspruch des Kaisers und der Fürsten hatte er, der machtlose, junge Askanier, nichts entgegenzusetzen.

Mußte sich der Kaiser dem Eintreten des Kölner Erzbischofs für seine Sache wirklich so stark verpflichtet fühlen? Möglich und denkbar ist, daß Philipp oder sonstwer ihm die Vorstellung suggeriert haben, daß sich schon die Herzogsgewalt der Billunger nicht mehr über ganz Sachsen erstreckt hätte, sondern nur noch über Westfalen und Engern, und daß der Kaiser, der ohnehin mit dem Gedanken spielte, die alten Stammesherzogtümer aufzulösen bzw. sie durch Zerteilung straffer in den Lehnsverband des Reiches einzugliedern, solchen Gedankengängen nachging und in der Gelnhauser Urkunde – die vorhergehende Würzburger Urkunde ist nicht erhalten – von einem „Herzogtum Westfalen und Engern" spricht, einem vorher nie gebrauchten Ausdruck (Hömberg).

Was damit gemeint war, ist niemals gesagt worden; niemand hat es auch genau gewußt. Bernhard von Anhalt und seine Nachkommen haben sich noch jahrhundertelang, bis zu ihrem Aussterben und mit Billigung des Reiches, „Herzog von Sachsen" genannt und im westfälischen Osnabrück und im engrischen Minden Herzogsrechte wahrgenommen. Heinrich selbst hat sich nach seiner Rückkehr aus der Verbannung (1185, 1189) wieder „Herzog von Sachsen" genannt; sein gleichnamiger Sohn Heinrich mit dem Beinamen „der Lange" oder „der Schlanke" hat sich nach seiner Heirat mit Agnes, Tochter und Erbin des staufischen Pfalzgrafen Konrad, „Dux Saxoniae et comes Palatinae" genannt. Münsters Bischöfe haben sich herzogliche Handlungen ihres Kölner Metropoliten in ihrem Bistum strikt verbeten.

100 Jahre kölnischer Politik in Westfalen (13./14. Jhd.)

Erzbischof Philipp von Heinsberg

Philipp von Heinsbergs Herzogstum „Westfalen und Engern" stand zunächst nur „auf dem Papier". Er ging aber alsbald daran, durch ein planvolles, in einem bis dahin nie geübtem Maße und mit großen Geldmitteln durchgeführtes, seltsames Kaufsystem gewann er eine große Anzahl von Vasallen, die sich ihm durch Lehnseid verpflichteten, indem sie ihm ihre Burgen oder Allodialgüter gegen eine Summe Geldes „verkauften", sie aber zugleich als Lehen aus seiner Hand zurücknahmen mit dem Versprechen, sie ihm als „Offenhaus" zur Verfügung zu halten. Ein am Ende seiner Regierungszeit aufgestellten Verzeichnis dieser Erwerbungen enthält nicht weniger als 102 Positionen. Besonders abgesehen hatte es Phlipp auf die Randgebiete seines herzoglichen Sprengels, auf die Südgrenze, das Weserland, die Weserlinie und eine nördliche und westliche Linie, die sich um die Diözese Münster herumlegte. Bewußt griff er damit schon über die Grenzen des ihm zugewiesenen herzoglichen Sprengels hinaus.

Gleich die ersten Posten des Verzeichnisses, im ganzen 9, liegen in der Richtung auf die Weser hin und an der Weser selbst, u. a. Pyrmont und Vlotho. Unter den späteren Erwerbungen an der Weser erscheint noch die Burg Kollerberg bei Höxter. Im Waldeckischen wird die Burg Itter bei Korbach erworben, im Lippischen Burg und Stadt Lippstadt. Weiter werden als „gekauft" u. a. genannt die Burgen Isenberg, Altena, Hachen, Arnsberg, Waldenburg, Bilstein, im Norden die Tecklenburg, im Westen Ahaus, Bentheim, Dale und Bredevort. Man muß wohl beachten, daß es sich bei diesen Erwerbungen nicht um „Käufe" in unserem Sinne gehandelt hat. Philipp erwarb den V a s a l l e n e i d seines Geschäftspartners und dessen Versprechen, seine Burg dem Herzog als „ O f f e n h a u s", d. h. als militärischen Stützpunkt und zur Aufnahme einer kölnischen Besatzung jederzeit offen zu halten. Darum sind auch die weitaus meisten dieser Erwerbungen von Köln nicht auf die Dauer gehalten worden; denn der Vasalleneid mitsamt dem Versprechen des Offenhauses war ein persönlicher Eid. Ob seine Erneuerung von den Erben und Rechtsnachfolgern in gleicher Weise zu erhalten war, stand durchaus dahin. (Das Verzeichnis nennt nur die Objekte und die Kaufsummen; die über den Kauf ausgestellten Urkunden sind im Wortlaut nicht oder nur zum geringen Teil erhalten.) Trotzdem wird man keineswegs sagen dürfen, daß das viele Geld, 40 700 Mark Silber, das Philipp für seinen Zweck ausgegeben hat, einfach, wie eine häufige Lesart will, zum Fenster hinausgeworfen ist. Man braucht nur die Zeugenreihe von Philipps Urkunden aus der Folgezeit anzusehen. Soweit sie westfälische Belange betreffen, erscheinen, spätestens seit 1184, in a l l e n Urkunden a l l e westfälischen geistlichen und weltlichen Großen, zumeist sogar geschlossen. Mit keinem Westfalen hat Philipp in der Folgezeit die Waffen gekreuzt. Sie kamen, wenn er, der Herzog, rief.

Philipp von Heinsberg hat noch ein volles Jahrzehnt nach Gelnhausen den Kölner Hirtenstab geführt. Er starb, wie sein Vorgänger Rainald, in Italien an der Pest. Auf seinem Grabe ließ man die von ihm gewählte Inschrift einmeißeln: *„Accipe collatum per me tibi, Petre, ducatum, quem quinquaginta marcarum millibus emi".* Der Mindener Dominikaner Heinrich von Herford († 1370), Verfasser einer Weltchronik („Liber de rebus memorabilioribus"), berichtet außerdem, Philipp habe in Gelnhausen dem Kaiser für die Übertragung des Herzogtums Westfalen und Enger 5000 Mark Silber gezahlt, denn er habe das Herzogtum lieber für einen so hohen Preis und durch Kauf erwerben, als es nur zu Lehen nehmen wollen, weil ein Kauf ihm größere Sicherheit geboten hätte. Diese sonst nirgends überlieferte Nachricht, so verdächtig sie aus dem Munde des in weltlichen Dingen leichtgläubigen Mönches klingt, ist dennoch bemerkenswert, weil die Gelnhäuser Urkunde tatsächlich von Geldausgaben Philipps für die Sache des Kaisers spricht.

Das Urteil von Gelnhausen ist eine Fehlentscheidung gewesen. Weder hat es die Macht der Welfen gebrochen noch den staufisch-welfischen Gegensatz und die daraus erwachsenen, unheilvollen Parteiungen beseitigt. Die Wahl Ottos, des jüngsten Sohnes Heinrichs des Löwen, zum deutschen König im Jahre 1198, seine erneute Wahl im Jahre 1208 und seine Kaiserkrönung im Jahre darauf haben die westfälischen Parteigänger der Welfen, voran die Grafen von Tecklenburg, erneut auf den Plan gerufen und sie in schwere, jahrzehntelange Fehden mit ihren Nachbarn, den Grafen von Ravensberg, verstrickt. Selbst Ottos endgültige Niederlage auf französischem Boden, bei Bouvines (27. Juli 1214), die den Verlust der Vormacht des Reiches der Deutschen im Mittelalter „sichtbar werden ließ" (Hoppe), hat im nördlichen Westfalen nur vorübergehend die Ruhe wiederhergestellt und beide Häuser, die Tecklenburger wie die Ravensberger, abwechselnd an den Rand des Abgrundes gebracht.

Glücklicher war der Edelherr B e r n h a r d z u r L i p p e, von seinen Landleuten gern und nicht zu Unrecht „der Große" genannt, der Gründer von Lippstadt und Lemgo. Nach anfänglich versuchtem Widerstand gegen EB Philipp wählte er das Klügere und suchte und fand Aussöhnung mit dem Erzbischof. (Im späten Mannesalter ist er Mönch geworden und hat sich als Bischof im Baltikum ein neues Feld der Betätigung gesucht.)

Die Verschwörung Friedrichs von Isenberg

Als Philipps zweiter Nachfolger, Erzbischof A d o l f aus dem Hause der Grafen von A l t e n a (1193–1205), aufgrund seines herzoglichen Repräsentationsrechtes einen Landtag nach Paderborn einberief, kamen a l l e Grafen, Herren, Bischöfe und Äbte Westfalens. Wie Corvey damals durch Abschluß eines Schutzvertrages Anlehnung an Köln suchte, so mochte Kölns Macht allgemein als Rückhalt empfunden werden.

Westfalen im sächsischen Stammesherzogtum

Deutlich kommt das zum Ausdruck in den ersten Regierungsjahren des kraftvollen, mehr weltlichen Fürsten als geistlichen Hirten, des Erzbischofs Engelbert I. von Berg, des später, im 16. Jahrhundert, als Märtyrer heilig gesprochenen. In den Zeugnissen der Zeit wird er häufig als ,,dux" und ,,dominus noster" angesprochen. Er nimmt die Stadt Paderborn in seinen Schutz, gründet gemeinsam mit der Herforder Äbtissin Gertrud die Neustadt Herford und greift mit einem weitgehenden Schiedsspruch, vermutlich im Jahre 1221, in den inzwischen zur Erbfeindschaft ausgearteten Streit der Ravensberger und Tecklenburger ein. Zum Verhängnis aber wurde ihm, als er versuchte, den Grafen Friedrich von Isenberg aus seiner ertragreichen Vogtei über das hochadelige Frauenstift Essen zu verdrängen. Das war ein Alarmsignal! Der Isenberger brachte in Kürze eine regelrechte Verschwörung gegen den Erzbischof zustande. Als Verhandlungen ergebnislos blieben, beschloß man, Engelbert hinterrücks gefangenzunehmen, um ihn alsdann zum Verzicht auf sein Vorhaben zu zwingen. In einem Hohlwege bei Schwelm wurde er nächtlicherweise überfallen und, als er sich gegen die Gefangennahme wehrte, im Kampfe erschlagen (1225).

Die Tat wurde dem verabscheuungswürdigsten Verbrechen des Königsmordes – die deutsche Geschichte kennt nur zwei Königsmorde – gleichgehalten, denn Engelbert war während der Abwesenheit des Kaisers Reichsverweser, und furchtbar gesühnt. – (Walter von der Vogelweide hat sie empört: ,,ich warte aller, ob diu helle/in lebende welle slinden".) – Friedrich von Isenberg, der sich nach Rom begeben hatte, um sich vor dem Papst zu verantworten, wurde auf der Rückreise in Köln erkannt, ergriffen und auf grausame Weise hingerichtet, seine Parteigänger, die Grafen von Tecklenburg, Friedrichs Brüder Engelbert und Dietrich, Bischöfe von Osnabrück und Münster, die Grafen von Schwalenberg und wahrscheinlich noch weitere, unter Verfolgung gesetzt.

EB Heinrich von Moelenark; Aufstieg des Hauses Lippe

Engelberts Nachfolger, EB Heinrich von Moelenark, kannte keine Grenzen in der Durchführung seines Gelöbnisses, Engelbert zu rächen und von aller Schuld reinzuwaschen, und verscherzte sich dadurch viele Sympathien. Sein Verhältnis zu den Westfalen spitzte sich zu, als er Corvey zur Abtretung der Hälfte der Stiftsburgen Eresburg und Lichtenfels zwang und den Bischof von Paderborn wegen dessen Erbauung der Burg Vilsen und Befestigung des Ortes Salzkotten, die beide ohne seine, des Herzogs, Genehmigung erfolgt waren, zur Verantwortung ziehen wollte.

Der Paderborner Bischof, Bernhard, ein Sohn des,,Großen" Bernhard zur Lippe, gab nach und versprach, die Stadt zu entfesten, keine neue Burg zu bauen und das herzogliche Recht der Befestigung künftighin zu respektieren. Aber er starb im Jahre darauf. Daß er sein Versprechen gehalten hätte, ist wenig wahrscheinlich. Das Haus Lippe hatte sich nach bescheidenen Anfängen zu einer achtunggebietenden Macht emporgearbeitet. Von Bernhards II. 5 Söhnen hatte der älteste, Hermann, dem Vater gleich an Tatkraft und Wollen, die Herrschaft in Lippe angetreten, die übrigen 4 saßen in der hohen Geistlichkeit: Otto als Bischof von Utrecht, Bernhard, der eben genannte, als Bischof von Paderborn, Gerhard als Erzbischof von Bremen und Dietrich als Propst in Deventer. Bernhards II. 4 Töchter waren Äbtissinnen in Herford, Freckenhorst, Elten und Bassum; der Enkel Simon folgte seinem Onkel auf dem Stuhl von Paderborn, ein zweiter Enkel, Otto, wurde Bischof von Münster. Um die beiden Stadtgründungen vom Ende des 12. Jahrhunderts, Lippstadt und Lemgo, um die neuen Gründungen von Horn, Detmold und Blomberg und um die neu erbaute Burg Falkenberg im Osning bildeten sich lippische Bereiche aus. Den Edelherren zur Lippe gehörten die Vogtei über das Stift Enger, eine Burg in Enger, ein Gericht in Bünde und die Vogtei über das Kloster Quernheim, an der Paderborner Stiftsvogtei waren sie mit mindestens einer Untervogtei beteiligt. Die Herrschaft Rheda mit den Vogteien über die Klöster Freckenhorst, Liesborn und Herzebrock hatten sie 1190 geerbt.

Konrad von Hochstaden; der Essener Friede

Auf solche Entwicklungen pflegten die werdenden Territorialherren empfindlich zu reagieren. In einem Bündnisvertrage, den im Jahre 1248 der neue Erzbischof von Köln, K o n r a d v o n H o c h s t a d e n, mit dem Bischof von Osnabrück schloß, waren als Zeugen zugegen die Grafen von Berg, von der Mark, von Arnsberg, Ravensberg und Isenberg und die Edelherren von Hörde, dazu eine Anzahl rheinischer Fürsten. Von den westfälischen Großen f e h l t e n die drei lippischen Brüder: Bernhard III., der regierende Herr zu Lippe, Simon, Bischof von Paderborn, und Otto, Bischof von Münster. Es fehlten auch, aus welchem Grunde, ist nicht ersichtlich, der Bischof von Minden und der Graf von Tecklenburg. Die Zeugenreihe läßt eine Parteiung erkennen: die Mehrzahl der westfälischen Großen hielt sich zu Köln. Im Hinblick auf die kommenden Ereignisse erscheint es nicht zweifelhaft, daß sie sich gegen die lippischen Brüder stellte.

Bischof S i m o n v o n P a d e r b o r n hat vielleicht richtiger gesehen, wo die Gefahr lag. Er ging sofort daran, seine Westgrenze wieder zu befestigen, und forderte die Entscheidung heraus. Als der Erzbischof am Rhein engagiert war, rückte Simon im Bunde mit Kölns Erzfeind, dem Grafen von Jülich, in kölnisches Gebiet ein und brach den Krieg vom Zaune. Aber er hatte die Macht Kölns unterschätzt und den Neid seiner westfälischen Landsleute, Grafen und Herren, nicht in seine Rechnung gestellt. Was er schwerlich erwartet hatte, geschah: die gesammelte Macht der Grafen von Arnsberg, Altena, Mark und Isenberg, der Edelherren von Büren, Bilstein und Hörde und des Schultheißen von Soest stand gegen ihn auf. Wie weit ein Befehl des Erzbischofs hierfür den Ausschlag gegeben hat oder der eigene Antrieb, sagen die Quellen nicht. Auf den W ü l f e r i c h s k a m p e bei Brechten, unweit Dortmund, trafen die Gegner 1254 in einem blutigen Treffen aufeinander. Simon unterlag, geriet in Gefangenschaft und wurde dem Erzbischof ausgeliefert. Zwei Jahre später mußte er in Essen einen schweren Frieden unterzeichnen.

Konrad von Hochstaden gelang es auch, einen zweiten Gegner vorerst zu neutralisieren: den Herzog Albrecht von Braunschweig. Ob der Herzog an dem Kampf auf dem Wülferichskampe teilgenommen hat, ist ungewiß; seine Parteinahme für Bischof Simon aber war offenkundig. Den Welfen mit der Waffe anzugehen getraute Konrad sich nicht, doch brachte er ihn an den Verhandlungstisch. Im Mai 1260 traf er sich mit ihm, seinem Bruder und dem Abt von Corvey auf der Kogelenburg. In einem „solempni colloquio" wurde die Weser als Grenze der beiderseitigen Interessensphären vereinbart.

Konrad war Herr in Westfalen. Aber er starb im Jahre darauf, und seine Nachfolger haben die Früchte seines Sieges nicht zu pflücken verstanden, zumal die erniedrigenden Bedingungen des Essener Friedens mit ihren mehrfachen Absicherungen, für die alle westfälischen Herren und selbst die Bischöfe zu umfangreichen Bürgschaften sich verpflichten mußten, den Westfalen die Augen öffneten, wohin der Weg Kölns gehen sollte. Eins wußten sie nun: daß ihre Welt zwischen Rhein und Weser lag und daß es für sie diese Welt zu behaupten galt.

Das Scheitern der kölnischen Politik

Konrads Nachfolger, EB Engelbert II. von Falkenburg, verstand es noch, den westfälischen Status quo zugunsten Kölns zu erhalten. So traten die Grafen von Everstein, die schon 1259, von den Welfen bedrängt, die Hälfte ihrer Burg Ohsen, dazu die Hälfte des Geleites auf der Weser und beiderseits des Stromes Köln übertragen hatten, auch Rechte an ihrer Stammburg Everstein, an der Hälfte der Stadt Hameln und ihren Einkünften aus der Vogtei über das Stift Hameln an den Erzbischof Engelbert II. ab. Die schwalenbergischen Brüder Gottschalk und Hermann von Pyrmont verzichteten auf den Ausbau ihrer Burg und verharrten bei Köln. Bischof Simon, vom Papst von allen Eiden, die er in Essen hatte schwören müssen, entbunden, wandte sich dem neuen Erzbischof sogar zu. Gemeinsam wollten beide den Schutz des von den Waldecker Grafen bedrängten Klosters Corvey übernehmen, die Burgen und Befestigungen des Klosters instand halten, allerdings auch ihre Einkünfte teilen. In einem Bündnis mit Hessen nahm Simon eine Hilfeleistung gegen Köln ausdrücklich aus. Bei Zülpich vollends kämpfte er 1267 auf der Seite des Erzbischofs und teilte mit ihm, dieses Mal als Verbündeter Kölns, eine 3½jährige Gefangenschaft. Bei Zülpich stand fast noch ganz Westfalen mit Ausnahme nur des Bischofs von Münster – Simons Bruder, Bischof Otto, war dort inzischen verstorben – und der Grafen von Isenberg auf der Seite Kölns und kämpfte für Köln. Die Niederlage mag die Westfalen arg ernüchtert haben, zumal Köln für ihre Forderungen auf Ersatz der erlittenen Schäden und Verluste taube Ohren hatte.

100 Jahre kölnischer Politik in Westfalen

Unter EB Siegfried von Runkel und Westerburg wandte sich das Blatt. Der alte Streit des Hochstiftes Paderborn mit Köln wegen der Befestigung der Grenzstädte Geseke und Salzkotten brach wieder auf. Salzkotten wurde sogar einmal im Auftrage des Erzbischofs von den Grafen von Everstein belagert. Man einigte sich schließlich auf den wenig glücklichen Ausweg des gemeinsamen Besitzes. Auch wegen der Befestigung von Steinheim und Borgentreich gab es Schwierigkeiten. In einer Fehde endlich des Erzbischofs gegen Osnabrück wegen der Stadt Wiedenbrück stand Paderborn wieder auf der Seite der Gegner des Erzbischofs.

Die eigentlichen Gegner aber erwuchsen dem Erzbischof im Herzen von Westfalen. Wegen des nicht geleisteten Schadenersatzes aus der Zülpicher Schlacht griffen 1276 die Grafen von der Mark, von Arnsberg, von Tecklenburg und von Rietberg zu den Waffen. Hatten sie auch keinen Erfolg, so verschärften sich die Gegensätze doch von Jahr zu Jahr. Beim Ausbruch des Limburger Erbfolgestreites traten Mark, Arnsberg und Tecklenburg, dazu Waldeck, auf die Seite der rheinischen Gegner Kölns. Diese, im Bunde mit den Westfalen, sind es dann gewesen, die dem Erzbischof Siegfried bei Worringen am 5. Juni 1288 eine vernichtende Niederlage bereitet haben.

Wohl raffte sich Siegfried, der in zahllosen Kämpfen gehärtete, unermüdliche, stets von Plänen erfüllte, wieder auf; aber seine Macht war gebrochen, und seine Hoffnungen auf seinen königlichen Schützling Adolf von Nassau, der in seiner Wahlkapitulation versprochen hatte, alle Verluste aus der Worringer Schlacht wiedergutzumachen, erwiesen sich als trügerisch. Wie die Grafen von der Mark und von Arnsberg, von kölnischem Druck befreit, sich nun kräftig entfalten konnten, so benutzte der neue Bischof von Paderborn, Otto von Rietberg, die Gelegenheit, den Erzbischof zu einem Vergleich wegen Salzkotten und Geseke geneigt zu machen. Salzkotten blieb paderbornisch, Geseke fiel Köln zu. Dafür versprach Bischof Otto, den Erzbischof in der Schutzherrschaft über Corvey nicht zu stören. Der Erzbischof hatte aber nicht verhindern können, daß mehrere corveyische Burgen inzwischen von Fremden besetzt worden waren und daß die eversteinischen Stadt und Burg Holzminden ohne seine Einwilligung an die Edelherren zur Lippe verkauft wurden. Sein Versuch, beide mit Waffengewalt zurückzugewinnen, ist ergebnislos geblieben. Die seinem Vorgänger eingeräumten übrigen eversteinischen Rechte hatte er aufgeben müssen und nicht verhindern können, daß die Grafen von Everstein gezwungen wurden, ihre große Stammburg Everstein – rechts der Weser – mit 100 zugehörigen Höfen im Jahre 1284 den vordringenden Welfen zu verkaufen. Vergeblich war auch sein Versuch, die Burg Vlotho für Köln zu retten. Seine Drohung mit Waffengewalt fruchtete nichts; seit 1290 amtierte wieder ein ravensbergischer Drost auf der Burg Vlotho, Kölns Rolle in Westfalen war einstweilen ausgespielt.

Bereits ein halbes Jahrhundert nach Gelnhausen, 1235, ist das Herzogtum der Welfen, wenn auch beschränkt auf einen Raum zwischen Weser und Elbe mit den Schwerpunkten Braunschweig und Lüne-

Westfalen im sächsischen Stammesherzogtum

burg, wiedererstanden. Es hat alle mittelalterlichen Staatsschöpfungen auf deutschem Boden überdauert und in der Gegenwart noch lebendige Spuren hinterlassen. K ö l n s w e s t f ä l i s c h e s H e r z o g t u m ist ein Herzogtum im Sinne seines Schöpfers schließlich nur an wenigen Höhepunkten geworden; aber es hat einen neuen Abschnitt westfälischer Geschichte eingeleitet und in einem ständigen Widerspiel von Kräften und Gegenkräften ein n e u e s W e s t f a l e n entstehen lassen, dasjenige Westfalen, dessen merkwürdige politische Struktur im übrigen mittelalterlichen Reich kaum eine Parallele findet und für die es in der politisch-historischen Terminologie noch keinen zutreffenden Ausdruck gibt.

QUELLEN

J o r d a n , K.: Die Urkunden Heinrichs des Löwen, Herzogs von Sachsen und Bayern. 1949.
(= MG. Die deutschen Geschichtsquellen des Mittelalters 500–1500). (LB 36).

B r e ß l a u , H. u. P. K e h r : Die Urkunden Heinrichs III. (= MG DD 5), 1926–1931.

S t e i n d o r f f , E.: Jahrbücher des deutschen Reiches unter Heinrich III. 2 Bände. 1874 – 1881.
(vgl. oben ,,Jahrbücher . . .").

v o n G l a d i ß , D.: Die Urkunden Heinrichs IV. (= MG DD 6). 1941.

M e y e r v o n K n o n a u , G.: Jahrbücher des deutschen Reiches unter Heinrich IV. und Heinrich V. 7 Bände, 1890–1909.
(für die Auswirkungen des Investiturstreites auf Westfalen besondes ergiebig; vgl. oben ,,Jahrbücher . . .").

B r u n o : Buch vom Sachsenkriege. Hrsg. von H. E. Lohmann 1937. (= Deutsches Mittelalter 2).

A l b e r t u s S t a d e n s i s (Albert von Stade): Chronicon ab urbe condita. Hrsg. von Lappenberg in: MG SS XVI (1839). S. 238 ff.
(geschrieben von 1240–1260, mit Nachrichten über die Kriege Heinrichs IV. in Sachsen).

N o r b e r t v o n I b u r g : Vita Bennonis secundi. Hrsg. von H. Breßlauer in: MG Scr. in usum scholarum, 1902.
(frühere Ausgaben von Wilmans u. a. gehen auf verfälschte Texte zurück).

v o n O t t e n t h a l , E. u. H. H i r s c h : Die Urkunden Lothars III. und der Kaiserin Richenza. 2., unveränderte Aufl. 1957. (= MG DD 8).

V i t a G o d o f r i d i C a p p e n b e r g e n s i s . Druck in: MG SS 20.
(geschrieben um 1150 von einem Cappenberger Prämonstratenser; wertvoll, aber auch mit Kritik zu lesen. v. Klocke).

W i b a l d i E p i s t o l a (Die Briefsammlung des Corveyer Abtes Wibald von Stablo.) Hrsg. von Ph. Jaffé in: Bibliotheca rerum Germanicarum 1 (1864).

A n n a l e s P a t e r b r u n n e n s e s . Eine verlorene Quellenschrift des 12. Jahrhunderts. Aus Bruchstücken wiederhergestellt von P. S c h e f f e r - B o i c h h o r s t . 1870.
(seit 1105 im Kloster Abdinghof geführt bis 1125, fortgesetzt bis 1190, vielleicht auch weiter).

C h r o n i c a r e g i a C o l o n i e n s i s . Hrsg. von G. Waitz in: MG Scr. in usum scholarum. 1880.
(auch bekannt unter dem Namen ,,Kölner Königschronik"; für die Geschichte Westfalens im 12. Jahrhundert ergiebig).

100 Jahre kölnischer Politik in Westfalen

Justinus: Lippiflorium. Hrsg. von H. Althoff („Das Lippiflorium, ein westfälisches Heldengedicht"). Mit deutscher Übersetzung. 1900.
(geschrieben um 1250, Verfasser „Magister". Das einzige auf westfälischem Boden entstandene Stück der mittelalterlichen Heldendichtung behandelt das Leben des Edelherrn Bernhard II., des „Großen", zur Lippe, Gründers von Lippstadt und späteren Bischofs von Semgallen. – „Vf. schreibt nicht allzu präzis, sondern ‚quantum fama docet', gibt aber kulturgeschichtlich und geschichtlich wertvolle Bilder; in mancher Hinsicht ein Seitenstück zum münsterischen ‚Palpanista'." v. Klocke).

Annalista Saxo: Hrsg. von G. Waitz in: MG SS 6.
(geschrieben in der 2. Hälfte des 12. Jahrh., enthält wertvolle Nachrichten für Westfalen und Engern).

Annales Hildesheimenses. Hrsg. von G. Waitz in: MG Scr. in usum scholarum, 1878.
(für die westfälische Geschichte des 11. und 12. Jahrhunderts von erheblicher Bedeutung).

Adam von Bremen: Gesta Hammaburgensium ecclesiae pontificum. Hrsg. von B. Schmeidler in: MG Scr. in usum scholarum, 3. Aufl., 1917. Deutsche Übersetzung von S. Steinberg in: Geschichtsschreiber der deutschen Vorzeit 44, 3. Aufl. 1926.
(„A. schrieb zwischen 1075 und 1080 unter sorgfältiger Benutzung älterer Chroniken und Urkunden eine durch reifes Urteil ausgezeichnete Hamburg-Bremische Kirchengeschichte" (Hoppe); wichtige Quelle für den langjährigen Streit des EB Adalbert von Bremen mit den Grafen von Werl).

Helmold: Chronica Slavorum. Mit deutscher Übersetzung hrsg. von H. Stoob. 2. Aufl. 1973.
(entstanden um 1170, jedoch nicht mit obigem Titel; enthält für Westfalen viel wichtige Nachrichten).

Arnold von Lübeck: Fortsetzung von Helmolds Chron. Slav. Hrsg. von Lappenberg. In: MG SS XXI. S. 101–250.

Caesarius von Heisterbach: Vita, passio et miracula beati Engelberti Coloniensis archiepiscopi. Hrsg. von A. Hilka in dss.: Die Wundergeschichten des Caesarius von Heisterbach I (1938), S. 2 ff.
Deutsche Übersetzung von K. Langosch, 1955. (= Geschichtsschreiber der deutschen Vorzeit 100). (LB 53).
(Vf., literarisch sehr tätiger Zisterzienser in Heisterbach, lebte von etwa 1180 bis 1245; sein Hauptwerk: „Dialogus miraculorum". Die Vita Engelberti mußte er, obwohl er sich dagegen sträubte, auf Befehl von Engelberts Nachfolger, EB Heinrichs von Moelenark, schreiben. Die Darstellung ist daher gezwungenermaßen parteiisch, jedoch läßt Vf. häufig seine eigene, kritische Meinung über Engelbert durchblicken).

zu Bentheim-Tecklenburg-Rheda, M. Graf: Stift Essen. Die „große" Vogteirolle des Grafen Friedrich von Isenberg-Altena um 1220. 22 Blatt, 1955.
Die kleinere, ältere Vogteirolle . . . Beigegeben die Fotodrucke beider Vogteirollen auf je 4 Tafeln. 1957. (LB 41).

LITERATUR

Lange, K.-H.: Der Herrschaftsbereich der Grafen von Northeim 950 bis 1144. 1969.

Löffler, Kl.: Die westfälischen Bischöfe im Investiturstreit und in den Sachsenkriegen unter Heinrich IV. u. Heinrich V. 1903 (= Münsterische Beitr. zur Geschichtsforschung, NF 2).

Leidinger, P.: Westfalen im Investiturstreit. In: Westf. Ztschr. 119 (1969). S. 267–314.

Bernhardi, W.: Lothar von Supplingenburg. 1879. (= Jahrbücher der deutschen Geschichte). Neudruck 1975.

Stoob, H.: Die sächsische Herzogswahl des Jahres 1106. In: Festschrift für Fr. Petri (1970). S. 499–517.

Krüger, G.: Benno II., Bischof von Osnabrück. In: Westf. Lebensbilder 4 (1933), S. 1–22.

Westfalen im sächsischen Stammesherzogtum

Grundmann, H.: Gottfried von Cappenberg. In: Westf. Lebensbilder 8 (1959), S. 1–16. *(dort die weitere Literatur über Gottfried v. C.).*

Wrede, G.: Herzogsgewalt und kölnische Territorialpolitik in Westfalen. In: Westfalen 16 (1931), S. 139 – 151.

Ficker, J.: Engelbert der Heilige. 1853.

Schwing, R.: Die Herzogsgewalt Erzbischof Engelberts nördlich der Lippe. In: 61. JBHVR (1960), S. 1 – 26.

Hoederath, H. Th.: Der Fall des Hauses Isenberg 1225/1226 in rechtsgeschichtlicher und soziologischer Sicht. In: SavZR, K 40 (1954), S. 102 – 130. (LB 179).

Wisplinghof, E.: Der Kampf um die Vogtei des Reichsstiftes Essen. In: Aus Geschichte und Landeskunde. Festgabe für Fr. Steinbach (1960), S. 308 ff.

Hulshof, A. L. u. G. Aders: Die Geschichte der Grafen und Herrn von Limburg und Limburg-Styrum und ihrer Besitzungen 1200 – 1550. Bd. 1: Geschichtliche Darstellung und Regesten (bis 1350), Bd. 2: Regesten (1351 – 1550), Bd.3: Regesten (Nachtrag) und Register. (= Geschiedenis der Graven von Limburg-Stirum, II, 1 – 3).
(ergiebig für das ganze südliche Westfalen und das Hochstift Münster).

Sudeck, K.: Die westfälische Politik des Kölner Erzbischofs Konrad von Hochstaden. In: 61. JBHVR (1960), S. 27 – 59.

Bauermann, J.: Das Land Westfalen, seine Grenzen und sein Wesen. Mit 2 hist. Karten. In: Westf. Heimatkalender 1949, S. 44–51. (LB 15).

Seibertz, J. S.: Diplomatische Familiengeschichte der alten Grafen von Westfalen zu Werl und Arnsberg. Mit Kupfern und Stammtafeln. 1845, 1855. (= drs.: Landes- und Rechtsgeschichte des Herzogtum Westfalen I, 1. u. 2. Abth.).
(Literatur über die älteren Grafen von Altena-Berg-Mark in Frisch: Die Grafschaft Mark.

Hömberg, A. K.: Die Grafen von Arnsberg. In: ders.: Zwischen Rhein und Weser (1967), S. 47–61.

Reismann-Grone, Th.: Geschichte der Grafschaft Tekeneburg bis zum Untergang der Egbertinger 1263. Mit 1 Karte der nordwestfälischen Gaue 800 bis 1000 und 1 Stammtafel. 1894.

Engel, G.: Corvey und der Weserraum in der Politik der Erzbischöfe von Köln. In: Kunst und Kultur im Weserraum III, (1970). S. 149–158.

Grauert, HH: Die Herzogsgewalt in Westfalen. 1877.

Philippson, M.: Heinrich der Löwe, 2. Aufl, 1918.

Lübenow, H.: Die politischen Hintergründe der Trauung Heinrichs des Löwen 1168 im Mindener Dom. In: Mitteilungen des Mindener Geschichts- und Museumsvereins, Jg. 40 (1968) der Mindener Heimatblätter, S. 35–43.

Güterbock, F.: Die Gelnhauser Urkunde und der Prozeß Heinrichs des Löwen. Mit einer Wiedergabe der restaurierten Gelnhauser Urkunde. 1920.

Hömberg, A. K.: Westfalen und das sächsische Herzogtum. 134 S., 3 Karten, 1963. (= Schriften der Hist. Kommission Westfalens 5).

Hüttebräuker, L.: Das Erbe Heinrichs des Löwen. 1927. (= Studien u. Vorarbeiten zum Hist. Atlas Niedersachsens 9).

Jansen, M.: Die Herzogsgewalt der Erzbischöfe von Köln in Westfalen. 1895.

Scheffer-Boichhorst, P.: Herr Bernhard von der Lippe als Ritter, Mönch und Bischof. In: WZ 29 II (1871), S. 107–235.

3. Teil

Die Territorialisierung Westfalens

(13. – 15. Jahrhundert)

WEGE ZUR LANDESHOHEIT

*Überlagerung der Gewalten,
der Begriff „Land"*

Die Abwehr der Bemühungen der Kölner Erzbischöfe, ihr Herzogtum „Westfalen und Engern" zu einer Herrschaft ü b e r Westfalen auszugestalten, ist den Westfalen selbst, weltlichen wie geistlichen Herren, unter vielen Anlässen nicht der letzte gewesen, ihre Kräfte auf totalere Wirkung in zwar engeren, aber erfüllbaren Räumen zu konzentrieren. Es war auch ein Gebot der Zeit. Die Überlagerung verschiedenartigster Herrschaftsrechte, sie mochten vom König, von der Kirche, von großen oder kleinen Herren ausgehen, war eine europäische Erscheinung geworden. Überall hat man das unentwirrbare Durcheinander der Gewalten als unerträglich empfunden, überall ist man bemüht um Konzentration der Herrschaftskräfte im kleineren und um Ordnung im Zusammenleben menschlicher Gesellschaften. Man beginnt, „H e r r s c h a f t" (dominium, regnum, herscop) auch als r ä u m l i c h e n Begriff zu verwenden, bewegt sich in „Grenzen" (in finibus) eines L a n d e s (terrae nostrae), bezeichnet Personen und Personengruppen als seine „U n t e r t a n e n" (subditos nostros), über die man „B a n n g e w a l t" besitzt. Anders aber als z. B. in Frankreich und England mußte der fortschreitende Verfall des deutschen Königtums diese Entwicklung im Reiche zu seinem konsequenten Ende kommen lassen, der flächenhaften, geschlossenen E i g e n h e r r s c h a f t, dem „L a n d" (territorium). Das Ergebnis von Gelnhausen und Kölns Aufstieg ins Herzogtum führten die Westfalen in doppeltem Sinne auf die neuen Wege. Sie befreiten sie von einer Last und ließen sie Kräfte mobilisieren gegen eine neue Bedrohung.

Nirgendwo und nirgendwann ist im 12. und 13. Jahrhundert ein „Land" gegeben worden, als Lehen verliehen, geerbt, geschenkt oder gekauft worden, weil es das „Land" nicht gab. Es mußte erst geschaffen, gebildet und erworben werden. Ausgangspunkt, besser gesagt V o r b i l d, ist die aus der Begleitschaft Karls des Großen besetzte „G r a f s c h a f t" gewesen; denn ihrem Inhaber hatte sie, wenn auch in begrenzten Maßen, persönliche Macht, die Gewalt, innerhalb eines umgrenzten Raumes über bestimmte Belange zu befehlen, d. h. Herrschaftsrechte, wenn auch nur im Namen und im Auftrage des Königs, zu üben. Noch im 11. Jahrhundert ist um den Besitz von „Grafschaften" gekämpft worden; im 12. und beginnenden 13. Jahrhundert hat sie, die Amtsgrafschaft, Inhalt und Bedeutung verloren.

Die Territorialisierung Westfalens

Gogericht, Freigericht

Sie war längst durchlöchert von den kirchlichen Immunitäten und deren Vögten, möglicherweise auch von den kleindynastischen Allodialherrschaften. Schwerer wog, daß sie die hohe Gerichtsbarkeit an die Gogerichte, die alten Volksgerichte, verlor und daß diese, die bisher ihre Richter selbst gewählt hatten, ihre Autonomie an irgendwelche Adlige abgaben. Wer diese Gerichtshoheit, die Gewalt über Leben und Tod, an sich bringen konnte, hatte damit viel gewonnen. Er hatte noch nicht alles gewonnen; viele haben diese Gewalt erst am Ende des Mittelalters erworben.

Mit der Loslösung der Blutgerichtsbarkeit von der Hand des Grafen war seine Grafschaft noch nicht tot. Ihm blieb als Sondergerichtsbarkeit das sogenannte Freigericht, die Gerichtsbarkeit über einen bestimmten Personenkreis. Ob es die fränkischen, in Westfalen angesiedelten Freien umfaßte oder halbfreie Königszinser, Schutzfreie oder wen sonst und ob das Freigericht Hoch- oder Niedergericht war oder nur die freiwillige Gerichtsbarkeit übte, ist umstritten. Entscheidend für die hier in Frage stehende Entwicklung ist, daß die zu dem Sprengel einer Freigrafschaft (,,Freistuhles'') gezogenen Freien (liberae familiae, Vollfreie, ,,Stuhlfreie'', ,,Schutzfreie'', ,,Grafenfreie'', ,,Bischofs-'', ,,Abt-'', ,,Peters-'' und andere Freie und Halb- oder Minderfreie) dem Stuhlherrn zu regelmäßigen, laufenden Abgaben und Leistungen verpflichtet waren. Die Freigrafschaft war noch kein territorial geschlossenes Gebilde. Ihre Angehörigen wohnten in engerer oder weiterer Streulage, ganz selten geschlossen beieinander; aber daß ihr Freigraf von ihnen etwas fordern konnte, was außerhalb seiner Rechtsprechung lag, gab ihm eine zwingende Gewalt über sie, einen Beitrag zu Herrschaft.

Mit der Freigrafschaft als Teil der alten Grafschaft war der Grafentitel verbunden. Wer nach Verfall der alten Grafschaft noch Freigrafschaften besaß, konnte sich weiterhin ,,Graf" nennen. Die Freigrafschaft ist erst in den Verwaltungs- und Justizreformen der beginnenden Neuzeit aufgegeben.

Burg

Zur Ausübung jeglicher Herrschaft bedurfte es militärischer Machtmittel. Im hohen Mittelalter konzentrierten sie sich mehr und mehr in der Burg. Bisher Refugium, Sicherung und Verteidigung der eigenen Existenz, wird sie in wachsendem Maße Operationsbasis für offensive Unternehmungen und zwingt, da sie Macht ausstrahlt, eine nähere oder weitere Umgebung in ihren Bann- und Herrschaftskreis. Sie ändert auch die Form. Die alte, großräumige Volks- und Fluchtburg wird aufgegeben oder, wenn sie in die Hand eines Herrn gerät, mit einem festen, kleinen Kernwerk im Innern der alten Umwallung versehen (Beispiel: die Iburg bei Driburg. Innerhalb der Umwallung einer alten Volksburg entsteht in fränkischer Zeit ein bereits kleinerer, auch nur umwallter militärischer

Etappenstützpunkt, darin im 13. Jahrhundert die noch kleinere, aber mit Mauern und Türmen versehene steinerne Burg des Bischofs von Paderborn). Die neue H e r r e n b u r g dagegen, wie die Volksburg möglichst auf schwer erreichbarer Bergeshöhe angelegt, ist in ihren Anfängen auffallend klein. Sie mußte klein sein, denn sie sollte nicht mehr von der Vielzahl der in sie Geflüchteten verteidigt werden, sondern von einer kleinen Schar erlesener und im Waffendienst ausgebildeter Berufskrieger, den M i n i s t e r i a l e n. Ein Teil dieser Ministerialen hatte in der Burg selbst als „Burgmannen" (castellani) seinen Wohnsitz, ein anderer Teil wurde auf die weitere Umgebung verteilt und mit Wohnsitz, einem Hof und Grund und Boden ausgestattet, wo er sich ein kleines „festes Haus", zumeist als Wasserburg, bauen konnte, aber jederzeit und auf Anruf sich bereit halten mußte, die Herrenburg zu beziehen und zu verteidigen. Die gesamte Ministerialität mußte auch für offensive Unternehmungen des Burgherrn wie für alle offenen Fehden bereitstehen. Mit einer verläßlichen, kampfkräftigen Ministerialität konnte die Burg ihren Beitrag zur Schaffung eines größeren Herrschaftsbereiches leisten.

Grundherrschaft

Herrschaftsrechte fließen seit eh und je auch aus dem B e s i t z, besonders aus dem Eigentum an Grund und Boden. Von dem a l l o d i a l e n, d. h. lehns- und oberherrnfreien, erblichen Eigentum und der allodialdynastischen Kleinherrschaft ist die Rede gewesen. Der weitaus größte Teil allen Grundbesitzes in kirchlichen wie in weltlichen Händen stand aber in der rechtlichen Form der G r u n d h e r r s c h a f t. Sie umfaßt ebenfalls das Eigentumsrecht (proprietas) am Grund und Boden und an den Menschen, die ihn bebauen. Der Grundherr hat in der Regel aber einen Obereigentümer in Gestalt des Lehnsherrn über sich. Er kann auch sein eigener oberster Herr sein, wenn etwa seine Grundherrschaft – mit den zugehörigen Höfen und Menschen – in den fränkischen oder sächsischen Eroberungen erworben wären. Über seine Hintersassen, das sind die Menschen seiner Grundherrschaft, kann er jedoch n i c h t frei verfügen, denn s i e haben ein erbliches Nutzungs- und Sitzrecht (possessio) an dem Grund und Boden, auf dem sie wohnen und den sie bebauen.

Villikationsverfassung / Der Bauer

Die Liegenschaften (H ö f e) beider Gruppen, fast immer verstreut liegend, sind zu Verwaltungsgruppen (V i l l i k a t i o n e n) zusammengefaßt. Den Hof einer solchen Villikation besitzt, der ihn bebaut, der B a u e r. Soweit er nicht von Anfang an mit seinem Hof und seiner Person h ö r i g (grund- und leibhörig) gewesen ist, hat er sich, in der Regel freiwillig und um seine Existenz zu sichern, in den S c h u t z (Munt, Muntschaft) eines Herrn begeben. Dieser wird damit, wiederum in der Regel, nicht immer, beides, sein „Grundherr" und sein „Leibherr". Grundherrschaft und Leibherrschaft eines Hofes und seines Besitzers können auch, besonders in späterer Zeit, in verschiedenen Händen sein. – Für die „Begebung" garantiert der Grundherr seinem „Grundholden" gegen eine Gebühr, die bei kirchlicher Grundherrschaft in Wachs entrichtet wird („Wachzinsigkeit"), persönlichen und rechtlichen Schutz („Verdedigung"). Der Wachszinser (cerocensualis) hat damit einen Teil seiner persönlichen Freiheit und sein Eigentumsrecht (proprietas) an seinem Hof zugunsten des Grundherrn aufgegeben, verliert aber nicht sein erbliches Sitz- und Nutzungsrecht (Besitz, possessio) an seinem Hof für sich, seine Kinder und Kindeskinder.

Dem Recht des Grundherrn und seiner Schutzpflicht steht immer das Recht des Hörigen gegenüber. Der westfälische Hörige ist niemals ein rechtloser Knecht, wie etwa der ostelbische Leibeigene, gewesen, wenngleich die Bezeichnung „leibeigen" auch auf ihn als Ausdruck des persönlichen Verhältnisses zu seinem „Leibherrn" angewandt wird.

Auf dem Haupthof einer Villikation sitzt der „Größere" (maior, Meyer oder scultetus, Schulte). Er hat die Gebühr (Schuld, Pacht, dingliche Leistungen) der ihm unterstellten Höfe von ihren Bauern einzuziehen und sie dem Grundherrn zuzuführen. Er hat auch gewisse niedergerichtliche Befugnisse; gegen säumige Lieferungs- und Leistungspflichtige kann er mit Zwangsmitteln vorgehen. Die Grundherrschaft nähert sich damit der Sphäre des öffentlichen Rechtes. Die in ihr enthaltene herrschaftliche Komponente ist bedeutend und kann für sich allein zu echter Herrschaft führen, dann, wenn es dem Grundherrn gelingt, aufgrund seiner größeren grundherrlichen Rechte in einer Gemeinde die Ordnungsgewalt (Markenhoheit) über die Allmende (gemeine Mark) an sich zu ziehen.

Markenhoheit und Holzgericht

Die Markenhoheit gibt ihrem Inhaber eine zwingende Gewalt über alle Bewohner einer Ortschaft, auch über die fremder Grundherrschaften. Sie bildet eine weitere, gewichtige Ansatzmöglichkeit zur Bildung eines, wenn auch in seiner Wirkung beschränkten, aber flächenhaft geschlossenen Hoheitsbezirkes. Sein Holzgericht (Hölting, Holzgrafschaft) richtet zwar nur über Vergehen gegen die Markenordnung, kann aber, wie die ältesten Markenordnungen ausweisen, strenge und harte, sogar körperliche Strafen verhängen.

Die „Mark" ist bis tief in die Neuzeit hinein der Lebensnerv aller bäuerlichen Wirtschaft gewesen, auch den Städten unentbehrlich geblieben. In die Mark trieb der Bauer seine Rinder, Schafe und Pferde zur Weide, seine Schweine zur Mast (Eichel- und Buchenmast); aus der Mark holte er sein Bau- und Brennholz, seinen Dünger (Plaggen), Lehm zum Ziegelbrennen und anderes. Die Mark wurde durch strenge Ordnungen gehütet und gepflegt und vor Ausbeutung und unerwünschter Benutzung geschützt. Ursprünglich ist sie genossenschaftlicher Besitz der Gemeinde. Mit zunehmender Herabdrückung der bäuerlichen Besitzer der Höfe in die Hörigkeit und mit dem Übergang des Eigentums am Grund und Boden an die Grundherren beanspruchen und gewinnen diese Vorrechte in der Mark, die ,,Erbexenschaft". Sie gibt ihnen gegenüber den Genossen das Recht auf größeren Holzeinschlag, auf Eintrieb einer größeren Anzahl von Stücken Viehes und auf Erteilung von ,,Zuschlägen" zwecks Ansetzung von ,,Markköttern" (Kleinsiedlern).

Forstbann und Stadtgründung

Ähnliche Bedeutung kommt dem Forstbann zu. Schon im 10. und 11. Jahrhundert ist er als königliches Lehen vielfach in den Händen der Bischöfe. Diese haben ihn fast immer, gewöhnlich in Teilen, weiter verlehnt an weltliche Große in der Hoffnung, sie sich damit als Vasallen zu verpflichten. Da sich der Forstbann in der Regel über ausgedehnte Waldgebiete und Ödländereien erstreckte, bot er den Inhabern durch Ausnutzung des im Forstbann enthaltenen Rodungsrechtes hervorragende Möglichkeiten. Nach herrschender Rechtsanschauung war jeder Rodungsgewinn gleichbedeutend mit Herrschaftsgewinn. Im Bereiche der Rodung war der Rodungsherr alleiniger Herr. Der ,,Hagen" (indago) ist die Verwirklichung dieses Rechtes. Überall da, wo Hagengründungen in ausgedehntem Maße betrieben werden, sind sie für die Ausbildung einer Landesherrschaft der entscheidende Ansatz. Dem ,,Häger" wird ein geschlossenes, gern ,,handtuchförmiges" Stück Ödland von 1 bis 2 Hufen (hoven) (30 bis 60 Morgen) zur Rodung und Urbarmachung gegeben. Für die schwere Rodungsarbeit werden ihm gewisse Erleichterungen in seinen Pflichten gegen den Rodungsherrn garantiert (S. 129).

Auf gleicher Stufe steht die Stadtgründung. Auch mit ihr schafft sich der Gründer, abgesehen von der militärischen, fiskalischen und wirtschaftlichen Seite, einen Herrschaftsbezirk, in dem alle Herrschaftsrechte von vornherein in seiner, des Gründers, Hand liegen.

Die Gründungsstadt erscheint in Westfalen am Ausgang des 12. Jahrhunderts: Lippstadt, Lemgo, bald nach der Jahrhundertwende Hamm, Bielefeld, Rinteln, Oldendorf/Weser, Blomberg, Büren, Stadthagen, Friesoyte u. a. Die Entwicklung des Städtewesens ist in Westfalen, wie überall, ein außerordentlich differenzierter Vorgang.

Die kleinen Regalien / Steuern

Die sogenannten ,,kleinen Regalien" (Münze, Zoll, Bergbau, Salz, Mühle, Judenschutz, Strand- und Stapelrecht, Markt) erscheinen im

Die Territorialisierung Westfalens

ganzen Mittelalter als königliche Lehen an Weltliche und Geistliche. Ihre Summierung in e i n e r Hand gibt echtes Herrschaftsrecht.
S t e u e r n zu erheben gründet sich nicht durchweg auf ein Recht. Die Steuer ist, wie das Wort sagt, ursprünglich eine Hilfe, eine „Beisteuer", die man demjenigen gibt, der einem mit seinen Waffen und seinen Befestigungen Schutz bietet (Bosl). Sie wird immer nur von einem beschränkten Personenkreis gegeben, nämlich dem, der zu dem Empfänger, der darum bittet, in irgendeinem Rechtsverhältnis steht. Darum heißt sie „ b e d e " (Bitte, petitio). Diesen Personenkreis auf einen allgemein landschatzpflichtigen, d. h. steuerpflichtigen, Untertanenverband auszuweiten, ist fast immer erst im 16. oder 17. Jahrhundert erreicht worden.

Vogtei / Vogtbefreiung

Mannigfache, z. T. höchst bedeutende Beiträge zur Ausbildung eigenherrschaftlicher Bereiche mußte die K i r c h e n v o g t e i hergeben, wenn es ihren Inhabern gelang, die Vogteien möglichst a l l e r in seinem Bereiche liegenden geistlichen Korporationen in seine Hand zu bringen und die Fülle der damit verbundenen Rechte (S. 63) energisch, d. h. – im Sinne des Mittelalters – rücksichtslos und mit weitem Gewissen, zu gebrauchen wußte. Hatte die Kirche anfangs Ottos des Großen Geschenk der Immunität dankbar hingenommen und den Vogt als ihren Beschützer begrüßt, mußte sie bald erkennen, daß es ein Danaergeschenk war; denn die Vögte gebrauchten ihre Gewalt nicht nur fleißig, sondern, wie hätte es anders sein können, sie mißbrauchten sie noch fleißiger. Sie wieder loszuwerden, hatte die Kirche im Investiturstreit vergeblich versucht. Die Vogtei als Institution ließ sich allein wegen der Blutgerichtsbarkeit nicht wieder abschaffen; aber sie konnte, wie alle Gesetze und Vorschriften, umgangen werden. Die Erzbischöfe von Köln haben den westfälischen Bischöfen den Weg gewiesen. Ihnen, den Erzkanzlern des Reiches, war es ein leichtes gewesen, zu erreichen, daß die Ernennung ihres Vogtes über ihr Bistum Köln, zu dem Westfalen südlich der Lippe gehörte, durch i h r e Hand anstatt durch die des Königs ging. Ihre Vögte, die Herren von Eppendorf, aber gehörten nicht dem Adel an, waren nicht, wie üblich, „Edelvögte", sondern Ministeriale des Bischofs und Erzbischofs und als Vögte nur seine Befehlsempfänger. Den Bischöfen von Münster, Paderborn, Osnabrück und Minden ist es nicht so leicht gemacht. Mit Geld und guten Worten und – natürlich – auch mit Waffen haben sie schließlich dasselbe erreicht.

Die B e f r e i u n g der Kirchen von ihren Vögten gehört zu den Vorgängen, über die die Geschichtsschreibung leicht zu schnell hinweggeht. Aneinandergereiht und auf ihre Folgen hin betrachtet, gewinnen sie ihre Bedeutung. Gerade die westfälischen Bistümer geben dafür ein instruktives Beispiel:

> Münster kaufte sich 1176 mit 400 Mark Silber und einiger Waffengewalt von seinen Vögten, den Grafen von Tecklenburg, los und beauftragte einen Ministerialen mit der Führung der Vogteige-

Wege zur Landeshoheit

schäfte. Osnabrück zwang mit ähnlichen Mitteln zehn Jahre später den Tecklenburger Grafen, der nach dem Sturz Heinrichs des Löwen sich der Osnabrücker Stiftsvogtei bemächtigt hatte, die Vogtei als bischöfliches Lehen anzuerkennen. 1189 lieh der Paderborner Stiftsvogt, Graf Widukind von Schwalenberg, von seinem Bischof 300 Mark, um sich für seine Teilnahme am Dritten Kreuzzug auszurüsten. Die Anleihe wurde mit der Bestimmung verbunden, daß sie nicht zurückbezahlt wurde, wenn Widukind nicht zurückkehrte, und daß seine Erben dafür auf die Vogtei verzichteten. Widukind ist vor Accon gefallen. Minden hat erst 1397 die Vogtbefreiung erreicht (S. 115). –

Das besagt: Die kleinste der westfälischen Diözesen, Münster, hat sich am frühesten von ihren Vögten befreit und das größte Territorium entwickelt; die größte Diözese, Minden, ist am spätesten vogtfrei geworden und hat das kleinste Territorium entwickelt.

Die kleinen Klöster und Stifte verfügten nicht über solche Mittel. Ihnen gegenüber konnten die Vögte ihr Recht, den erbenlos gewordenen Hof eines kirchlichen Hintersassen wieder zu besetzen, dadurch ausnutzen, daß sie einen ihrer eigenen Hörigen auf den Hof setzten. Leibhörigkeit und Grundhörigkeit gingen dann auseinander, haben oft zu völliger Entfremdung auch der Grundhörigkeit des betr. Hofes von der Kirche geführt und die Grundherrschaft des Vogtes vermehrt.

Der Rechtsgedanke

Dem Mittelalter ist der Gedanke des Rechtes außerordentlich lebendig, ob er gleich in der Praxis tausendfach mißachtet ist. Die Ausbildung einer Eigenherrschaft konnte grundsätzlich nur auf dem Boden des R e c h t e s erfolgen. Das G e b l ü t s r e c h t des Adels wirkte sich zuerst im Kleinen aus. Über allen stand der König. Wer einen größeren Kreis von Menschen verschiedenen Standes, verschiedener Zugehörigkeit und verschiedener Abhängigkeiten zu e i n e r , seiner Herrschaft vereinigen wollte, mußte in die Rechte des Königs eintreten und die auf sie anzuwendenden Hoheitsrechte einzeln e r w e r b e n , sei es, daß der König sie ihm im Zuge der Ausbildung des Lehnsstaates als Lehen übertrug, sei es, daß er sie durch Kauf, Vertrag oder ähnliches erwarb. Selbst in diesem Falle bedurfte es der Bestätigung durch den König; blieb sie aus, fehlte der Erwerbung die staatsrechtliche Gültigkeit. Sie konnte angefochten werden und wurde es in der Regel. Die Entscheidung mit der Waffe ist ein sekundärer Vorgang. Erst wenn der König ihr beitrat, ausdrücklich oder stillschweigend, wurde sie als im Recht verankert angesehen.

Landeshohheit

Wirkliche, machtgebende Herrschaft konnte nur erreicht und ausgeübt werden in einem größeren, geschlossenen und durch Grenzen bestimmten

Die Territorialisierung Westfalens

Herrschaftsbezirke (terra, Land), in dem alle Hoheitsrechte in einer Hand vereinigt waren. Landeshoheit zu gewinnen, ist das neue Ziel. Alle, Bischöfe, Äbte und Äbtissinnen der großen Reichsabteien und die weltlichen Herren, greifen in gleicher Weise danach, aber nirgends und niemals konnte sie mit einem Griff gewonnen werden. Die Anfänge dieser Bewegung wurzeln, wenn nicht schon im Investiturstreit, als Geistliche und Weltliche sich politisch entscheiden und selbständig handeln mußten, doch im Anbruch des 12. Jahrhunderts. Das Endziel ist gewöhnlich erst im ausgehenden Mittelalter, vielfach auch nur mit dem Absolutismus erreicht worden.

LITERATUR

Werneburg, R.: Gau, Grafschaft und Herrschaft in Sachsen bis zum Übergang in das Landesfürstentum. 79 S. 1910.

Schücking, L.: Das Gericht des westfälischen Kirchenvogts 900–1200. Ein Beitrag zur deutschen Gerichtsverfassung und dem Gerichtsverfahren im Mittelalter. In: West. Ztschr. 55 I (1897), S. 1–44.

Klohn, O.: Die Entwicklung der Korveyer Schutz- und Voigtverhältnisse 1914.

Otto, E. F.: Die Entwicklung der deutschen Kirchenvogtei im 10. Jahrhundert. 1933.

Krüger, S.: Studien zur sächsischen Grafschaftsverfassung im 9. Jahrhundert. 1950. (= Studien u. Vorarbeiten zum Hist. Atlas Niedersachsen 19). (LB 122).

Schöllkopf, R.: Die sächsischen Grafen (919–1024). Mit 19 genealogischen Tafeln und 1 Karte. 1957. (= Studien u. Vorarbeiten zum Hist. Atlas Niedersachsen 22). (LB 123).

Hömberg, A. K.: Die Entstehung der westfälischen Freigrafschaften als Problem der mittelalterlichen deutschen Verfassungsgeschichte. 1953. Zugleich in: Westf. Ztschr. 101/102 I (1953), S. 1–138. (LB 271).

Gallmeister, E.: Königszins und westfälisches Freigericht. Phil. Diss. Tübingen. Maschinenschrift. (LB 123).

Schlesinger, W.: Bemerkungen zum Problem der westfälischen Grafschaften und Freigrafschaften. In: ds.: Beitr. z. dt. Verfassungsgeschichte II (1963). S. 213–232.

Schotte, H.: Die rechtliche und wirtschaftliche Entwicklung des westfälischen Bauernstandes. In: Beitr. zur Gesch. des westf. Bauernstandes bis zum Jahre 1815. In: Beitr. zur Gesch. des westf. Bauernstandes, hrsg. von E. v. Kerckerinck zur Borg, S. 5–106. 1912.

Kindlinger, N.: Geschichte der deutschen Hörigkeit, insbesondere der sogenannten Leibeigenschaft. 734 S. 1819.

Capelle, R.: Beiträge zur Geschichte der Erbentage, namentlich derjenigen der Grafschaft Mark. In: Beitr. z. Gesch. Dortmunds 23 (1914), S. 75–169.

Skerhut: Der Ständebegriff „Frei". Ständegeschichtliche Untersuchungen aufgrund der ländlichen Quellen Westfalens bis zum 15. Jahrhundert. Diss. Hamburg 1953.

Molitor, E.: Zur Entwicklung der Munt. Eine ständegeschichtliche Untersuchung. In: SavZR, G 64 (1944), S. 112–172.

Brebaum, H.: Das Wachszinsrecht im südlichen Westfalen. In: WZ 71 II (1913), S. 1–59.

Wege zur Landeshoheit

W e i g e l , H. : Das Wachszinsrecht im Stift Essen. In: Beitr. z. Gesch. von Stadt u. Stift Essen 67 (1952), S. 23–136.

K ö t z s c h k e , R.: Studien zur Verwaltungsgeschichte der Großgrundherrschaft Werden. 1901.

B ö k e r H.: Hofgerichtsbarkeit und Hofgerichte im Vest Recklinghausen. In: Vestisches Jahrb. 59 (1957), S. 16–93.

L o h m e y e r , K.: Das Hofrecht und Hofgericht des Hofes zu Loen. 1906. (= Münsterische Beitr. 23).

C o h a u s z , O.: Das Heergewäte der Unfreien in Westfalen. 1925.

W i t t i c h , W.: Die Grundherrschaft in Nordwestdeutschland. 1896.

P i p e r , F. G.: Historisch-juridische Beschreibung des Marcken-Rechtes in Westfalen. 1763. *(wichtig, da noch aus unmittelbarer Kenntnis geschrieben)*.

S c h o t t e , H.: Studien zur Geschichte der westfälischen Mark. 1908. (= Münsterische Beitr. NF 17).

P h i l i p p i , D.: Die Erbexen. Studien zur sächsischen Rechtsgeschichte. 1920.

A d e l u n d B a u e r im deutschen Staat des Mittelalters. Hrsg. von Ih. M a y e r , 1943, Neudruck 1967.

E n g e l , G.: Herrschaftsgeschichte und Standesrecht. Riege und Hagen, Hausgenossen, Hausgenossenschaften, Malmannen. 1976.

AUSBAU DER WESTFÄLISCHEN TERRITORIEN

Die territorialen Gewalten

Es ist nicht möglich, den Beginn der Territorialisierung des westfälischen Raumes auf eine näher abzugrenzende Zeit , geschweige denn auf ein Jahr, festzulegen bzw. einem bestimmten Jahr die entscheidende Bedeutung in dieser Entwicklung beizulegen. Das Jahr 1180 z. B. als solches hinzustellen, wie es gern geschehen ist, erscheint nur sehr bedingt gerechtfertigt. Der Sturz Heinrichs des Löwen in diesem Jahre, hat man gesagt, habe der Territorialisierung Westfalens „Tor und Tür geöffnet", indem er die starke, hemmende Hand des Herzogs beseitigte. Aber die *„vestigia Leonis"* (Bardowiek) liegen im ostweserischen Raum, in Lübeck und darüber hinaus, nicht in Westfalen. Heinrichs Herzogsgewalt über Westfalen wird unmittelbar abgelöst durch die kölnische, und diese ist – wenigstens in ihren Anfängen – sichtlich wirkungsvoller gewesen. Keine Anzeichen lassen sich dafür finden, daß die Westfalen ihr sogleich den Krieg angesagt hätten. Im Gegenteil! Erst mit Engelbert und Heinrich von Moelenark beginnt ein anderer Wind zu wehen, vollends mit Konrad von Hochstaden, dem „gewaltigen, kalten Rechner" (Hoppe). Im Essener Frieden von 1256 m ü s s e n dem letzten Westfalen über die Absichten Kölns die Augen aufgegangen sein. Gelnhausen hat eine neue Entwicklung angebahnt, der W e n d e p u n k t ist Essen gewesen.

Die Wendung ist freilich nicht von heute auf morgen einfach da. Selbst ein Simon von Paderborn ist nach dem Tode seines großen Gegners, wie oben dargelegt, wieder in das kölnische Lager eingeschwenkt. Aber die Herzogsgewalt der Kölner Erzbischöfe war nicht mehr von solcher Machtfülle, daß sie z. B. Burgenbauten, Stadtbefestigungen und Stadtgründungen durch ihr bloßes Veto unterbinden konnte. Nicht zu übersehen in dem Gang dieser Entwicklung sind endlich die Auswirkungen der beiden großen Reichsgesetze Kaiser Friedrichs II. von 1220 und 1232, die „Confoederatio cum principibus ecclesiasticis" und das „Statutum in favorem principum". Sanktionierten sie auch nur, was bereits im Gange war, so schalteten sie doch Einsprüche und Hindernisse aus, die ein mächtiger Herzog der Erwerbung königlicher Hoheitsrechte wie der Erwerbung von Gerichtshoheiten, des Rechtes der Steuererhebung, der Ausübung polizeilicher Gewalt (Geleit), der Bündnisfreiheit usw. durch Bischöfe und Fürsten durchaus hätte entgegenstellen können dadurch, daß sie sie ihnen ausdrücklich in die Hand gaben.

Nun spielen bei der Ausbildung der Territorien noch viele andere Dinge eine gewichtige Rolle: ihre Beziehungen – freundliche und feindliche – untereinander, Verwandtschaften, Gewinne und Verluste durch Heiratsgut auszustattender Töchter, Erbschaften, insbesondere solche

Ausbau der westfälischen Territorien

durch die Heirat einer einzigen Erbtochter, die unheilvollen Teilungsansprüche der Söhne, die Besetzung der Bischofsstühle mit der lockenden Möglichkeit, Secundogenituren für die weichenden Erben der fürstlichen Häuser zu schaffen. Die Beziehungen der geistlichen Fürstentümer untereinander und gegen die weltlichen, die Landfriedensbündnisse, die Bündnisse der Städte untereinander, der politische Einfluß des Hansebundes, die Erblichkeit der Lehen und der mehr und mehr in Deutschland sich durchsetzende Leihezwang, der den Lehnsherrn, besonders den König, nötigte, ein heimgefallenes Lehen neu zu vergeben, endlich und nicht zuletzt natürlich auch die von einzelnen Persönlichkeiten oder von einzelnen Ereignissen ausgehenden Wirkungen. Im Rahmen dieser Darstellung kann nicht mehr versucht werden, als sie anzudeuten.

im Raume südlich der Lippe

Im 13. Jahrhundert bietet die westfälische Territorialwelt noch das Bild einer fast unüberschaubaren Buntheit und Vielfalt. Von der einstigen Größe des Werler Gafenhauses ist im südlichen Westfalen nur die Grafschaft Arnsberg übriggeblieben. Zwar ein Rest nur, ruhte sie aber auf einer festgefügten Grundlage und gelangte daher frühzeitig zu einer gewissen Geschlossenheit. Ihre politische Rolle hat sie an ihre Nachbarn und heftigen Widersacher, die Grafen von der Mark, abgetreten; als sie aber hundert Jahre später an Köln verkauft wird, erwirbt das Erzstift, wie die aufschlußreiche, lange Verkaufsurkunde zeigt, eine voll ausgebildete „Grafschaft".

Die Grafen von der Mark, ein Abzweig des Hauses Altena-Hövel-Berg, haben nach der Katastrophe im Hause Isenberg Teile dieses Besitzes an sich gebracht, haben sich mit Erbauung der Burg Mark und der Stadtgründung von Hamm (für Nienbrügge) nordwärts bis an die Lippe und westwärts bis in die Gegend von Lünen vorgeschoben, ohne indessen die Edelherren von Ardey und von Hörde verdrängen zu können. In ständigem Kleinkriege mit Köln haben sie westwärts über Bochum hinaus Fuß gefaßt, nach Süden mit der Gewinnung von Volmarstein und der Herrschaft Wetter die mittlere Ruhr überschritten und sich schließlich mit der Gewinnung von Lüdenscheid bis an die Südgrenze Westfalens herangeschoben. Für den inneren Aufbau ihrer Grafschaft haben sie eine glückliche Hand bewiesen in der Gewinnung von Gerichtshoheiten. Die Übertragung der Vogtei über das Stift Essen endlich hat ihnen einen weiteren Machtzuwachs gebracht. Dagegen ist es ihnen nicht gelungen, sich über die Emscher hinaus nach Norden auszudehnen. Hier, im Vest Recklinghausen, zwischen Emscher und Lippe, hat Köln sich immer behauptet.

An der unteren Ruhr haben das dem Hochadel vorbehaltene Frauenstift Essen und das Benediktinerkloster Werden je ein kleines Territorium entwickeln und unter den Schutz und in Abhängigkeit von ihren Vögten halten können.

Die Territorialisierung Westfalens

Im Winkel des Unterlaufes der Lenne und der mittleren Ruhr haben die Grafen von Isenberg aus den ihnen nach der Katastrophe von 1225 verbliebenen bzw. wiedergegebenen Gütern um die Hohenlimburg herum das kleine Territorium Limburg entwickeln können.

Im Osten und im Süden legte sich um die Grafschaft Arnsberg herum ein Kreis von kleindynastischen Herrschaften: beiderseits der oberen Ruhr die Herren von Rüdenberg und an der mittleren Diemel die Herren von Padberg, in der Mitte die Herren von Brilon und die Herren von Grafschaft zwischen ihnen und um die Ortschaft Assinghausen herum bewahrte der sogenannte Assinghauser Grund als Bezirk mehrerer Freigerichte noch eine gewisse Selbständigkeit. Weiter im Süden, beiderseits der unteren Lenne, schließen sich die Herren von Fredeburg an und südlich der mittleren Lenne die Ganerbenschaft Waldenburg, eine Erbengemeinschaft, die aber frühzeitig unter den Einfluß Kölns geraten ist. Im Südosten hat Köln auch mit der Stadt Medebach einen alten Besitz behauptet.

Im äußersten Südosten Westfalens endlich hat ein Zweig des Hauses der Grafen von Schwalenberg, das sich in drei selbständigen Linien geteilt hatte, um die Burg Waldeck herum unter Verdrängung der EH von Itter und in lehnsmäßiger Anlehnung an die Landgrafen von Hessen die Grafschaft Waldeck entwickelt. An ihrem nordöstlichen Zipfel hat Köln aber die Stadt Volkmarsen mit der Kogelenburg behauptet.

Eine besondere Stellung endlich kommt den Städten Dortmund und Soest zu. Dortmund war die einzige freie Reichsstadt Westfalens. Mit ihrer Umgebung bildete sie ein eigenes, den Grafen von Dortmund-Stecke als Reichsvögten unterstelltes Territorium. Ein letzter Rest von Reichsgut in Westfalen war ferner der große, etwa 20 km westlich von Dortmund liegende Reichshof Westhoven mit den zugehörigen Höfen Elmenhorst und Brackel. – Die Stadt Soest ist, wie Paderborn und Dortmund, schon zur Sachsenzeit als größerer, stadtähnlicher Ort bezeugt. Mit ihrer weiteren Umgebung, der großen und fruchtbaren Soester Börde, hielt sie von alters her einen territorienähnlichen Status unter der Oberhoheit der Erzbischöfe von Köln.

QUELLEN

Seibertz, J. S.: Urkundenbuch zur Landes- und Rechtsgeschichte des Herzogthums Westfalen. 3 Bände, 1839 – 1854 (= Drs.: Landes- u. Rechtsgeschichte des Herzogthums Westfalen II, III, IV).
(datiert bis 1310 nach dem alten Circumcisionsstil, z. B. ,,Februar 1223" = Februar 1224; reicht bis in das 15. Jahrhundert, mit einzelnen Stücken bis 1799).

Levold von Northof: Chronica comitum de Marca. Hrsg. von F. Zschaeck in: MG SS Nova series VI. – Deutsche Übersetzung: Die Chronik der Grafen von der Mark, übersetzt und erläutert von H. Flebbe, 1955. (= Geschichtsschr. der d. Vorzeit 99). (LB 45).
(Vf., geb. 1279, 1313 Bischof von Lüttich, seit 1326 Erzieher des nachmaligen Grafen Engelbert III. von der Mark und politischer Ratgeber am Hofe der Grafen von der Mark, gestorben um 1370. Sein Werk, bis 1358 reichend, stellt die Geschichte des märkischen Hauses nach Art der ,,Fürstenspiegel" in den Dienst der Erziehung, verbindet sorgfältiges Quellenstudium mit gewandter, freimütiger Darstellung und bedeutet den Höhepunkt der spätmittelalterlichen westfälischen Geschichtsschreibung).

Ausbau der westfälischen Territorien

Krumbholtz, R.: Urkundenbuch der Familien von Volmestein und von der Recke, 1917.
(bis 1437; ergiebig für das mittlere Westfalen und das südliche Münsterland).

van der Schuren, G.: Clevische Chronik nach der Originalhandschrift des Gert van der Schuren nebst Vorgeschichte und Zusätzen von Turck, einer Genealogie des Clevisch(-märkischen) Hauses (bis zum Jahre 1609) hrsg. von R. Scholten. 1884.
(reicht bis 1450; Vf., Kanzleisekretär in Kleve, schrieb zwischen 1471 und 1480, benutzte Urkunden und Amtsbücher, besaß aber nicht den großen Blick eines Levold von Northof).

LITERATUR

Geschichte der deutschen Länder. „Territorien – Ploetz". 1. Bd.: Die Territorien bis zum Ende des Reiches, hrsg. von G. W. Sante, 1964.
(der Abschnitt „Westfalen-Lippe" verfaßt von H. Richtering u. E. Kittel).

Seibertz, J. S.: Landes- und Rechtsgeschichte des Herzogthums Westfalen. 1., 2. Theil 1860, 1861; 3. Theil 1864; 4. Theil, 1. Hälfte von W. Tobien. 1875. (= Drs.: Landes- u. Rechtsgeschichte des Herzogthums Westfalen I. 3. Abth., 1., 2., 3., 4. Theil).

Tigges, J.: Die Entwicklung der Landeshoheit der Grafen von Arnsberg. 68 S., 1909. (= Münsterische Beitr. zur Gesch. Forschg. hrsg. von A. Meister, NF 22).

Marré, W.: Die Entwicklung der Landeshoheit in der Grafschaft Mark. 1907.

Frisch, M.: Die Grafschaft Mark. Der Aufbau und die innere Gliederung des Gebietes besonders nördlich der Ruhr. Mit 5 Karten und 7 Skizzen. 1937.
(darin ein Abschnitt „Die Entwicklung der Landeshoheit der Grafen von Altena bzw. von der Mark, S. 21–34).

Varenhold-Huland, U.: Grundlagen und Entstehung des Territoriums der Grafschaft Mark. Diss. Münster 1968.

Knapp, J. F.: Regenten- und Volksgeschichte der Länder Cleve, Mark, Jülich, Berg und Ravensberg. 3 Bände, 1831–1836.

Vogeler, E.: Soest und die Börde. In: Die Grafschaft Mark. Festschrift, hrsg. von A. Meister, 1909, S. 77–106.

Spannagel, K.: Die Grafschaft Mark als Teil des brandenburgisch-preußischen Staates. In: Die Grafschaft Mark. Festschrift ..., S. 23–76.

Philippi, F.: Die älteste Zeit (der Grafschaft Mark) bis zum Erlöschen des altena-märkischen Geschlechts. Mit 1 Stammtafel. In: Die Grafschaft Mark. Festschrift ..., S. 1–22.

Meininghaus, A.: Die Grafen von Dortmund. 1905.

Fahne, A.: Die Grafschaft und Freigrafschaft Dortmund. 4 Bände, 1853–1859.
(die beigegebene, umfangreiche Urkundensammlung ist „zwar überholt, mit Fälschungen durchsetzt und vielfach fehlerhaft, aber noch nicht entbehrlich". v. Klocke).

Ilgen, Th.: Übersicht der allgemeinen Geschichte und Verfassung von Soest. In: Die Chroniken der westf. u. niederrh. Städte 3 (1895), S. XII–CLXXIV. (= Chroniken der dt. Städte vom 14. bis 16. Jahrh. 24).

Schwarz, H.: Kurze Geschichte der ehemals freien Hansestadt Soest. 1949.

Barthold, F. W.: Soest, die Stadt der Engern. Ursprung, Blüthe und Niedergang eines altdeutschen Gemeinwesens. 355 S. 1855.

105

Die Territorialisierung Westfalens

im Raume Münster

Der weitaus größere Teil des mittleren Westfalen wird von geistlichen Gebieten eingenommen: im Westen, zwischen Lippe und Ems, das Hochstift Münster, im Osten, zwischen oberer Lippe, Eggegebirge und Diemel, das Hochstift Paderborn, dazu noch die beiden kleineren Reichsabteien Corvey an der Weser und Herford im Gebiete der mittleren Werre und Else. – M ü n s t e r hatte durch den Anfall der gesamten Cappenbergischen Ministerialenschaft bedeutenden Zuwachs an militärischen Machtmitteln gewonnen, von den Cappenbergern ferner auch Güter mit Wald- und Weiderechten, also Forstbannrechte, erhalten. Sonst wird nur noch ein Mal (1144) von einem kleinen münsterischen Forstbann über einen Wald bei Telgte berichtet. Der Bischof übertrug dies „ius silvestre" dem Kloster Überwasser. Auf die Erwerbung und Ausnutzung von Forstbannrechten für territorialpolitische Zwecke scheinen die Bischöfe keinen Wert gelegt zu haben. Sie konnten sie wohl auch entbehren; hatten sie doch durch die Befreiung von ihren Vögten frühzeitig freie Hand erhalten für eine kräftige weltlich-politische Betätigung. In verhältnismäßig schneller Folge gelang es den Bischöfen auch, alle Gogerichte ihrer Diözese in ihre Gewalt zu bringen. So beherrschten sie tatsächlich das ganze Gebiet ihrer Diözese bis auf eine Anzahl kleiner Randterritorien: im Osten die Herrschaft der Burggrafen von S t r o m b e r g, einer Nebenlinie des Hauses Rüdenberg, im Westen die Herrschaften H o r s t m a r, W e t t r i n g e n, L o h n, A h a u s, W e r t h und A n h o l t, beiderseits der oberen Vechte die Herrschaft S t e i n f u r t und im Südwesten die winzig kleine Herrschaft G e m e n. Von der Grafschaft T e c k l e n b u r g lag nur ein kleiner, der südliche, Streifen in der münsterischen Diözese, und die Grafschaft B e n t h e i m, die erst um 1120 von einer Nebenlinie der Grafen von Holland und gegen die holländischen Herren von Koevorden entwickelt worden war – vgl. die lebendige Schilderung der Kämpfe im Mummenrieth, in denen der Edelherr Bernhard von Horstmar den Tod fand, bei Rothert, Westf. Gesch. I, S. 204, – lag mit der größeren, westlichen Hälfte in der Diözese Utrecht. Ja, der Entschlußfreudigkeit des Bischofs O t t o, eines der oben genannten lippischen Brüder, gelang es, einen großen Besitz weit außerhalb der Diözese, im Osnabrücker Nordlande, zu gewinnen. Im Jahre 1252 bot die Gräfin Jutta, Erbtochter einer der seit 1226 in zwei Linien geteilten Grafen von Ravensberg-Vlotho, ihren Allodialbesitz um Vechta und Bersenbrück und vom Reich zu Lehen gehende Grafschaftsrechte an der mittleren Ems zwischen Meppen und Leer mit der Burg Fresenberg, das gesamte calvelagische Erbe, zum Kauf an, da sie eine Ehe eingegangen war mit dem Grafen von Monschau in der Eifel und außer Landes ging. Der Bischof von Osnabrück, Bruno aus dem Hause Isenberg, dem das Objekt als dem nächstliegenden zuerst angeboten wurde, scheute vor dem Kauf zurück. Otto schlug zu, beschaffte die große Kaufsumme von 40 000 Mark Silber, soviel, wie einst Philipp von Heinsberg für den Zusammenkauf seines Herzogtums aufgewandt hatte, und machte damit Münster zum größten Territorium Westfalens.

Ausbau der westfälischen Territorien

QUELLEN

Jung, J. H.: Historiae antquissimae comitatus Benthemiensis libri III. Accedit codex diplomatum et documentorum. 320 S., 1 Stammtafel, 398 S., 8 Siegeltafeln. 1773. *(Urkunden von 726–1415).*

Hermann (Zoest, H.): Chronicon Campi s. Mariae. In der älteren Gestalt (1185–1422) hrsg. von Zurbonsen. 1884. *(nur wenig umfangreich, aber mit vielen schätzenswerten Nachrichten für Münster, Tecklenburg, Ravensberg, Lippe u. a.).*

LITERATUR

Brand, A.: Geschichte des Fürstbistums Münster. 1925.

Böke, H.: Die Burggrafen von Stromberg-Rüdenberg und ihr Versuch zur Bildung eines Territoriums in Westfalen. In: 61. JBHVR (1960), S. 60–107. Mit 1 Plan.

Darpe, F.: Geschichte Horstmars, seiner Edelherren und Burgmannen. Mit 1 Stammtafel und urkundlichen Belegen. In: WZ 40 I (1882), S. 81–154; 41 I (1883), S. 97–136; 42 I (1884), S. 186–205.

v. Landsberg-Vehlen, F.: Geschichte der Herrschaft Gemen. In: Westf. Ztschr. 22, 25, 28, 41, 42.

Schmidt, F.: Schloß und Herrschaft Gemen. In: Westmünsterland 1 (1914), S. 74–78, 99–102, 125–133.

Möller, J. C.: Geschichte der vormaligen Grafschaft Bentheim. 1879.

im Raume Paderborn

Weniger glücklich waren die Bischöfe von Paderborn. Alte Grafschaftsrechte, die sie noch zu Zeiten Meinwerks besessen hatten, konnten sie nicht halten oder zu territorialen Zwecken auswerten. Forstbannrechte über Teile des Osnings und der Senne, die ihnen 1001 von Kaiser Otto III. bestätigt worden waren, haben sie später an die Edelherren zur Lippe und die Grafen von Ravensberg weitergegeben. Ihre einstmals mächtigen Vögte, die Grafen von Schwalenberg, hatten sich durch wiederholte Teilungen den Lebensnerv abgeschnitten, beherrschen in ihren Nebenlinien aber noch mehr als die Hälfte der ganzen Paderborner Diözese: im Nordosten als Grafen von Pyrmont-Lügde, mit der Hauptlinie in der kleinen Grafschaft Schwalenberg und im ganzen Süden der Diözese, zwischen Diemel und Eder, wo die Bischöfe von Paderborn einstmals Korbach zur Stadt erhoben hatten, als Grafen von Waldeck. Beiderseits der Weser, um die Burg Polle herum, und an der unteren Diemel, im Gebiete der ehemals northeimschen Grafschaft Donnersberg, herrschten die Grafen von Everstein. Die Reichsabtei Corvey an der Oberweser, ebenso die Reichsabtei Herford beiderseits der mittleren Werre und Else, behaupteten unter der Schutzherrschaft Kölns ihre Selbständigkeit. Im Südwesten der Diözese saßen die Edelherren von Büren um die Wewelsburg herum, die schon genannten Herrschaften der Edelherren von Brilon und von Padberg lagen ebenfalls noch im Bereich der paderbornischen Diözese. Den Norden und Nordwesten der

Diözese endlich hatten die Bischöfe der Herrschafat der Edelherren zur Lippe und der Grafen von Ravensberg – freiwillig oder unfreiwillig – überlassen, vielleicht um sie als Helfer gegen ihre Feinde im Innern, den unbotmäßigen Stiftsadel und die ebenso unbotmäßige Stadt Paderborn, zu gewinnen.

Für beide Herrschaften, Lippe sowohl wie Ravensberg, liegen Anfänge und erste Ausbildung noch weitgehend im Dunkeln. Die EH zur L i p p e jedenfalls erscheinen noch nicht unter den großen Geschlechtern des hohen Mittelalters. Irgendwo an der oberen Lippe werden sie schon lange gesessen haben, wenn auch die kleine Burg Lipperode wohl als ihr alter Besitz, schwerlich aber als ihr Stammsitz angesprochen werden kann. Welfische (ursprünglich billungische?) Lehen (Kittel) und allodialer, an Ministeriale weiter verlehnter Besitz in der Gegend von Enger und gegen das Hochstift Osnabrück hin dürften zum alten Besitz ihres Hauses gehört (Hömberg), das ihnen zugefallene Erbe Widukinds, des ,,Vogtes von Rheda" (vgl. oben S. 85), sie kräftig gefördert haben. Den Sprung in die Geschichte verdanken die Lipper ihrem ,,großen" B e r n h a r d , dem Freunde und Bewunderer Heinrichs des Löwen. Seinem, des Stadtgründers von München und Lübeck, Vorbild folgend, unternimmt Bernhard die erste Stadtgründung in Westfalen, Lippstadt, vielleicht auch schon die von Lemgo, falls letztere Gründung nicht von seinem Sohn und Nachfolger erfolgt ist, und erbaut mit abgetrotzter Zustimmung des Bischofs von Paderborn die F a l k e n b u r g im Osning bei Berlebeck. Er und seine nächsten Nachfolger gewinnen außer der rhedaischen Erbschaft auch die Vogteien über das Stift Enger in der Diözese Osnabrück und über das Kloster Quernheim im Grenzgebiet der Diözesen Osnabrück und Minden, um 1280 auch die Vogtei über das Kloster Clarholz in der Diözese Münster. Durch weitere Stadtgründungen und Stadterhebungen wie Detmold, Horn und Blomberg mit einer Burg innerhalb des Mauerringes gewinnen Bernhards Nachfolger weitere Stützpunkte echter Herrschaft und benutzen den ihnen von den Paderborner Bischöfen zu Lehen gegebenen Forstbann im Osning zur Anlage von zahlreichen H a g e n s i e d l u n g e n . In geschickter Personalpolitik endlich entsenden sie in eben diesem Jahrhundert (oben S. 85) ihre Söhne auf die Bischofsstühle von Paderborn, Osnabrück und Münster, ihre Töchter als Äbtissinnen in die großen Frauenabteien und Klöster Westfalens. 1323 konnten sie die Kleinherrschaft der Edelherrn von Varenholte mit dem Gogericht Langenholzhausen durch Kauf erwerben und die Burg an der Weser mit ihren eigenen, lippischen, Ministerialen besetzen, wenn auch mit baldiger Verpfändung an diese. Ihr Territorium im 13. und im 14. Jahrhundert greift, merkwürdig genug und ohne Beispiel, auf alle fünf Diözesen Westfalens über: Lippstadt im Süden auf Köln, Rheda in der Diözese Osnabrück greift mit den zugehörigen Klostervogteien in die münstersche Diözese über; mit Enger, wo sie eine feste Burg bauen, und mit Bünde, wo sie ein Hochgericht besitzen, treten sie in die Diözese Osnabrück ein, müssen aber ihr Vordringen über die Warmenau – noch heute Grenzfluß zwischen Niedersachsen (Osnabrück) und Nordrhein-Westfalen – mit der Schleifung der Burg in Enger durch den Grafen von Ravensberg und

Ausbau der westfälischen Territorien

seinen Bruder Ludwig, den Bischof von Osnabrück, büßen; Quernheim mit der Ulenburg greift in die Mindener Diözese über. Alle diese Teile mit Ausnahme von Rheda sind mit dem Kerngebiet in der Paderborner Diözese durch schmale Landbrücken verbunden gewesen.

Die Grafen von R a v e n s b e r g sollen direkte Abkömmlinge der im Osnabrücker Nordlande, mit einer Burg in Vechta, seit dem 10./11. Jahrhundert angesessenen, begüterten und politisch bis um 1150 mehrfach hervorgetretenen Grafen von C a l v e l a g e gewesen sein. Diese bisher allgemein vertretene und als Gewißheit geltende Annahme wird neuerlich durch Quellenkritik (Armin Wolf) und Grabfunde in der Borgholzhauser Kirche (Uwe Lobbedey) erschüttert. Wahrscheinlicher ist, daß die Ravensberger Grafen seit alters am Osning, zwischen Oerlinghausen und Iburg, mit je einer Freigrafschaft nördlich und südlich des Bergzuges gesessen, auf dem Ravensberge bei Borgholzhausen eine Burg gebaut und durch eine Heiratsverbindung die 1149 im Mannesstamme aussterbenden Grafen von Calvelage beerbt haben. Die Erbschaft brachte ihnen die Vogtei über die Güter des Klosters Corvey im Osnabrücker Nordlande zu, die Grafschaftsrechte an der mittleren Ems zwischen Meppen und Leer mit der Burg Fresenberg und großem Allodialbesitz um Vechta, Bersenbrück, Schwagsdorf, Westerkappeln und Osterkappeln. Wie die Cappenberger Grafen besaßen sie ausgedehnten Streubesitz u. a. bei Beckum in der Diözese Münster. Güter bei Flaesheim an der Lippe, die ihnen vermutlich als Erbe der ezzonischen Pfalzgrafen zugefallen waren, verwandten sie 1166 zu einer Klostergründung; wohl aus demselben Erbe stammendes Gut in Drolshagen im südlichen Westfalen verkauften sie wieder an die Grafen von Sayn. Die abgelegenen, anscheinend wenig nutzbringenden Freigrafschaften Heiden und Merfeld im Münsterschen besaßen sie als Lehen der Bischöfe von Münster. Für den Aufbau eines Territoriums beiderseits des Osning haben ihnen F o r s t b a n n r e c h t e, die sie von den Osnabrücker und Paderborner Bischöfen zu Lehen trugen, die besten Handhaben gegeben. Sie nutzten sie zu planmäßigen, von Westen nach Osten fortschreitenden H a g e n g r ü n d u n g e n und gewannen damit echte, uneingeschränkte Herrschaftsräume. Nachdem ihnen kurz nach 1200 noch die kleine Herrschaft V l o t h o – vermutlich wiederum als Erbe – zugefallen war, haben sie sich 1226 nach einem Bruderzwist in die beiden Linien Vechta-Vlotho und Ravensberg geteilt. Schwere Einbußen in den langen Fehden mit Tecklenburg (S. 83) werden durch Eingreifen der Kölner Erzbischöfe zum Teil wieder rückgängig gemacht. Im Jahre 1252 aber verkauft die Erbtochter der Vechta-Vlothoer Linie ihren gesamten Besitz, d. i. das calvelagische Erbe mit der wichtigen Corveyer Vogtei im Osnabrücker Nordlande, dem Bischof von Münster. Die Erwerbung der Vogtei über das Stift S c h i l d e s c h e im Jahre 1244 von der Hauptlinie der Schwalenberger Grafen, die damals, möglicherweise wegen Beteiligung an der isenbergischen Verschwörung, in Verfall geriet, konnte solchen Verlust erst im Laufe langer Zeit und nur teilweise wieder wettmachen.

Um die Mitte des 13. Jahrhunderts umfaßt die kleine O s n i n g g r a f s c h a f t der Ravensberger noch nicht mehr als die Bereiche um die Burg

Die Territorialisierung Westfalens

Ravensberg und um die um 1220 erbaute Burg S p a r e n b e r g über der im Jahre 1214 auf paderbornischem Lehnsgut von Graf Hermann von Ravensberg gegründeten Stadt Bielefeld. Als der eigentliche Schöpfer eines Territoriums Ravensberg ist erst Graf Otto III. (gestorben 1306) anzusprechen. Er erwarb in erfolgreicher Abwehr kölnischer Ansprüche Vlotho zurück und in einer darüber sich anspinnenden Fehde die kleine Herrschaft Börninghausen mit der Burg Limberg im Wiehengebirge, deren Besitzer, der Burggraf von Stromberg, Vlotho für Köln zu verteidigen unternommen hatte. Bemerkenswert ist, daß die Grafen sich als Landesherren behaupten konnten, obwohl sie die hohe Gerichtsbarkeit nur in westlichen Randgebieten, in zwei auf Osnabrücker Territorium übergreifenden und verhältnismäßig spät erst erworbenen Gogerichtssprengeln, ausüben konnten. Ihre ausgedehnten Hagegebiete und der Stadtbezirk ihrer Gründung Bielefeld werden hierfür den Ausgleich geschaffen haben; denn beide bleiben fremden Richtern verschlossen.

Zwischen die drei Teile der Grafschaft Ravensberg: Ravensberg-Sparenberg, Vlotho und Limberg schoben sich auch immer noch die lippische Herrschaft Enger und der sehr geschlossene Besitz der Abtei H e r f o r d, der zwar in den Händen schwacher Äbtissinnen und mangels eines kräftigen Schutzes durch Vögte langsam zerbröckelte, dennoch aber als Territorium und Herrschaftsgebiet von den Nachbarn respektiert wurde. Er reichte im Süden bis an und über den Osning, im Norden bis an das Wiehengebirge, griff im Westen nach Osnabrück, im Nordosten in die mindische Diözese und im Osten weit in den Bereich der lippischen Edelherren über. – Die kleindynastischen Herrschaften der Edelherren von B l a n k e n a an der oberen Else mit großem Vogteibesitz und der Edelherren von S p e n g e sind um die Mitte des 12. Jahrhunderts eine Beute ihrer Nachbarn geworden.

Außer den südlichsten Teilen der Diözese Osnabrück liegt noch ein sonderbares Anhängsel dieses Bistums im mittleren Westfalen. Auf der Landkarte nimmt es sich aus wie ein Herz im Herzen von Westfalen. Die Überlieferung will wissen, daß der erste Bischof von Osnabrück hier seine ersten Missionserfolge gehabt habe. Darum habe er gebeten und erreicht, daß dieses ihm liebgewordene Stückchen zu seiner Diözese geschlagen wurde. Politisch als Exclave seines Hochstiftes hat Osnabrück hier aber nur einen schmalen Mittelstreifen, das Amt R e c k e n b e r g mit der nach dem Rade in dem Osnabrücker Stiftswappen genannten Burg „Rädekenberg" und der alten Stadt Wiedenbrück, behalten. Im westlichen Drittel des Herzens bildete die Vogtfamilie der Klöster Herzebrock, Klarholz, Liesborn und Freckenhorst ein kleines, nach ihrer Burg R h e d a genanntes Territorium, während im östlichen Drittel ein Zweig des Arnsberger Grafenhauses die Burg R i e t b e r g erbaute und sich hier festsetzte.

QUELLEN

G o b e l i n u s P e r s o n a (d. i. Gobel Person): Cosmidromius. Hrsg. von M. Jansen, 1900.
(um 1400 verfaßt, reicht bis 1418. Trotz des Titels („Weltenlauf") und trotz des Vfs. Interesse für das Geschehen im Reich und für die Ordnung der Welt enthält das Werk, besonders in dem jüngeren Teile, eine Fülle wertvoller Nachrichten für Paderborn, das wie

Ausbau der westfälischen Territorien

der Mittelpunkt der Welt angesehen wird, und für die übrigen Territorien des mittleren Westfalen. – Die von dem Paderborner Notar Martin K l ö c k n e r um die Wende des 16. Jahrhunderts geschriebene Fortsetzung ,,Gobelinus continuatus oder Cosmodromii Doctoris Gobelini Personae continuatio, das ist Westphälische Chronica aller gedenckwürdigen Sachen . . . sonderlich im Stift Paderborn" liegt noch nicht gedruckt vor (Handschrift in der Bibliothek des Gymnasiums Paulinum zu Münster). Das Kernstück ist die aus eigenem Miterleben entstandene Darstellung des Aufruhrs und der Hinrichtung des Paderborner Bürgermeisters Liborius Wichart 1601 – 1604. Die weitere Darstellung geht bis zum Jahre 1613).

S c h a t e n , N . : Annalium Paderbornensium pars prima, secunda, tertia. 1: 1663; 2 (beendet von J. M a s e n) : 1698; 3 (authore Michaele S t r u n c k) : 1741. 1 und 2 : Editio altera 1774, 1775.
(,,eine bemerkenswerte Leistung und alleinstehend in Westfalen" (v. Klocke). – Das Werk, das mancherlei inzwischen verloren gegangenes Quellengut enthält und auf der Grenze zwischen Geschichtsquelle und Geschichtsliteratur liegt, ist im 18. und 19. Jahrhundert kritiklos ausgeschrieben worden; Schatens Texte aber, die die wiedergegebenen Urkunden teils interpretieren, teils verbinden, sind voll von Fehlern und falschen Schlüssen).

V a r n h a g e n , J . A . : Grundlagen der waldeckischen Landes- und Regentengeschichte. Bd. 1 : 485 S., 4 Stammtafeln, Urkundenbuch (100 Nummern), 1825; Bd. 2 : 261 S., 1853.

Lippische Regesten (s. Einleitung).

L a m e y , A . : Codex diplomaticus comitatus Ravensbergensis in Westphalia. In dss.: Geschichte der alten Grafen von Ravensberg. 1779.
(von den 139 Urkunden sind die nach 1325 größtenteils an anderen Stellen noch nicht gedruckt. Lesung und Datierung sind nicht immer zuverlässig; die Darstellung beschränkt sich auf das rein Dynastische).

C u l e m a n n , E . A . F . : Erster (zweyter, dritter) Theil Ravensbergischer Merckwürdigkeiten. 1747, 1749,1752.
(Sammlung von Urkunden und Aktenauszügen, davon einiges inzwischen verloren gegangen; der verbindende Text ist bedeutungslos (Vgl. 52. JBHVR 1938, S. 150 ff.).

H a a r l a n d , H . : Diplomatische Geschichte der Burg und des alten Grafenhauses Ravensberg. In: WZ 1 (1838), S. 145 – 240. Mit 26 Urkunden von 1224 bis 1517.
(die jüngeren Urkunden z. T. nur hier gedruckt; sachlich trockene Arbeit, bis auf kleine Irrtümer – die Freckenhorster Fälschung auf das Jahr 851 mit der Nennung Ravensbergs für echt gehalten – aber verläßlich. Die Darstellung beschränkt sich auf das äußere Geschehen und ist vornehmlich dynastisch-genealogisch bestimmt).

LITERATUR

B e s s e n , G . J . : Geschichte des Bisthums Paderborn. 2 Bände, 1820.

R o s e n k r a n z . G . J . : Die Verfassung des ehemaligen Hochstifts Paderborn in älterer und späterer Zeit. Mit 1 Karte. In: WZ 12 (1851), S. 1 – 162.

H a l l e r m a n n , H . : Die Verfassung des Landes Delbrück bis zur Säkularisation des Fürstbistums Paderborn. In: WZ 77 II (1919), S. 76 – 127; 80 II (1922). S. 3 – 63. Mit Regesten und Urkunden.

B o c k s h a m m e r , U . : Ältere Territorialgeschichte der Grafschaft Waldeck. Mit Beiträgen von E. E. S t e n g e l , C. C r a m e r und W. G ö r i c h nebst einem Atlas von 8 Kartenblättern. XX, 317 S., 1958. (= Schriften des hess. Amtes für geschichtl. Landeskunde, 24). (LB 173).

W e b e r , W . : Die Grafschaft Sternberg. 119 S., 1 Karte. 1928.

von S p i l c k e r , B . C . : Geschichte der Grafen von Everstein. 1833.

S c h n a t h , G . : Die Herrschaften Everstein, Homburg und Spiegelberg. Mit 3 Stammtafeln. 1922. (= Studien u. Vorarbeiten zum Hist. Atlas Niedersachsen 7).

Die Territorialisierung Westfalens

S p a n c k e n , W . : Zur Geschichte der Gerichtsverfassung in der Herrschaft Büren und zur Geschichte der Edelherren von Büren. In: WZ 42 II (1885), S. 1 – 46.

G i e f e r s , W . E . : Geschichte der Burg und Herrschaft Wevelsburg. Mit 1 Plan. In: WZ 22 (1862), S. 330 – 358.

F a l k m a n n , A . : Beiträge zur Geschichte des Fürstentums Lippe. Bd. 1, 1847; 2. Aufl. 1857.
(darin breitere Darstellung der Anfänge Lippes).

K i e w n i n g , H . : Lippische Geschichte. Herausgegeben bis zum Tode Bernhards VIII. Vervollständigt von A . G r e g o r i u s . 260 S.,1942.

K i t t e l , E . : Geschichte des Landes Lippe. Heimatchronik der Kreise Detmold und Lemgo, mit einem Beitrag von R . B ö g e r . 440 S., 1957. (= Heimatchroniken der Städte und Kreise des Bundesgebietes 18). 2. verbesserte u. ergänzte Auflage, 1978.

H e n k e l , W . : Die Entstehung des Territoriums Lippe. 88 S., 1 Plan. 1937. (= Münsterische Beitr. III. F. 14).

H ö m b e r g , A . K . : Die Entstehung der Herrschaft Lippe. In: Lipp. Mittlgn. 29 (1960), S. 5 – 64.

N i t z s c h , K . : Die ravensbergische Territorialverfassung im Mittelalter. In: 17 JBHVR (1903), S. 1 – 120.
(methodisch unbefriedigend).

R o ß b e r g , A . : Die Entwicklung der Territorialherrlichkeit in der Grafschaft Ravensberg, 1909.
(sucht das Problem vornehmlich von der rechtsgeschichtlichen Seite her zu erfassen und ergänzt insofern die Arbeit von Nitzsch, kommt aber ebensowenig zu einem abgerundeten Ergebnis).

T ü m p e l , H . : Politische Geschichte (der Grafschaft Ravensberg). In: Minden-Ravensberg unter der Herrschaft der Hohenzollern. Festschrift... hrsg. von H. Tümpel. 1909. S. 1–88.
(mit Einschluß der mindischen Geschichte seit 1719).

E n g e l , G . : „Beatrix von Ravensberg". In: WZ 120 (1910), S. 287–296.

S t ü w e r , W . : Die Geschichte der Abtei Corvey. In: Kunst u. Kultur im Weserraum I, (1966), S. 5–17.

P r i n z , J . : Die geschichtliche Entwicklung des oberen Weserraumes. In: Kunst u. Kultur im Weserraum I (1966), S. 82–96.

im Raume Osnabrück

Der N o r d e n Westfalens wird von den Diözesen Osnabrück und Minden eingenommen bis auf einen restlichen Streifen des Erzbistums Bremen zwischen Weser, Hunte und der Friesengrenze. – Die Bischöfe von O s n a b r ü c k haben nur knapp die Hälfte ihrer Diözese zum Territorium entwickeln können. Den ihnen bereits 965 vom König verliehenen Forstbann über ein umfangreiches, durch Grenzen abgestecktes Gebiet haben sie in den folgenden Jahrhunderten zwar immer wieder bestätigen lassen, eine territorialpolitische Ausnutzung dieses Rechtes jedoch verabsäumt bzw. aus den Händen gegeben. Bald haben ihnen die unruhigen Nachbarn im Süden, im Westen an der Ems und im Norden an der Hase, die Grafen von T e c k l e n b u r g , das Leben schwer gemacht. Als sie sie endlich, 1236, als ihre Vögte gegen Zahlung von Geld und ander-

Ausbau der westfälischen Territorien

weitigen Entschädigungen los wurden, war deren Territorium bereits gefestigt. Die günstige Gelegenheit, das calvelagische Erbe um Vechta usw. anzutreten, haben sie 1252 verpaßt. Im Norden ihrer Diözese herrschte künftighin, bis auf einen breiten Streifen beiderseits von Cloppenburg und Friesoythe, der tecklenburgisch war, ein anderer Bischof, der von Münster. Um den Ausbau der Landeshoheit trotzdem eifrig bemüht, ist den Bischöfen von Osnabrück zugute gekommen, daß ihnen etwa im Jahre 1225 durch königlichen Gnadenbeweis die Möglichkeit gegeben wurde, nacheinander eine größere Anzahl von Gogerichten zu erwerben. Auf der damit gewonnenen Hochgerichtsbarkeit konnten sie in deren Sprengeln eine wirksame Landeshoheit errichten und dieses Gebiet durch Burgenbauten (Iburg, Grönenberg, Wittlage, Vörde, Quakenbrück, Fürstenau, letztere gleichzeitig mit Stadtgründung als Suburbium, jedoch ohne Einbeziehung der Burg in den Befestigungsring der Stadt und an den Rändern sichern.

Die im Gebiet des Hochstiftes ansässigen Edelherren von O e s e d e scheinen es nicht zu einer eigenen Herrschaft gebracht zu haben; wohl aber müssen das die Edelherren von H o l t e geschafft haben. Sie saßen zwischen Osnabrück und Melle in einer hohen und sehr festen, von drei konzentrischen, tief in den Felsen gehauenen, breiten Gräben umgebenen Burg. Die Ruine dieser Burg läßt noch eine Herrenburg größten Stils erkennen. Söhne ihres Hauses haben im 13. Jahrhundert den Bischofsstuhl von Münster innegehabt. Die Edelherren von Holte besaßen die Vogtei über das reiche Stift St. Johann zu Osnabrück und eine ansehnliche Grundherrschaft. Ob sie in Schulden geraten sind – sie haben ihre Vogtei 1265 für 800 Mark Silber verkauft –, ob sie durch unstandesgemäße Heirat in die Ministerialität abgesunken sind oder wie immer es gekommen ist, daß sie von einer erheblichen Machtfülle, die sie, wie allein schon die riesige Burg bezeugt, einmal gehabt haben müssen, über Nacht herabgesunken sind, um bald überhaupt aus der Geschichte zu verschwinden, ist noch ein Rätsel. Ertwin Ertmans, des Osnabrücker Geschichtsschreibers, Erzählung von der Zerstörung der Burg Holte im Jahre 1140 erweist sich schon bei flüchtiger Betrachtung als sagenhafte Überlieferung. – Die Erben der Edelherren, die Grafen von Lon, haben die Reste des einstigen Holteschen Besitzes im 14. Jahrhundert den Grafen von Ravensberg verkauft. (Der Kölner Erzbischof Wigbold von Holte (1297–1304) gehörte diesem Geschlecht an.)

Von dem Verkauf des Jahres 1252 ist die kleine Herrschaft D i n k l a g e zwischen Quakenbrück und Vechta unberührt geblieben. Sie ist erst 1826 im oldenburgischen Territorium aufgegangen. (Auf der Burg Dinklage hat der aufrechte münstersche Kardinalbischof Clemens August von Galen das Licht der Welt erblickt und seine Jugend verlebt.) Zwistigkeiten dagegen ergaben sich alsbald um einen breiten, westlich des Dümmers um den Ort D a m m e herum liegenden Landstrich. Münster sowohl wie Osnabrück beanspruchten hier landeshoheitliche Rechte, konnten sich aber nie darum einig werden. Kamen heute die Osnabrückischen und hefteten eine Bekanntmachung, eine Verordnung oder dergleichen an die Kirchtüren, erschien morgen ein münsterscher Amtmann mit bewaffneter Begleitung und riß sie wieder herunter. Gewalttätigkeiten waren dabei an der Tagesordnung. Sie haben erst in der napoleonischen Zeit und durch die Neuordnungen des Wiener Kongresses ein Ende gefunden.

Die Edelherren von D i e p h o l z , ostwärts des Dümmers und beiderseits der mittleren Hunte gesessen, nennt ein Lehnsregister des Grafen Ottos III. von Ravensberg vom Jahre 1288 mitsamt ihrer Burg Diepholz, von der noch der feste, aus mächtigen Granitquadern gefügte Turm erhalten ist, an erster Stelle. Aber sie waren freie Vasallen, ihr Lehnseid ein persönlicher. Unter den späteren Grafen von Ravensberg ist dieses Lehnsverhältnis nicht mehr wirksam. Die Edelherren von Diepholz haben sich gegen ihre Widersacher, die Bischöfe von Osnabrück, Münster und Minden, erfolgreich behauptet und ein ansehnliches Herrschaftsgebiet entwickeln können. Streitig geblieben ist lediglich ein kleiner Streifen im Norden von Kollenrade und Goldenstedt. Drei Söhne ihres Hauses haben im 15. Jahrhundert auf dem Bischofsstuhl von Osnabrück gesessen.

QUELLEN

von H o d e n b e r g , W.: Diepholzer Urkundenbuch. 1855–1856.
(Stoffe nach Landesbezirken zusammengefaßt; reicht bis ins 16. Jahrhundert.)

von dem B u s s c h e , G.: Geschichte der von dem Bussche. 1. Teil: Regesten und Urkunden mit 20 Stammtafeln. 242, 21, 7 S. 1887.
(für Osnabrück, Minden und Ravensberg sehr ergiebig).

D e t m a r : (Lübeckische) Chronik des Franziskaner Lesemeisters Detmar vom Jahre 1101 bis 1400. Hrsg. mit Ergänzungen aus anderen Chroniken von F. H. G r a u t o f f . 2 Bände, 1829, 1830.
(begonnen 1385, geführt bis 1395, zweimal, 1400 und 1482, fortgesetzt; niederdeutsch und mit mancherlei Nachrichten für das nördliche Westfalen).

LITERATUR

S t ü v e , C.: Geschichte des Hochstiftes Osnabrück bis zum Jahre 1508. 3 Bände. 1853–1882.
(inhaltsreich, aber sehr unmethodisch und vielfach ohne Quellennachweise, darstellerisch ungewandt und ungepflegt).

S o p p , K.: Die Entwicklung der Landeshoheit im Fürstentum Osnabrück. Diss. Tübingen 1902.

P r i n z , J.: Das Territorium des Bistums Osnabrück. 237 S., 5 Karten. 1934. (Studien und Vorarbeiten zum Hist. Atlas Niedersachsen 15.)

L o e g e l , O.: Die Bischofswahlen zu Münster, Osnabrück, Paderborn seit dem Interregnum bis zum Tode Urbans VI. (1256–1389). Phil. Diss. Münster 1883.

H o l s c h e , A. K.: Historisch-topographisch-statistische Beschreibung der Grafschaft Tecklenburg. 1788.

G e r t z e n , B.: Die alte Grafschaft Tecklenburg bis zum Jahre 1400. 1929.

M o o r m e y e r , W.: Die Grafschaft Diepholz. 106 S. 1938. (= Studien u. Vorarbeiten zum Hist. Atlas Niedersachsen 17.)

Ausbau der westfälischen Territorien

im Raume Minden

Das Bistum M i n d e n hatte die größere Hälfte seiner Diözese ostwärts der Weser im ostfälischen Raume liegen und griff im Norden weit über die Aller, im Osten über die Leine hinaus. Im Weserknie bei Rehme und mit einem schmalen Streifen rechts der Weser hinauf bis etwa gegenüber von Petershagen lag das Territorium seiner Vögte, der Edelherren z u m B e r g e mit ihrer festen Burg, dem „Haus zum Berge" (Hausberge) auf dem rechten Weserufer an der Porta. Sie starben 1397 aus und hatten vorher ihre Vogtei und ihren gesamten Besitz der Mindener Kirche vermacht. Schwerlich hat hinter ihnen eine so große Macht gestanden, daß ihre Vogtgewalt die Bewegungsfreiheit der Mindener Bischöfe völlig lahmgelegt hätte. Aber das kann täuschen; ersichtlich ist, daß die Bischöfe nicht im Stande gewesen sind, ihre Lehnshoheiten über die ostweserischen Herren und Grafen ihrer Diözese aufrecht zu erhalten. Die Herrschaften der Grafen von R o d e n - W u n s t o r f zwischen der Weser und dem Steinhuder Meer und nördlich davon, und rechtsweserisch bis zur Allermündung die der Grafen von W ö l p e sind bald eine Beute der Welfen geworden. Während auf der linken Weserseite die Edelherren von H o ‑ d e n b e r g von ihren Nachbarn im Norden, den Grafen von Hoya, übergeschluckt wurden, ist das Gebiet der Edelherren (?) von Q u e r n h e i m , das um 1140 zu einer Klostergründung verwandt wurde und unter lippische Vogteigewalt kam, der mindischen Landeshoheit auf lange hinaus verschlossen geblieben. Die mächtigen Grafen von S c h a u m b u r g ‑ H o l s t e i n hingegen haben sich, vornehmlich durch großzügige Hagen- und zu Städten entwickelten Hagengründungen (Stadthagen, Probsthagen, Sachsenhagen) vom Steinhuder Meer südwärts bis über die Weser bei Rinteln hinaus und bis kurz vor Hameln ein ausgedehntes, von den Burgen Schaumburg und Arnheim bei Bückeburg beherrschtes Territorium schaffen können. Die Rechtsgrundlagen für eine so umfangreiche Gründungs-, Siedlungs- und Rodungstätigkeit kann ihnen nur der Forstbann geliefert haben. Die Mindener Forstbannrechte, 991, 1029 und 1033 verliehen für den Reichsforst Huculinghago (Heisterholz) und den Stioringiwald (Mindenerwald), d. h. für die linksweserische Gegend Petershagen, Friedewalde, Nordhemmern, Hille, für den Westsüntel (Wiehengebirge), für ein Waldgebiet bei Sulingen, ebenfalls linksweserisch, und für den rechtsweserischen Vogler südlich der Grafschaft Schaumburg, gingen über nichtschaumburgische Gebiete. Der Ursprung der schaumburgischen Forstbannrechte ist noch nicht erkennbar; es scheint aber, als seien die Mindener Bischöfe wenigstens daran beteiligt gewesen, denn die Schaumburger Grafen mußten für ihre Rodungsgewinne den Mindener Bischöfen wiederholt Entschädigungen bezahlen. – Ihre linksweserischen Forstbanne haben die Mindener Bischöfe für territoriale Zwecke anscheinend nicht ausgenutzt; denn anders hätten so unverhältnismäßig große Markengebiete wie die „Lübbecker Mark" und die „Große Quernheimer Mark" nicht immer von jeder Einflußnahme der Bischöfe freigehalten werden können. Bezeichnend ist jedoch, daß die Bischöfe in der Berührungszone der westfälischen Bistümer, einem ausgesprochenen Herrschaftsvakuum, mit ihrer Hagengründung Bischofshagen Fuß fassen konnten.

Im hohen Norden Westfalens, im Grenzgebiet der Diözesen Osnabrück, Minden und Bremen, haben die Grafen von Oldenburg und die Grafen von Hoya kräftige Territorien entwickeln können. – Die Grafen von Oldenburg, mit den Tecklenburger und Ravensberger Grafen vielfach versippt, haben kurz nach 1200 vorübergehend auch Besitz- und Herrschaftsrechte an der mittleren Weser, in Vlotho, und im Mindischen in der Quernheimer Gegend ausgeübt. Nachdem sie die Grafen von Bruchhausen, die zwischen der unteren Hunte und der Weser saßen, beerbt hatten, spalteten sie sich zeitweise in die drei Linien Oldenburg-Oldenburg, Oldenburg-Bruchhausen und Oldenburg-Delmenhorst, schlossen sich aber wieder zusammen. Um die Wende des 13. Jahrhunderts reichte ihre Gewalt im Süden fast bis an die Hase, im Osten bis an die Weser, im Norden bis an den Jadebusen und nach Westen tief in das Friesische hinein.

Die Grafen von Hoya, um Nienburg an der Weser, haben das Erbe der Grafen von Stumpenhausen angetreten und sich in zähen Kämpfen mit den Mindener Bischöfen nach Süden hin tief in das Bistum Minden vorgeschoben. – Ein schmaler Streifen auf der linken Weserseite gegenüber von Bremen, das Land Stedingen, hat sich, ähnlich wie das Delbrücker Land im Paderbornischen, als eine Art freie Bauernrepublik zu konstituieren versucht.

QUELLEN

Heinrich von Herford: Liber de rebus memorabilioribus sive Chronicon Henrici de Herfordia. Hrsg. von A. Potthast 1859.
(Vf., Mindener Dominikaner, schrieb zwischen 1340 und 1370.)
dazu: Schlemmer, R.: Die Bedeutung Heinrichs von Herford für die westfälische Geschichtsschreibung. In: 63. JBHVR (1964), S. 125-167.

Hermann von Lerbeck: Catalogus episcoporum Mindensium und seine Ableitungen (Heinrich Tribbe „Chronicon episcoporum" und „Successio episcoprum Mindensieum") hrsg. von Kl. Löffler in: Mindener Geschichtsquellen I, S. 17-287. 1917. Darin ferner: Nachrichten aus den Mindener Nekrologien und die „Series episcoporum".
(Vf. 1373 Dominikaner in Minden, gestorben nach 1404; angeregt vermutlich durch Heinrich von Herford; schreibt schlicht, aber sachlich u. kritisch; mehrfach fortgesetzt bis 1553.)

Heinrich Tribbe: Beschreibung von Stadt und Stift Minden. Hrsg. von Kl. Löffler in: Mindener Gesch. Quellen II.
(als topographische Beschreibung ein Unikum für seine Zeit; aufschlußreich und mit historischen Hinweisen.)

Heinrich Tribbe von Schlon: Jüngere Mindener Bischofschronik. Hrsg. von H. Forst in: Mindener Gesch. Quellen I (1917).
(Vf. Domherr in Minden, gestorben 1464; reicht im selbständigen, wertvollen Teil von 1380-1449.)

Culemann, E.A.F.: Mindische Geschichte bis auf das Jahr 1713. 5 Abtheilungen, 1747-1748.
(Sammlung urkundlicher und aktenmäßiger, durch kurze Texte aneinander gereihter Nachrichten, davon viele inzwischen verloren gegangen; darstellerisch ungenügend. Zu den übrigen, größtenteils unveröffentlichten Sammlungen Culemanns vgl. 52. JBHVR (1938), S. 141-154.)

Ausbau der westfälischen Territorien

Mooyer, E. F.: Regesta nobilium dominorum de Monte seu de Scalkesberge. In: Westph. Prov. Blätter II, 4 (1839), S. 4-231. Mit 1 Stammtafel von W. v. Hodenberg.

von Hodenberg, W.: Hoyaer Urkundenbuch. 1785-1856.
(wie Diepholzer UB.)

Hermann von Lerbeck: Chronicon comitum Schauenburgensium. Hrsg. von H. Meibom in: Scriptores rerum Germanicarum I (1688).
(schöpft aus guten Quellen, für die Zeit bis 1270 z. B. aus Helmold von Bosaus Slavenchronik.)

Wippermann, K. W.: Regesta Schaumburgensia. 1853.

von Aspern, F. A.: Urkundliches Material zur Geschichte und Genealogie der Grafen von Schaumburg. 2. Band: Vom Jahre 1204 bis zum Jahre 1300. Mit 28 Siegelzeichnungen. 1850.
(= Drs.: Codex diplomaticus historiae comitum Schauenburgensium, II.)
(Band I ist nicht erschienen.)

LITERATUR

Schroeder, W.: Chronik des Bistums und der Stadt Minden. 1886.

Frie, B.: Die Entwicklung der Landeshoheit der Mindener Bischöfe. 1909.

Blotevogel, H.: Studien zur territorialen Entwicklung des ehemaligen Fürstentums Minden und zur Entstehung seiner Ämter und Gerichtsverfassung. 1933
(ergänzt die Arbeit Fries besonders in verwaltungsgeschichtlicher Hinsicht).

Haarland, H.: Geschichte der Herrschaft und Stadt Vlotho. 431 S., 1888.

Schmidt, G.: Die alte Grafschaft Schaumburg. 1920. (= Studien u. Vorarbeiten zum Hist. Atlas Niedersachsens 5).

Bei der Wieden, H.: Schaumburgische Genealogie. Stammtafeln der Grafen von Holstein und Schaumburg – auch Herzöge von Schleswig – bis zu ihrem Aussterben 1640. Mit 6 Stammtafeln, 163 S., 1966. (= Schaumburger Studien 14.)

Heller, F.: Die Grafschaften Hoya und Diepholz. In: Görges – Spehr: Vaterländische Geschichten und Denkwürdigkeiten der Lande Braunschweig und Hannover III[3], (1929), S. 94-129.

Hellermann, J.: Die Entwicklung der Landeshoheit der Grafen von Hoya. 1912 (= Beitr. f. d. Gesch. Niedersachsens und Westfalens 36).

Erler: Das spätmittelalterliche Territorium Hoya. 1972.

Scriverius, D.: Die weltliche Regierung des Mindener Stiftes von 1140 bis 1397. Mit 1 Karte. Diss. Hamburg 1966. IX, 260, 2 S.

Schumacher, H. A.: Die Stedinger. 1865.

Sello, G.: Die territorische Entwicklung des Herzogtums Oldenburg. 1917. Mit Karten.

DER SPÄTMITTELALTERLICHE „RAUM WESTFALEN"
(13.–15. JAHRHUNDERT)

„Raum Westfalen" als neuer politischer Begriff

Als Kaiser Friedrich II., erst 56 Jahre alt, 1250 starb, blieb von dem „regnum Teutonicorum", dem ,,Reich der Deutschen'', nicht mehr viel mehr übrig als der Name und der Gedanke. Träger des Reiches und des Reichsgedankens waren seit dem Tode des letzten großen Staufenkaisers nicht mehr Könige und Kaiser, sondern die Fürsten. Wie oft sie auch ihre eigenen Interessen denen des Reiches vorangestellt haben und was immer sie in das Garn ihrer eigenen Politik gesponnen haben, eins haben sie begriffen: sollte über die Völker des Reiches nicht die Anarchie hereinbrechen, war es zuerst in ihre, der Fürsten, Hände gegeben, dem entgegenzuwirken. Dafür gab es nur ein Mittel: das „Land", die Bildung von Staaten im Staate, im Reich. Die vielgescholtene deutsche „Kleinstaaterei" ist unabwendbaren, schicksalhaften Notwendigkeiten entsprungen.

„Zwischen Rhein und Weser" war seit dem Köln-Corveyer Symposion auf der Kogelenburg im Mai 1260 eine stehende Formel für Friedensverträge geworden, für Landfriedensbündnisse und ähnliche Vereinbarungen, die die Westfalen untereinander abschlossen. Sie schränkten sie von nun an immer stärker ein auf ihren, den ,,Raum Westfalen''.

In dem allgemeinen Territorialisierungsprozeß des Reiches trägt die Entwicklung der Länder zwischen Rhein und Weser, zwischen der Wupper und der Friesengrenze in mehr als einer Hinsicht eigene Züge. Bemerkenswert ist schon, daß die kleinstdynastischen Territorien im Laufe des späten Mittelalters bis auf einige wenige verschwinden. Gegen Ende des Mittelalters werden im westfälischen Raum einige dreißig „Länder" gezählt. Der etwa gleichgroße thüringische Raum, die Räume zwischen Oberrhein und Lech und die Pfalz zeigen eine weit größere Aufspaltung in kleine und kleinste Einheiten. Andererseits aber hat sich keins der westfälischen Territorien, sei es durch glückliche Personalpolitik, durch Heiraten, Erbverträge, durch Kauf oder auch durch Krieg und Gewalt, dominierend über seine Nachbarn erhoben und eine größere Staatlichkeit entwickeln können, wie es etwa die Welfen in Niedersachsen, die Landgrafen in Hessen, die Wittelsbacher in Bayern, die Wettiner in Sachsen, die Hohenzollern in Brandenburg und die Habsburger in Österreich verstanden haben, einen Staat, der im Stande gewesen wäre, die revolutionierenden Umwälzungen des 16. Jahrhunderts zu überdauern und als größere, lebenskräftige Einheit in die Neuzeit überführt zu werden. Zum dritten endlich: In Abwehr der kölnischen Herzogsgewalt sind die Westfalen geflissentlich bemüht gewesen, ihr Land zwischen Rhein und Weser

Der spätmittelalterliche „Raum Westfalen"

von jeder übergeordneten staatlichen Gewalt frei zu halten. Ebenso geflissentlich aber haben sie diesem ihrem Lande eine innere, weder von einer Person noch von einer Institution getragene oder verkörperte Einheit und eine Abgeschlossenheit gegen die umwohnenden Mächte bewahren wollen. Diese seltsam genug anmutende Erscheinung, einem staatlichen Gedanken dienen zu wollen, ohne von ihm beherrscht zu werden, dieses „H e r z o g t u m o h n e H e r z o g" ist in der Tat im Reiche ohne Beispiel.

Für ein geschichtliches Gesamtbild dieses p o l i t i s c h e n „Raumes Westfalen", der das Ende des Mittelalters nicht überdauert hat, ergeben sich mithin die L e i t l i n i e n aus drei Fragen:

1. Welche der westfälischen Kleinterritorien, Herrschaften, Immunitäten usw. sind von Bestand gewesen und warum? Welche nicht, warum nicht und was hat zu ihrem Verschwinden geführt? Sind die Städte von dieser Entwicklung berührt worden?

2. Wie ist das territorial-politische Geschehen in Westfalen in seinen Schwerpunkten verlaufen und hat es über die Grenzen des Raumes hinaus Wirkungen ausgeübt?

3. Sind Manifestationen eines politischen gesamtwestfälischen Denkens und Handelns festzustellen?

Nach solchen Gesichtspunkten ausgerichtet, muß eine dem Rahmen eines Handbuches angepaßte Darstellung der spätmittelalterlichen Geschichte Westfalens die Chronologie der Ereignisse zurückstellen hinter einer s a c h l i c h e n G l i e d e r u n g und sich darauf beschränken, die Ereignisse selbst nur insoweit zu berühren, als sie das territoriale Bild Westfalens, wie es uns am Ende des Mittelalters entgegentritt, entscheidend mitgestaltet haben. Gerade das spätmittelalterliche Westfalen weist in seiner Geschichte eine Reihe von bemerkenswerten Eigenzügen auf und läßt es als eine besondere S p i e l a r t in der an „pittoresken" Vielfältigkeiten, so reichen deutschen Geschichte erscheinen. (Pierre Gaxotte, Histoire de l'Allemagne: „Il n'est pas, au monde, d'histoire plus extraordinaire que la sienne (d. i. der deutschen), plus tragique, plus pittoresque, plus amusante parfois, plus colorée toujours.")

zu 1.   *Kleinterritorien und Städte*

Im voraus ist zu bemerken, daß die Begriffe „Kleinterritorium", „Herrschaft" usw. nicht fest abzustecken sind. Entscheidend ist nicht, ob diese Bereiche in Urkunden, Verträgen oder sonstigen Bekundungen gelegentlich als „terra" bezeichnet werden, ob ihre Inhaber „domini terrae" genannt werden oder sich selbst so nennen; entscheidend ist auch nicht immer der allodiale Charakter ihres Besitzes; entscheidend ist allein der de-facto-Zustand. Verschließt sich ein solches Herrschaftsgebilde mit Erfolg fremden Ansprüchen auf Landeshoheit, so ist damit der Zustand der E i g e n h e r r s c h a f t gegeben. Selbst Lehnsabhängigkeiten haben daran in der Regel nichts ändern können.

Am widerstandsfähigsten gegen landeshoheitliche Ansprüche der umwohnenden Großen haben sich erklärlicherweise die kleinen g e i s t l ichen Herrschaften gezeigt: in erster Linie die alten Reichsabteien Corvey, Herford, Essen, Werden und Loccum. Mangels hinreichender eigener Machtmittel haben sie zwar manche Einbußen hinnehmen müssen, waren aber durch ein ungeschriebenes Gesetz, das den „Räuber von Kirchengut" mit Acht und Bann bedrohte, gegen den Zugriff fremder Hände geschützt. Essen und Werden haben nach Konsolidierung ihrer Vogteiverhältnisse durch die Grafen von der Mark ein verhältnismäßig friedliches, gesichertes Dasein fristen können. Corvey sah sich allerdings genötigt, gegen seine gewalttätigen Vögte, die Grafen von Schwalenberg, die Schutzherrschaft der Erzbischöfe von Köln und später die der Landgrafen von Hessen nachzusuchen und anzunehmen, und für Herford wurden vom Reich die Herzöge von Jülich-Berg-Ravensberg als nächste Nachbarn mit der Wahrnehmung einer Schutzherrschaft über die Stadt Herford beauftragt, ohne daß diese vorerst in besonderem Maße wirksam geworden wäre. Im übrigen aber ist der staatsrechtliche Stand aller vier Abteien als „Herrschaft" im Mittelalter nie in Frage gestellt worden. Sie haben regelmäßig ihre feierlichen Lehnstage gehalten, haben von ihrem Bündnisrecht freien Gebrauch gemacht, erschienen als Gleichberechtigte in den großen und kleinen Landfriedensverträgen und sind schließlich auch auf die Absteckung fester Grenzen ihrer Herrschaftsbereiche bedacht gewesen. Darüber hinaus hat Herford unter seiner größten Äbtissin Gertrud, einer Tochter des „großen" Bernhard zur Lippe, dem Beispiel ihrer Nachbarn folgend, durch zahlreiche, wenn auch kleinere Hagengründungen ausgesprochene Territorialpolitik getrieben.

Weniger glücklich scheint die kleine Reichsabtei Helmarshausen an der Weser gewesen zu sein. Hatte Kaiser Heinrich II. sie schon dem Bischof von Paderborn unterstellt, so wurde ihr die feste Krukenburg, die sie sichern sollte, eher zum Verhängnis. Sie lockte die fremden Herren an und ging von einer Hand in die andere.

Von den übrigen Reichsklöstern und -stiften, die von vornherein einen gewissen Rückhalt an der Königsgewalt hatten, ist Enger dieser Stütze frühzeitig verlustig gegangen. Die Edelherren zur Lippe haben ihre Vogtei über das Stift, wie es ihnen Widukind, der Vogt von Rheda, Freckenhorst usw. am Beispiel Rhedas demonstriert hatte, für territoriale Zwecke ausgebeutet, und Enger, auch nach Verlust ihrer Burg im Jahre 1302, und das Gebiet der stiftischen Hintersassen als Bestandteil ihres lippischen Landes angesehen und 200 Jahre lang behaupten können. 1409 mußten sie es zur Sicherung einer Kriegsschuld aus der Eversteinschen Fehde an Ravensberg verpfänden. Wiederholte Angebote auf Einlösung des Pfandes wurden von den Pfandherren, auch noch von deren Erben, den Kurfürsten von Brandenburg und Königen von Preußen, ignoriert.

Nicht übersehen werden sollte endlich die eigentümliche, zumindest undurchsichtige Stellung, die eine Reihe von Klöstern der Landeshoheit ihres Bereiches gegenüber eingenommen haben. Soweit sie auf dem Grunde einer alten Edelherrschaft und mehr oder weniger mit den gesamten Allodialgütern ihrer Inhaber als Stiftungsgut gegründet worden ist, haben sich ihre Gründer, vielleicht weil sie in Bedrängnis geraten waren, mit ihrer Gründung in die Vogtei gerettet, indem sie sich diese vorbehiel-

Der spätmittelalterliche „Raum Westfalen"

ten. Im Schutze der Kirche entzogen sie sich damit dem drohenden Zugriff eines Größeren, blieben aber als Vögte im Besitz wichtiger Herrschaftsrechte. Als Beispiele wären etwa zu nennen das von den Edelherren von Wettringen im Grenzgebiet von Münster und Bentheim gegründete Kloster A s b e c k sowie das Kloster Q u e r n h e i m im Grenzgebiet der Diözesen Osnabrück und Minden. Für Quernheim ist zwar Gründung und Vogtei der Edelherren von Quernheim nicht mit Sicherheit nachzuweisen, aber sehr wahrscheinlich. Offenkundig ist dagegen, daß die Bischöfe von Minden erst im ausgehenden 15. Jahrhundert Schritt für Schritt und unter fragwürdigen Vorwänden ihre Landeshoheit dem Kloster und seinen Hintersassen aufgezwungen haben. (Weitere Beispiele ließen sich wahrscheinlich finden). Sowohl bei Asbeck wie bei Quernheim ist eindeutig der Fall gegeben, daß sich auch geistliche Immunitäten selbst kleinsten Formates der Landeshoheit auf lange hinaus verschließen konnten.

Die Zahl der w e l t l i c h e n Kleinherrschaften, die ihren Bestand das ganze Spätmittelalter hindurch behaupten konnten, ist, wie schon erwähnt, im Vergleich zu anderen Gegenden des Reiches nicht sehr groß. Im Hochstift Münster sind es nur die Herrschaften Steinfurt, Gemen und Anholt gewesen. Die Herrschaft S t e i n f u r t ist nach Aussterben der alten Besitzer 1421 durch Erbgang an die Grafen von Götterswik-Bentheim gefallen und hat sich unter einer Nebenlinie des Hauses und in seinem Schutz zu bemerkenswerter Blüte entfalten können, so daß es 1495 zur selbständigen Reichsgrafschaft erhoben wurde. (Später, im Jahre 1569, hat Steinfurt allerdings die Hälfte seines Gebietes in dem sog. Flinteringschen Vertrage an Münster abtreten müssen). G e m e n, ein alter Königshof, verdankt seinen Bestand der ungewöhnlichen Tüchtigkeit und dem Geschick seiner alten Besitzer, der Edelherren von Gemen. Nach deren Aussterben ist es durch Heirat im Erbgang an die Grafen von Schaumburg gefallen und hat sich dadurch weiterhin über die Zeiten gerettet. A n h o l t ist bis 1806 als reichsunmittelbare Herrschaft geführt worden und hat sich von anderen Lehnsbindungen frei halten können.

Im Hochstift Osnabrück haben sich Rheda und Rietberg behauptet. R h e d a, von dem Vogt Widukind bereits zu einer kleinen Herrschaft entwickelt, vererbte sein Gründer im Jahre 1191 an die Edelherren zur Lippe. Diese haben bis 1250 in der festen Burg Rheda ihren Wohnsitz gehabt, 100 Jahre später aber die Herrschaft in einer für sie unglücklichen Fehde an die Grafen von Tecklenburg verloren. Als Anhängsel des Hauses Tecklenburg-Bentheim hat Rheda damit als Herrschaft weiterbestehen können. – Die Grafen von R i e t b e r g, eine Nebenlinie der Werl-Arnsberger Grafen, haben sich in ihrem buchstäblich im Sumpf erbauten und weiten Wasserflächen geschützen „Dreckschloß" ihrer Widersacher erwehrt. Die Kraft und das geistige Erbe ihrer Werler Ahnherren haben sie auch dadurch bewiesen, daß sie im Laufe des späten Mittelalters nicht weniger als sechs ihrer Söhne auf die Bischofsstühle von Münster, Paderborn, Osnabrück und Minden entsandten. Schließlich aber, 1456, mußten sie sich unter die Lehnshoheit der Landgrafen von Hessen stellen und haben endlich durch eigenes Verschulden ihren Niedergang herbeigeführt.

Die Territorialisierung Westfalens

Der letzte seines Geschlechtes, Graf Johann, genannt der „Tolle Johann", endete 1563 als Landfriedensbrecher im Gefängnis. Die Grafschaft ging an seinen Schwiegersohn den Grafen Enno III. von Ostfriesland, über, 1699, wiederum durch Heirat, an die österreichischen Grafen von Kaunitz. Diese verkauften, nachdem die Landeshoheit im Jahre 1807 von den Franzosen aufgehoben war, später die „Standesherrschaft" an den Gutsbesitzer Fr. L. Tenge, der seitdem den Titel „Grafschaftsbesitzer" führte.

Die winzig kleine Herrschaft L a g e im Bereich der Grafschaft Bentheim ist im Laufe der Zeit durch viele Hände gegangen. Sie ist bald nur noch ein Anhängsel Größerer gewesen, unter ihnen im 16. Jahrhundert Kaiser Karl V., hat sich aber als „freie Herrlichkeit" der Landeshoheit der Grafen von Bentheim nicht unterzuordnen brauchen.

Von den alten Grafen von S c h w a l e n b e r g pflegt man zu sagen, sie haben sich „totgeteilt". In der Tat hat sich von den vier oder fünf Nebenlinien des Hauses, die alle selbständige Herrschaften entwickelt hatten, nur die 1214 abgetrennte waldeckische Linie behaupten und neu entfalten können. Die schon vorher, 1184, abgespaltene Linie P y r m o n t - L ü d g e ist nach ihrem Aussterben (1494) an die Grafen von Spiegelberg-Lippe gefallen und hat als Anhängsel dieses Hauses weiter bestanden. Im Waldeckischen hat sich die kleine Herrschaft der Edelherren von I t t e r trotz Heiratsverbindungen mit dem Grafen von Waldeck und Abgaben an diese als kleine Enklave wenigstens dem Namen nach bzw. als Anspruch halten können. Grafschaft und Burg S t e r n b e r g gingen 1405 an Lippe verloren.

Nun wäre es gewiß nicht richtig, anzunehmen, daß alle Herrschaftsbildungen des Mittelalters auf alte Wurzeln zurückgehen müßten. Der Wille zur Herrschaft ist immer lebendig geblieben, ist von allen mit Zähigkeit als das höchste aller Ziele verfolgt worden und hat sich keineswegs schließlich nur auf die Großen beschränkt. Wie anders wäre es sonst zu erklären, daß z. B. um die Mitte des 14. Jahrhunderts im Grenzgebiet von Paderborn und Waldeck die Herren von C a n s t e i n auftauchen, Hoheitsrechte wie Gebot und Verbot und die Blutgerichtsbarkeit erwarben und erst 1806 als Herrschaft wieder verschwinden? Daß die „Herrschaft" A l m e nördlich von Brilon, im 13. und 14. Jahrhundert noch ein kölnisches Lehen Ministerialer, niedere und hohe Gerichtsbarkeit ausübte und noch im 16. Jahrhundert den Landesherren jeglichen Dienst mit Erfolg verweigerte? Daß im Hochstift Münster aus einem Lehen der Edelherren von Steinfurt, 1421 an Bentheim gefallen und durch salm-ottensteinsche Erbgüter vermehrt, die selbständige Herrschaft G r o n a u erwächst und erst 1699 durch Vergleich der Landeshoheit des Bischofs unterstellt wird? Im gewissen Sinne gehört hierhin auch die Neubildung der kleinen Herrschaft L i m b u r g im Mündungswinkel der Lenne. Sie ist nach der Katastrophe im Hause Isenberg (S. 84) durch einen Vergleich zwischen dem Grafen von der Mark, der den gesamten isenbergischen Besitz an sich gerissen hatte, und Dietrich, dem Sohne des unglücklichen Friedrich von Isenberg, neugebildet worden. Dadurch, daß sie nach dem Erlöschen der Isenberger im Jahre 1495 nacheinander verschiedenen mächtigen Ver-

Der spätmittelalterliche „Raum Westfalen"

wandtenhäusern, schließlich den Grafen von Bentheim zufiel, hat sie trotz ihrer Kleinheit das Mittelalter überdauert. Von diesen 21, bis an die Schwelle der Neuzeit bestehen gebliebenen kleinen Territorien haben die acht geistlichen nur eine bescheidene, zumeist passive Rolle im politischen Geschehen gespielt. Aber sie waren da und wollten und mußten respektiert werden. Gewaltmaßnahmen gegen sie wie etwa die im 17. Jahrhundert im ganzen Reich als brutal und rechtswidrig empfundene Einverleibung H e r f o r d s durch Brandenburg wären im Mittelalter unmöglich gewesen. Selbst die Verweltlichung E n g e r s konnte nur unter dem Deckmantel der Vogtei und der Pfandnahme und unter Schonung der grundherrlichen Rechte durchgeführt werden. Als die engerschen Stiftsherren bald nach der Pfandnahme die päpstliche Kurie baten, ihren Sitz aus Sicherheitsgründen in die Stadt Herford verlegen zu dürfen, stimmte der Papst nur widerwillig zu. In seiner Bulle vom 13. Dezember 1412 wetterte er unverblümt gegen die „Räuberer und Plünderer", die „Friede und Ruhe" des Stiftes störten und ihre Güter als wohlfeile „Beute" wegzuführen gedächten. Notwendige Rücksichtnahme auf die Herzöge von Jülich-Berg-Ravensberg wird ihn veranlaßt haben, keine Namen zu nennen.

Unter den 13 – einschließlich der vier Neubildungen – weltlichen Kleinterritorien dagegen hat R i e t b e r g wiederholt ein gewichtiges Wort in die Waagschale der Politik werfen können, und Steinfurt und Rheda, später auch Limburg, haben dazu beitragen können, den Niedergang des Hauses Tecklenburg, dessen Anhängsel sie waren, aufzuhalten. Von den übrigen gilt, was von den geistlichen gesagt ist: ihre Gegenwart allein war der Stein des Anstoßes, den aus dem Wege zu räumen sich Bischöfe und Grafen vergeblich bemühten.

Ungleich stärker haben sich in Westfalen – und zwar gerade oder überhaupt erst im Spätmittelalter – die S t ä d t e geltend gemacht. Auf ihre Sicherheit bedacht, schlossen sie untereinander eigene Bündnisse ab, deren Spitzen in Form von wirtschaftlichen Boykottmaßnahmen gegen fürstliche Willküren und die ständigen, dem Handelsverkehr abträglichen Fehden gerichtet waren. Dem „Ladberger Bund" von 1246 folgte 1253 ein erweiterter, an der Werner Lippebrücke abgeschlossener Bund. Sie sind „einer der Grundsteine der späteren deutschen Hanse" gewesen (Rothert). Möglicherweise ist auch der große „Rheinische Städtebund" von 1254, der die „Reform des Reiches" bezwecke, nach ihrem Vorbild entstanden.

Führend in den westfälischen Städtebündnissen – sie sind in der Folgezeit häufig erneuert und erweitert worden – waren die „ V i e r s t ä d t e " Dortmund, Soest, Münster und Osnabrück. Der Reichsstadt D o r t m u n d gebührt unter ihnen der erste Platz. Dortmund war nicht nur Stadt, sondern mit dem ihr zugehörigen Landstrich im Knie der oberen Emscher gleichzeitig Territorium, ein Kleinterritorium, das 22. in der Reihe der hiervor behandelten, aber keinesfalls das geringste. Die Stadt war stark befestigt und reich. In Ihren Mauern lebten die wohlhabendsten Kaufleute Westfalens mit weltweitem Handel. Die englische Königskrone war eine Zeitlang einem ihrer Mitbürger, dem Kaufmann Tiedemann

Die Territorialisierung Westfalens

Lemberg, als Sicherheit für eine Schuldforderung verpfändet und in Gewahrsam gegeben. Den Stolz auf ihre Reichsfreiheit kündete die Inschrift an einem ihrer Stadttore:
„Dus Stat ist vry, dem Rike holt
Verkoept sulks nicht vur alles Golt".
Aber die Reichsstandschaft hatte eine Kehrseite. Seitdem der Nordwesten des Reiches mehr und mehr der Interessensphäre der Reichspolitik entrückt wurde, glaubten Kaiser und Könige über die Rechte der Stadt und über die Einkünfte, die das Reich aus ihr bezog, zugunsten Dritter verfügen zu können. Es kam zu Versprechungen, Schenkungen, ja selbst zu Verpfändungen. Die Stadt hat sich solchen Anschlägen auf ihre Freiheit mehr als einmal mit gewaffneter Hand erwehren müssen. Die Begünstigten waren u. a. die Erzbischöfe von Köln und die Grafen von der Mark, und beide warteten nur auf die Gelegenheit, die Beute heimzuholen.

Zwar hatte Kaiser Karl IV. auf einer Reise durch Westfalen im Herbst des Jahres 1377 – es war das erste und letzte Mal im Spätmittelalter, daß Westfalen einen Kaiser in seinem Lande sah – die Privilegien und Freiheiten der Stadt feierlichst bestätigt, wenige Tage darauf in Köln aber den heimlichen Gegnern Dortmunds erneut Hoffnungen gemacht. So bildete sich eine regelrechte Verschwörung gegen die Stadt. Köln und Mark begruben darüber ihre alte Feindschaft und gewannen ein Heer von Helfern aus dem ganzen Reich. 1388 kam die „Große Dortmunder Fehde" zum Ausbruch. Dem vereinigten Ansturm der Gegner hielt die Stadt auch dieses Mal stand, mußte sich aber im Frieden zu einer Zahlung von je 7 000 Goldgulden an Köln und Mark verstehen. Die hohen Geldopfer der Fehde und die drückende Last der Kriegsentschädigung kostete die Stadt ihre wirtschaftliche Blüte. Die wohlhabende Kaufmannschaft zog sich aus der Stadt, deren Handel erlahmte, zurück. Langsam, aber unaufhaltsam sank die Stadt herab. (Im Jahre 1800 zählte sie noch ganze 4 000 Einwohner.)

Ähnlich ist es Soest ergangen. Die Stadt und ihre fruchtbare Umgebung, die Börde, waren seit alters dem Erzbischof von Köln als ihrem Oberherren verpflichtet, ein Verhältnis, das bei dem wachsenden Reichtum der Stadt und ihrem selbstbewußten Bürgertum, den „Herren von Soest", zu Spannungen führen mußte. Sie kamen zu gewaltsamer Lösung, als EB Dietrich von Köln 1444 den wachsenden Unabhängigkeitsbestrebungen der Stadt ein Ende machen wollte, neue Steuern forderte, seine Gerichtshoheit uneingeschränkt wiederherstellen wollte, kurz seine Landeshoheit über die Stadt und die Börde in vollem Maße anerkannt und respektiert wissen wollte. Über fünf Jahre hat sich die „Soester Fehde" hineingezogen. (Der Verlauf der Fehde und ihre sonstigen politischen Hintergründe werden weiter unten (S. 134) nochmals berührt.)

Auch Soest ist als besiegter Sieger aus ihr hervorgegangen. Dem verhaßten Erzbischof hat sie endgültig den Laufpaß geben können, sich aber, auf der Suche nach militärischer Hilfe, der Schutzherrschaft des Jungherzogs von Kleve-Mark unterstellt. So glaubte die Stadt, Herr im eigenen Hause geworden bzw. geblieben zu sein. In Wirklichkeit ist sie in der

Der spätmittelalterliche „Raum Westfalen"

Folgezeit ein Stück der Grafschaft Mark geworden, und ihre einstige wirtschaftliche Blüte hat sie nie wieder erreicht.

Im wachsenden Widerstand gegen die Hoheitsansprüche ihrer Herren haben im Laufe des Spätmittelalters auch die westfälischen B i s c h o f s s t ä d t e gestanden: Münster, Osnabrück, Paderborn und Minden. Zu einem förmlichen und dauernden Bruch haben sie es freilich nicht getrieben; das Ergebnis war aber doch, daß alle vier Bischöfe ihre Residenz in der innerhalb der Stadt gelegenen und befestigten Domburg verließen und außerhalb der Stadt eine gesicherte Unterkunft suchten: die Bischöfe von Münster in Wolbeck und Bevergern, die Osnabrücker in der Iburg; die Paderborner erbauten sich vor den Toren ihrer Stadt, in Neuhaus, ein festes Schloß, die Mindener in Petershagen. Der Höhepunkt dieser freiheitlichen Bewegungen der Bischofsstädte war, mit Ausnahme von Münster, am Ende des Mittelalters aber bereits überschritten. (Das 16. und 17. Jahrhundert, Gegenreformation und Absolutismus, haben auch den Freiheitsdrang der Bischofsstädte schnell gebrochen.)

Die größere Zahl der westfälischen Kleinterritorien und der territorienähnlichen Gebilden aber, rund 30, haben sich dem Vordringen der größeren Gewalten auf die Dauer nicht widersetzen können. Früher oder später sind sie ihnen zum Opfer gefallen; doch würde man dem Gang der Dinge und seiner geschichtlichen Bedeutung nicht gerecht, wollte man ihn summarisch als ein einfaches Aufgesaugtwerden abtun; denn die Kräfte, die zu solchem Aufsaugen geführt haben, sind sehr verschiedener Art gewesen.

Ohne viel Aufhebens scheint es nur dann abgegangen zu sein, wenn ein Herrengeschlecht erlosch und die Erbfolge im voraus geregelt war. Das mag der Fall gewesen sein bei den Edelherrn von V l o t h o, die kurz nach 1200 a u s s t a r b e n und von den Ravensbergern beerbt wurden, und um dieselbe Zeit bei den Edelherren von I b b e n b ü r e n, deren Erbe, um Teile von Wettringen vermehrt, den Tecklenburgern zufiel.

Fast immer haben G e w a l t u n d Z w a n g des oder der Größeren den Kleineren den Garaus gemacht. Den Anfang machte man mit dem F r e i e n B a u e r n l a n d e S t e d i n g e n. Dem Aufruf zum „Kreuzzug" gegen die eidgenössischen und ketzerischen – ketzerisch, weil sie dem Erzbischof von Bremen den Zins verweigerten – Stedinger Bauern folgten außer den nordwestfälischen Grafen, Herren und Bischöfen auch niederrheinische Fürsten unter Führung des Herzogs Heinrich von Brabant. In der blutigen Schlacht auf dem Altenesch im Jahre 1234 wurde das angeblich 7000 Mann starke Bauernheer vernichtend geschlagen; 4000 Bauern sollen den Tod gefunden haben.

Vor Gewalt sind auch die Erzbischöfe von Köln nicht zurückgeschreckt, wenn sich Gelegenheit bot, einen Fetzen Land hinzuzugewinnen. Nacheinander sind ihrem Schwert zum Opfer gefallen die Herrschaften der Edelherren von R ü d e n b e r g, von G r a f s c h a f t (1346), von V o r e - B i l s t e i n mit der unter ihrer Herrschaft stehenden Freibauernschaft, dem Lande F r e d e b u r g, schließlich auch die Herrschaft der ewig unruhigen und gewalttätigen Edelherren von P a d b e r g.

Die Grafen von der Mark eroberten 1288 Burg und Herrschaft V o l m a r s t e i n, gewannen durch Druck und Zwang die Herrschaften der

Die Territorialisierung Westfalens

Edelherren von H ö r d e (1296) und von A r d e y (1316). Den Pfandbesitz der Reichshöfe W e s t h o f e n und S c h w e r t e behaupteten sie mit der Waffe gegen Köln.

Die Bischöfe von Münster haben die Herrschaft A h a u s, bis 1393 Besitz der Edelherrn von Ahaus, dann der von Voerst, um 1400 gewonnen, vermutlich durch Kauf. Die kleine Herrschaft O t t e n s t e i n, die um 1300 von Ahaus abgeteilt und Besitz der Grafen von Solms war, haben die Bischöfe, ebenfalls um 1400, aus der „Ottensteiner Fehde" teils als Beute heimgebracht, teils zusammen mit Ahaus 1406 durch Kauf erworben. Die Edelherren von S t r o m b e r g, 1177 in ein Lehnsverhältnis zu Münster getreten, haben sich in allerhand Abenteuern ihre feste Burg Stromberg bei Oelde und ihre umliegenden Herrschaftsrechte verscherzt. Bald nach 1400 ist ihre Herrschaft nach mancherlei heftigen Fehden „uneingeschränkter" Besitz von Münster. Ihre Herrschaft B ö r n i n g h a u s e n am Wiehengebirge mit der Burg Limberg haben sie ebenfalls in einer unvorsichtig vom Zaun gebrochenen Fehde an die Grafen von Ravensberg verloren. – Um 1500 endlich setzten sich die Bischöfe von Münster mit Gewalt in den Besitz der kleinen Herrschaft W i l d e s h a u s e n, die schon 1270 von dem Erzbischof von Bremen ihren Besitzern, den Grafen von Oldenburg, entrissen war.

Die Paderborner Bischöfe, die ihre Machtmittel zumeist in Abwehr ihrer Gegner im Innern erschöpfen mußten, haben dennoch die kleine Herrschaft der Edelherren von S c h ö n b e r g mit der Trendelburg an der Diemel um 1300 mit Gewalt an sich gebracht, die Burg aber kurz darauf an die Landgrafen von Hessen wieder verloren.

Den kleinen Herrschaften der Diözese Minden wurde die geringe Macht der Mindener Bischöfe nicht gefährlich, wohl aber die Welfen. Deren Opfer sind schon 1299 die Grafen von W u n s t o r f - R o d e n geworden, bei denen es allerdings zweifelhaft ist, ob sie noch oder nur als westfälische anzusprechen sind.

Nur von 11 Fällen wird berichtet, daß der Übergang auf schiedlichem und friedlichem Wege, d. h. zumeist durch K a u f, erfolgt sei; doch ist es auch hier nicht immer ohne Zank und Streit und ohne nachdrückliches Geltendmachen des Rechtes des Stärkeren abgegangen. – Im äußersten Süden Westfalens war die kleine Herrschaft W a l d e n b u r g um Drolshagen (S. 104) von den Grafen von Sayn erworben und von ihnen 1248 an die Erzbischöfe von Köln verkauft. In der Folgezeit wurde sie streitig zwischen Mark und Köln und ist erst nach der Soester Fehde unbestrittener kölnischer Besitz.

Die Grafen von Ravensberg haben die kleine Herrschaft der Edelherren von S p e n g e bald nach 1200 anscheinend durch Kauf an sich gebracht, schließlich auch den Restbesitz der Edelherren von B l a n k e n a und der Edelherren von H o l t e, die beide ihre kostbaren vogteilichen Rechte schon anderweitig verkauft hatten. Die Güter und Rechte der Edelherren von O e s e d e sind teils von den Ravensbergern, teils von den Tecklenburger Grafen angekauft worden.

Nicht gegeizt mit Geld haben die Bischöfe von Münster, nachdem sie 1252 mit dem Kauf des calvelagisch-nordravensbergischen Erbes die

Der spätmittelalterliche „Raum Westfalen"

glückliche Erfahrung gemacht hatten, daß Herrschaft auch für Geld zu kaufen war. Sie haben nacheinander in ihrer Diözese die Herrschaften Horstmar (1269), Lon (1316), Ahaus (1406) und Werth (1709) durch Kauf erworben.

Die Bischöfe von Paderborn haben unter langem Hin und Her und nach mancherlei Streitigkeiten schließlich die Herrschaft der Edelherren von Büren kaufen können.

Im Norden Westfalens ist die Herrschaft Bruchhausen möglicherweise Gegenstand eines Verkaufes gewesen. Die Grafen von Oldenburg, von Tecklenburg und von Hoya haben sie sich schließlich geteilt. – Die mit Teilen auf das linke Weserufer noch übergreifende Herrschaft Wölpe ist kurz nach 1300 durch Kauf an die Welfen gefallen. –

Sollte das einmal gesteckte Ziel, der hoheitsrechtlich und räumlich geschlossene Flächenstaat, innerhalb des mehr und mehr zu einem lockeren, föderativen Gebilde absinkenden Reiches Wirklichkeit werden, war die politische Flurbereinigung, als die man das Aufsaugen der Kleinherrschaften bezeichnen möchte, eine harte, aber unerläßliche Notwendigkeit. Die in vorstehender Aufzählung den einzelnen Übergängen, Einverleibungen, Käufen usw. beigesetzten Jahreszahlen lassen erkennen, daß dieser Vorgang das ganze Spätmittelalter und darüber hinaus angedauert hat. Im politischen Geschehen dieser Zeit ist er ein ständig aktuelles Problem gewesen. Die Betroffenen haben ihm erbitterten Widerstand entgegengesetzt, die Treffenden mit erbarmungsloser Härte geantwortet. Zwang und Gewalt haben fast immer den Ausschlag gegeben. Wieviel Tragödien sich hier abgespielt haben, wie viele Hoffnungen begraben werden mußten, darüber schweigen die Quellen. Die alten Chronisten haben ihre Geschichten im Auftrage eines Fürsten oder eines Bischofs geschrieben und zu deren Ruhm. Die beiseite Geschobenen haben sie in Gräbern ruhen lassen und vergessen.

QUELLEN UND LITERATUR

Bartholomäus Anglicus: Capitulum de Westphalia. In: dss. Liber de proprietatibus rerum. Jam nunc ... repurgatum procurante Georgis Bartholdo a Braitenberg. Unveränderter Nachdruck der Ausgabe Frankfurt 1601. 1261 S., 1964. dazu Schönbach in: Mittlgn. des Inst. f. österreich. Gesch.-Forschg. 27 (1906).
(*Vf. englischer Franziskaner, schreibt Mitte des 13. Jahrhs., sieht Westfalen als das Land zwischen Rhein und Weser.*)

von Winterfeld, L.: Das Westfälische Hansequartier. In: Der Raum Westfalen II, 1, S. 257–352.

Korte, F.: Die staatsrechtliche Stellung von Stift und Stadt Herford vom 14. bis zum 17. Jahrhundert. In: 58 JBHVR (1956), S. 1–172.

Leesch, W.: Die Grafen von Rietberg aus den Häusern Arnsberg und Ostfriesland. In: WZ 113 (1963), S. 283–376.

von Winterfeld, L.: Der Werner Städtebund. In: WZ 103/104 (1954), S. 1–12.

Richter, W.: Geschichte der Stadt Paderborn. 2 Bände, 1903.

Rothert, H.: Geschichte der Stadt Osnabrück. 2 Teile. 1938.

Die Territorialisierung Westfalens

Prinz, J.: Mimigernaford – Münster. Die Entstehungsgeschichte einer Stadt. Mit 15 Karten. 1960.

von Winterfeld, L.: Geschichte der freien Reichsstadt Dortmund. 2., erweiterte Aufl., mit 6 Karten. 1956. 3. Aufl., 1960.

Pape, R.: Über die Anfänge Herfords. Diss. Kiel 1955. (Maschinenschrift).

Engel, G.: Die Stadtgründung im Bielefelde und das münstersche Stadtrecht. 278 S., 9 Pläne. 1952.
(versucht, die Begriffe „Stadtgründung" und „Gründungsstadt" auf bestimmte Merkmale hin einzuengen).

Hömberg, A. K.: Die Städtegründungen des Erzbischofs Engelbert I. von Köln. In: Zwischen Rhein und Weser, S. 138–158.
(setzt „Stadtgründung" und Stadterhebung" bzw. „Gründungsstadt" und „erhobene Stadt" gleich).

Haase, C.: Die Entstehung der westfälischen Städte. Mit 17 Karten. 1960. 2. berichtigte Aufl. mit einem kritischen Nachwort. 1965.

Schoppmeyer, H.: Der Bischof von Paderborn und seine Städte. (= Studien u. Quellen zur westf. Geschichte, 9).

Stoob, H.: Vom Städtewesen im oberen Weserlande. In: Kunst u. Kultur im Weserraum I (1966). S. 203–213. Mit 1 Karte.

zu 2. *Schwerpunkte der territorialen Entwicklung*

So gut wie alles politische Geschehen im Spätmittelalter Westfalens zielt auf den Flächenstaat und scheint auf diesem Wege sein Genüge gefunden zu haben. Hatten sich in den Wirren des Investiturstreites einst mächtige Geschlechter wie die Grafen von Werl und von Cappenberg erschöpft, waren andere, wie die Ravensberger Grafen und die von Tecklenburg, in die Kriegen um Heinrich den Löwen stark heruntergekommen oder, wie die Grafen von Schwalenberg, durch unkluge Hauspolitik von der großen Bühne abgetreten, so erstarkten in der Abwehr gegen Köln, allen voran, die aus dem Hause Altena-Berg abgezweigten Grafen von der Mark. – Bis dahin kaum bemerkt, erheben sich im steilen Anstieg die Edelherren zur Lippe, im Norden die Grafen von Hoya und von Oldenburg. Die Ravensberger Grafen sammeln die Reste ihrer Macht und ihres Besitzes am Osning und gewinnen mit dem Erwerb der Burg Limberg (S. 126) breiteren Boden unter den Füßen. An der mittleren Weser festigen sich die Grafen von Schaumburg, und beiderseits der oberen Weser behaupten sich vorerst die Grafen von Everstein gegen den Druck ihrer welfischen Nachbarn im Osten. Das kleine Erbe der Grafen von Werl (S. 66 ff., 103) wird in ruhiger, aber planvoller Arbeit zur Grafschaft Arnsberg ausgebaut. Die Tecklenburger Grafen endlich, in weiblicher Linie 1268 fortgesetzt von den Bentheimer Grafen, 1328 von den Schweriner Grafen, vererben ihren unruhigen Geist auf ihre Schwiegersöhne, und diese schlagen sich weiterhin und zu ihrem Schaden mit ihren Nachbarn, den Bischöfen von Münster und Osnabrück, herum.

Für alle gilt es zu allererst, den Eigenbesitz an Grund und Boden und an liegendem Gut zu möglichster Konzentration zu bringen. Streu-

Der spätmittelalterliche „Raum Westfalen"

besitz wird überall, von den geistlichen Machthabern in gleicher Weise, abgestoßen, wo immer sich Gelegenheit bietet, durch Kauf oder Tausch näherliegende, in eine praktische Verwaltung und Nutzung einzugliedernden Objekte zu gewinnen.

Das V i l l i k a t i o n s s y s t e m war von den weltlichen Grundherrschaften übernommen, wird von ihnen aber im 14. und beginnenden 15. Jahrhundert aufgegeben, weil die in der Regel weite Streulage der zu einer Villikation gehörigen Höfe die Verwaltung erschwerte und die ständigen Verkäufe und Verpfändungen einzelner Höfe, mit denen die Grundherren ihren Kredit- und Finanzbedarf befriedigten, auch der beliebte Tausch von Höfen die Villikationsverbände sprengten.

Dagegen haben viele geistliche Grundherrschaften gemäß dem kirchlichen Prinzip, einmal erworbenes Gut nicht wieder zu veräußern, das System bis in die Neuzeit beibehalten, haben aber geklagt, daß die Villici in ihre eigene Tasche wirtschafteten, und haben die Villikationshaupthöfe, wie auch andere Höfe, gern als Lehen vergeben und sie sich dadurch häufig entfremden lassen. Zahlreiche „feste Häuser" und Schlösser des niederen Adels, dessen ministerialen, d. h. unfreien, Vorfahren im hohen und beginnenden späten Mittelalter mit der Stelle eines Villicus gelohnt wurden und halb bäuerlich lebten, sind aus Haupthöfen von Villikationen hervorgegangen.

Die Verwaltung der Grundherrschaft wird an die allgemeine Verwaltung, die Ä m t e r, gezogen und durch bezahlte Beamte getätigt. Das F r e i b a u e r n t u m, soweit es noch besteht, wird mehr und mehr in die Hörigkeit herabgedrückt und von den neuen „Ämtern" erfaßt. Die Nutzung der gemeinen F e l d m a r k e n, durch straffe Ordnungen von jeher geregelt, wird der genossenschaftlichen Eigenverwaltung der Bauern entzogen und ihre Besiedlung durch obrigkeitliche bzw. markenherrliche Ansetzung von Markköttern gefördert.

Die Ausnutzung von Forstbannrechten durch Gründung von Siedlungen nach H a g e n r e c h t ist im 13. Jahrhundert nachdrücklich vorangetrieben. Gehen die Hagengründungen auch kaum über die Spanne von 100 Jahren hinaus, so vermochte das Hagenwesen doch überall echte Herrschaftsräume zu schaffen, die, planmäßig angelegt, in Verbindung mit bereits vorhandenem grundherrschaftlichem Besitz und Markenhoheit leicht zu größeren Einheiten zusammengefügt werden konnten.

„Die betriebswirtschaftliche Bedeutung des Hagens mußte auch dem Manne hinter dem Pflug in die Augen springen, der, anders als sein Nachbar, alles Ackerland „in einem Platze" hatte, der vor keinem fremden Richter zu erscheinen brauchte, keinem fremden Beamten erpreßt werden konnte, die Willkür junkerlicher Grundherren nicht zu fürchten brauchte und wußte, daß er nicht, wie üblich, zwei oder mehr Herren zu gehorchen hatte". Die dem Häger gewährte „Freiheit" (d. i. Befreiung von bestimmten Pflichten), insbesondere die Freizügigkeit, das nahezu freie Verfügungsrecht über sein Gut, der gemilderte Sterbfall (Erbschaftssteuer), die geringeren grundherrlichen Leistungen (Hagenzins, Zehnt,

Dienst), seine Eximierung aus dem Gogericht – sein Gerichtsstand ist der Hagherr –, nicht zuletzt der erhöhte Rechtsschutz seiner Person heben ihn aus der Masse der „vollschuldigen" Hörigen heraus. Er durfte sich mit Stolz „freier Häger" nennen und pochte auf seine „Freiheit", war diese auch nur eine halbe. Mit seiner Person blieb er der Hörigkeit verhaftet.

Hand in Hand damit gehen die (oben Seite 93 ff. angedeuteten) Erwerbungen der einzelnen Hoheitsrechte, die Ausnutzung der Vogteigewalten und des Forstbannes, Stadtgründungen, Ausbau der Ministerialität als militärischer Macht und Sicherung des Landes durch Burgenbauten. Sie weisen für die einzelnen Territorien kaum gemeinsame Züge bzw. zeitlich gleichlaufende Entwicklungen auf und gehören in die speziellen Territorialgeschichten.

Für die meisten Länder Westfalens liegen Territorialgeschichten vor. Sie sind aber samt und sonders nicht nach einheitlichen oder annähernd einheitlichen Gesichtspunkten ausgerichtet, legen in der Regel das Schwergewicht auf einzelne, jeweils für die Erwerbung der Landeshoheit besonders entscheidende Punkte etwa in Kombinationen wie: Grafschaft, Gogericht, Vogtei, oder: Lehnsverbindungen, Besitz und Grundherrschaft, oder: Kirchenorganisation, Erwerbung geschlossener Teile durch Eroberung, Kauf usw. oder ähnlich, und bieten selten ein wirkliches, den gesamten Fragenkomplex erschöpfendes Bild. Fast immer fehlt es ihnen an anschaulichen kartographischen Darstellungen. Die Extreme bilden etwa die Karten zu dem älteren, aber ausgezeichneten Buch von Sello über Oldenburg, die nach Art der Geschichtsatlanten für verschiedene Zeiten den jeweiligen Besitzstand an Ländern flächenhaft zeigen, ohne jedoch die hoheitsrechtliche Entwicklung wesentlich zu berücksichtigen, und die nach dem Punktsystem gearbeiteten Karten von Bockshammer für Waldeck. Letztere sind fast unlesbar, jedenfalls ist es sehr schwer, aus den Darstellungen räumliche Vorstellungen zu gewinnen. Die Entwicklung zum Flächenstaat verlangt flächenhafte Darstellungen, in denen möglichst auch alles Dynamische vermieden ist. Die auf durchsichtige, sich deckende Folien gezeichneten Darstellungen gleichen Maßstabes werden freilich ein unerfüllbarer Wunsch bleiben, so lange dieser nicht eben unwichtigste Teil – auch für die innere Reichsgeschichte nicht unwichtigste Teil – der Landesgeschichte als Betätigungsfeld Doktoranden vorbehalten bleibt. Die Bewältigung solcher Aufgaben erfordert weit mehr Erfahrung und Praxis, als der Anfänger besitzen kann, Praxis besonders in der historischen Kartographie, die bekanntlich nirgendwo gelehrt wird.

Notgedrungen unberührt bleiben müssen hier die von der Wirtschaft im Spätmittelalter ausgegangenen Impulse für politische Entschlüsse.

Drei Ereignisse, Schickungen, wie sie immer und unversehens in das Leben der großen und kleinen Mächte eingreifen, haben um die Mitte des 14. Jahrhunderts, erstmalig im Spätmittelalter, zu bedeutenderen machtpolitischen Konzentrationen geführt und sich auf die folgenden Jahrhun-

Der spätmittelalterliche „Raum Westfalen"

derte ausgewirkt. Im Jahre 1346 starben die Grafen von R a v e n s b e r g im Mannesstamme aus. Des Letzten des Geschlechtes, B e r n h a r d s , Nichte Margarete, einzige Tochter seines vor ihm verstorbenen Bruders, heiratete den Junggrafen und Markgrafen G e r h a r d v o n J ü l i c h . Eine bereits beschlossene Vererbung der Grafschaft an Bernhards Neffen Ludwig, Sohn seiner Schwester Adelheid, verehelichter Landgräfin von Hessen, ist durch eine Intrige Margaretes und Gerhards verhindert worden (Ravensb. Regesten 1336, August 16; 1338, April 3; 1344, Juli 31). Margarete erbte von ihrer Mutter die an Westfalen grenzende Grafschaft B e r g , so daß Jülich, Berg, Ravensberg nun in eine Hand kamen. Ob Bernhard unter den Söhnen der westfälischen Dynastenhäuser keinen passenden Ehegemahl für seine Erben gefunden hat oder welche Gründe ihn sonst bestimmt haben, seine Grafschaft an ein außerwestfälisches Haus fallen zu lassen, wissen wir nicht. Vermutlich hat ihn die Erwägung geleitet, die Grafschaft, das in mühevoller Arbeit wiedererrichtete und noch im vollen Wiederaufbau befindliche Erbe seiner Väter dem Blut seines Hauses zu sichern.

22 Jahre später, 1368, starb das niederrheinische Haus der Grafen von K l e v e im Mannesstamme aus. Erbin J o h a n n s , des letzten Grafen, war seine Nichte, auch sie mit Namen Margarete. Sie war bereits vermählt mit dem Grafen A d o l f v o n d e r M a r k und Mutter dreier Söhne, der Grafen Engelbert, Adolf und Dietrich. Die drei teilten sich zunächst das väterliche und mütterliche Erbe; nach dem Tode Engelberts aber, 1391, – Dietrich blieb unvermählt und wurde abgefunden – wurden beide Grafschaften, Mark und Kleve, in der Hand Adolfs vereinigt und sind fortan vereinigt geblieben, jede aber, wie auch Ravensberg, mit eigenständischer Verfassung und Verwaltung.

Damals hätten die Grafen von der Mark wohl zur führenden Macht Westfalens aufsteigen können, hätte nicht das Ungestüm E n g e l b e r t s die zweite Tür, die sich ihnen öffnen wollte, zugeschlagen. In demselben Jahre 1368 entäußerte sich nämlich der letzte, kinder- und erbenlose Graf G o t t f r i e d v o n A r n s b e r g - C u i j k , das Ende seiner Tage vor Augen, seines Besitzes. Mit Engelbert, seinem Verwandten und mutmaßlichen Erben, hatte er sich kurz vorher tödlich verfeindet; denn Engelbert, unter den westfälischen Dynasten seiner Zeit wohl die markanteste, aber auch härteste Persönlichkeit – wo immer in Westfalen die Waffen klirrten, war er dabei –, hatte ihn in einer aus nichtigen Anlässen vom Zaune gebrochenen Fehde bekriegt und ihm, ohne Rücksicht auf seine Person und sein Alter, schwere und demütigende Bedingungen auferlegt. Damit hatte er sich jede Aussicht auf das schöne Erbe verscherzt. Gottfried verkaufte seine Grafschaft für 120 000 rhein. Goldgulden dem ewigen Feind und gefährlichen Nachbarn der Grafschaft Mark, dem Erzbischof von K ö l n . Zu diesem Entschluß hat den alten Grafen, wie es in der Verkaufsurkunde angedeutet wird, eine andere Bedrohung veranlaßt, die schon lange seinen Lebensabend umdüstert hatte. Köln hatte im Laufe der Zeit alle um die Grafschaft Arnsberg herum liegenden kleinen Herrschaften an sich gebracht. Gottfried fühlte die Umklammerung wie einen Würgegriff an seinem Leben. Vielleicht hat ihn auch – warum sollte es nicht auch einmal so gewesen sein? – der Gedanke geleitet, seinen Untertanen zu ersparen, daß auf ihren Rücken ein Streit um sein Erbe ausgetragen würde. So glaubte er seiner Sorge am besten ledig zu werden. Er ist nach Köln gegangen und hat die drei letzten Jahre seines Lebens dort in Ruhe und Frieden zugebracht. Der dankbare Erzbischof ließ ihm im Dome ein prächtiges Grabmal richten.

Mit der Erwerbung Arnsbergs rückte Köln plötzlich hinter Münster zur zweitgrößten Territorialmacht Westfalens auf. Die Grafschaft Arnsberg, vermehrt um die Randgebiete im Nordosten, Osten und Süden, erscheint jetzt als „Herzogtum Westfalen" auf der politischen Landkarte Westfalens. Was Köln mit dem neuen Namen andeuten wollte, konnte nicht zweifelhaft sein. Die bei Worringen begrabenen Hoffnungen konnten von hier aus bei passender Zeit wiedererweckt werden.

Einstweilen aber behauptete Münster noch den ersten Platz. Unter seinem Bischof Heidenreich von Wulf im Innern neu erstarkt, erwuchs ihm in seinen Nachfolger Otto aus dem Hause der Grafen von Hoya ein zielstrebender Regent, „wohl der bedeutendste spätmittelalterliche Bischof von Münster, staatsklug, rücksichtslos und kriegerisch" (Rothert). Gestützt auf den 1252 erworbenen ravensbergischen Besitz um Vechta und im Bunde mit Osnabrück, Hoya und Bentheim gelang es ihm, den „wilden" Grafen Klaus von Tecklenburg in mehreren Fehden um die Wende des 14. Jahrhunderts dessen alten und ausgedehnten Besitz im Osnabrücker Nordlande, um Cloppenburg, Friesoythe und Sögel (Hümmling), zu entreißen. Dazu mußte Tecklenburg einen Streifen Landes beiderseits der mittleren Ems mit der Burg Bevergern an Münster abtreten, so daß Münster auch den freien Zugang zu den nordländischen Teilen seiner nunmehr um das doppelte vergrößerten Herrschaft gewann. Das fortan so genannte „Niederstift Münster" reichte von der holländischen Grenze im Westen bis an die Hunte im Osten, während das Gebiet der eigentlichen Diözese von nun an den Namen „Oberstift Münster" führte.

Inzwischen machte sich auch das Haus Jülich-Berg, um Ravensberg vermehrt, in Westfalen bemerkbar. Zwei seiner Söhne, Gerhard, Dompropst von Köln, und sein jüngerer Bruder Wilhelm, bewarben sich gleichzeitig um die Bischofsstühle von Minden und Paderborn. Gerhards Bemühungen um Minden schlugen nach anfänglichem Erfolge fehl; er blieb aber in der Grafschaft Ravensberg und hatte, obwohl von schwacher körperlicher Konstitution, weiterhin seine Hand im Spiele bei allen Umtrieben und abenteuerlichen Unternehmungen seines kriegerischen Bruders Wilhelm. Dieser, erst 18jährig, hatte 1401 seine Wahl als Bischof von Paderborn durchgesetzt. Auf Grund der Tradition seines Hauses hielt er sich dann auch für den erzbischöflichen Stuhl von Köln prädestiniert, unterlag aber in der Wahl seinem Gegenkandidaten, dem Grafen Dietrich von Moers (1414). Mit der Annahme der geistlichen Weihen war es ihm indessen nicht so eilig. Als „Elekt von Paderborn" schlug er sich beständig in Fehden mit dem Paderborner Stiftsadel und anderen herum. So griff er 1407 in die seit drei jahren laufende Eversteinsche Fehde ein, als diese einem für die everstein-lippische Partei unglücklichen Ausgang entgegenging. Die Grafen von Everstein hatten mit den

Der spätmittelalterliche „Raum Westfalen"

Edelherren zur Lippe einen Erbvertrag abgeschlossen, die Herzöge von Braunschweig-Lüneburg aber, die alten Gegner der Eversteiner, den Vertrag nicht anerkannt. Darüber war es zur Fehde gekommen. Wilhelm ergriff unter fadenscheinigen Vorwänden gegen die Lipper Partei, fiel in das lippische Land ein, richtete erheblichen Schaden an und zwang die erschöpften Lipper, ihm zur Sicherung seiner Forderung auf eine Kriegsentschädigung von 2000 Goldgulden die Herrschaft E n g e r als Pfand einzuräumen.

In Paderborn war man von den kriegerischen Ambitionen seines jungen Bischofs gar nicht erbaut. Statt daß er, wie man gehofft hatte, die Ordnung im Stift wiederherstellen würde, schuf er nur neue Unordnung. Und als er in Anwendung eines seinem Hause im Jahre 1400 verliehenen päpstlichen Privilegiums mit Reformplänen gegen Kirchen und Klöster hervortrat, verlor das Domkapitel die Geduld. Es erklärte ihn kurzerhand für abgesetzt und berief dessen Widersacher bei der Kölner Wahl, Erzbischof D i e t r i c h v o n M o e r s, der sich bereits als gewandter und tätiger Politiker einen Namen gemacht hatte, für 10 Jahre zum A d m i n i s t r a t o r des Stiftes.

Welch eine Fanfare für den Kölner Erzbischof! Nach Arnsberg jetzt auch Paderborn! Dem in allen Künsten und Unkünsten der Politik beschlagenen, maßlos ehrgeizigen, machthungrigen und skrupellosen Dietrich von Moers schlug die Stunde. Kölns Zeit schien wiedergekommen!

Seines Gegners in Paderborn, des jungen Wilhelm von Berg, der sich natürlich nicht einfach absetzen ließ, entledigte Dietrich sich und in einer Weise, deren geschmacklose Unverfrorenheit selbst den Zeitgenossen ein Kopfschütteln abgenötigt hat: Er bot ihm eine Frau an, seine Nichte Adelheid von Tecklenburg, und eine stattliche Mitgift dazu. Der junge Mann ging darauf ein, führte die Braut heim und zog sich in die Grafschaft Ravensberg zurück, die ihm als Paragium zugewiesen war. – Dann steckte sich Dietrich in aller Heimlichkeit hinter Papst und Kaiser und erreichte, daß die auf 10 Jahre begrenzte Administratur Paderborns für ihn in eine lebenslängliche umgewandelt wurde. Das wurde eines Tages ruchbar, und als damit auch seine weitere Absicht an den Tag kam, das Bistum Paderborn samt seinem Domkapitel aufzuheben und dem Erzstift Köln zu inkorporieren, erhob sich in Paderborn und in ganz Westfalen ein Sturm der Entrüstung. Das Domkapitel setzte Himmel und Hölle in Bewegung, den Papst, den König, das Kardinalskollegium, das Baseler Konzil und seinen Metropoliten, den Erzbischof von Mainz, um das u n e r h ö r t e („numquam auditum"), niemals dagewesene Beginnen abzuwenden. Aber Dietrich wußte sie alle hinzuhalten. Er verschanzte sich hinter harmlosen Ausreden, spielte einen Gegner gegen den anderen aus, versprach goldene Berge und drohte gleichzeitig mit Gewalt. Die Stadt Paderborn gewann er sogar für sich. Er war Bischof von Paderborn, wenn auch nur unwillig vom Domkapitel ertragen, und ist es bis an sein Lebensende geblieben. Sein Ziel würde er vielleicht erreicht haben, hätte er sich nicht in neue Abenteuer gestürzt.

Die Stadt S o e s t traute den Listen des gefährlichen Mannes schon lange nicht mehr und wurde aufsässig. Als er neue Steuern verlangte, seine

Die Territorialisierung Westfalens

Hoheit über Stadt und Börde restlos durchgeführt sehen wollte und die Rechte und Privilegien der Stadt anzutasten unternahm, sagte sie ihm den Gehorsam auf, wählte ihren Nachbarn, den Jungherzog J o h a n n v o n K l e v e - M a r k, zum Schutzherrn und bereitete ihm einen jubelnden Empfang, als dieser mit 200 bewaffneten Reitern in die Stadt einritt, und huldigte ihm. Dem Erzbischof schrieb die Stadt den berühmt gewordenen Absagebrief, den die Überlieferung in die lapidare Kürze gekleidet hat: „Wetet, Bischop Dietrich, dat wi den Junker van Kleve lever hebbet danne Juwe und wert Juwe hiermet afgesegget!" In Wirklichkeit hat er ein wenig wortreicher und höflicher gelautet. – Das war der Anfang der S o e s t e r F e h d e (1444).

Der Erzbischof hatte die Kräfte der wie Dortmund wohlbefestigten Stadt Soest und die Entschlossenheit ihrer Bürger unterschätzt. In jahrelangen Plänkeleien zog sich die Fehde hin, verschlang Geld und Gut und brachte den Erzbischof keinen Schritt weiter, zumal es ihm trotz eifrigen Werbens nicht gelang, wirksame Waffenhilfe aus Westfalen zu erhalten. Selbst sein Bruder H e i n r i c h v o n M o e r s, Bischof von Münster u n d Osnabrück, konnte ihm wenig helfen, da seine Städte, Münster und Osnabrück, es mit Soest hielten. So verschloß sich jetzt auch die Stadt Paderborn, trotzdem Dietrich bei Ausbruch der Fehde auf die Inkorporation des Stiftes förmlich verzichtet hatte. Da schien ihm der Zufall die erwünschte Hilfe in die Hand spielen zu wollen. Für schweres Geld verpflichtete er sich ein in Obersachsen beschäftigungslos stehendes, hussitisches Heer von 8000 thüringischen und böhmischen Söldnern, Ketzern, gegen die er selbst einmal in christlichem Eifer zu Felde gezogen war. Das verschlug jetzt nichts. Er gedachte sie sogar für weitere Zwecke zu verwenden, war Soest einmal bezwungen.

Das Heer wurde herangeführt und überschritt, inzwischen auf 12 000 Mann angewachsen, im Juni 1447 bei Holzminden die Weser. Den in den Hussiten-Kriegen gehörten Schreckensruf „Der Böhmann kommt!" wieder vor sich her, durchzog es sengend und brennend das Soest freundliche Lipperland, holte sich aber vor Lippstadt eine Abfuhr.

Mit seinen eigenen Truppen verfügte der Erzbischof nunmehr über ein für die damalige Zeit sehr großes Heer von 15 000 Mann. Die Stadt wurde regelrecht eingeschlossen und aus 300 Geschützen 14 Tage lang beschossen. Am 19. Juli sollte sie im Sturm genommen werden.

Der Angriff brach kläglich zusammen. Das Feuer der schauerlich tönenden, aber wenig wirkungsvollen Donnerbüchsen hatte nirgends Breschen geschossen, und die Sturmleitern der Böhmen reichten meistenteils nicht bis zur Höhe der Mauern hinauf. Die Soester, Männer und Frauen, empfingen die Angreifer mit einem Hagel von Geschossen und Pfeilen, Steinen, siedendem Pech und was immer sich bot. Der Erzbischof war mitten unter den Angreifern; aber er konnte das Unheil nicht wenden. Vor dem entschlossenen Widerstand der Soester gaben die Söldner auf, bevor es überhaupt zu ernstlichen Nahkämpfen gekommen zu sein scheint. Nur 50 Tote wurden auf kölnischer Seite gezählt, in der Stadt sogar nur 10. Zwei Tage später, als die Verpflegung ausblieb und Dietrich mit der Soldzahlung – 200 000 Goldgulden wurden gefordert – in Verzug

Der spätmittelalterliche ,,Raum Westfalen"

geriet, kehrten ihm die Söldner den Rücken und marschierten ab. Die Feindseligkeiten zogen sich noch ein volles Jahr hin. Einer Entscheidung in offener Feldschlacht, die der Jungherzog und die Soester anboten, wich der Erzbischof aus. So kam es im April des folgenden Jahres, 1449, durch Vermittlung des Papstes in Maastricht zu einem Friedensschluß. Für Köln war er insofern nicht ganz ergebnislos, als ihm die Länder Fredeburg und Bilstein endgültig zugesprochen wurden. Im übrigen aber hatte Dietrich schweren Verlust an Prestige erlitten und dem Erzstift eine Schuldenlast aufgebürdet, an der seine Nachfolger noch lange zu tragen haben sollten. Auch Soest hatte sich in gleicher Weise erschöpft. Die stolze Unabhängigkeit, die es errungen hatte, hat den Verlust an innerer, wirtschaftlicher Substanz nicht wettmachen können.

Noch zweimal hat Dietrich von Moers versucht, das Glück zu zwingen. In Jülich-Berg-Ravensberg war inzwischen Gerhard, der Sohn des Paderborner Elekten Wilhelm, nach dem Tode seines kinderlosen Vaterbruders zur Regierung gekommen. Da auch seine Ehe kinderlos zu bleiben schien, trat Dietrich an den immer um Geld Verlegenen mit dem Vorschlage eines Erbvertrages heran und wußte ihn dafür zu gewinnen. Dietrich legte eine erkleckliche Summe Geldes als Anzahlung auf den Tisch und ließ sich als entsprechende Vorleistung der anderen Seite von den Ländern und Städten Gerhards bereits im voraus huldigen. Alsbald erhob sich, nicht anders als seiner Zeit gegen die everstein-lippische Erbverbrüderung, ein Einspruch von gewichtiger Seite. Johann von Kleve-Mark, Soests geliebter ,,Junker", inzwischen ebenfalls zur Regierung gekommen und von einer mehrjährigen Reise ins Heilige Land zurückgekehrt, meldete Erbansprüche an und focht den Vertrag an. Man verhandelte hin und her, bis ein neues Ereignis dazwischen trat und das Schwert wieder das letzte Wort sprechen mußte. Um diese Zeit nämlich war der Bischofsstuhl von Münster durch den Tod Heinrichs von Moers vakant geworden. Um seine Wiederbesetzung entspann sich ein langer und schwerer Streit. Das münstersche Domkapitel im Bunde mit der aufstrebenden Stadt Münster, die sich anschickte, Dortmunds bisher führenden Platz unter den Städten Westfalens einzunehmen, und unterstützt von dem Grafen Johann von Hoya, dem nordöstlichen Nachbarn des Niederstiftes, entschied sich für dessen Bruder, Erich von Hoya als ihren Kandidaten. Das rief Dietrich auf den Plan. War Soest für Köln verloren und Paderborn nicht viel mehr als ein Titel, so bot Münster jetzt noch einmal ein Ziel seinen nimmer rastenden Plänen. Dem Hoyaer Kandidaten stellte er seinen zweiten Bruder, Walram von Moers, entgegen. Beide betrachteten sich bereits als gewählt und erschienen im Stift, die Waffen gegeneinander erhoben. Die ,,Münstersche Stiftsfehde" (1450–1456), ebenso langwierig wie die Soester Fehde, mit heftigen Waffengängen und schweren Heimsuchungen für das Stift verbunden, sollte die Entscheidung bringen. Sie entschied aber nicht die münstersche Bischofswahl; denn keiner der beiden Kandidaten fand die päpstliche Bewilligung. Nicht Hoya und Moers standen sich schließlich als Gegner gegenüber, sondern Köln und Kleve-Mark; denn Johann von Kleve hatte natürlich sofort in die Fehde eingegriffen und die Führung des

Die Territorialisierung Westfalens

Kampfes übernommen. Jetzt ging es um den Anspruch Kölns auf die Vormacht in Westfalen!

Dem Erzbischof gelang es zwar, in einem Treffen bei Varlar (1454) einen militärischen Erfolg zu erringen; aber ihn auszunützen fehlte ihm die Kraft. Er war am Ende. Alles war ihm unter den Händen zerronnen. Auch die Hoffnung auf das jülich-bergisch-ravensbergische Erbe wurde eine Enttäuschung. Im Jahre nach Varlar wurde dem Herzog Gerhard der langersehnte Sohn und Erbe geboren. Den Streit um den münsterschen Bischofsstuhl entschied ein Machtspruch des Papstes. J o h a n n v o n P f a l z - B a y e r n wurde zum Bischof von Münster ernannt. Zum ersten Male erschien ein Mitglied des Hauses Wittelsbach auf einem westfälischen Bischofsstuhle.

Dietrich nahm es widerspruchslos hin. Alt geworden und von Schulden erdrückt, mit sich selbst und der Welt zerfallen, lebte er den Rest seines Lebens zu Ende. 1463, nach 50jähriger Regierung, ist er gestorben. Sein Tod hat den Schlußstrich gezogen unter ein langes und inhaltsschweres Kapitel westfälischer Geschichte. Seine Nachfolger haben endgültig darauf verzichtet, die Fußspuren eines Philipps von Heinsberg, Engelberts des Heiligen, Konrads von Hochstaden und Siegfrieds von Westerburg, soweit sie nach Westfalen führten, aus dem Schutt der Vergangenheit wieder aufzugraben. –

Johann von Kleve-Mark war klug genug, sich mit dem neuen Herrn von Münster gut zu stellen. Er führte ihn selbst mit prächtigem Geleit in seine Hauptstadt. Der alte Gegner des Hauses Mark, Köln, war aus dem Felde geschlagen. Rivalitäten mit Münster waren nicht zu befürchten; die Lippe bildete eine klare Grenze der beiderseitigen Interessensphären.

Tatsächlich richtete M ü n s t e r , nachdem es 1466 beim Tode seines Bischofs Johann von Pfalz-Bayern den Bremer Erzbischof H e i n r i c h v o n S c h w a r z b u r g auch zu seinem Bischof gewählt hatte, seine ganze Kraft nach Norden. In Fehden mit den Grafen von Oldenburg gewann es H a r p s t e d t und die Grafschaft D e l m e n h o r s t und schob dadurch die Grenze des Niederstiftes bis an die untere Weser vor. Münster war nun das größte Territorium Westfalens; ob es auch die Machtmittel und die einigenden Kräfte entwickeln würde, die Führung in Westfalen zu übernehmen, mußte die Zukunft lehren. –

Was sich in dem von großen und kleinen Fehden erfüllten letzten Jahrhundert des Mittelalters in Westfalen sonst ereignet hat, ist nur insofern von Bedeutung, als die nach der „Flurbereinigung" lebensfähig gewordenen Länder teils, wie Osnabrück, Lippe, Schaumburg, Hoya, Diepholz, Oldenburg und Bentheim, auch die kölnischen Recklinghausen und Arnsberg, ihren Bestand festigen und sichern konnten, andere aber, wie Minden und Paderborn, weiterhin um ihre Existenz zu ringen hatten, noch andere, wie Waldeck und Rietberg, in außerwestfälische, hessische Lehnsabhängigkeit gerieten, während die nach wie vor unruhigen Tecklenburger in häßlichem Streit der Väter, Söhne und Enkel untereinander fortfuhren, ihre eigene Existenz zu untergraben.

In O s n a b r ü c k war 1455 K o n r a d v o n D i e p h o l z , „der prächtige Mann" (Rothert), zum Bischof gewählt worden. Im Verein mit sei-

Der spätmittelalterliche „Raum Westfalen"

nem klugen Ratgeber, dem Osnabrücker Bürgermeister E r t w i n E r t m a n, stellte er Ruhe und Ordnung wieder her und bescherte dem Stift eine längere Friedenszeit.

Anders ging es in L i p p e. Unter der achtzigjährigen Regierungszeit B e r n h a r d s VII. mit dem Beinamen „Bellicosus", „der Kriegerische", (1429–1511) hat das Land auch nach der Soester Fehde unruhvolle Zeiten erlebt. Bernhard schlug sich ständig mit seinem Mindener und Tecklenburger Nachbarn und anderen herum. Rheda den Tecklenburgern wieder abzugewinnen, gelang ihm nicht; aber das sonst Errungene, Sternberg und die Schwalenberger Besitzungen, wußte er zu halten, und von Lippstadt, das seit 1376 den Grafen von der Mark verpfändet war, rettete er wenigstens die Hälfte für Lippe.

Das merkwürdige Verhältnis, daß die Stadt zwei Herren hatte, ist bis tief in das 19. Jahrhundert bestehen geblieben. Erst 1850 hat Lippe gegen Entschädigung ganz Lippstadt an Preußen abgetreten.

Sein Sohn Simon V. (1511–36) nannte sich seit 1528 als Erbe von Teilen der ausgegangenen Hauptlinie der Grafen von Schwalenberg „Graf zur Lippe" und erlangte im Jahre darauf vom Reich die Berechtigung, diesen Titel zu führen. Eine innere Abrundung des Territoriums wurde aber erst unter Bernhard VIII., dem Sohne und Nachfolger, erreicht. In seinem Todesjahre kaufte Lippe für 100 000 Joachimsthaler die Burg Varenholz von den Wends, denen sie verpfändet war, los zusamt dem großen Wend-Kalldorfschen Allodialbesitz beiderseits von Kalle und Exter.

Das Stift M i n d e n stand immer noch in Abwehr gegen seine Nachbarn, die Hoyaer und Schaumburger Grafen; zudem ließen die Welfen ihre Absicht deutlich werden, das Stift unter ihre Schutzherrschaft zu bringen. – P a d e r b o r n kam unter den Fehden des Stiftsadels gegeneinander und gegen den Bischof nicht zur Ruhe.

Der eigenpolitischen Rolle der Städte ist gedacht. Ihre Zugehörigkeit zur H a n s e gab ihnen wirtschaftlichen Rückhalt, konnte aber auch zu politischen Bindungen führen insofern, als die Städte sich verpflichten mußten, dem Bunde für den Ernstfall eine Anzahl bewaffneter Krieger zur Verfügung zu stellen, eine Verpflichtung, die aber wohl selten – oder niemals? – Wirklichkeit geworden ist. Stark gehemmt in ihrem Eigenleben wurden die Städte durch die überall aufflackernden Z u n f t k ä m p f e. Das in Zünften straff organisierte handwerkliche Element der Städte verlangte seinen Anteil an dem Stadtregiment gegen die Oligarchie der alten Ratsgeschlechter. Darüber ist es zu schweren Tumulten gekommen in Dortmund, Soest, Münster, Osnabrück (Lennethun-Aufstand) und in Minden („Mindener Schicht"). In Lemgo kam es soweit, daß die Handwerker mit Kind und Kegel auszogen, vor der Stadt eine Neustadt bauten und sicht dort niederließen. Fast immer hat der Rat schließlich die Macht mit den Zünften teilen müssen. – In den Bischofsstädten führten die B i s c h o f s w a h l e n häufig zu Konflikten zwischen Bürgerschaft und Domkapitel, so besonders in Münster vor Ausbruch der Stiftsfehde; denn die Domkapitel zeigten sich fremden Einflüsterungen und fremdem Gelde nicht unzugänglich. Ein gewichtiges Wort sprach dabei auch der S t i f t s a d e l mit; wie überhaupt die M i n i s t e r i a l i t ä t e n aller Territorien,

Die Territorialisierung Westfalens

geistlicher sowohl wie weltlicher, schon frühzeitig ein Mitspracherecht in allen Landesangelegenheiten erworben hatten. Die Wendung ,,nach Rat unserer Freunde haben Wir (der Landesherr) beschlossen . . ." kehrt in den Urkunden immer wieder. Als eigener Stand und verfassungsmäßige Institution war der niedere Adel auf den territorialen Landtagen neben der Geistlichkeit und den Städten vertreten, nahm mit ihnen das Recht der Steuerbewilligung in Anspruch und erreichte häufig sogar, daß der Landesherr ohne seine, des Adels, Zustimmung keine Fehde anfangen durfte.

Bleibt noch die Frage offen: Haben aus diesem spätmittelalterlichen Raum Westfalen Kräfte über die Grenzen des Raumes hinaus, n a c h a u ß e n , gewirkt und Wirkungen hinterlassen, sei es durch diplomatische Handlungen, sei es durch das beliebteste Mittel der Politik, die Gewalt? Die Antwort ist nicht zweifelhaft. Aber bedeutet ihr N e i n ein Bedauern? Ein Mangel an Initiative, an zupackendem Mut im Wettstreit der Völker? – Der ,,streitbare" Friedrich von Arnsberg, Bernhard, der ,,Große" aus dem kleinen Lippe, und seine Söhne, ein Engelbert von der Mark und alle ihre Genossen, weltliche und geistliche, sind gewiß keine friedlichen Tauben gewesen. Die Sprache des Schwertes war ihnen leichter verständlich als die schweren Gebote Gottes. Aber die Welt zu gewinnen, auf fremden Schlachtfeldern Lorbeeren zu pflücken, sich mit den blutigen Ruhmeskränzen der Eroberer zu schmücken, das ist ihnen nie in den Sinn gekommen. I h r e Welt war Westfalen. Was darin auszumachen war, untereinander, miteinander und gegeneinander, genügte, sie, die allzeit steifnackig auf dem Ihrigen Beharrenden, vollauf zu beschäftigen und Fremde fernzuhalten. Was draußen geschah, ließen sie geschehen, mußten es wohl geschehen lassen, wie die Dinge einmal lagen.

Sie wären also im Grunde genommen die biederen Ofenhocker des Heiligen Römischen Reiches gewesen? Verwunderlich genug: sie waren es keineswegs. In Scharen sind sie dem lockenden Ruf des O s t e n s gefolgt. Der Name des Ordensmeister W o l t e r v o n P l e t t e n b e r g , des Westfalen und Bezwingers der Russengefahr in den Schlachten an der Seritza (1501) und am See Smolina bei Pskow (Pleskau) (1502) umschließt ein langes und unglückliches Kapitel deutscher Geschichte, deutscher, nicht mehr westfälischer. –

Mit Recht ist wohl gesagt worden, daß den Westfalen die Begabung für politische Aufgaben größeren Stiles im Spätmittelalter, bedingt durch die gewollte, teils auch erzwungene Abkapselung in ihrem ,,Raume" verlorengegangen sei. Die eigentliche, im Innenpolitischen stärker begründete Begabung der Westfalen lag in ihren R e c h t s c h ö p f u n g e n . Damit, und damit auch allein, sind sie über die Grenzen ihres Raumes hinausgedrungen und zur Wirkung von größerer Dauer gekommen. Es war nicht so sehr die F e m e . Sie hat zwar den Namen Westfalens durch das ganze Reich getragen und Kaiser, Könige, Fürsten und Städte zeitweise in ihren Bann gezogen. Sie entsprang dem hohen Sinn der Westfalen für Recht und Gerechtigkeit und machte sich selbst zum Richter, als die höchsten richterlichen Gewalten im Reiche verfielen. An der eigenen Maßlosigkeit und dem Anspruch, jedes Verfahren im Reich an sich zu ziehen, ist sie bald gescheitert. Viel größere Bedeutung kommt den in Soest, Dortmund und

Der spätmittelalterliche „Raum Westfalen"

Münster entwickelten Stadtrechten zu. Als „westfälische Stadtrechte" sind sie in alle Welt gegangen. In Magdeburg und Lübeck, in Bergen, Memel, Dorpat, Reval und Riga, ja bis hinunter nach Kiew und Odessa galt westfälisches Recht.

zu 3. *Manifestationen gesamtwestfälischen Denkens*

Mag etwa die Entscheidung des letzten Ravensberger Grafen für Jülich und das Wirken der Grafen von der Mark beiderseits des Rheins im gewissen Sinne der Vorstellung eines gemeinwestfälischen Gedankens zuwider laufen, so kommt doch der Wille zu einem gesamtwestfälischen Denken und Handeln im späten Mittelalter immer wieder zum Vorschein, wenn man die tragenden Ereignisse dieser Zeit an sich vorüberziehen läßt. In der Abwehr Kölns, in den Landfriedensbündnissen und Städtebünden, in der Besetzung der Bischofsstühle, zu denen Landfremde erst spät und nur ungern zugelassen wurden, in dem ausschließlichen Gebrauch der einheimischen Stadtrechte, nicht zuletzt auch, – was hier außer Betracht geblieben ist –, in den kulturellen und volksmäßigen Zusammenhängen ist er immer wieder zum Ausdruck gekommen. Indessen ist die Frage nach wirklichen, in Worte gekleideten Manifestationen eines solchen gesamtwestfälischen Denkens und Handelns mit einer Interpretation von Ereignissen und Erscheinungen noch nicht beantwortet. Ausgesprochen ist es in der Tat, soweit bis jetzt ersichtlich, überhaupt nicht, es sei denn, daß man ein allerdings leicht verspätetes Zeugnis dafür in Anspruch nehmen will: Im Jahre 1536 schrieb Graf Jobst von Hoya an den Grafen Simon zur Lippe, „unser aller Haupt und Ältester", einen Brief und bat ihn, ihrem, der westfälischen Grafen, Interesse zu einer Unterredung über ihre gemeinsamen westfälischen Angelegenheiten die übrigen westfälischen Grafen und Herren einzuladen (Lipp. Reg. IV, 3254). Die Bitte steht wohl im Zusammenhang mit der Einrichtung des Westfälischen Kreises, dessen Direktorium damals Simon zur Lippe führte. – Aus dem eigentlichen Mittelalter sind ähnliche Zeugnisse bis jetzt nicht bekannt geworden; vielleicht ruhen sie noch in den Archiven.

Wie die Bitte des Grafen Jobst von Hoya auch gemeint ist und in welchen Zusammenhang sie gehört, zugegeben werden muß, daß sich die immer noch lebhafte Diskussion über das Problem eines politisch-historischen Raumes Westfalen im Mittelalter an diesem wichtigen Punkte in einer gewissen Verlegenheit befindet. Es gibt aber eine für diese Frage bisher nicht beachtete Urkunde vom Jahre 1315 (WUB VIII, 993), die schon eine deutlichere Sprache spricht. Graf Otto IV. von Ravensberg bekundet darin, daß er den Herren von Korff Urfehde geschworen hat. Es war eine Fehde voraufgegangen wegen der Korffschen Burg Harkotten im münsterisch-ravensbergischen Grenzgebiet. Der Graf war in der Fehde unterlegen und in die Gefangenschaft der Korffs geraten. Als einen Bruch der Urfehde wollen die beiden Gegner es nicht ansehen, wenn der Graf erneut die Waffen gegen die Korffs erheben würde, weil diese aus Bündnis- oder ähnlichen Verpflichtungen bestimmter, genannter

Die Territorialisierung Westfalens

Fürsten und Herren dem Grafen erneut feind geworden wären. Ein anderer Grund für diese von beiden Parteien anerkannte Freistellung des Grafen aus der Urfehde wird nicht angegeben. Es ist auch nicht wichtig, danach zu fragen; denn dergleichen Vorbehalte und Ausnehmungen sind nichts Ungewöhnliches. Sie erstrecken sich aber immer nur auf einzelne, der einen oder der anderen Partei benachbarte, befreundete oder verbündete Mächte. Im vorliegenden Falle jedoch werden nicht einzelne ausgenommen, sondern alle westfälischen weltlichen und geistlichen Fürsten und Herren, von dem Erzbischof von Köln als Herzog von Westfalen und den Grafen von der Mark im Süden bis zu den Grafen von Oldenburg und von Hoya im Norden, alle in dem Raume zwischen Rhein und Weser, Wupper und Nordsee (Friesengrenze) Machtgebietende. Bis auf den Grafen von Waldeck fehlt keiner, und kein außerwestfälischer ist unter ihnen, nicht einmal Graf Ottos Schwager, der Graf von Berg.

Eindeutig wird hier die Gesamtheit der westfälischen Länder als ein im politischen Sinne zu verstehendes und anerkanntes Faktum herausgestellt und zur Voraussetzung eines politischen Vertrages gemacht. Eben diese Gesamtheit wird hier – um den bekannten Ausdruck des Philosophen Karl Jaspers im übertragenden Sinne zu gebrauchen – als das alle Umgreifende empfunden und ausgesprochen und selbst von dem Sieger, den Korffs, die ihrem Gegner in diesem Vertrage erniedrigende Bedingungen diktieren konnten, als etwas über allem Stehendes, Unantastbares anerkannt, wenn es um Krieg und Frieden, Leben oder Tod, Sein oder Nichtsein geht.

Die westfälischen Länder haben auch im Spätmittelalter in ihrer Gesamtheit keinen „Staat" gebildet, das ist richtig. Einen Herzog, der über alle gebieten konnte, haben sie strikt abgelehnt, und allen Versuchen der Kölner Erzbischöfe nach dieser Richtung sind sie mit der Waffe entgegengetreten. Aber was sich hier, in der Urkunde von 1315, sei es auch nur als eine Vorstellung, doch mit aller wünschenswerten Deutlichkeit manifestiert, kann in seiner klaren politischen Ausprägung schwerlich anders angesprochen werden als ein Staatsgedanke.

Dieser Staat der Westfalen war weder sichtbar noch greifbar, kein Gebilde, von dem bestimmte und zwingende Machtäußerungen ausgehen konnten. In seiner Umgreifung „regierte" er; dem einzelnen aber sollte er möglichst weit vom Leibe bleiben. Er sollte so wenig verwalten und so wenig herrschen wie nur möglich, mit einem Wort: er sollte nicht Selbstzweck werden. Die Freiheit des einzelnen sollte von ihm unangetastet bleiben.

Kein Zweifel, daß eine solche Vorstellung als „Staatsgedanke" in mehr als einer Beziehung problematisch, man würde sagen: unrealistisch, war; dennoch: er hat 300 Jahre lang bestanden und seine Wirksamkeit immer wieder und in mancherlei Formen hervorgekehrt.

Die Territorialisierung Westfalens

Jülich-Berg-Ravensberg an Kleve-Mark

Zwei Heiraten, die von 1346 und 1368, hatten – neben anderen Ereignissen – die Geschichte Westfalens im Spätmittelalter einmal in neue Wege gelenkt. Am Ende dieser Epoche, auf der Schwelle der Neuzeit, steht wieder eine Heirat. Herzog Wilhelm IV. von Jülich-Berg-Ravensberg hatte nur eine Tochter, Maria. Sie war seine Erbin und wurde 1496 dem Jungherzog Johann von Kleve-Mark verlobt. Nachdem Erbansprüche des Hauses Wettin auf dem Verhandlungswege ausgeräumt waren, wurde 1510 in Düsseldorf die Hochzeit gefeiert. Im Jahre darauf starb Herzog Wilhelm. Jülich, Berg, Ravensberg und die Grafschaften Kleve und Mark fielen damit in eine Hand. Den alten G r a f e n v o n d e r M a r k, seit 1417 mit dem Herzogstitel geschmückt, gestützt auf eine große und reiche Ländermasse mit blühenden Städten, Gewerben und Industrien und auf starke militärische Kräfte, erschien es nunmehr bestimmt, Führung und Vormacht am Niederrhein und in Westfalen zu übernehmen.

QUELLEN
(köln. Westfalen, Mark pp.)

S a u e r l a n d , H. V.: Urkunden und Regesten zur Geschichte der Rheinlande aus dem Vatikanischen Archive. 7 Bände, 1902–1913.
(von 1294 bis 1415; enthält viel für Westfalen).

Chronica praesulum et archiepiscoporum Coloniensis ecclesiae. Hrsg. von E c k b e r t z in: Annalen des Hist. V. für den Niederrhein II und in Fontes rerum Rhenanorum I. – Fortsetzung von S c h w e f e hrsg. von S e i b e r t z in seinen Quellen der Westf. Gesch. I. (1857).
(Vf. unbekannt; wertvoll für 1300 bis 1370; fand in Westfalen starkes Interesse und wurde von dem Soester Dominikaner Jacob von Schwefe, auch Jacob von Soest genannt, fortgesetzt bis 1440).

N e d d e r h o f f , J.: Cronica Tremonensium. Hrsg. von E. R o e s e. 1880.
(reicht bis zum Ende der Großen Dortmunder Fehde 1389, schildert aus Miterleben den Besuch Karls IV. in Dortmund).

W e s t h o f f , D.: (Dortmunder) Chronik des ... von 750–1550. Hrsg. von J. Hansen in: Die Chroniken der westf. und niederrhein. Städte 1 (1887), S. 147–477, mit Beilagen.

von K e r k h ö r d e , J.: (Dortmunder) Chronik des ... von 1405–1465. Hrsg. von J. Franck u. J. Hansen in: ebdt., S. 1–146.

H a n s e n , J.: Westfalen und Rheinland im 15. Jahrhundert. Bd. 1: Die Soester Fehde; Bd. 2: Die münstersche Stiftsfehde. 1888, 1890. (= Publikationen aus den K. Preußischen Staatsarchiven 34, 42).
(bisher einzige größere Aktenpublikation zur westfälischen Geschichte; hervorragendes Quellenwerk mit bemerkenswerten Einleitungen).

von der L a k e , Bartholomeus: Historia der Twist, Veede und Uneinicheit tuschen ... Dyderyck Ertzbiyschop tho Collen und der ... Stadt Soyst (Geschichte der großen Soester Fehde von Bartholomeus von der Lake 1444-1447). In: J. S. Seibertz: Quellen der westfälischen Geschichte II (1860), S. 254–407. – Neu hrsg. von J. H a n s e n in: Chronik der deutschen Städte II (1889).
(Vf., Soester Stadtsekretär, berichtet anschaulich, aber stark parteiisch, aus eigenem Erleben. – Seine Darstellung benutzte wenig später ein Unbekannter zu einer R e i m c h r o n i k , gedruckt in: Emminghaus, Memorabilia Susatensia, S. 581 ff., 1749).

Die Territorialisierung Westfalens

LITERATUR

Weber,: Graf Engelbert III. von der Mark 1347–1391. In: Beitr. zur Gesch. Dortmunds 18 (1910), S. 69–250; 20 (1911), S. 1–94.

Féaux de Lacroix, K.: Geschichte Arnsbergs (Stadt und Grafschaft). 600 S., 1895.

Hömberg, A. K.: Die Entstehung des Herzogtums Westfalen. Mit 2 Karten. In: dss. Zwischen Rhein u. Weser (1967), S. 19–35.
(vortreffliche, unter großen Gesichtspunkten gesehene Darstellung, mag auch die Bedeutung der Erzbischöfe Philipp von Heinsberg und Konrad von Hochstaden (politische Lage vor der Brechtener Schlacht, Essener Friede von 1256) nicht in das rechte Licht gerückt sein).

Rondorf, J.: Die westfälischen Städte in ihrem Verhältnis zur Hanse bis zum Beginn des 16. Jahrhunderts. Diss. Münster 1905.
(mit reichen Literaturangaben).

von Winterfeld, L.: Dortmunds Stellung in der Hanse. 88 S., 1923. (= Pfingstblätter des Hans. Gesch. V. 23).

Rauter, F.: Karls IV. Beziehungen zu Westfalen. 1913.

Kirchhoff, P.: Die Dortmunder Fehde von 1388–1389. In: Beitr. z. Gesch. Dortmunds 18 (1910), S. 1–68.

Deus, W. H.: Die Soester Fehde. 1949. (= Soester wissenschaftl. Beitr. 2). (LB 151).

Diekmann, K.: Die Herrschaft der Stadt Soest über ihre Börde. In: WZ 115 (1965), S. 101–218.

Münster: **QUELLEN**

Bernhard von der Geist: Palpanista (Der Schmeichler). Druck von 1660.
(entstanden um 1250 als Streitgedicht in Wechselreden über das Leben am Hofe des Bischofs von Münster; Beschreibung der münsterschen Stände).

Ficker, J. (Herausgeber): Die münsterschen Chroniken des Mittelalters. (= Geschichtsquellen des Bistums Münster 1), 1851.
Darin:

1). Wevelinghovesche Chronik.
(geschrieben auf Verlangen des münsterschen Bischofs Florenz von Wevelinghoven (1364–1379); für die ältere Zeit kompiliert, reicht bis 1370, annalistisch weitergeführt bis 1379, mehrere Fortsetzungen, z. T. deutsch, bis 1424).
2). Chronik der Bischöfe von Münster ... bis zum Tode Bischof Ottos von Hoya (1424).
3). Leben Bischof Ottos von Hoya (1392–1424).
4). Münsterische Chronik eines Augenzeugen von der Wahl Bischof Heinrichs von Moers bis zur Einführung Bischof Heinrichs von Schwarzenburg (1424–1466).
5). Arnd Bevergern: Münstersche Chronik.
(unterschiedlich im Wert, in deutscher Sprache, Vf. bürgerlich; reicht von 1424 bis 1466).
6). Fortsetzung von 5, bis 1524.
7). Münsterische Chronik von der Wahl Bischof Heinrichs von Moers bis zur Wahl Bischof Bernhards von Raesfeld (1424–1557).
8). Anhang: Nekrologe des Doms,
   Siegesfeier von Varlar.
   Gründung der Abtei Werden (Erzählung),
   Wahl Ottos von Tecklenburg zum Stiftsverweser 1273.

Der spätmittelalterliche „Raum Westfalen"

Münster: **LITERATUR**

Metzen, J.: Die ordentlichen direkten Staatssteuern des Mittelalters im Fürstbistum Münster. In: WZ 53 I (1895), S. 1-95.

Schmitz-Kallenberg, L.: Die Landstände des Fürstbistums Münster. In: WZ 92 I (1936). S. 1-88.

Nieberding, C. H.: Geschichte des ehemaligen Niederstiftes Münster und der angrenzenden Grafschaften Diepholz, Wildeshausen usw. 3 Bände, 1840-1852.
(noch viel zitiert, aber stark veraltet).

Sichart, K.: Der Kampf um die Grafschaft Delmenhorst 1482-1547. In: Jahrb. f. d. Gesch. Oldenburgs 16 (1908), S. 193-291

Theuerkauf, G.: Land und Lehnswesen vom 14. bis zum 16. Jahrhundert. Ein Beitrag zur Verfassung des Hochstifts Münster und zum nordwestdeutschen Lehnsrecht. 1961.

Poth, K.: Die Ministerialität der Bischöfe von Münster. In: WZ 70 I (1912), S. 1-108.

Lüdicke, R.: Die landesherrlichen Zentralbehörden im Bistum Münster. Ihre Entstehung und Entwicklung. In: WZ 59 I (1901), S. 1-169.

Paderborn: **QUELLEN UND LITERATUR**

Dietrich von Engelsheym und (vermutlich) Heinrich von Haxthausen: Liber dissencionum. Hrsg. von B. Stolte in: WZ, Ergänzungsheft 1, Lieferung 1-4 (1894-1897). *(Die Edition ist leider ungenügend und unvollendet).*

Dazu:

Spancken, W.: Aus dem Manuskript des Domscholasters von Engelsheym.
In: WZ 40 I (1882), S. 138-146.

Stentrup, F.: Erzbischof Dietrich II. von Köln und sein Versuch der Inkorporation Paderborns. In: WZ 62 I (1904), S. 1-97.

Schäffer, J.: Paderborn und Hessen im Diemellande. In: WZ 72 II (1914), S. 1-89.

Bartels, P.: Der Eversteinsche Erbfolgekrieg. 1881.

Soll, K.: Die Absichten des Kölner Erzbischofs Dietrich von Moers auf ein jülich-bergisch-ravensbergisches Erbe. In: 60. JBHVR (1959), S. 19-55. (LB 130).

von Fürstenberg, F.: Monumenta Paderbornensia. I. Aufl. Paderborn 1669 (ohne Illustrationen); 2. Aufl. Amsterdam, Elzevier 1672 (priori auctior, illustr.); 3. Aufl. Frankfurt u. Leipzig 1713 (priori auctior); 4. Aufl. Lemgo 1714 (prioribus correctior).
(einzigartiger Versuch, allerdings mehr literarisch-dichterisch als historisch; fand zahlreiche Nachahmer, so in Münster, Osnabrück, Ravensberg u. a.).

Aubin, H.: Die Verwaltungsorganisation des Fürstbistums Paderborn im Mittelalter. 1911.

von der Horst, K. A.: Die Rittersitze der Grafschaft Ravensberg und des Fürstentums Minden. 1894.
Nachtrag in: Vierteljahresschrift für Wappen-, Siegel- und Familienkunde 27 (1898), Heft 1. Neudruck beider Teile 1970.
(vornehmlich genealogisch und besitzgeschichtlich orientiert).

Osnabrück: **QUELLEN**

Reimchroniken der Bischöfe von Osnabrück bis 1454. Hrsg. von H. Forst in: Osnabrücker Geschichtsquellen 1 (1891), S. 7-18.

Die Territorialisierung Westfalens

Ertwin Ertman: Chronica sive catalogus ... Hrsg. von H. Forst in: Osnabrücker Geschichtsquellen 1 (1891), S. 19–173.
(begonnen 1485; Vf. Bürgermeister von Osnabrück und humanistisch gebildeter Jurist, stützt sich auf ernste Quellenforschungen, ist aber auch leichtgläubig und empfänglich für sagenhafte, mündliche Überlieferungen. Die Darstellung reicht von 782 bis 1454 und kommt nicht mehr zur Schilderung des selbst Erlebten. Vf. starb 1505).

Fortgesetzt bis 1533 von Dietrich Lilie mit Übersetzung des Bisherigen. Als Niederdeutsche Bischofschronik hrsg. von F. Runge in: Osnabrücker Geschichtsquellen 2 (1894).

Berger, G.: Contrafaktur der osnabrügkschen Biscöffe ... biß anno 1607. Fortgesetzt bis 1761. Handschrift. Kulturhist. Museum Osnabrück. Facsimiledruck in Vorbereitung.

Hamelmann, H.: Oldenburgische Chronik, Hrsg. von G. Rüthning. 19,40. XXXVIII, 397 S.

Maurus Rost: Iburger Klosterannalen. Hrsg. von C. Stüve in: Osnabrücker Geschichtsquellen 3 (1895) als „Annales monasterii Sancti Clementis in Iburg collectore Mauro abbate".
(geschrieben um die Wende des 17. Jahrhunderts, reicht bis zum Jahre 1700; für die ältere Zeit vielfach tendenziös, im übrigen naiv und unkritisch).

Osnabrück: **LITERATUR**

Sandhoff, J. E.: Antistitum Osnabrugensis ecclesice ... res gestae. 2 Teile, 1785. (Urkundenanhang bis 1395).

vom Bruch, R.: Die Rittersitze des Fürstentums Osnabrück 1930, Neudruck 1965.
(gut illustriert und mit guten geschichtlichen Beiträgen zu den einzelnen Häusern und ihren Familien).

Hillebrand, W.: Besitz- und Standesverhältnisse des osnabrückischen Adels 800–1300. 1962.

Sello, G.: Die territoriale Entwicklung des Herzogtums Oldenburg 1917. Mit Karten.

Lübbing, H.: Oldenburgische Landesgeschichte. 207 S., 73 Karten und Abbildungen. 1953. (LB 172).

Last, M.: Adel und Graf in Oldenburg während des Mittelalters. 1969.

Gertzen, B.: Die alte Grafschaft Tecklenburg bis zum Jahre 1400. 1939.

Rechtsschöpfungen u. a.: **QUELLEN UND LITERATUR**

Emminghaus, Th. G. G.: Memorabilia Susatensia, quibus ... iudicia ... privilegia ... statuta ... aliaque notabiliora ... declarantur. 1748.
(enthält u. a. das Jus Susatense antiquissimum und die „Alte Soester Schrae").

Frensdorff, F.: Dortmunder Statuten und Urteile. 1882.

Das Recht der Stadt Münster. Mit Übersetzung und Kommentierung. In: Engel, G.: Die Stadtgründung im Bielefelde und das münstersche Stadtrecht (1952), S. 145–187.

Die Stadtrechte der Grafschaft Mark.
1. Lippstadt, bearb. von A. Overmann. 1901.
2. Hamm, bearb. von A. Overmann. 1903.
3. Unna, bearb. von R. Lüdicke. 1930.

Prinz, J.: Das Tecklenburger Dienstmannenrecht. In: Westf. Forschgn. 3 (1940), S. 156–182.

Lindner, Th.: Die Vehme, 668 S. 1896.

Der spätmittelalterliche „Raum Westfalen"

H ö m b e r g , A. K.: Die Veme in ihrer zeitlichen und räumlichen Entwicklung. In: Der Raum Westfalen II, 1 (1955), S. 141–270.

v o n K l o c k e , F.: Beiträge zur Geschichte von Faustrecht und Fehdewesen in Westfalen. In: WZ 94 I (1938), S. 3–56.

v o n W i n t e r f e l d , L.: „ruten und roven". Ein Beitrag zur Geschichte des Fehdewesens und Straßenraubes in Westfalen. In: Beitr. z. Gesch. Dortmunds 46 (1940), S. 69–109.

C a s s e r , P.: Das Westfalenbewußtsein im Wandel der Geschichte. In: Der Raum Westfalen II, 2 (1934), S. 211–306.

C a s s e r , P.: Der Raum Westfalen in der Literatur des 13. bis 20. Jahrhunderts. In: Der Raum Westfalen II, 1 (1955), S. 1–32. Mit 8 Karten.

P f e i f e r , G.: Die Bündnis- und Landfriedenspolitik der Territorien zwischen Weser und Rhein im späten Mittelalter. In: Der Raum Westfalen II, 1, S. 79–137.

A n g e r m a n n , G.: Die Stellung des nordöstlichen Westfalens in der Landfriedensbewegung zwischen 1300 und 1350. In: Mttlgn. a. d. lipp. Gesch. 24 (1955).

W e l z , M.: Zur Landfriedensbewegung im nordöstlichen Westfalen. In: 59. JBHVR. (1958), S. 69–108. Mit 1 Karte.

E n g e l , G.: Der Staatsgedanke der Westfalen. In: Westfalendienst. Mttlgn. des Westfalenkreises für öffentl. Angelegenheiten. Ausgabe 47. Februar 1962.

# 4. Teil

Westfalen in der Neuzeit
(bis zum Wiener Kongreß)

DIE ÜBERFREMDUNG WESTFALENS IM 16. UND 17. JAHRHUNDERT

Kräfteverhältnis

Mit der militärischen und wirtschaftlichen Kraft ihrer westfälischen Besitzungen, der Grafschaft Mark mit der immer noch reichen Stadt Soest und der Grafschaft Ravensberg, allein nehmen die Herzöge von Jülich-Kleve unter den westfälischen Territorialherren zu Beginn der Neuzeit den ersten Platz ein. Jülich, Berg und Kleve dazu rücken ihre politische Potenz im Reiche unmittelbar an die Seite der Kurfürsten. Die R e i c h s m a t r i k e l von 1521 veranschaulicht das Kräfteverhältnis der westfälischen Territorien untereinander, wenn man versucht, die Zahlen dessen, was an Leistungen für das Reich aufzubringen war, auf die Territorien umzustellen.

Dem Verfahren haftet natürlich eine gewisse Hypothetik an; denn als Leistungsträger erscheinen in der Matrikel nur die Landesfürsten. Ihre Veranschlagung aber basiert auf ihrem Besitz an Ländern, Städten, Rechten usw. – Die Reichsmatrikel, nach mehreren steckengebliebenen Versuchen in der zweiten Hälfte des 15. Jahrhunderts von Karl V. 1521 durchgesetzt, sollte die Finanzierung eines Reichsheeres von 4000 Reitern und 20 000 Fußknechten sicherstellen in der Weise, daß für einen Reiter 10 Gulden, für einen Fußknecht 4 Gulden von den Ländern aufzubringen waren (1 ,,Römermonat"; wenn nötig konnten auch mehrere Römermonate auf einmal vom Reich angefordert werden). – Der hier aufgestellten Berechnung liegen die Zahlen der bald nach 1521 leicht berichtigten Reichsmatrikel zugrunde. Außer den Reichsstädten waren auch andere, vom Reich – mit Recht oder Unrecht – als ihm ,,zugeordnet" betrachtete Städte besonders veranschlagt worden.

Die Grafschaft Mark mit der Stadt Soest und die Grafschaft Ravensberg hatten zusammen die Kosten für 34 Reiter und 180 Fußknechte aufzubringen. Das Hochstift Münster steht mit 34 Reitern und 169 Fußknechten erst an zweiter Stelle. An dritter Stelle folgt Paderborn mit den Städten Brakel und Warburg (28/115), an vierter Stelle stehen die beiden kölnischen Territorien, das Herzogtum Westfalen und das Vest Recklinghausen (zus. 10/40), an fünfter Stelle Lippe und die Stadt Lemgo (zus. 8/40), an sechster Stelle Schaumburg und Gemen (zus. 8/34), an siebter Stelle steht die Reichsstadt Dortmund (7/30), an achter Stelle das Hochstift Osnabrück (6/36), an neunter Stelle die Grafschaft Bentheim (6/27), an zehnter Stelle das Hochstift Minden (6/15). Der Rest (rund 50/200) verteilt sich auf die übrigen Territorien. Im ganzen hat Westfalen bei Anforderung von 1 Römermonat die Kosten für etwa 200 Reiter und 900 Fußsoldaten, in runder Summe 5600 Gulden, aufzubringen. Für ihre gesamten Länder waren der Herzog von Jülich-Kleve auf 90/540 = 3060 Gulden, der Erzbischof von Köln auf 60/277 = 1708 Gulden veranschlagt; das Übergewicht des Herzogs gegen Köln war also beträchtlich geworden.

Die Herzöge von Kleve-Mark

Herzog Johann III. von Jülich-Kleve wurde von seinen Freunden „der Friedfertige" genannt, von seinen Neidern „der Einfältige". Ob er das erstere mehr gewesen ist als das zweite, kann dahingestellt bleiben. Er war guten Willens, loyal und tolerant; er kümmerte sich um die Regierungsgeschäfte und suchte und verstand es auch, den Wohlstand seiner Länder und das Wohl und die Sicherheit seiner Untertanen zu fördern. In der Grafschaft Ravensberg hat er den Ausbau der Burg Sparrenberg über Bielefeld zu einer damals fast uneinnehmbaren Festung in die Wege geleitet. Die Burg mit ihren mächtigen Rondells, ihren Schießkammern, Kasematten und schußsicheren, unterirdischen Verbindungsgängen ist als Zeugnis der Befestigungskunst des 16. Jahrhunderts in Westfalen ohne Beispiel.

Weder Johann III. noch sein Sohn und Nachfolger Wilhelm V. mit dem zu Unrecht getragenen Beinamen „der Reiche" waren indessen die Männer, dem Neuen, das das neue Jahrhundert, das unglückseligste der deutschen Geschichte, ihnen entgegenstellte, die Stirn zu bieten. Johann starb 1539. Die lange Regierungszeit Wilhelms (1539 - 1592) ist eine einzige „verpaßte Gelegenheit". Ihm und keinem anderen wäre es bestimmt gewesen, in einer vom Reich eingeleiteten, wichtigen politischen Organisation eine führende Rolle zu übernehmen. Ein 1512 in Köln zusammengetretener Reichstag hatte für die seit langem schwebenden Bemühungen, zur Durchführung der großen innenpolitischen Aufgabe des Reiches eine geeignete Organisation zu schaffen, eine Form gefunden bzw. bereits bestehenden Vorschlägen eine festere Form gegeben. Das Reich wurde in 12 „Reichskreise" eingeteilt. Ihnen wurden als Aufgaben zugewiesen
1. die Verteidigung der Reichsgrenzen in den Grenzgebieten,
2. die Revidierung („Moderation") der für das Reich aufzubringenden Steuern,
3. eine einheitliche Regelung des Münzwesens,
4. die Handhabung der Polizeigewalt und des Landfriedens („Reichsexekutionsordnung"),
5. dazu und zur Durchführung der Urteile des Reichskammergerichtes und zur Aufstellung eines ständigen Reichsheeres die Gestellung und Unterhaltung von Truppenkontingenten.

Der zivile Teil dieses Aufgabenkreises unterstand dem „Kreisdirektor", der militärische dem „Kreisobersten"; beide Ämter wurden aber häufig in der Hand des Mächtigsten im Kreise vereinigt. Westfalen bildete zusammen mit Ostfriesland und dem Bistum Verden, mit den rheinischen Kleve, Jülich und Berg, mit den Bistümern Lüttich und Cambray und (bis zum Abfall der Niederlande) Utrecht, mit der Stadt Köln und mit einer Anzahl nassauischer Gebiete den „Niederrheinisch-westfäli-

Die Überfremdung Westfalens

schen Kreis"; das Kreisgebiet war aber nicht geschlossen, sondern wurde von dem kurkölnischen Kreis beiderseits des Rheines mitten durchgeschnitten; auch die kölnischen Besitzungen, das Herzogtum Westfalen und das Vest Recklinghausen, mußten zum kurkölnischen Kreis treten, während Waldeck zum Oberrheinischen Kreis geschlagen wurde.

Es schien in der Tat, als sollte mit der Errichtung des „Kreises" das Geschehen auf westfälischem Boden in neue Bahnen geleitet werden; denn die von dem Kreise erwarteten Funktionen wurden nicht nebenher von einer einzelnen Person, dem Kreisdirektor, wahrgenommen, sondern von einer regelrechten Behörde, dem „Kreisdirektorium". Es hatte einen ansehnlichen Stab von besoldeten Leuten und Beamten, eine eigene Kreiskasse und seinen Sitz in Köln. Selbst im Auslande wurde diese neue Behörde stark beachtet, so daß verschiedene Mächte zeitweise regelrechte „Ambassaden" bei ihr unterhielten. Zum ersten Mal in seiner Geschichte sah sich also ganz Westfalen in eine feste politische Organisation gestellt, zwar in Verbindung mit dem Niederrhein. Aber in dieser Verbindung scheint das Westfalentum ein gewisses Übergewicht gehabt zu haben; ist doch zu beobachten, daß von nun an und auf lange hinaus, noch im 18. Jahrhundert, rheinische Menschen „Westfälinger" genannt werden und sich selbst so nennen, wie sich dann auch für den Kreis selbst mehr und mehr die Bezeichnung „Westfälischer Kreis" einbürgert.

Die Führung des Kreises wurde, wie nicht anders zu erwarten, dem Herzog Wilhelm angetragen und von ihm übernommen. 1532 berief er die erste Versammlung der 39 „Kreisstände" nach Köln ein, um einen Kreishauptmann für die Führung des zum Kriege gegen die Türken zu stellenden westfälischen Truppenkontingentes zu wählen. Zwei Jahre später wurde, wiederum in Köln und dieses Mal im Zusammengehen mit dem Kurrheinischen Kreise, eine Truppenmacht aufgestellt und dem Bischof von Münster zur Niederwerfung des Wiedertäuferaufstandes zur Verfügung gestellt. Nochmals, 1557, wurden militärische Einheiten des Kreises in Marsch gesetzt gegen den unbotmäßigen, „tollen" Grafen Johann von Rietberg. Der Graf wollte auf eigene Faust Krieg führen gegen Ostfriesland wegen Erbstreitigkeiten. Ostfriesland, als Mitglied des Kreises, verklagte den Rietberger als Friedensbrecher. Der Kreis schritt energisch ein, besetzte das Ländchen des Rietbergers, zitierte den Grafen vor das Reichskammergericht und setzte ihn in Köln für den Rest seines Lebens gefangen. Solche vielversprechenden Anfänge durchkreuzte Herzog Wilhelm, als er sich in den ersten Jahren seiner Regierung und im jugendlichen Tatendrange mit dem Kaiser wegen Geldern einließ. Er erfuhr eine schwere Zurückweisung und konnte sich nur durch einen demütigenden Fußfall vor Karl V. in Venlo (1543) den Besitz seiner Länder retten. Er mußte sich ganz der kaiserlichen Partei verschreiben, eine Nichte des Kaisers, Enkelin der spanischen Johanna der Wahnsinnigen, heiraten und, obwohl innerlich dem reformistischen Kirchentum des Erasmus von Rotterdam zuneigend, alle Änderungen in Glaubenssachen abschwören und schließlich auf Drängen seines Schwiegervaters, des nachmaligen Kaisers Ferdinand I., zugeben, daß seine beiden Söhne, Karl Friedrich und Johann Wilhelm, katholisch erzogen wurden.

Westfalen in der Neuzeit

Würde der Herzog unter solchen Voraussetzungen die Hoffnung, die man in Westfalen auf ihn, den Sproß des kraftvollsten der westfälischen Dynastengeschlechter, setzen mochte, noch erfüllen? - Den Spuren seines Vaters folgend, hat er die Verwaltung seiner Länder, mit Nachdruck die der Grafschaften Mark und Ravensberg, weiterhin ausgestaltet und modernisiert, hat durch Einführung einer allgemeinen „Jülich'schen Gerichtsordnung" das vielgestaltete Justizwesen vereinfacht, als nicht unbedeutenden politischen Erfolg auch mit der H e r f o r d e r „C e s s i o" von 1547 die Vogtei und die Landeshoheit über das umfangreiche Gut und die Menschen der Abtei Herford gewonnen. Die Herforder Äbtissin Anna von Limburg-Styrum, mit ihrer Stadt zerfallen und außerstande, das Kondominium von Stadt und Abtei fortzusetzen, übertrug ihm die Vogtei und ihre weltlichen Hoheitsrechte und nahm ihn zum Schutzherrn der Abtei, nicht auch der Stadt, an. Ein weitgestecktes Ziel, den Bischofsstuhl von Münster für seinen zweiten Sohn Johann Wilhelm zu gewinnen, wurde frühzeitig in die Wege geleitet. Johann Wilhelm wurde schon im Knabenalter zum Koadjutor des Stiftes Münster gewählt.

In diesen Gang der Dinge war der „Donner aus Wittenberg" eingeschlagen. Der Funke, der das Pulverfaß des Bauernkrieges (1524/25) zur Explosion brachte, hat in Westfalen nur schwach gezündet. Außer einer verläßlich berichteten und verspäteten örtlichen Bauernrevolte in A b - d i n g h o f bei Werne im Jahre 1542 soll es nur in S p r o c k h ö v e l (?) noch zu Unruhen gekommen sein.

Im ganzen waren die Lebensbedingungen der zumeist in der Hörigkeit lebenden Bauern in Westfalen erträglich. Übergriffe gegen das hergebrachte R e c h t des Bauern und Bedrückungen kamen fast immer aus den Kreisen der kleinen Grundherrn des niederen Adels. Diese Herren waren – man kann es sich nicht anders erklären und viele Zeugnisse der Zeit sprechen dafür – sie waren einfach zu dumm, um einzusehen, daß sie mit ihrem Bauernschinden den Ast absägten, auf dem sie ihr Leben fristeten. - „Unterm Krummstab" ist immer gut leben gewesen, und die Heberegister der großen weltlichen Grundherrschaften haben tadelnde Bemerkungen über bauernfeindliche Maßnahmen von Drosten und adligen Amtsträgern und berichten Beispiele von sozialer und charitativer Hilfe. Die Grundherrschaft hat den Bauern ein gewisses Maß von rechtlicher und wirtschaftlicher G e b o r g e n h e i t gegeben, das er brauchte und wünschte (vgl. S. 95 f.).

Immer aber wird es ein Rätsel bleiben, warum bei den in aller Welt als bedächtig und besonnen verschrieenen Westfalen das Ideengut der Reformation, in eine wie nie dafür empfängliche Zeit hinausgeschleudert, zu einer grotesken Phantasmagorie führen konnte. Die münsterischen Wiedertäufer sind nicht die einzigen Zauberlehrlinge der Reformation gewesen. Ihr Aufruhr (1534/35) war ein düsteres Menetekel. Die entfesselten, bis zum Fanatismus gesteigerten und immer aufs neue sich steigernden Gewalten zu bändigen, fanden die Lutherischen wie die Katholischen, auch die Kalvinisten, keinen anderen Ausweg als sich in die Hände der weltlichen Macht zu geben. Das mittelalterliche Reich der Deutschen hat

Die Überfremdung Westfalens

sich damit sein Grab geschaufelt, Westfalen, das a l t e Westfalen, sein eigenes Begräbnis damit eingeläutet.

Als die geistlich-konfessionellen Gegensätze mit dem Schwert ausgetragen wurden, verwischten sich die Fronten. Die Beteiligten wurden in ihren politischen Entschlüssen gehemmt und verloren den Blick für das über den Tag hinaus Notwendige und Heilsame. Der Besieger der Wiedertäufer, F r a n z v o n W a l d e c k, Bischof von Münster, Osnabrück und Minden, hat Zeit seines Lebens geschwankt zwischen den Pflichten seines geistlichen Amtes und seinen weltlichen Neigungen. Er war beliebt und tolerant. Ein biederer Hausvater, lebte er in wilder, aber glücklicher und kinderreicher Ehe mit einer einfachen Bürgerstochter und liebäugelte mit dem Gedanken, aus einem seiner geistlichen Fürstentümer eine weltliche Hausmacht für seine Familie zu begründen; war doch die Möglichkeit von Säkularisationen mit dem Gedankengut der Reformation in greifbare Nähe gerückt. Das Dazwischentreten des Kaisers und dessen vernichtender Schlag gegen den Schmalkaldischen Bund hat solche insgeheim genährte Hoffnungen zunichte gemacht. Das kaiserliche Heer unter Jobst von Groningen und Christoph von Wrisberg fegte Ende des Jahres 1546 wie ein eiserner Besen durch Westfalen und verschonte auch ihn nicht. Er verlor Delmenhorst im münsterschen Niederstift an die kaiserfreundlichen Oldenburger Grafen und mußte für Osnabrück eine schwere Kriegskontribution auf sich nehmen, schließlich sogar auf sein Bistum Minden zugunsten eines Prinzen aus dem Hause der Welfen, die dem Schmalkaldener Bunde ferngeblieben waren, verzichten und sich eine Anklage wegen Ketzerei gefallen lassen. Er starb 1553, gescheitert und von niemandem als von seiner zahlreichen Kinderschar betrauert.

Nicht besser erging es den weltlichen Herren, voran den Tecklenburgern, die die Aussicht auf billigen Gewinn durch Säkularisation von Klöstern bereits in die Tat umgesetzt hatten. Sie verloren die Grafschaft Lingen an den Kaiser. Die Grafen von Rietberg, Lippe, Hoya und Schaumburg, aus ähnlichen Gründen dem neuen Wesen zuneigend, mußten demütig zu Kreuze kriechen, die Stadt Minden dem Heere des Kaisers ihre Tore öffnen und alle lutherischen Prädikanten verabschieden. Soest und Lippstadt, die sich das soziale Gedankengut der Reformatoren zu eigen gemacht hatten, erlitten ein ähnliches Schicksal.

Die bewegte Geschichte des T e c k l e n b u r g e r Landes hatte das beherrschende Spiel der politischen Kräfte beispielhaft herausgekehrt. Ihre Grafen fragen nicht nach wirtschaftlichen Motiven, setzen sich über Bedingungen von Ständen und mitregierenden Körperschaften, wenn es sein muß mit Gewalt, hinweg, kümmern sich nicht um Wünsche von Untertanen und um national-territoriale Gefühle, sondern treffen ihre letzten Entscheidungen immer nach rein machtpolitischen Gesichtspunkten.

Die Grafschaft war 1263 durch die Erbtochter an das Haus B e n t h e i m gefallen. Es war auf den weiteren Ausbau der Landeshoheit mehr bedacht als auf auswärtige Abenteuer und vermochte die territoriale Entwicklung in glücklicher Weise abzuschließen. Der neu begründete tecklenburgische Zweig ihres Hauses starb aber schon

1328 im Mannesstamme aus, und das Land fiel als Erbe an des letzten Grafen Schwestersohn aus dem Hause der Grafen von S c h w e r i n. Sie, die Nichtwestfalen, haben sich gegen ihre Nachbarn nicht behaupten können, dazu im Schmalkaldischen Kriege 1546 ihre Herrschaft L i n g e n, auch „Obergrafschaft Tecklenburg" genannt, an den Kaiser verloren, der sie seinem Feldherrn, nach dem Aussterben der Egbertinger, dem Niederländer Egmont Graf von Büren, verlehnte, 1551 aber von ihm zurückkaufte und sie seinen Spanischen Niederlanden einverleibte.

Im restlichen Tecklenburg starben 1557 die Schweriner im Mannesstamme aus; das Land ging, wieder über die Hand einer Erbtochter, an die noch blühende Linie der Grafen von B e n t h e i m zurück. Besitzstreitigkeiten und ein langwieriger Prozeß mit den Grafen von S o l m s und von S o l m s - B r a u n f e l s führten schließlich zum Verlust des größten Teiles der alten Grafschaft an ihre Prozeßgegner.

L i n g e n war im Dreißigjährigen Kriege von der Statthalterin der habsburgischen Spanischen Niederlande als neutrales Land erklärt worden. Die Kriegführenden kümmerten sich aber wenig darum, so daß die Statthalterin um eines vermeintlichen politischen Vorteiles willen sich bewegen ließ, Stadt und Herrschaft Lingen 1633 mit dem mit einer Solms-Braunfels vermählten Prinz F r i e d r i c h H e i n r i c h v o n O r a n i e n zu übertragen. Beim Tode Wilhelms III. von Oranien, Königs von England, im Jahre 1702 beanspruchte und erhielt der Sohn des Großen Kurfürsten, Friedrich III. (I.), als Erbe seiner Mutter Luise Henriette, einer Tochter Friedrich Heinrichs von Oranien, die Herrschaft Lingen und erwarb 1707 durch Kauf von den Solms die übrigen Teile der ehemaligen Grafschaft Tecklenburg hinzu. –

Für Westfalen bedeutete es wenig, daß die von dem Kurfürsten Moritz von Sachsen gegen den Kaiser 1552 angezettelte Fürstenverschwörung die Lage wieder zugunsten der Evangelischen verschob. Das – vorläufige – Ende, der Augsburger Religionsfriede von 1555, war alles andere als ein Friede. Sein berühmtes „cuius regio eius religio" machte die Freiheit der Gewissensentscheidung zu einer Illusion und würdigte das Bekenntnis zu Gott in der einen oder anderen Form herab zu einem Kampfmittel fürstlicher Gewalten.

Die Niederlage der Schmalkaldener muß für die am Bunde Beteiligten sowohl wie für die nicht unmittelbar Beteiligten, die Bischöfe und den Herzog von Kleve, von nachhaltiger Wirkung gewesen sein. Der kaiserliche Faustschlag, scheint es, hat sie gelähmt; denn anders wäre es nicht möglich gewesen, daß Herzog Philipp Magnus von Wolfenbüttel und der Markgraf Albrecht von Brandenburg-Kulmbach, jeder auf eigene Faust, wegen angeblicher Geldforderungen aus dem Schmalkaldischen Kriege mit bewaffneter Hand in Westfalen einfielen, es die Kreuz und die Quer durchzogen, sich mit Beute beluden und unangefochten heimwärts marschierten. Der Markgraf nahm dem Herzog in Herford sogar 40 000 Gulden weg, die diesem von Abgesandten des Hochstiftes Münster zur Ab-

Die Überfremdung Westfalens

wendung seiner Forderungen überbracht werden sollten. Niemand war ihnen entgegengetreten, niemand hatte gewagt, ihnen das Handwerk zu legen.

Herzog Wilhelm von Kleve legt 1567, frühzeitig alt und müde geworden, sein Amt als Kreisoberster nieder. Seine untüchtigen, nächsten Nachfolger im obersten Amte haben nicht ernstlich versucht, die Machtmittel des Kreises in die Waagschale der Politik zu werfen, so daß Wilhelm das Amt später wieder übernehmen mußte. Es geschah, um das Gesicht zu wahren. Westfalen, die Heimat und Wiege seines Geschlechtes, das Land, das in diesen Zeiten einer führenden Hand dringend bedurft hätte, entglitt ihm, als Johann Wilhelm, sein Sohn, auf die münstersche Koadjutur verzichtete, verzichten mußte zugunsten eines Bewerbers aus dem den Westfalen völlig fremden Hause der Wittelsbacher.

Der Anlaß war ein doppelter: In den Niederlanden war der Krieg gegen die spanisch-habsburgische Herrschaft ausgebrochen, und beide Kriegführenden griffen mit streifenden Parteien über die Grenze nach Westfalen über; in Köln bekannte sich der EB Truchseß von Waldburg zu den Evangelischen und heiratete. Sein hohes geistliches Amt aufzugeben aber war er keineswegs willens, bereitete sich vielmehr darauf vor, seine Stellung mit Waffengewalt zu behaupten, und sammelte im Sauerlande, dem kölnischen „Herzogtum Westfalen", eine Streitmacht. Das Unternehmen drohte, eins der vornehmsten deutschen Erzbistümer durch eine Art Säularisation zu verweltlichen. Angesichts dieser doppelten, für die Kirche wie für das Reich gleich großen Gefahr erbot sich Herzog Wilhelm V. von Bayern, einer der Stützen des Kaisers und der Kirche, seinen Bruder Ernst, der bereits die Bistümer Freising, Hildesheim und Lüttich innehatte und Administrator der Reichsabtei Stablo-Malmedy war, für eine Neuwahl in Köln und in Münster, dessen Stuhl vakant war, zu nominieren, und um damit das habsburgische Übergewicht am Niederrhein und in Westfalen zu wahren. In Köln wurde EB Gebhard für abgesetzt erklärt und die Wahl des Wittelsbachers 1583 ohne Schwierigkeit durchgeführt. Gebhard Truchseß von Waldburg, der sich mit den Niederländern verbündet hatte, wurde geschlagen und verschwand; die „Truchsessischen Wirren" fanden damit ihr Ende. In Münster sträubte man sich noch gegen die Wahl Ernst's, gab aber schließlich dem vereinigten habsburgisch-wittelsbachischen Drängen nach. Mit Ernst von Bayern tritt zum ersten Male eine für die Westfalen landfremde Macht, das Haus Wittelsbach, im Herzen des Landes und in beherrschender Position auf, ein Ereignis, dessen Folgen abzusehen man in Münster nicht blind gewesen ist. Stadt und Ritterschaft machten aus ihrer „Abneigung gegen die Hispanisierten" (Rothert) keinen Hehl.

Ernst von Bayern war zwar nur der Repräsentant seines Hauses und der Mächte, die hinter ihm standen. Der junge, lebenslustige Herr verbrachte seine Tage am liebsten in heiterer Gesellschaft beiderlei Geschlechtes in Arnsberg, wo er sich vor den Niederländern, die seine Wahl zum Bischof von Münster als einen feindlichen Akt anzusehen geneigt waren, sicher fühlte, und oblag der Jagd in den sauerländischen Wäldern. Das Arnsberger Haus (jetzt Sauerland-Museum) seiner „Begleiterin"

Westfalen in der Neuzeit

Gertrud von Plettenberg erinnert noch an die sorglosen Tage, die hier in sorgenvoller Zeit einander folgten. Sein Nachfolger in Köln, Münster und dazu in Paderborn aber, Ferdinand von Bayern, wußte um so kräftiger die Macht seines Hauses in Westfalen zur Geltung zu bringen. Von 1612 - 1650, also während des ganzen Dreißigjährigen Krieges, hat seine Regierung gedauert. – (Im Jahrhundert darauf ist wieder ein Wittelsbacher ebenso lange und unter Hinzunahme des Bistums Osnabrück Herr in Westfalen).

Die Wahl Ernst's von Bayern (1583 in Köln, 1585 in Münster) ist einer der tiefst einschneidenden und folgenschwersten Wendepunkte der westfälischen Geschichte. Sie leitet jene Entwicklung ein, die sich, man mag sie unter welchem Aspekt immer gutheißen oder beklagen, in politischer Sicht nicht anders darstellt als die Überfremdung Westfalens (Haberecht) durch außerwestfälische Mächte.

Mit dem Ausgang des 16. Jahrhunderts bricht die fremde Flut auch über eine Anzahl bedeutender weltlicher Territorien Westfalens herein. Schon im Mittelalter hatte Westfalen von drei Seiten her, im Südwesten durch Köln, im Süden durch Hessen, im Osten durch die Welfen, unter einer mehr und weniger starken, mehr und weniger abgewandten, aber ständigen Bedrohung gestanden. Im ersten Drittel des 16. Jahrhunderts waren die Bischofsstühle von Osnabrück, Paderborn und Minden von Prinzen des welfischen Hauses besetzt. Minden war dadurch in die Hildesheimer Stiftsfehde hineingezogen worden und hatte die Folge der welfischen Niederlage in der Schlacht auf der Soltauer Heide (1519) mitzutragen gehabt. Um dem welfischen Einfluß in Minden zu begegnen, hatte Herzog Johann III. von Kleve die Wahl des Franz von Waldeck, eines Sohnes seines Statthalters in der benachbarten Grafschaft Ravensberg, Philipps von Waldeck, durchgesetzt. Franz hatte aber wieder einem Welfen weichen müssen. Diese betrachteten nunmehr das Bistum Minden als eine Secundogenitur für ihre zweitgeborenen Söhne. An die alte Wesergrenze von 1260 dachte niemand mehr. 1504 hatten die Welfen die Grafen von Hoya unter ihre Lehnshoheit gezwungen und um dieselbe Zeit eine kaiserliche Expektanz auf die Herrschaft Diepholz erhalten. Als die Grafen von Hoya 1583, die Edelherren von Diepholz 1585 ausstarben, fielen beide Länder mit Ausnahme der hoyaischen Ämter Uchte und Freudenberg und des diepholzischen Amtes Auburg, die unter hessischer Lehnshoheit standen und an Hessen gingen, dem Zugriff der Welfen anheim, ohne daß ein Protest dagegen laut geworden wäre.

An der Westgrenze Westfalens traten spanische und staatische Truppen häufiger auf westfälisches Gebiet über, sei es, um hier Winterquartier zu nehmen, sei es, um sich mit Verpflegung und Ausrüstung zu versorgen. Mehrfach sind die nach der allgemeinen Wehrpflicht in lockeren, milizartigen Verbänden organisierten Bauern gegen sie aufgeboten worden, so im münsterschen Senden (1587) und in Delbrück (1604). Es war ein nutzloses Opfern. Gegen eine im Waffendienst geübte und ausgebildete Soldateska haben solche Milizverbände, Land- und Volksstürme niemals etwas ausrichten können. Osnabrückische Bauern haben im Gehn 1591 ein entsetzliches Blutbad über sich ergehen lassen müssen. Als endlich der

Die Überfremdung Westfalens

spanische Feldherr Mendoza Ende 1598 mit 24 000 Mann den Rhein überschritt, in Kleve, Mark und Münster Winterquartiere bezog und sich in den Gastländern wie in Feindesland aufführte, wurde gegen ihn die Reichsexekution beschlossen und dem westfälischen Kreise übertragen. Die Seele des Widerstandes war Graf S i m o n V I . zur L i p p e, derzeit Kreisoberster des Westfälischen Kreises. Der gelehrte Herr, den schönen Künsten und der Musik zugetan, befreundet mit dem ihm geistig verwandten Kaiser Rudolf II., hatte sich niemals als militärischer Führer betätigt. Daß er sich dennoch dieser Aufgabe mit seiner ganzen Person hingab, stellt ihm ein hohes Zeugnis aus. Er war in dieser Zeit der einzige Westfale unter seinen weltlichen Standesgenossen, und der Krieg, den er zu führen sich anschickte, war d e r l e t z t e K r i e g, den Westfalen in seiner Gesamtheit, als Westfalen, geführt hat. Simon hat nichts als Ärger und Verdruß davon gehabt. Der Kurrheinische Kreis und der Westfälische Kreis hatten zwar zusammen ein stattliches Heer auf die Beine gebracht. Als es aber daran ging, einen so kostspieligen Apparat zu unterhalten, als man sich vor die alte Notwendigkeit gestellt sah, daß Kriegführen Geld und immer wieder Geld verlangt, hielten die beteiligten Stände beider Kreise ihre Taschen verschlossen; waren sie doch ohnehin nur mit halbem Herzen dabei, besonders die der alten Kirche treu gebliebenen, weil sie meinten, sie dürften ihren spanischen Glaubensgenossen nicht wehe tun. So scheiterte das Unternehmen buchstäblich an der Zerrissenheit der Zeit. Wohl räumte Mendoza Westfalen, als der Winter vorüber war; aber er ließ auf der linksrheinischen Seite, u. a. in Rees, Besatzungen zurück. Dagegen setzte Simon nun seine Kriegsmacht in Marsch. Rees wurde belagert. Als ein Ausfall der Besatzung den Belagerten aber eine Schlappe beibrachte, als Sold und Verpflegung ausblieben, lief das ganze Heer einfach auseinander. Simon ging aufs tiefste enttäuscht und als gebrochener Mann nach Hause. Von seinen eigenen, hohen Aufwendungen für die Sache hat er nie einen Pfennig erstattet erhalten. Die Einfälle der Spanier gingen nach wie vor weiter und verbreiteten auf dem platten Lande Angst und Schrecken.

Herzog Wilhelm von Kleve war mit zunehmendem Alter zeitweise in Geistesschwäche verfallen und 1592 gestorben. Die Last der Regierung ging auf seinen zweiten Sohn, J o h a n n W i l h e l m, über; der ältere, hoffnungsvolle Sohn Karl Friedrich war in jungen Jahren gestorben. Bei Johann Wilhelm zeigte sich schon in den letzten Lebensjahren des Vaters die ersten Anzeichen geistiger Verwirrung. Sie arteten bald in Verfolgungswahn aus und führten zu vollständiger Geisteskrankheit, so daß seine Frau, Jakobaea von Baden, mit der er in kinderloser Ehe lebte, die Regentschaft ausüben mußte. Sie neigte der evangelischen Seite zu und erregte dadurch den Argwohn der katholischen Partei, die am Düsseldorfer Hofe die Oberhand gewonnen hatte. Ein niemals entwirrtes Intrigenspiel setzte gegen die schöne, junge, überall beliebte Frau ein. Sie wurde des Ehebruches bezichtigt; eines Morgens fand man sie tot in ihrem Bette. Eine zweite Ehe des Herzogs blieb ebenfalls kinderlos. Als er 1609 starb, erregte die Frage der Nachfolgeschaft nicht nur das ganze Reich, sondern halb Europa. Frankreich im besonderen war beunruhigt über ein mögliches, ihm höchst unerwünschtes Anwachsen der habsburgischen Hausmacht, als der Kaiser Anstalten machte, die gesamte jülich-klevische Ländermasse als erledigtes Reichslehen einzuziehen, und die Stadt Jülich militärisch besetzen ließ. Frankreichs König, Heinrich IV., der „roi poule au pot", ist es denn gewesen, der den entscheidenden Vorschlag zur Lösung des jülich-klevischem Erbfolgestreites fand.

Aus Herzog Wilhelms Ehe waren noch zwei Töchter am Leben. Die älteste, frühzeitig dem Luthertum zuneigend, war 1573 an den protestantischen Herzog Albrecht Friedrich von Preußen aus dem Hause Hohenzollern verheiratet worden in der Hoffnung, sie damit weit genug entfernt zu haben. Die jüngere heiratete den Pfalzgrafen Ludwig Wilhelm von Neuburg aus einer zwar auch protestantischen, aber habsburg-freundlichen Nebenlinie des Hauses Wittelsbach. Heinrich IV. schlug vor, das Erbe unter den Abkömmlingen dieser beiden Ehen, dem Kurfürsten Johann Sigismund von Brandenburg und dem Pfalzgrafen Wolfgang Wilhelm vo Pfalz-Neuburg, aufzuteilen. Es gelang auch, die beiden Prätendenten – ein dritter, das Haus Wettin, das sich aufgrund einer entfernteren Verwandschaft bereits eine kaiserliche Anwartschaft gesichert hatte, gab unter Aufrechterhaltung seiner Ansprüche auf – in Dortmund an den Verhandlungstisch zu bringen. Johann Sigismund ließ sich durch seinen Bruder, den Markgrafen Ernst, vertreten. Zu einer Teilung konnten sich die beiden Bewerber zwar nicht verstehen: auf Anraten des Landgrafen von Hessen einigten sie sich aber schließlich zu dem unglücklichen und wie sich bald zeigen sollte, unmöglichen Kompromiß des gemeinsamen Besitzes, der gemeinsamen Verwaltung und der Teilung der Einkünfte. (Dortmunder Rezeß vom 10. Juni 1609). Beide „possidierenden" Fürsten versprachen ihren neuen Untertanen freie Religionsausübung; aber die Städte, besonders die am Rhein, öffneten ihre Tore nur den Abgesandten e i n e r Partei, als diese alsbald erschienen, um zum Zeichen der Besitznahme das Wappen ihres Herrn an die Rathäuser zu heften, oder sie öffneten überhaupt nicht, indem sie vorgaben, sie seien vor Jahren schon einer der Herzogstöchter verpflichtet worden. Die meisten Schwierigkeiten am Rhein hatten die brandenburgischen Gesandten; ihnen wurden häufig die Stadttore vor der Nase zugeschlagen. – Eine kaiserliche Truppe, die die Stadt Jülich besetzt hatte, zog sich unterdessen zurück und gab den Weg frei. Manch einer am Rhein und in Westfalen wird damals gefragt haben, wohin er führen würde.–

Unvermindert und nach wie vor beherrschte der konfessionelle Zwiespalt die Politik. Die – erst viel später, von dem Göttinger Staatsrechtslehrer Pütter, so genannte – „Gegenreformation" hatte die besten Kräfte der alten Kirche mobilisiert und beachtliche Fortschritte erzielt. Einer ihrer eifrigsten Vertreter, der Paderborner Bischof D i e t r i c h v o n F ü r s t e n b e r g, hatte in seinem ganzen Bistum den alten Glauben wiederhergestellt. Allein die Bürger der Stadt Paderborn widerstrebten ihm, teils aus Gewissensgründen, teils weil sie um ihre alten Stadtfreiheiten fürchteten, wenn sie sich in die Gewalt des Bischofs gegeben hätten. Der kompromißlose Bürgermeister, Liborius W i c h a r t, ein aufrechter und überzeugter Demokrat, hatte sich gegen die alten Ratsgeschlechter und ihre

Die Überfremdung Westfalens

verwahrloste Stadtverwaltung durchgesetzt und verweigerte dem Bischof den Zugang zur Stadt. In den Augen Dietrichs war das Hochverrrat. Die Stadt wurde mit fremder Waffenhilfe überrumpelt, Wichart gefangen und auf grausige Weise hingerichtet. Ob der Vorwurf des Hochverrates im politischen Sinne rechtlich begründet war, ist noch eine umstrittene Frage.

Der gemeinsame Besitz der Possidierenden endete, wie nicht anders zu erwarten, schnell in einem gemeinsamen Streit. Johann Sigismunds Sohn und Nachfolger, der schwächliche Kurfürst Georg Wilhelm, kam gegen den tätigen, energischen und geschickten Wolfgang Wilhelm von Pfalz-Neuburg nicht auf. Alle in immer erneuten Verhandlungen, Rezessen und Verträgen gemachten Versuche, einen modus vivendi zu finden, hatten nur den Erfolg, daß Wolfgang Wilhelm nicht nur am Rhein, sondern auch in Westfalen gegenüber Brandenburg die Überhand gewann. Darüber brach der Dreißigjährige Krieg aus und verwirrte die Verhältnisse noch mehr.

QUELLEN

Teschenmacher, W.: Annales Cliviae, Juliae, Montium, Marcae Westphalicae. Ravensbergae, Geldriae et Zutphaniae. Quos . . . annotationibus, tabulis genealogicis, codice diplomatico illustravit J. Ch. Dithmar. 1721.
(Vf. Pfarrer in Kleve, gestorben 1638; Quellenwerk von beschränktem Nutzen auch für seine Zeit, im übrigen schon Geschichtsliteratur. Der vom Herausgeber hinzugefügte Codex diplomaticus enthält eine größere Anzahl von Staatsverträgen, landesherrlichen Verfügungen, dynastischen Eheberedungen u. Ä. des 14. bis 17. Jahrhunderts, die anderorts kaum gedruckt sein dürften).

(Schlipstein, Th.): Gründtliche Deduktion ahn statt Manifests der Hochheit, Erbgerechtigkeit, Gerichten und Rechten, so den Hertzogen von Cleve, Gulich und Bergh als Graven zu Ravenßberg, usw. in der Statt Herforden zubehören, mit allem bißherigen Verlauff. Jedermänniglichen zur Nachricht, in truck gegeben zu Arnheim, bey Jacobum von Biesen, Churfürstl. Brandenburgischen ordinari Buchtrucker, im Fürstenthumb Cleve. Im Jahre 1652. Kl. 4°, 220 S. 2. Auflag., Paderborn, J. U. Huber 1653.
Dazu: Engel, G. in 52. JBHVR (1938), S. 42–46.
(Quelle und Literatur zugleich, da weitgehend Aktenpublikation. In der Darstellung herrscht natürlich der brandenburgische Standpunkt).

von Kerssenbrock, H.: Anabapitsti furoris . . . narratio. Hrsg. von H. Detmer in: Gesch. Quellen des Bistums Münster Bd. 5/6 (1900, 1899).
(geschrieben aus eigenem Erleben, aus mündlichen Mitteilungen von Zeitgenossen und aus Akten, 1573 vollendet; wertvoll, aber kritisch zu benutzen, da Vf. nicht objektiv. v. Klocke).

Cornelius, C. A.: Berichte der Augenzeugen über das münsterische Wiedertäuferreich. 488 S., 1853. (= Gesch. Quellen des Bistums Münster 2).

Truchseß von Waldburg, G.: Tagebuch. In: Kleinsorgen, G.: Kirchengeschichte von Westphalen und angränzenden Oertern, Bd. 3, 1780.
(von Kleinsorgen 1580 überarbeitet, geht aber auf ein echtes, selbst geführtes Tagebuch des Tr. v. W. zurück).

Kluppel, C.: Waldeckische Chronik, Hrsg. von Jürges. 1914.
(Vf. Stadtschreiber von Corbach, Bacc. Art., gestorben um 1542; humanistisch breit geschrieben, sieht Waldeck mehr im Zusammenhang mit Köln, Hessen und Thüringen als mit Westfalen. v. Klocke).

Westfalen in der Neuzeit

Hamelmann, H.: Opera genealogico-historica. Neue Gesamtausgabe von H. Detmer und Kl. Löffler, 1902 ff.
(vereinigt die zahlreichen Einzelschriften Hamelmanns, darunter hier bemerkenswert „Antiqua Westphalia" (1564) und „Simplex et brevis delineatio urbium et oppidorum Westphaliae (1564).

Röchel, M.: Bischofschronik, Hrsg. von J. Jansen in: Gesch. Quellen des Bistums Münster 3 (1856).
(Vf. gestorben 1606; die älteren Teile kompiliert und wertlos, selbständig für 1553–1601).

Keller, L.: Die Gegenreformation in Westfalen und am Niederrhein. Aktenstücke u. Erläuterungen. 3 Bände, 1881–1895. (= Publikationen aus den k. Preuß. Staatsarchiven, 9, 33, 62).
(behandelt die Zeit von 1555 bis 1623).

Erhard, A. H.: Geschichte des Jülich-Clevischen Erbfolgestreites. Mit einigen Urkunden. In: WZ 9 (1846), S. 139–232.
(nennt die im Verlauf des Streites entstandenen zahlr. Streitschriften, Deduktionen usw.).

LITERATUR

Forwick, E.: Westfalen im Zeitalter der Reformation und des Absolutismus, 112 S., 1957. (= Westfalen in der deutschen Geschichte. Ergänzungshefte zu den Lehrbüchern der Geschichte, 4). (LB 87).

Casser, P.: Der Niederrheinisch-Westfälische Reichskreis (1500 bis 1806). In: Der Raum Westfalen II, 2 (1934). S. 35–70.

Rode, B.: Das Kreisdirektorium im Westfälischen Kreise. 1522–1609. 1916.

Dahm, H.: Der Niederrheinisch-Westfälische Reichskreis. In: Rheinisch-Westf. Rückblende, hrsg. von W. Först. 1967, S. 37–43.

Roßmann, W.: Die Hildesheimer Stiftsfehde (1519–1523). Hrsg. und ergänzt von R. Doelmer. 1505 S. 1908.

Cornelius, C. A.: Geschichte des Münsterischen Aufruhrs. 2 Bände, 1855, 1866.

Keller, L.: Geschichte der Wiedertäufer. 1880.

Löffler, K.: Die Wiedertäufer in Münster. 1923.

Hoeynck, A.: Die Truchsessischen Religionswirren und die Folgezeit bis 1590 mit besonderer Rücksicht auf das Herzogthum Westfalen. In: WZ 52 II (1894), S. 1–76; 53 II (1895), S. 1–96.

Berentelg, H.: Der Schmalkaldische Krieg in Norddeutschland. 1908.

Petri, F.: Norddeutschland im Wechselspiel der Politik Karls V. und Philipps des Großmütigen von Hessen. In: Ztschr. d. V. f. hess. Gesch. u. Landeskunde 71 (1960), S. 37–60.

Falkmann, A.: Graf Simon VI. zur Lippe und seine Zeit (1554–1613). In: dss. Beiträge zur Gesch. des Fürstentums Lippe, Bd. 3, 4, 5, 6. 1882–1902.

Cramer, W.: Geschichte der Grafschaft Lingen im 16./17. Jahrhundert. 1940.

Hunsche, F. E.: 250 Jahre Landkreis Tecklenburg 1707–1957. Mit einer alten Ansicht und einer Rekonstruktion der Burg Tecklenburg. 1957.
(enthält einen sehr vollständigen Literaturnachweis zur Gesamtgeschichte der Grafschaft Tecklenburg).

von Löher, F.: Geschichte des Kampfes um Paderborn 1597–1604. 1874.

Spannagel, K.: Zur Geschichte des Bistums Minden im Zeitalter der Gegenreformation. In: WZ 55 I (1897), S. 194–217.

Roggendorf, H. J.: Die Politik zu Pfalzgrafen von Neuburg im Jülich-Klev. Erbfolgestreit. In: Düsseldorfer Jahrb. 53 (1965), S. 1–211.

Die Überfremdung Westfalens

Der Dreißigjährige Krieg in Westfalen

In Köln und Münster war 1612, nach dem Tode von EB Ernst, sein Neffe F e r d i n a n d , ein Bruder des regierenden Herzogs Maximilian von Bayern, als Erzbischof und Bischof gefolgt und im Jahre 1618, nach dem Tode Dietrichs von Fürstenberg, auch zum Bischof von Paderborn gewählt worden. Er war außerdem Bischof von Lüttich und Hildesheim. Wolfgang-Wilhelm von Pfalz-Neuburg trat 1613 zum katholischen Glauben über und heiratete eine Schwester des Bayernherzogs. Seine Bindung an Wittelsbach und an die Liga und dessen Führer Maximilian waren somit endgültig und vollständig. Die beiden Häuser Wittelsbach beherrschten nunmehr zwei Drittel des gesamten Raumes des Westfälischen Kreises.

W o l f g a n g W i l h e l m , F e r d i n a n d und M a x i m i l i a n waren gleichaltrig, standen bei Ausbruch des Krieges im besten Mannesalter, alle drei Anfang der Vierzig, und haben d e n g a n z e n K r i e g überlebt. Sie, die Nichtwestfalen, gleich tatkräftig, energisch und zielbewußt, haben die Geschicke Westfalens im Dreißigjährigen Kriege an erster Stelle bestimmt.

Als Bischof von Münster beanspruchte und übernahm Ferdinand sogleich das Direktorium des Westfälischen Kreises, obwohl Pfalz-Neuburg und Brandenburg dagegen protestierten, und auch die übrigen Kreisstände von einem „Oberdirektorium" des Kölner Erzbischofs wenig erbaut waren. Zwistigkeiten solcher Art mußten von vornherein die Wirksamkeit des Kreises lahmlegen. Ob überhaupt in den ersten Kriegsjahren, als es nötig gewese wäre, militärische Kräfte des Kreises mobilisiert worden sind, wie es z. B. mit Erfolg im Niedersächsischen Kreis geschehen ist gegen den „tollen" Christian von Braunschweig und nochmals gegen Christian IV. von Dänemark, bleibt ungewiß. In Erscheinung getreten sind sie jedenfalls erst 1643, als alle Entscheidungen längst gefallen waren. Abwehrmaßnahmen gegen Truppendurchmärsche, Winterquartiere, Erhebung von Kontributionen, Lieferung von Verpflegung usw. wären im Interesse des Landes und seiner Bewohner sowohl vom Kreise als auch von den größeren Territorien zu erwarten und möglich gewesen. Beide aber waren Partei, Westfalen nur eine Karte in deren Spiel. Im ganzen Verlauf des Krieges sind so gut wie keine politischen Willensäußerungen laut geworden im Sinne Westfalens und zum Schutze des Landes. Eine „westfälische" Geschichte wird daher von dem großen Kriege nur in soweit berührt, als seine Wellen den westfälischen Boden überspült haben. Sie muß sich darauf beschränken, die wichtigsten Kriegshandlungen auf westfälischem Boden kurz zu verzeichnen, und versuchen, sie in den Ablauf des Ganzen zu stellen. Eine Geschichte des Dreißigjährigen Krieges in Westfalen kann zudem erst geschrieben werden, wenn einmal die verwirrende Fülle der Einzelheiten aus den vielfach noch unerschlossenen Quellen, lokalen Berichten usw. erarbeitet sind.

Die Kriegsereignisse in Westfalen lassen sich in etwa 4 Phasen betrachten. Die e r s t e beginnt mit dem Krieg des jungen und „tollen" Herzogs C h r i s t i a n v o n B r a u n s c h w e i g . Nach dem Mißlingen seiner

Westfalen in der Neuzeit

Kriegszüge zur Wiedergewinnung des Landes der von ihm verehrten Elisabeth von der Pfalz, der „Winterkönigin", kam ihm auf dem Rückmarsch das Stift Paderborn als feindliches Land wie gerufen in den Weg, um seinen Truppen Erholung, Sold und alles übrige zu verschaffen. Als die Stadt Lippstadt ihn im Januar 1622 heimlich um Hilfe und Aufhebung der spanischen Besatzung bat, folgte er dieser Aufforderung mit Freuden. Die Kreuz- und Querzüge des jungen, tapferen, aber unreifen Hitzkopfes haben in Westfalen Schrecken und Angst verbreitet. Sein nochmaliger Vorstoß gegen die Pfalz war so ergebnislos wie der erste. Wieder auf die Niederlande und Westfalen zurückgedrängt, vollendete sich bei S t a d t l o h n in den Sümpfen des Lohner Bruches am 6. August 1623 sein Schicksal. – Im Verlauf dieser Ereignisse zeigte Ferdinand von Bayern seinen paderbornischen und münsterschen Landeskindern sein wahres Gesicht. Die Stadt Paderborn bestrafte er mit dem Verlust ihrer Privilegien, weil die der Reformation anhängenden Kreise der Stadt den Braunschweiger mit dem Ersuchen um Hilfe gegen ihre katholischen Widersacher in die Stadt eingelassen hatten. In der gleichen Weise bestrafte er die münsterschen Landstädte, weil sie sich – umgekehrt – geweigert hatten, die gegen den Braunschweiger anrückenden Truppen der Liga aufzunehmen. Die rein passive, jedes angriffsweisen Verhaltens bare Resistenz und Selbsthilfe der Städte gegen eine durchmarschierende Truppe, die Quartiere, Verpflegung und Geld verlangte, war von Ferdinand als „Rebellion" ausgelegt worden, Dülmen, Rheine, Beckum, Borken und Warendorf auf seinen Befehl mit Waffengewalt geöffnet und besetzt worden. Sie wurden obendrein mit hohen Geldstrafen belegt, und mit ihren alten Stadtfreiheiten, Ratswahl und Selbstverwaltung war es ein für alle Mal vorbei. Der fürstliche Absolutismus erhob auch in Westfalen sein Gorgonenhaupt.

Die z w e i t e Phase des Dreißigjährigen Krieges in Westfalen ist vornehmlich gekennzeichnet durch den Versuch, den auf dem Papier zwar geschlichteten, in Wirklichkeit aber noch völlig schwebenden Streit um das jülich-klevische Erbe mit den Waffen auszutragen. Die Spanier nämlich, als Parteigänger der Pfalz-Neuburger, und die Holländer als Parteigänger Brandenburgs ließen sich auf Anruf der Streitenden bestimmen, ihren Krieg nunmehr offen in Westfalen fortzusetzen. Pfalz-Neuburg zog daraus den größeren Gewinn. Eine neuburgisch-spanische Truppenmacht wandte sich 1623 gegen die starke, von den Holländern besetzte und zu ihrem Hauptstützpunkt gemachte Festung L i p p s t a d t. Die Stadt wurde umschlossen und nach allen Regeln und mit allen Mitteln der damaligen Kriegskunst belagert, leistete aber heftigen Widerstand. An der erfolgreichen Abwehr wiederholter Sturmangriffe gegen die Tore der Stadt beteiligte sich, wie einstmals in Soest, die gesamte Bürgerschaft, Männer und Frauen. Munitionsmangel zwang schließlich die Verteidiger zur Übergabe. Die Besatzung erhielt freien Abzug, die Bürgerschaft, wofür sie gekämpft und ihr Leben eingesetzt hatte, freie Religionsausübung zugestanden, mußte aber eine lange und drückende spanische Besatzung hinnehmen.

Holländer hatten, schon Ende 1615 von Brandenburg ins Land gerufen, die Veste Sparenberg über Bielefeld besetzt und sie durch ein weitläufiges

System von hohen Erdwällen und Schanzen zusätzlich und kunstvoll befestigt. Als aber die Spanier nach dem Fall von Lippstadt anrückten, wagte der holländische Kommandant keinen nennenswerten Widerstand, zumal sich die im Vergleich zu Lippstadt sehr mäßig befestigte Stadt Bielefeld klugerweise aus der Affäre heraus und ihre Tore geöffnet hielt. Nach kurzer Belagerung kapitulierten die Holländer und durften, auch sie, in Waffen und mit fliegenden Fahnen heimwärts marschieren. Ohne Schwertstreich fielen bald darauf Herford und Vlotho den neuburgischen Spaniern zu.

Nicht anders war es Wolfgang Wilhelm gelungen, auch in der Grafschaft Mark, dem zweiten westfälischen Stück des jülich-klevischen Erbes, den brandenburgischen Einfluß stark zurückzudrängen. Er unterschrieb zwar im Jahre darauf in Düsseldorf einen neuen Teilungsvertrag, hielt sich aber daran so wenig wie an ein ähnliches, in Xanten 1614 getroffenes Abkommen. Wiederholte Versuche Brandenburgs, das Verlorene mit Waffengewalt zurückzugewinnen, hatte nur geringen Erfolg. Wolfgang Wilhelm blieb Herr der Lage.

Der in eben diesen Jahren von dem Niedersächsischen Kreis und dem König Christian IV. von Dänemark gegen Kaiser und Liga geführte Krieg hat von westfälischen Landesteilen nur O s n a b r ü c k vorübergehend berührt. 1625, beim Tode des osnabrückischen Bischofs Eitel Friedrich von Hohenzollern, stellte Christian IV. seinen Sohn Friedrich dort zur Wahl; das Domkapitel entschied sich aber für F r a n z   W i l h e l m   v o n W a r t e n b e r g, einen Wittelsbacher und Vetter Erzbischofs Ferdinand von Köln. Daraufhin ließ Christian IV. Truppen in Osnabrück einmarschieren, richtete aber gegen den klugen und tatkräftigen Bischof wenig aus. Christians IV. im ganzen abenteuerliches Unternehmen endete im Jahre darauf mit seiner Niederlage gegen Tilly bei Lutter am Barenberge. Franz Wilhelm von Wartenberg errang 1630 auch die Bischofsstühle von Minden und Verden und wurde eine bedeutende Stütze der wittelsbachischen Macht in Westfalen.

Die d r i t t e Phase des Krieges beginnt auch für Westfalen mit der Landung G u s t a v   A d o l f s im Jahre 1630. Ihm schloß sich u. a. alsbald der ihn durch seine, Gustav Adolfs, Mutter verwandte und evangelisch gesinnte Landgraf W i l h e l m   V. , ,, d e r   B e s t ä n d i g e '' , von Hessen-Kassel an. Man könnte diesen Abschnitt des Krieges, auf Westfalen bezogen, den h e s s i s c h - m ü n s t e r i s c h e n   K r i e g nennen; denn Gustav Adolf wies den Landgrafen auf Westfalen hin als Versorgungs- und Rekrutierungsgebiet für eine aufzustellende Truppenmacht, ja, nach seinem Siege bei Breitenfeld und seinen übrigen Erfolgen in Süddeutschland ,,schenkte'' er ihm im Zuge seiner weitreichenden Pläne die Hochstifte Paderborn, Münster, Fulda, Corvey und Onabrück und das kölnische Arnsberg. So entzündete sich in Westfalen aufs neue die Kriegsfackel, denn das ,,Geschenk'' mußte erst erobert werden. Die Länder Paderborn, Münster, Mark und Arnsberg wurden davon schwer betroffen.

Die Dinge liefen für den Landgrafen nicht so, wie er es sich wohl vorgestellt hatte und wie sie sich anfangs anließen. Keinen Gewinn brachte ihm der Sieg der schwedisch-hessischen Waffen auf dem rechten Weserufer bei O l d e n d o r f in der Grafschaft Schaumburg (6. Juli 1633), nach Stadtlohn die zweite größere Feldschlacht dieses Krieges auf westfälischem Boden – zu einer dritten ist es nicht mehr gekommen –; denn die Länder Minden und Osnabrück, die ihm nunmehr offen gelegen hätten, behielten die Schweden. In O s n a b r ü c k wurde des toten Gustav Adolfs natürlicher Sohn G u s t a v G u s t a v s o h n, Graf von Wasaburg, als Regent eingesetzt; Franz Wilhelm von Wartenberg, der Bischof, mußte seine Zuflucht bei seinem Vetter Ferdinand in Köln suchen.

Der Landgraf unternahm nochmals einen Vorstoß in das Stift Münster. Sein Ziel scheint Köln gewesen zu sein. Er gelangte auch bis in die Nähe der Ruhrmündung, blieb aber dann im Oberstift Münster. Als er vor der Stadt Münster lag, trat ihm ein Westfale, der Oberst A l e x a n d e r v o n V e l e n, an der Spitze eines stiftmünsterschen Truppenaufgebotes entgegen. Ob es Söldner gewesen sind oder ein aus münsterschen Bauern aufgebotener Milizverband oder, was wahrscheinlicher ist, beides, ist nicht bekannt, auch von keinem großen Belang. Bemerkenswert an dieser Begegnung ist vielmehr, daß hier zum ersten Mal in diesem Kriege – und wohl auch zum einzigsten Male – von einem der westfälischen Territorien mobilisierte, eigene militärische Kräfte einem Feind und Eindringling aus der Fremde sich entgegenstellten. Ihr Auftreten hatte immerhin den Erfolg, daß der Landgraf von einer Belagerung der Stadt Abstand nahm. Bald darauf mußte er überhaupt umkehren und nach Hessen zurückgehen; denn eine kaiserliche Truppe, auch sie von einem Westfalen, dem Obersten Lothar Dietrich von Bönninghausen, befehligt, war unversehens in seinem Rücken aufgetaucht und bedrohte das Hessenland.

Die Gefahr für Münster war glücklich abgewandt. Auch im weiteren Verlauf des Krieges hat keiner der fremden Herren und Heerführer versucht, sich an den starken Befestigungswerken der Hauptstadt Westfalens die Zähne auszubeißen. – Alexander von Velen konnte die von den Hessen noch besetzten münsterischen Städte Bocholt, Borken und Dülmen befreien. Der ,,westfälische Wallenstein" ist er genannt worden, weil er die kaiserlichen und ligistischen Heere von Westfalen aus mit Mannschaften und Ausrüstung versorgte. Er erwarb dabei ein großes Vermögen, erbaute das prächtige Wasserschloß Raesfeld und wurde zum Reichsgrafen erhoben. Als Truppenführer ist er nur gelegentlich wieder und in kleineren Aktionen aufgetreten.

Landgraf Wilhelm von Hessen ist noch ein drittes Mal in Westfalen erschienen, unterstützt von dem wenig verläßlichen Herzog Georg von Braunschweig-Lüneburg. Man kämpfte mit wechselndem Erfolg um Städte und Plätze, um Werl, Salzkotten, Iserlohn, Lünen, Hamm und Soest. Schwer wurde Höxter mitgenommen. Die Stadt Minden, in der sich die Kaiserlichen nach Oldendorf noch gehalten hatten, wurde 1634 von den Braunschweigern belagert und erobert. Alles in allem konnte sich der Landgraf schließlich doch eines gewissen Erfolges erfreuen. Das ganze Stift Paderborn, die Stadt Höxter und die Grafschaft Lippe waren in seiner Hand, und von den 16 festen Plätzen Geseke, Lippstadt, Soest, Werl, Hamm, Lünen, Dortmund, Recklinghausen, Dorsten, Lüdinghau-

Die Überfremdung Westfalens

sen, Borken, Coesfeld, Vreden, Ahaus, Burgsteinfurt und Rheine aus beherrschte er das Gebiet beiderseits der Lippe und die ostwärtige Hälfte des Oberstiftes Münster. Sein ,,westfälischer Kriegsstaat", wie er ihn nannte, und sein hessiches Stammland hätten zusammen wohl ein kleines Reich ergeben.

Der Landgraf hat dieses Ziel sein – nur noch kurzes – Leben lang verfolgt. Ob der konfessionelle Hintergrund dafür den Ausschlag gegeben hat, steht dahin; nahm er doch, nachdem die Vormacht seiner schwedischen Verbündeten durch die Niederlage von Nördlingen (5. September 1634) bedenklich ins Wanken geraten war, Hilfsgelder und Hilfstruppen Frankreichs, das 1635 in den Krieg gegen den Kaiser eingetreten war, gern entgegen. Er verlor zwar Brilon, Vreden, Bocholt, im Jahre darauf auch die für ihn wichtige Stadt Paderborn; Werl, Dortmund, Hamm und Lünen folgten. In dieser Lage, die im Münsterischen nur die Lippelinie und Coesfeld in seiner Hand ließ, fand der wendige Soldat eine neue strategische Konzeption. Mit der starken Festung Minden, die 1635 von den Schweden zurückgewonnen war, – die Schweden haben Minden bis zum Ende des Krieges behauptet und es als Faustpfand noch einige Jahre nach Friedensschluß, bis zu Bezahlung der von ihnen geforderten Kriegsentschädigung, gehalten – im Rücken, marschierte er in das Niederstift Münster ein, um zusammen mit dort stehenden schwedischen Verbänden und weiterhin gestützt auf die Festung Meppen den Angriff auf das Oberstift Münster erneut vorzutragen. Im Jahre darauf überraschte den erst 35jährigen in Leer in Ostfriesland der Tod. Seine Witwe, Amalie Elisabeth, hat unerschütterlich an dem einmal Gewonnenen festgehalten und in den folgenden Jahren vorübergehend in Dorsten und Lippstadt residiert, mußte aber 1641 den Verlust Dorstens gegen Alexander von Velen hinnehmen.

Die Ereignisse dieser Jahre lösen sich mehr und mehr in die Wirrnis eines Kleinkrieges auf. Darin gehört auch das unvermutete Auftreten der beiden Söhne des verstorbenen ,,Winterkönigs", des Pfalzgrafen Friedrichs V. Von ihren englischen Verwandten – die Mutter Elisabeth, ,,la reine des coeurs", an die schon der ,,tolle" Christian sein Herz verloren hatte, war eine geborene Stuart – und von den Holländern mit Geldmitteln ausgestattet, hatten sie bei Meppen eine kleine Truppe angeworben, mit der sie, ein abenteuerlicher Plan, ihr Stammland, die Pfalz, wiederzugewinnen hofften. Obwohl ihnen Meppen durch einen Handstreich Kaiserlicher entrissen war, hatten sie aufs neue Soldaten geworben und waren ostwärts marschiert, um sich mit den Schweden zu vereinigen. Auf der Hochfläche bei V l o t h o - V a l d o r f wurden sie von dem kaiserlichen General Hatzfeld zusammengeschlagen, nachdem ihre Offiziere, so wenigstens wird berichtet, am Abend vorher noch die kaiserlichen Herren in Lemgo kavaliermäßig begrüßt und mit ihnen zusammen pokuliert hatten (17. Oktober 1638).

Mit dem Tode des Landgrafen Wilhelms V. ist eine eindeutig auf Westfalen gerichtete Phase des Krieges zu Ende gegangen. Wenn auch weiterhin hessische Verbände in Westfalen operiert haben, so ging es dabei höchstens um die Behauptung von früher Errungenem. Einen ausgespro-

Westfalen in der Neuzeit

chen aggressiven Charakter haben sie nicht mehr gehabt, noch weniger hat ihnen ein einheitlicher strategischer Gedanke zugrunde gelegen. Freilich war der Krieg für Westfalen damit noch nicht beendet. Nach wie vor haben sich Schweden und Hessen, Spanier und Franzosen, Böhmen und Bayern, Kroaten und Panduren in Westfalen ein Stelldichein gegeben und haben sich in dem Lande, das im ganzen weit weniger als andere Landschaften des Reiches unter der Furie des Krieges gelitten hatten, gern, wie Simplizius Simplizissimus Grimmelshausen es in Soest gelernt hatte, „die Butter fingerdick aufs Brot geschmiert". Alle waren ungebetene Gäste. Sie zum Lande hinauszujagen war niemand imstande, am wenigsten Brandenburg, das durch sein prätendiertes großes Erbe in Westfalen dazu an erster Stelle mit berufen gewesen wäre. Der schwächliche Kurfürst Georg Wilhelm hatte sich zudem die Schweden zum Feinde gemacht und war zum Calvinismus – und zum Kaiser übergetreten.

Von der kaiserlichen Partei her aber erfolgte im Jahre 1643 noch einmal ein Versuch, die Kräfte des Niederrheinisch-Westfälischen Kreises in das Kriegstheater einzubringen. Sind dem Versuch auch, wie es bei der zugeknöpften und ängstlichen Haltung der Stände nicht anders zu erwarten war, einschneidende Erfolge versagt geblieben, so gewinnt die Lage für Westfalen damit doch ein neues und verändertes Gesicht, so daß es berechtigt erscheint, noch von einer 4. und letzten Phase des Krieges in Westfalen zu sprechen.

Den Anstoß gab EB Ferdinand von Köln. Mit Hilfe des Kreises sollte eine „westfälische Defensionsarmee" von 4000 Mann zu Fuß und 1500 zu Pferde aufgestellt und zusammen mit ligistischen Truppen gegen die schwedischen und hessischen Eindringlinge verwandt werden. Die kleine Truppe, natürlich viel zu klein, als daß sie ein ernstes Wort hätte mitsprechen können, wurde nacheinander verschiedenen kaiserlichen Generälen unterstellt. Leider fehlen Nachrichten darüber, ob und inwieweit sie noch in Tätigkeit getreten ist; es ist bezweifelt worden, daß es überhaupt dazu gekommen sei. Einfach im Sande verlaufen ist das Unternehmen jedoch offenbar nicht; sonst hätte schwerlich Veranlassung vorgelegen, den kaiserlichen General Lamboy zum „Kommandierenden des Westfälischen Kreises" zu ernennen. Lamboy schlug sich mit den Schweden unter Königsmark und Wrangel herum, die besonders im Osnabrückischen Fortschritte gemacht hatten und Warendorf und Münster, Steinfurt und Geseke bedrohten. Zweimal konnte er schließlich auch Paderborn, das die Schweden und Hessen belagerten, um es für die Landgräfin wiederzugewinnen, entsetzen. Diese zweite Belagerung Paderborns und ihr Entsatz durch Lamboy ist die letzte größere Kriegshandlung in Westfalen gewesen. In Paderborn hatte der Krieg für die Westfalen begonnen, vor Paderborn endete er wieder.

Am Ende des Krieges zeichnet sich für Westfalen etwa folgende Lage ab: Die vereinigten Schweden und Hessen beherrschten mit den Stiftern Osnabrück und Minden und dem Niederstift Münster den ganzen Norden, behaupteten sich außerdem an der Oberweser, in Teilen des Stiftes Paderborn ohne die Stadt Paderborn und in einem ziemlich breiten Streifen beiderseits der Lippe bis zur Lippemündung. Im Herzen von West-

Die Überfremdung Westfalens

falen: im Oberstift Münster und im kölnischen Sauerland und in Recklinghausen war die Stellung der kaiserlichen Partei und Ferdinand von Köln und dank der festen Hand Alexanders von Velen unerschüttert geblieben, Ravensberg und die Grafschaft Mark jedoch waren, nachdem sich die Possidierenden im letzten Augenblick noch geeinigt hatten, von Wolfgang Wilhelm den Brandenburgern eingeräumt worden. In Lippe hatte die kluge Gräfin Katharina erreicht, daß die durch ihren Beitritt zum Prager Frieden von 1635 erklärte Neutralität ihres Landes von den Parteien im wesentlichen geachtet wurde.

QUELLEN

Forst, H.: Politische Correspondenz des Grafen Franz Wilhelm von Wartenberg, Bischofs von Osnabrück und Minden 1627–1631. 1897.

Weitere Akten, Korrespondenzen und Aufzeichnungen aus der Zeit des Dreißigjährigen Krieges liegen noch in großen Mengen unveröffentlicht in den Archiven.

Prange, J.: Verzeichnis dessen, was sich bei der Regierung des Grafen Jost Hermann . . . Otten . . . Gräfin Elisabeth . . . Grafen Philipp in der Grafschaft Schaumburg zugetragen 1622–1650. Hrsg. von Dolle in: Bibl. hist. Schauenburgicae I. 1750.
(Vf. Prediger in Bückeburg, gibt zuverlässige Kriegsnachrichten).

Theatrum Europaeum oder ausführliche . . . Beschreibung aller . . . Geschichten, so sich in der Welt . . . von 1617–1718 zugetragen haben, geschr. durch J. Ph. Adelinum, H. Orasum, J. D. Geiger u. a. Mit Kupferstücken geziert durch Mattheum Merian. 20 Bände, 1643–1738.
(ergiebig an Nachrichten aus der Zeit des Dreißigjährigen Krieges; doch ist zu berücksichtigen, daß es sich um „offiziöse", zeitungsartige Berichte handelt).

von Meiern, J. G.: Acta pacis Westphalicae publica oder Westphälische Friedens-Handlungen und Geschichte. Erster (Zweyter, Dritter, Vierdter, Fünffter, Sechster) Theil . . . mit wichtigen Urkunden . . . 1°. 1734–1736.

von Meiern, J. G.: Acta pacis executionis publica oder Nürnbergische Friedens-Executions-Handlungen und Geschichte . . . wie . . . die würckliche Vollziehung des Westphälischen Friedens . . . geschehen ist . . . mit authentischen Urkunden. Erster (Zweyter und letzter) Theil biß zum völligen Schluß des Congressus, Anno 1651. 1°. 1736, 1737.

Walther, J. L.: Universal-Register über die Sechs Theile der Westphälischen Friedens-Handlungen . . . ingleichen über die Zween Theile der Nürnbergischen Friedens-Executions-Handlungen . . . 1°. 1740.

LITERATUR

Schafmeister, K.: Herzog Ferdinand von Bayern als Fürstbischof von Münster. 1912.

Weskamp, A.: Herzog Christian von Braunschweig und die Stifter Münster und Paderborn im Beginne des Dreißigjährigen Krieges (1618–1622). 1884.

Weskamp, A.: Das Heer der Liga in Westfalen 1622–23. 1891.

Opel, J. O.: Der niedersächsisch-dänische Krieg. 1872.

Knust, H.: Alexander von Velen. 1938.

Altmann, R.: Landgraf Wilhelm V. im Kampf gegen Kaiser und Katholizismus 1633–37. 1938.

Westfalen in der Neuzeit

von Geyso, F.: Beiträge zur Politik und Kriegsführung Hessens im Zeitalter des 30jährigen Krieges . . . In: Ztschr d. V. f. Hess. Gesch. 53 (1921), S. 1–115; 54 (1924), S. 1–160; 55 (1926), S. 1–175.

Schneider, F.: Stadt und Vest Recklinghausen während des Dreißigjährigen Krieges. Nach archivalischen Quellen. In: WZ 22 (1862), S. 147–224.

Stegmann, R.: Die Grafschaft Lippe im dreißigjährigen Kriege. In: Mittlgn. aus der lipp. Gesch. 3 (1905), S. 1–155.

Salge, K.: Der Dreißigjährige Krieg in der Grafschaft Ravensberg. In: 36. JBHVR (1922), S. 1–53.

Kretschmar, J.: Zur Geschichte Herfords im Dreißigjährigen Kriege. Mit einem Plane der Stadt von 1638. In: WZ 58 I (1900), S. 1–29.

Meurer, H.: Franz Wilhelm, Bischof von Osnabrück. In: Mittlgn. d. Hist. V. Osnabrück 10 (1875), S. 245–270.

Rothert, H.: Die Einwirkungen des Dreißigjährigen Krieges auf Westfalens Wohlstand. In: Westf. Forschgn. 4 (1941), S. 134–147.

WESTFALEN ZWISCHEN FREMDEN MÄCHTEN

Münster

Am 17. Januar 1643 erschien, vom Kaiser gesandt, der kurkölnische Rat Johannes Krahne in Münster und erklärte die Stadt als neutral. Das gleiche wiederholte er wenige Tage später in Osnabrück. Er war beauftragt, in beiden Städten den Friedenskongreß vorzubereiten. Bis die Verhandlungen beginnen konnten, waren viele Schwierigkeiten zu überwinden. Die Unterbringung der zahlreichen Gesandtschaften, die mit großer Dienerschaft und noch größeren Ansprüchen anreisten, bereitete viel Kopfzerbrechen, noch mehr die Frage der Verhandlungsmodalitäten und der zu beachtenden Formen und Rangordnungen; war doch ein solcher europäischer Kongreß ohne Beispiel in der Geschichte.

Das Ergebnis des Westfälischen Friedens für Westfalen ist in wenigen Sätzen zusammengefaßt: Die Bistümer Paderborn und Münster wurden von der drohenden Säkularisation verschont aufgrund des Rückhaltes, den sie an den Wittelsbachern hatten, Paderborn im besonderen durch einen Schutzbrief, den der Bischof von Le Mans, durch Gebetsbruderschaft und das gemeinsame Liborius-Patrozinium seit alters mit Paderborn verbunden, beim französichen König erwirkt hatte. Hessen erhielt die Hälfte der Grafschaft Schaumburg anstelle des geforderten Stiftes Paderborn und 600 000 Taler Entschädigung. Die Welfen erhielten die ,,Alternation" in Osnabrück, d. h. das Recht, den Bischofsstuhl von Osnabrück im Wechsel mit einem vom Domkapitel Gewählten mit einem Prinzen ihres Hauses zu besetzen. Brandenburg gelang es durch Bestechung des schwedischen Unterhändlers, das Stift Minden zu säkularisieren und für sich zu gewinnen als Entschädigung für das ihm vorenthaltene Vorpommern. Alle Länder des Westfälischen Kreises mußten endlich beisteuern zu der schwedischen ,,Milizsatisfaktion", d. h. der für Schweden aufzubringenden Kriegsentschädigung in Höhe von 5 Millionen Gulden. Den höchsten Beitrag hatte das Stift Osnabrück zu leisten mit 156 640 Gulden. Es folgten das Stift Paderborn mit 128 450 Gulden, das Stift Lüttich mit 99 200 Gulden, die Stadt Köln mit 85 625 Gulden, die Grafschaft Ravensberg mit 82 615 Gulden, die Stadt Dortmund mit 68 625 Gulden usw. An letzter Stelle steht die Stadt Herford mit ganzen 930 Gulden. Die unglückliche Stadt mußte ihre Erhebung zur Reichsstadt (S. 178 f.) teuer bezahlen; denn da sie keinem Herrn untertan sein wollte, wurde sie von niemandem geschützt und war schutzlos jedem Soldatenhaufen preisgegeben. Als der junge Kurfürst Friedrich Wilhelm von Brandenburg, der 1640 seinem Vater in der Regierung gefolgt war, sich endlich ,,brevi manu", wie die Akten des Westfälischen Friedens sich ausdrücken, der Stadt bemächtigte, war es mit der Blüte des Heiligen Herford vorbei.

Westfalen in der Neuzeit

Die mitgeteilten Zahlen der westfälischen Länder und Städte zu den schwedischen Kriegskosten lassen in etwa erkennen, wo der Krieg am stärksten gewütet hatte. Er hat gewiß überall schwere Opfer gefordert; doch darf man nicht vergessen, daß alle Berichte von Zeitgenossen über Plünderung, Brandschatzung und dergleichen im allgemeinen stark übertrieben sind. Wenn z. B. die kleine Grafschaft Ravensberg schon an 5. Stelle in der Aufbringungsliste der Kriegsentschädigung steht, so besagt das zur Genüge, daß sie ein ausgesprochenes Schongebiet gewesen sein muß. Die starke Hand Wolfgang Wilhelms hat dazu ihr Teil beigetragen. Die beiden Bewerber um das jülichsche Erbe waren übrigens klug genug gewesen, eine nochmalige Entscheidung nicht dem Länderschacher der Friedenskonferenz zu überlassen. 1647 hatten sie sich endlich verbindlich auf das Xantener Abkommen von 1614 geeinigt und die Teilung: Kleve, Mark und Ravensberg an Brandenburg, Jülich und Berg an Pfalz-Neuburg, durchgeführt.

Die wichtigste Entscheidung des Westfälischen Friedens für Westfalen selbst aber ist der Artikel 17 des Friedensabschiedes. Darin wird bestimmt, daß die Organisation des Niederrheinisch-westfälischen Kreises wiedererrichtet werden soll. Man nannte es die „Redintegration" des Kreises. Daß der Kongreß sie für nötig gehalten hat, ist bezeichnend für die Bedeutung, die der Kreisorganisation für das Reich beigemessen wurde und die sich in anderen Kreisen bewährt hatte. Die Westfalen selbst haben diesen Artikel begrüßt, schien er doch die Hoffnung auf ein neues, geschichtsträchtiges und geschichtsfähiges Westfalen in sich zu schließen. – Es sollte sich jedoch zeigen, daß es schwer, ja auf die Dauer unmöglich war, die alten Formen mit neuem Leben zu erfüllen.

Das politische Gesicht Westfalens änderte sich von Grund aus. Die Grafschaften Mark und Ravensberg, dazu das säkularisierte Bistum Minden waren brandenburgisch geworden. Hoya und Diepholz verblieben den Welfen, deren Nachbarn im Norden die Schweden geworden waren; denn ihnen waren die Bistümer Verden und Bremen mit Wildeshausen zugesprochen. Oldenburg und Delmenhorst fielen nach dem Tode des kinderlosen Grafen Anton Günther an das ihm verwandte dänische Königshaus und wurden mit Dänemark vereinigt. Auf den Stuhl von Osnabrück kehrte Franz Wilhelm von Wartenberg zurück, keineswegs begrüßt von dem protestantischen Teile seiner Landeskinder. Mit der sogenannten „Capitulatio perpetua" erreichte er 1650 eine von den künftigen Regierungen unabhängige Regelung der konfessionellen Verhältnisse, indem 30 Pfarrkirchen und 5 Klöster endgültig den Katholiken, 20 Pfarrkirchen den Evangelischen zugesprochen und gleichzeitig bestimmt wurde, daß jeweils für die Zeit der welfischen Regierung die Katholiken dem Erzbischof von Köln als geistlichem Hirten unterstellt wurden. Nach Franz Wilhelms Tode (1661) schickten die Welfen zum ersten Mal ein Mitglied ihres Hauses auf den Osnabrücker Stuhl gemäß den Abmachungen des Friedensvertrages. Münster und Paderborn wurden durch den Tod Ferdinands von Bayern im Jahre 1650 nur vorübergehend aus der Hand des Hauses Wittelsbach gelöst. Den Stuhl von Paderborn bestieg Theodor Adolf von der Reck (1650 – 1678). Seine Nachfolger waren der gelehrte Ferdinand von Fürstenberg (1678 – 1683) und zwei wenig bedeutende von Wolff-Metternich (1683 – 1704; 1704 – 1718).

Auch das Domkapitel in Münster hatte erkannt, daß die Vereinigung der westfälischen Bistümer in der Hand eines mächtigen auswärtigen Fürsten leicht zum Nachteil der Vereinigten sich auswirken konnte. Die Wahl des Domkapitels fiel daher in Münster auf den damals 44 Jahre alten, in diplomatischen Geschäften und politischen Verhandlungen wohl bewanderten, bisherigen Thesaurar des Kapitels, Christoph Bernhard von Galen. Die beiden Bischofswahlen in Paderborn und Münster sind noch einmal – und zum letzten Male – ein Versuch, der Überfremdung Westfalens zu steuern. Die Bemühungen der ritterschaftlichen Stände sowohl des Bistums Münster als auch der Grafschaften Kleve, Mark und Ravensberg um Indigenat, Steuerbewilligungsrecht und grundherrschaftliche Vorrechte laufen daneben noch eine Zeitlang her als letzte und allerletzte Bemühungen gegen die Fremde, bis sie unter dem voll ausgebildeten Absolutismus des ausgehenden 17. und beginnenden 18. Jahrhunderts erstickt werden.

Christoph Bernhard von Galen gehört zu den vielseitigsten, interessantesten und problematischsten Figuren der westfälischen Geschichte. Er ist der letzte, der noch westfälische Gechichte gemacht bzw. versucht hat im Sinne eines gemeinwestfälischen politischen Denkens und Handelns. Mag auch diese Seite seines Wirkens am wenigsten ausgebildet sein und hinter seinen tausendfachen Plänen und Unternehmungen stark zurücktreten, so ist sie doch da. Nach seinem Tode und im ganzen 18. Jahrhundert ist der gemeinwestfälische Gedanke nur noch ein geistiges Relikt in der inneren Auseinandersetzung mit der fortschreitenden Überfremdung und Aufteilung des westfälischen Raumes. Er hat lebendige Niederschläge gefunden z. B. in dem unausgereiften, ein riesiger Torso gebliebenen Werk des ravensbergischen Historikers und Rechtshistorikers Hermann Adolf Meinders und in den „Patriotischen Phantasien" eines Justus Möser; zur unmittelbaren politischen Auswirkung aber ist er damals nicht mehr gekommen.

Der münsterische Domthesaurar, der 1650 zum Bischof gewählt wurde und alsbald die päpstliche Bestätigung erhielt, war in der großen Welt längst kein Unbekannter mehr. Gewandt in der Unterhandlung, ein gelehriger Schüler seiner jesuitischen Erzieher, wußte er sich auf dem Parkett der Diplomatie mit vollendeter Meisterschaft zu bewegen. Voller Tatkraft, rastloser Arbeitslust und Energie war er ein ebenso geschickter wie verschlagener Unterhändler, gleichzeitig als Politiker von einer gefürchteten Unberechenbarkeit, der nie eine Karte zu früh ausspielte, es im Gegenteil, wie es von den Politikern der Zeit verlangt wurde, meisterhaft verstand, mit mehreren Spielen zugleich und nach mehreren Seiten hin zu spielen, zu täuschen und zu blenden. Er konnte auch einmal seinen Launen die Zügel schießen lassen und unleidlich, rücksichtslos und grausam erscheinen, ein Zug, der aus dem Bilde eines Fürsten seiner Zeit nicht wegzudenken ist. Bemerkenswert sind seine technischen Kenntnisse und sein militärischer Blick, wenn er auch nicht zum Heerführer geboren war. Mit der Konstruktion eines „Schnellfeuergeschützes" setzte er die damalige Welt in Erstaunen, so daß der Kaiser ihn zum Direktor des Kriegswesens des Rheinbundes ernannte. Mochte seine ganze Persönlichkeit nach außen hin auch stark weltlich geprägt sein, so steht ihm seine geistliche Berufung anscheinend darüber; ging doch sein politisches Denken immer nur aus von dem einfachen Gegensatz katholisch-protestantisch. Sein Haß gegen die Holländer entsprang dem Haß des Katholiken gegen den Calvinismus. So sehr es bei den Zeitgenossen den Anschein erwecken konnte, als wandelte er in den Bahnen Ludwigs XIV., so wenig glich er diesem, und ebensowenig versuchte er auch nur, im Gegensatz zu vielen anderen deutschen Fürsten, ihn im Äußeren nachzuahmen. Als Geistlicher hat er z. B. zeit seines Lebens keine Frau an seinem Hofe geduldet.

Seine erste Sorge nach seinem Regierungsantritt war, sein Land von der fremden Besatzung zu befreien. Schweden, Hessen und Holländer wurden durch pünktliche Zahlung der vereinbarten Entschädigungsgelder, in einem Falle auch durch Gewalt, zum Abzug bewogen. Welche Auffassung er von seinem Fürstenstand hatte, gab er bald nach seinem Regierungsantritt seiner eigenen Hauptstadt unzweideutig zu verstehen. Von einer Reichsstandschaft, die die Stadt aufgrund ihrer Neutralität während der Friedensverhandlungen glaubte beanspruchen zu können, wollte er nichts wissen. Als er der Stadt bedeutete, daß er ihr alleiniger Herr wäre und Gehorsam verlangte, geriet die Stadt darüber in helle Empörung. Sie wolle lieber den Türken oder selbst dem Teufel gehorchen als dem Bischof, rief der Abgesandte der Stadt in Holland aus, als er die Hilfe der Generalstaaten gegen den Totengräber der Stadtfreiheit seiner Vaterstadt suchte. Aber Christoph Bernhard gab nicht nach. Dreimal wurde die Stadt von ihm belagert und eingenommen. Im Mai 1661 mußte sie sich endgültig unterwerfen, den Bau einer fürstlichen Zitadelle erdulden und die Vernichtung ihrer Stadtfreiheit hinnehmen.

Christoph Bernhards Hauptaufgabe aber lag in der Durchführung des Artikels 17 des Friedensabschiedes von 1648, der Wiederherstellung der Kreisorganisation. Nun war Christoph Bernhard nicht der Mann, der sich mit einem zweiten Platz begnügt hätte. Daß ihm allein das Amt des „ausschreibenden" Fürsten und damit die Leitung des Kreisdirektoriums und der Kreisgeschäfte zukam, nahm er für sich in Anspruch und war er willens, auch gegen den Widerspruch von Pfalz-Neuburg und Brandenburg durchzukämpfen. Dabei war er klug genug, nicht mit dem Kopf durch die Wand zu wollen. Er gab nach, wenn es galt, Pfalz-Neuburg an der Leitung zu beteiligen, um dadurch Brandenburg fernzuhalten, oder wenn es ihm in seinem späteren Kampf gegen Holland ratsam erschien, den Rückhalt Brandenburgs auch in der Kreisleitung zu suchen und dafür Pfalz-Neuburg fallen zu lassen. Das wechselweise Hereinnehmen Brandenburgs und Pfalz-Neuburgs in das Direktorium hat seine führende Stellung nicht beeinträchtigt; denn er wußte es immer so einzurichten, daß seine Stimme in Zweifelsfällen als ausschlaggebend anerkannt wurde. Dagegen glückte es ihm nicht, auch das militärische Amt des Kreisobersten in seine Hand zu bringen. Bei der Zusammensetzung der Kreisstände, in denen auswärtige Mächte die meisten Stimmen hatten, wäre das allerdings nötig gewesen, um Westfalen wieder zu einer politischen und

Westfalen zwischen fremden Mächten

militärischen Einheit zurückzuführen. So ist dieser Versuch Christoph Bernhards nur „eine Episode geblieben" (Casser).

Der Niederrheinisch-Westfälische Kreis ist, zusammen mit den übrigen Kreisen, in den Türkenkriegen von 1663/64 einmal, wenn auch ruhmlos, in Erscheinung getreten. Er stellte dem auf 40 000 Mann gebrachten Heere Kaiser Leopolds 1 270 Mann Infanterie und 594 Kavalleristen. Sie wurden am Vorabend der Schlacht beim Kloster St. Gotthart an der Raab fast vernichtet, „in Reih und Glied" von den Türken enthauptet (Isaacson). Zu dem Sieg Montecuculis am folgenden Tage haben sie nicht beitragen können.

Man kann nicht leugnen, daß bei allen Beteiligten der ehrliche Wille bestanden hat, die Kräfte des Westfälischen Kreises wieder zusammenzufassen und sie für Westfalen sowohl wie für das Reich nutzbar zu machen. Auf dem Bielefelder Kreistage des Jahres 1671 (1. Juli – 20. August) wurde mit voller Offenheit auf die Gefahr hingewiesen, die von Frankreich sowohl als von Holland drohte, und ernstlich noch einmal der Versuch gemacht, den Kreis zu einer politisch aktionsfähigen Institution zu erheben. Philipp Wilhelm von Pfalz-Neuburg, der Sohn und Nachfolger Wolfgang Wilhelms, hatte einen Blick für die Lage und beantragte die Bewilligung von 12 „Simplen", d. h. die Bewilligung des 12fachen Betrages des als Einheit festgesetzten Wehrbeitrages. Die Kreisstände waren entsetzt, als sie das hörten, wie sie immer zurückzogen, wenn bezahlt werden sollte. Philipp Wilhelms Vorschläge wurden schließlich sabotiert durch die Erklärung der kleinen Grafen und Landesherrn, das ganze Werk würde nur den Großen zugute kommen und zu nichts anderem dienen, als die Pläne des französischen Königs zu verwirklichen. Sie hatten damit nicht ganz unrecht; denn Christoph Bernhards Pläne und kriegerische Unternehmungen und Absichten gingen ins Ungemessene, und sein Liebäugeln mit den Franzosen war kein Geheimnis. Immerhin schien der Bielefelder Kreistag dennoch ein Ergebnis zu zeitigen, das im Hinblick auf das gesamtwestfäliche Interesse von Bedeutung hätte werden können. Die drei Kreisdirektoren Pfalz-Neuburg, Münster und Brandenburg schlossen unter sich eine Defensivallianz zur Sicherung ihrer Länder und der Länder des Kreises. Das Ränkespiel der Politik hat diese schöne Allianz, kaum daß sie geboren war, zu einem Fetzen Papier gemacht. Auf demselben Kreistage in Bielefeld war Ludwigs XIV. Abgesandter eifrigst hinter den Kulissen tätig, und es gelang ihm, mit Hannover, Hildesheim und Münster einen Vertrag abzuschließen, demzufolge Ludwig XIV. das Durchmarschrecht durch diese Länder für den Fall kriegerischer Verwicklungen mit Holland erhielt. Wenn sich der Kreis in dieser Weise von auswärtigen Mächten benutzen und sich in politische Zwecke hineinmanövrieren ließ, die ihn nichts angingen, mußte das gefährliche und zersetzende Folgen haben.

Die Ablehnung des pfalz-neuburgischen Vorschlages zu Wiederherstellung der Wehrkraft des Kreises – man bewilligte nur zwei Simplen, d. h. soviel wie gar nichts – bedeutete praktisch eine Neutralitätserklärung für kommende Verwicklungen zwischen Frankreich und Holland. Der Kurfürst von Brandenburg konnte daraus ermessen, daß er selbst bei dergleichen Verwicklungen künftighin nicht neutral würde bleiben können. Das Bündnis mit Holland, das er im folgenden Jahre, 1672, abschloß, ist also eine Folge des Versagens des Kreises, nachdem Friedrich Wilhelm wiederholt, aber vergeblich, versucht hatte, einen neuen Kreistag nach der Bielefelder Tagung zusammenzubringen. Er erkannte ebenso wie der Pfalz-Neuburger die Gefahr, die von Frankreich drohte, während Christoph Bernhard noch von Frankreich das Heil für seine Pläne gegen Holland erhoffte. (Christoph Bernhards im Bunde mit Frankreich unternommene kriegerische Unternehmungen gegen Holland sind erfolglos geblieben. Soweit sie sich auch gegen Brandenburg richteten, werden sie weiter unten (S. 180) im Zusammenhang mit den Anfängen Brandenburgs in Westfalen behandelt).

Die Bielefelder Tagung ist vom gesamtwestfälischen Standpunkt aus gesehen wohl das bedeutsamste Ereignis in der Geschichte des westfälischen Kreises nach 1648, mag auch ihr praktisches Ergebnis geringfügig, um nicht zu sagen verhängnisvoll, gewesen sein. –

Der Westfälische Kreis hat sich von innen heraus zersetzt durch das Nebeneinander der großen rivalisierenden Mächte. Andere Reichskreise haben ihre geschichtlichen Aufgaben in vollem Maße erfüllen können, so besonders der Niedersächsische Kreis und der Bayrische Kreis, wo ein mächtiges Fürstenhaus von vornherein die unbestrittene Führung hatte, oder die süddeutschen Kreise, wo viele kleine Kreisstände sich die Waage hielten und gemeinsam an einem Strange zogen.

Christoph Bernhard ist, nicht ganz 72 Jahre alt, am 19. September 1678, bis zuletzt in voller politischer Tätigkeit, gestorben. Der Westfälische Kreis ist zwar mit ihm nicht tot, aber er hat nur noch ein Schattendasein gefristet. Westfalens aktive Rolle in der Geschichte ist mit Christoph Bernhard ausgespielt. Als der „Kanonenbischof" lebt er in der Erinnerung des Volkes weiter, seine viel zu weit gesteckten Pläne haben die Mittel seines Landes überstiegen, und nach ihm ist es nicht mehr möglich gewesen, den westfälischen Raum, sei es in den erweiterten, an sich unnatürlichen Grenzen des Westfälischen Kreises, sei es in seinen alten Grenzen, wieder zu einer politischen Einheit zusammenzufassen und handeln zu lassen. Künftighin wird an den Tischen fremder Diplomaten um Westfalen gespielt oder mit fremden Waffen in Westfalen und um Westfalen gekämpft. Die Westfalen selbst werden nicht darum befragt. Sie dürfen die Kriege ihrer neuen Herren durch schwere Steuerlasten finanzieren helfen und schließlich als Zwangsrekrutierte ihre Haut für Fremde zu Markte tragen.

Der Versuch von 1648, dem Reichsgedanken durch Wiederbelebung der Reichskreise neues Leben zuzuführen, hat keinen Erfolg gehabt. Die Westfalen mußten zusehen, wie gerade sie an erster Stelle derer marschierten, die das alte Reich zu Grabe trugen. Sie haben es schmerzlich empfunden und es keineswegs widerspruchslos hingenommen; aber sie waren machtlos gegen die Gewalten, die über sie hereingebrochen waren. Hermann Adolf Meinders († 1730) hat scharfe Worte gebraucht, als den Ständen eines ihrer letzten und wichtigsten Rechte, das der Steuerbewilligung, genommen wurde, und bewegte Klage darüber geführt, daß es „keine Freiheit in Teutschland" mehr gebe.

Osnabrück, Welfen und Wittelsbacher

Das sollte man alsbald auch im Stift O s n a b r ü c k erfahren. Von den großen Hoffnungen, die man beim Tode des wenig beliebten Franz Wilhelm von Wartenberg auf den ersten Welfen E r n s t A u g u s t gesetzt hatte, hatte sich so gut wie keine erfüllt. Seine Freundschaft mit den Jesuiten brachte die Osnabrücker Protestanten aus dem Regen in die Traufe; sein fürstlicher Absolutismus, der ihn zu Angriffen auf die Freiheiten der Stadt Osnabrück verleitete, erbitterte die Bürger der Stadt; seine Einmischung in die große Politik zog das Land in den Strudel der münsterischen Kriege gegen Holland und Brandenburg und verschlang große Summen Geldes. Da er als Evangelischer nicht einer – katholischen – Diözese vorstehen konnte, ergänzte er die Capitulatio perpetua Franz Wilhelms vom Jahre 1650 dahin, daß er das noch immer zur Osnabrücker Diözese, aber zum Hochstift Münster gehörende Niederstift Münster auch dem Bischof von Münster als geistlichem Oberhirten überließ. Der vom Domkapitel gewählte Nachfolger, K a r l J o s e p h v o n L o t h r i n g e n (1698 – 1715), – die Zusammenhänge erfordern hier, dem zeitlichen Ablauf der Ereignisse vorzugreifen – führte sich nicht anders als Ernst August in Osnabrück dadurch ein, daß er sein Wappen an das Rathaus schlagen ließ. Seine Angriffe auf die Stadtfreiheit waren womöglich noch schlimmer als die seines Vorgängers. Aus Osnabrücker Landeskindern zusammengestellte Regimenter mußten auf den fernen Kriegsschauplätzen des Spanischen Erbfolgekrieges ihre Haut zu Markte tragen. Man atmete auf, als er 1715 nach 17jähriger Regierung starb. Der nächste, nach der „Alternation" wieder ein Welfe, E r n s t A u g u s t I I ., war zwar von bestem Willen beseelt, hatte aber nicht die Fähigkeit, zwischen den Forderungen der Stiftsstände und den eigenen fürstlichen Ambitionen einen gangbaren Mittelweg zu finden. Als bei seinem Tode im Jahre 1728 das Domkapitel wieder zu wählen hatte, lenkten sich dessen Blicke zwangsläufig auf Köln und Münster – oder wurden dorthin gelenkt; denn an einer Bischofswahl waren alle großen Fürstenhäuser des Reiches interessiert und pflegten ihren Einfluß auf die eine oder andere Weise, durch Versprechungen oder durch Geld, wirksam zu machen. Im Erzbistum Köln hatten die Wittelsbacher nach dem Tode EB Ferdinands ihre Stellung unentwegt behauptet, dazu noch die Stühle von Hildesheim und Lüttich in Personalunion gewonnen (M a x i m i l i a n H e i n r i c h 1650 – 1688, J o s e f C l e m e n s seit 1688). Über die Nachfolgeschaft des schon betagten Josef Clemens brauchte nicht mehr gesprochen zu werden; in Frage kam nur sein Neffe C l e m e n s A u g u s t. Er war 1718 Bischof von Paderborn geworden, 1719 Bischof von Münster. Als bestellter geistlicher Oberhirte des Niederstiftes gemäß der Abtretung Ernst Augusts I. und als künftiger Diözesan Osnabrücks gemäß der Capitulatio perpetua Franz Wilhelms bot sich seine Wahl dem Osnabrücker Domkapitel in zwie-

Westfalen in der Neuzeit

facher Hinsicht an und wurde trotz eines formellen, aber rechtsunwirksamen Einspruches der Ritterschaft und der Stadt Osnabrück 1728 durchgeführt. 1723 war der junge Clemens August auch Erzbischof von Köln geworden. Das Haus Wittelsbach beherrschte damit fast ³/₄ des gesamten westfälischen Raumes, mehr noch als zu Zeiten Ferdinands von Bayern.

Da nun in den westfälischen Ländern Clemens Augusts konfessionelle Gegensätze größeren Ausmaßes nicht mehr bestanden, konnten sich diese eines im ganzen ruhigen Lebens erfreuen. Sie konnten auch, obwohl ihnen jede Einflußnahme auf die Außenpolitik genommen war, ihr innerstaatliches Eigenleben weiterführen; denn der prachtliebende, gänzlich verweltlichte Erzbischof überließ das Regieren den Domkapiteln und gab sich lieber höfischen Vergnügungen, seinen bauherrlichen und kunstmäzenatischen Liebhabereien und den „Freuden" der Jagd hin.

Anders lagen die Dinge in den neubesetzten weltlichen Territorien. Über die Aufnahme der Welfen in H o y a und D i e p h o l z sind wir allerdings kaum unterrichtet. Immerhin kannte man sich hier als Nachbarn und trat sich nicht völlig fremd gegenüber.

QUELLEN

v o n M e i e r n, J. G. : Acta pacis Westphalicae publica. 6 Bde, 1734 – 36.

A c t a p a c i s W e s t p h a l i c a e. Im Auftr. der Ver. zur Erforschung der Neueren Geschichte hrsg. von M. Braubach u. K. Repgen. Serie I, II, III. 4⁰, 1952 – 65 (wird fortgesetzt).

P a x A e t e r n a O p t i m a. Hrsg. von E. H ö v e l, 1948.
(enthält den Text des Friedensvertrages von Osnabrück und Münster in der deutschen Übersetzung von F. A. Six und eine Bibliographie).

S t e v e r m a n n, H. : Chronik des Bistums Münster. Hrsg. von J. J a n s e n in: Gesch. Quellen des Bistums Münster 3 (1856).
(Vf., Domgeistlicher, schrieb um 1650; die Darstellung reicht bis 1630).

v o n C o r f e y, L. F. : Chronicon Monasteriense. Hrsg. von J. J a n s e n in: Gesch. Quellen des Bistums Münster 3 (1856).
(Vf., münsterischer Generalmajor, gestorben 1733, führt Stevermann weiter, bis 1720).

V o i g t v o n E l s p e, C. Ch. : Ducatuum Angariae ac Westphaliae delineatio juxta statum . . . modernum . . . Quibis accessit . . . 1694. Hrsg. von J. S. S e i b e r t z in dess.: Quellen der westfälischen Geschichte III (1869), S. 1 – 200.
(Vf., kurköln. Drost, lebte von 1632 bis 1701, sehr belesen, schreibt eine hist. Statistik des köln. Herzogtums Westfalen seiner Zeit mit aufschlußreichen Mitteilungen über noch bestehenden Freigerichte und derzeitige Einrichtungen des öffentlichen und privaten Rechtes. Neuausgabe mit Übersetzung erwünscht).

LITERATUR

D i c k m a n n, F. : Der Westfälische Frieden. 1859. 619 S.

F r e c k m a n n, J. : Die Capitulatio perpetua und ihre verfassungsgeschichtliche Bedeutung für das Hochstift Osnabrück. In: Mttlgn. des Hist. V. Osnabrück 31 (1906), S. 129 – 204.

I s a a c s o n, W. : Geschichte des Niederrh.-Westf. Kreises von 1648 – 67. 1933.

K o h l, W. : Christoph Bernhard von Galen. Politische Geschichte des Fürstentums Münster, 1650 – 1678. 562 S., 1 Karte, 1964.

Westfalen zwischen fremden Mächten

(das grundlegende Werk über einen westfälischen Politiker, dessen Handlungen ganz Europa berührten und beunruhigten; beigegeben *vollständige Literatur*).

Dehio, L.: Die Verfassungs- und Verwaltungsgeschichte des Fürstbistums Münster im 17. / 18. Jahrhundert. In: WZ 79 I (1921), S. 1 – 24.

Schöttke, G.: Die Stände des Hochstiftes Osnabrück unter Ernst August I. 1662 – 98. In: Mttlgn. des Hist. V. Osnabrück 33 (1908), S. 1 – 66.

Körholz, L.: Die Wahl des Prinzen Friedrich von York zum Bischof von Osnabrück. 1908.

Hopf, H.: Die Landgrafschaft Hessen und die Grafschaft Schaumburg. In: Schaumburger Heimat 1 (1939). S. 1 – 27.

Brandenburg-Preußen in Westfalen

Das war aber der Fall in den Ländern des jülich-clevischen Erbes, der Grafschaft Mark und in Ravensberg, und in dem säkularisierten Minden. Das Verhältnis Brandenburgs zu seinen neuen westfälischen Landesteilen mußte naturgemäß von Anfang an mit erheblichen Schwierigkeiten belastet sein. Selbst der preußische Staat ist ihrer nie ganz Herr geworden. Zu einem abschließenden Urteil über dieses in jüngster Zeit offener diskutierte Problem wird man erst nach sehr intensiver Beschäftigung mit ihm gelangen können (Hartung).

Was die Possidierenden einstmals durch ihren Konfessionswechsel an Sympathien eingebüßt hatten – Pfalz-Neuburg war katholisch geworden, Brandenburg calvinistisch, was dem derzeitigen orthodoxen Luthertum schlimmer erschien als „papistisch" –, mochten sie durch ihren Aufsehen erregenden Religionsvergleich von 1666/72 zurückgewonnen haben. (Das hohe Lob, das Max Lehmann (Preußen und die katholische Kirche von 1640–1740, I, S. 86) ihm spendet, ist gewiß berechtigt, schwerlich berechtigt jedoch seine Auffassung, daß er „eine hundertjährige Entwicklung in der Geschichte unseres Volkes zu einem glücklichen Abschluß brachte" und „die Aufgabe" löste, „welche Kaiser und Reich hatten lösen sollen und nicht gelöst hatten". – In Westfalen jedenfalls kann von einer Lösung dieser Aufgabe bis heute keine Rede sein).

In den an Brandenburg gefallenen Ländern hatten aber während des ganzen Mittelalters und bis zum Aussterben des Hauses der Grafen von der Mark die Stände, d. h. die Ritterschaft und die Städte, einen nicht unerheblichen Anteil an der Regierung ihrer Länder gehabt und regelmäßig ihre Landtage abgehalten. Lange vor 1609, als der Ausgang des Hauses Mark nicht mehr zweifelhaft war, nahmen die märkischen, klevischen und jülich-bergischen Stände häufig Fühlung untereinander, um sich über die Zukunft zu beraten. Während des Erbfolgestreites tagten sie oft in Permanenz, verhandelten mit den Possidierenden und wußten ihre Rechte mit Nachdruck zu vertreten. Nicht, um eine Teilung zu verhindern – was nicht in ihrer Macht lag –, sondern um ihre Rechte weiterhin gegen fürstliche Ansprüche zu schützen, schlossen sie 1647 ein „Ewiges Erbverbündnis" untereinander ab. 1652 traten die ravensbergischen Stände dieser „Union", wie sich das Bündnis jetzt nannte, bei. In Kleve hat Brandenburg gegen diese Verteidigung uralter, wohlerworbener Rechte

Westfalen in der Neuzeit

zunächst nichts ausrichten können. Die Stände beider Länder, Kleve und Mark, haben erst 1666 dem neuen Landesherrn gehuldigt, nachdem ihnen ihre Rechte feierlichst verbrieft waren. Den Ravensbergern gab der Kurfürst eine eigene Regierungsbehörde, die sich aus Landesgesessenen zusammensetzte und nur unter der Oberaufsicht des Statthalters in Minden stand. Die ravensbergischen Stände behielten ihr freies Versammlungsrecht und das Indigenat (das Recht, alle Beamtenstellen mit Einheimischen zu besetzen). Das S t e u e r b e w i l l i g u n g s r e c h t, das die Stände in allen Erbländern von jeher ausgeübt hatten, sollte ihnen ungeschmälert bleiben, ungeschmälert auch ihre grundherrschaftlichen Rechte und die Patrimonialgerichtsbarkeiten, wo sie noch bestanden. So wenigstens wurde es in den Verhandlungen um die Huldigung zugesagt. G e h a l t e n i s t d a v o n n i c h t s ; das Gegenteil, der bekannte Ausspruch König Friedrich Wilhelms I.: „Ich ruiniere die junkers ihre Autorität und stabilire die souveraineté wie einen rocher de bronce", ist volle Wirklichkeit geworden.

Die m i n d i s c h e n Stände machten aus ihrer Enttäuschung über die ihnen unerwartet präsentierte neue Landesherrschaft nicht den geringsten Hehl; hatten sie doch auf eine Verbindung mit Braunschweig gerechnet. Die Machenschaften des brandenburgischen Kurfürsten, der die in dieser Frage ausschlaggebenden Stimmen der schwedischen und kaiserlichen Unterhändler in letzter Stunde mit Geld erkauft hatte, mochte ihnen nicht unbekannt geblieben sein. Auch hier sah sich der Kurfürst zu weitem Entgegenkommen genötigt. Die Mindener Stände erhielten, wie die der Erbländer, das Steuerbewilligungsrecht zugestanden und darüber hinaus das Recht einer Stellungnahme zu allen neuen Landesgesetzen. Die Stadt Minden widersetzte sich sogar der Einverleibung durch Brandenburg nach Abzug der schwedischen Besatzung unter Berufung auf die ihnen durch die Königin Christine von Schweden bestätigten Stadtfreiheiten, mußte es aber angesichts der brandenburgischen Waffen bei einem formellen Protest bewenden lassen. Die Staatsraison des Absolutismus hat alle Hoffnungen und Erwartungen der Mindener ebenso zunichte gemacht.

Vollends unbeliebt machte sich der Kurfürst mit seinem Vorgehen gegen die Stadt H e r f o r d. In zwei langen Prozessen, die vom Reichskammergericht gegen sie wegen ihrer vom Reich behaupteten Reichsstandschaft angestrengt waren (1507–1546, 1549–1631), hatte sich die Stadt mit Händen und Füßen dagegen gesträubt, als Reichsstadt angesehen zu werden und als solche zu den Reichslasten direkt beizusteuern. Im Dreißigjährigen Kriege auf sich selbst gestellt, erhoffte sie jedoch Schutz und Hilfe von Kaiser und Reich, griff den inzwischen versandeten Prozeß wieder auf und beantragte und erhielt 1631 die früher von ihr so hartnäckig verneinte Reichsstandschaft zuerkannt. Das Urteil wurde von Brandenburg angefochten mit der Begründung, die Stadt sei durch die „Cessio" der Äbtissin Anna von Limburg-Styrum vom Jahre 1547 fürstliche Mediatstadt geworden. Diese Begründung, in einer über 200 Quartseiten langen „Deduktion" dargelegt, als Buch gedruckt und in 2 Auflagen als öffentliche Rechtfertigung der Mitwelt vorgelegt, genügte dem jungen Kurfürsten Friedrich Wilhelm, sich der Stadt 1647 mit Gewalt zu bemächtigen. Das rigorose Vorgehen erweckte überall höchstes Befremden. Der Kaiser nannte die Angelegenheit eine „causa scandalosissima". Die Stadt mußte ihren Widerstand mit der Vernichtung ihres Wohlstandes bezahlen. Sie hat dem Kurfürsten nicht vergessen, was er ihr angetan. 100 Jahre später schrieb der Herforder Arzt Carl Ludwig Storch eine kleine Geschichte seiner Vaterstadt und ließ sie drucken. Es ist die erste gedruckte Stadtgeschichte Westfalens. Das Büchlein hatte großen Erfolg und erschien in 6 Auflagen. Den Namen des Großen Kurfürsten zu nennen oder gar die übliche, ehrerbietige Verneigung, „Seiner kurfürstlichen Durchlaucht glorwürdigen Angedenkens", hat der Verfasser konsequent vermieden.

Ganz allgemein war die Auffassung, daß die heimgefallenen Länder nur in Personalunion mit Brandenburg vereinigt seien, keineswegs aber „Glieder eines Ganzen" bilden würden. Man hatte Ursache genug, dem neuen Herren keine besonderen Sympathien entgegenzubringen; denn statt daß man nun die Möglichkeit gefunden hätte, sich von der finanziellen Belastung der langen Kriegsjahre zu erholen, trat der Kurfürst sofort mit außerordentlich hohen Steueransprüchen auf. Die von ihm eingeführte und überall nicht ohne Härte eingetriebene „Kontribution" wurde als höchst drückend empfunden, zumal sie in dem unersättlichen Bauch des „miles perpetuus" verschwand. Ritterschaft sowohl als auch die Städte haben einen jahrzehntelangen, zähen Kampf gegen die Kontribution geführt und sich schließlich nur der Gewalt gebeugt. Wie sollte man endlich dem Herrn von jenseits der Elbe Verständnis entgegenbringen, wenn man im eigenen Lande erleben mußte, daß er der erste war, der den mit so vieler Mühe endlich hergestellten Frieden von 1648 nach kaum 3 Jahren wieder brach? In einem auf der Sparenburg über Bielefeld gehaltenen Kriegsrat beschloß der Kurfürst, Pfalz-Neuburg wegen angeblicher illoyaler Ausführung der Verträge von 1647 mit Waffengewalt anzugehen, und setzte sein Kriegsvolk in Marsch. Zu Feindseligkeiten ist es allerdings nicht gekommen. Der alte Wolfgang Wilhelm war zu klug, als daß er es auf einen Waffengang hätte ankommen lassen, und lenkte ein.

In der Grafschaft Ravensberg hätte man vielleicht noch Ursache gehabt, den neuen Landesherrn, anders als in Kleve und in der Grafschaft Mark, nicht rundweg abzulehnen; trat er hier doch sogleich als Förderer des wichtigsten Gewerbes der Grafschaft, des Leinengewerbes, auf. Er gab fiskalisches Gelände zur Anlage von Bleichen frei, wofür die Bleicher freilich einen ansehnlichen jährlichen Zins zu bezahlen hatten, und führte die im Osnabrückischen und im Tecklenburgischen lange bekannten staatlichen Schauanstalten, die sogenannten „Leggen", in Ravensberg ein. Sie kontrollierten die Qualität des von ländlichen Webern hergestellten und direkt in den Handel gebrachten Leinens und hatten sich dort bewährt. Im Ravensbergischen aber ging das ebenfalls vornehmlich auf dem Lande gewebte Leinen durch die Hand des städtischen Kaufmanns in den Handel. Dieser prüfte, um vor der auswärtigen Konkurrenz zu bestehen, selbst die Ware, bevor er sie abnahm, und empfand die nicht geringen Legge-Gebühren als das, was sie in Wirklichkeit waren: eine Besteuerung des Leinens. Von des Kurfürsten „lieben Spinn- und Leinenländchen", wie er die Grafschaft Ravensberg genannt haben soll, wird viel Aufhebens gemacht. Diese Schaumünze politischer Reklame zeigt weniger erfreuliche Bilder, wenn man die Kehrseite betrachtet.

Im Zuge der hohen Politik hatte der Kurfürst das Bündnis mit Münster und Frankreich aufgegeben und sich auf die Seite Hollands und des Kaisers geschlagen. Die Holländer unter Wilhelm III. von Oranien durchstachen die Deiche und zwangen die Franzosen unter Turenne, das Land zu räumen. Turenne wandte sich darauf gegen die durch Westfalen anmarschierende vereinte kaiserlich-brandenburgische Armee. Der Kurfürst stand bei Lippstadt, die Kaiserlichen unter Montecuculi bei Paderborn, Turenne bei Verl. Der Kurfürst drängte zum Angriff, aber Montecuculi zögerte, und eines Morgens war er heimlich abmarschiert. Der Kaiser hatte sich hinter dem Rücken des Kurfürsten mit Frankreich verständigt. Als es zudem den Franzosen gelungen war, auch die Schweden auf ihre Seite zu ziehen, schloß der Kurfürst ebenfalls einen Waffenstillstand und marschierte nach Norden ab, um einer möglichen Bedrohung Brandenburgs durch die Schweden zu begegnen.

Diese Lage benutzte Christoph Bernhard, der Bischof von Münster, und ließ seinen General von Nagel, einen Ravensberger, mit dem münsterschen Heere in die von Truppen fast entblößte Grafschaft Ravensberg einbrechen. Die Burg Ravensberg und die Stadt Herford wurden genommen, Bielefeld in den Ostertagen des Jahres 1673 belagert und beschossen. Der Friede von Vossem, den Franz Meinders im Auftrage des Kurfürsten abschloß, unterbrach den Krieg nur für einige Jahre. 1679 trug ein französisches Heer unter dem Marschall Créqui erneut die Brandfackel des Krieges in die Länder Kleve, Mark, Ravensberg und Minden. Die Brandenburger unter dem General Spaen wichen hinhaltend kämpfend zurück. Zu größeren Aktionen ist es nicht gekommen; aber die Bevölkerung hatte das übliche Maß an Drangsalierungen und Quälereien zu ertragen. Selbst das unbeteiligte Dortmund wurde als Reichsstadt in Mitleidenschaft gezogen, mit 40 000 Talern gebrandschatzt, um der Plünderung zu entgehen – und dennoch geplündert.

Meinders, der wiederum mit den Franzosen unterhandelte und den Ernst der Lage sah, schloß den Frieden von Saint Germain-en-Laye (1. Juni 1679) ab und erkaufte die Rückgabe der niederrheinischen und westfälischen Länder Brandenburgs durch ein erneutes Bündnis mit Ludwig XIV. Ferdinand von Fürstenberg, Bischof von Paderborn und zugleich Nachfolger des inzwischen verstorbenen Christoph Bernhard von Münster, trat dem Bündnis im folgenden Jahre bei. So gewann Ludwig XIV. die erwünschte Rückenfreiheit zur Durchführung seiner berüchtigten „Reunionen".

Die Frage nach der viel berufenen „deutschen Treue" drängt sich auf. Derselbe Mann, der das große Wort in den Mund genommen hat: „Gedenke, daß du ein Teutscher bist!" hat Kaiser und Reich um seines Vorteils willen im Stich gelassen. Verrat? Das Wort pflegt man nur auf solche anzuwenden, die darüber gestolpert sind. 7 Jahre später hat Friedrich Wilhelm wieder die kaiserliche Fahne gehißt. Aber da war es zu spät, um das Verlorene einzuholen. Straßburg und das Elsaß sind nie wieder zum Reich gekommen.

Es ist schwer, sich solcher – dem Geschichtsschreiber nicht zukommender – Gedanken zu entschlagen, wenn man noch erfährt, daß der Kurfürst für sein Handeln am Reich vom Kaiser obendrein belohnt werden wollte. Er präsentierte eine Rechnung über seine Einbußen im letzten Reichskriege; D o r t m u n d , die Stadt des Reiches sollte sie bezahlen. Die Dortmunder, die eben erst von den Franzosen für nichts und wieder nichts um eine große Summe Geldes erleichtert worden waren, mögen sich nicht schlecht gewundert haben, als plötzlich, kaum daß die Franzosen abgezogen waren, ein brandenburgischer Abgesandter erschien und im Namen seines Herrn eine monatliche Kriegskontribution von 1 000 Talern forderte. Um die Zahlung zu erzwingen, wurden der Stadt, wie es 30 Jahre zuvor mit Herford gemacht worden war, die Zugänge militärisch gesperrt, ja, der Kurfürst forderte vom Reich, daß die Stadt und das gesamte reichsstädtische Gebiet um Dortmund ihm als Entschädigung überlassen und seinem Staate einverleibt würde. Damit kam er dieses Mal jedoch nicht durch. Kaiser Leopold beantwortete das Ansinnen nicht wie weiland sein Vater Ferdinand mit einem kopfschüttelnden ,,causa scandalosissima", sondern drohte mit der Reichsexekution.

Der Kurfürst wich zurück. – Soll man nun von den Dortmundern im Ernst erwarten, sie hätten besser getan, auf ihre ,,längst überlebte" Reichsstandsherrlichkeit zu verzichten und sich für ein ,,Aufgehen in einen größeren, emporstrebenden Staat" zu entscheiden? (Rothert). Man muß doch die Dinge sehen, wie sie die Westfalen d a m a l s gesehen haben. Was galt denn B r a n d e n b u r g , die Sandwüste jenseits der Elbe, und sein von unheimlichem Tatendrang besessener Fürst den Westfalen? Was bedeutete ihnen das H e r z o g t u m Preußen? Wo in Westfalen wären Gedanken über einen aufstrebenden brandenburg-preußischen Großstaat damals wach geworden?

Quellen, die über die Stimmung im Lande etwas aussagen könnten, sind noch nicht erschlossen. Die obrigkeitlich kontrollierte Geschichtsschreibung des 18. Jahrhunderts wagte sich natürlich mit keinem kritischen Gedanken an die Vergangenheit heran, und die aus der Romantik erwachsene Landesgeschichtsschreibung hat dem preußischen Königtum eine schwärmerische Verehrung entgegengebracht. Die Literatur der Folgezeit endete in jener Festschriftenstimmung von 1909, der sogar so treffliche Leistungen wie Spannagels ,,Minden-Ravensberg unter brandenburgisch-preußischer Herrschaft von 1648 bis 1719" oder die Universitätsrede Alois Meisters über Friedrich den Großen und das preußische Westfalen vom 21. Januar 1912 ihren Tribut gezollt haben. – Welchen Respekt die Westfalen vor dem Königtum des ersten preußischen Königs gehabt haben, haben engrische Bauern einmal bekundet, als sie eine Abordnung des Königs, die beauftragt war, ihre dörfliche Gemeindekasse zu revidieren, bevor sie noch den Ort erreicht hatte, anhielten, aus der Kutsche zerrten und mit einer Tracht Prügel nach Hause schickten. – ,,Das Krönungsfest wurde im ganzen Lande, auch in den westfälischen Provinzen, z. B. in Bielefeld, prächtig begangen" (Rothert). Natürlich! Eine Gelegenheit zum Feiern ließ sich die Zeit nicht entgehen, besonders nicht, wenn sie **befohlen** war. Das von R. angezogene, 57 Strophen lange Bielefelder Festgedicht ist ein unbeholfenes, albernes Machwerk, ein Zeugnis des philiströsen Kleinstadtbürgertums, das immer und überall Hurra schreit, ob der Schah von Persien kommt oder der Kaiser von China.

Die Mitwelt hat Friedrich Wilhelm von Brandenburg, den Sieger von Fehrbellin, der, mit Gicht und Podagra in allen Gliedern, als 58jähriger im dichtesten Reitergetümmel den Pallasch schwang, nicht zu Unrecht den „Großen" genannt und ihm den Lorbeer um die Stirn gewunden. Die Nachwelt sieht nicht gern die welken Blätter in den Kränzen der Großen. Brandenburgs „Großer Kurfürst" ist 1688 gestorben. Sein Leben hat fast das ganze Geschehen auf westfälischem Boden überschattet und an die vitale Kraft seiner Person gebunden. Mit seinem Tode (6. Mai 1688) gewinnt die westfälische Geschichte, auf einige Jahrzehnte hinaus und bevor sie ganz von Fremden bestimmt wird, in manchen Zügen und Äußerungen noch einmal ein gewisses eigenes Gepräge, zumal das Todesjahr des Großen Kurfürsten zusammenfällt mit weiteren Wechseln in den Regierungen westfälischer Länder und mit Umstellungen in der großen und kleinen Politik.

QUELLEN

Lehmann, M.: Preußen und die katholische Kirche seit 1640. 5 Theile: von 1640 bis 1786. (= Publikationen aus den K. Preußischen Staatsarchiven 1, 10, 13,18, 24).

von Haeften, A.: Urkunden und Aktenstücke zur Geschichte des Kurfürsten Friedrich-Wilhelm von Brandenburg. Ständische Verhandlungen Kleve-Mark. Bd. 1. 1869.

Hoetzsch, O.: Urkunden und Aktenstücke zur Geschichte der inneren Politik des Kurfürsten Friedrich Wilhelm von Brandenburg. Teil 2: Stände und Verwaltung von Cleve und Mark 1666 – 1697. 1915.

Meinardus, O.: Protokolle und Relationen des brandenburgischen Geheimen Rathes aus der Zeit des Kurfürsten Friedrich Wilhelm. 7 Bände, 1889 – 1919. (= Publikationen aus den K. Preuß. Staatsarchiven 41, 54, 55, 66, 80, 91).

LITERATUR

Spannagel, K.: Minden und Ravensberg unter Brandenburg-Preußischer Herrschaft 1648 – 1719. 1894.

Carsten, F. L.: The resistance of Cleve and Mark to the despotic policy of the Great Elector. In: The English historical Review, Vol. 64, Nr. 259 (1951), S. 219 – 241. (LB 155).

Meyer, K.: Herford im Jahre 1650. In: 22. JBHVR (1908), S. 1 – 46.

Rübel, K.: Wann wurde die Grafschaft und Freie Reichsstadt Dortmund preußisch? In: Beitr. z. Gesch. Dortmunds 21 (1912), S. 44 – 72.

Philippson, M.: Der große Kurfürst. 3 Bände, 1897.

Strecker, A.: Franz von Meinders. 1892.

Westfalen zwischen fremden Mächten

Kreistruppen gegen Ludwig XIV.

Im Todesjahr des Großen Kurfürsten starb auch der Bischof von Münster, Maximilian Heinrich aus dem Hause Wittelsbach. Er war gleichzeitig Erzbischof von Köln gewesen und ein eifriger Parteigänger Ludwigs XIV. In Münster war er 1683, nach dem Tode des gelehrten und friedliebenden Bischofs Ferdinand von Fürstenberg, des Nachfolgers Christoph Bernhards, gewählt worden. Obwohl der Papst ihm die Bestätigung verweigerte, hatte er als „Elekt" die Regierung des Hochstiftes übernommen, sich aber kaum darum gekümmert. Das Domkapitel, dadurch wohl enttäuscht, wählte nunmehr einen erprobten Mann aus seinen eigenen Reihen und Sproß aus westfälischem Adel, Friedrich Christian von Plettenberg, der seit Christoph Bernhards Tagen das hohe Amt des Domdechanten bekleidete. Er war ein Mann von Geist und Bildung und hatte sich in der Schule und an dem Vorbild Christoph Bernhards zu einem gewiegten Diplomaten herangebildet. Als Politiker ein Opportunist von reinstem Wasser schwamm er am liebsten, wie sein Vorgänger, im französischen Fahrwasser, wußte aber sein Schifflein nach dem Winde zu steuern und dahin, wo ihm der größte – geldliche – Vorteil winkte.

Freunde und Mithelfer seiner Schaukelpolitik, die in die Ereignisse vielfach hemmend und sie durchkreuzend eingriff, waren die Paderborner Bischöfe Hermann Werner von Wolff-Metternich (1683 bis 1704) und dessen Nachfolger Franz Arnold von Wolff-Metternich (1704 bis 1718).

Noch größere Bedeutung hat das Jahr 1688 dadurch gewonnen, daß die Neuwahl in Köln zwiespältig verlief. Gegen die Wahl des 16jährigen bayrischen Prinzen Joseph Clemens wollte Ludwig XIV. die Wahl des ihm ergebenen Gegenkandidaten, des Kardinals Fürstenberg, mit Gewalt durchsetzen und ließ Truppen in das Kurfürstentum Köln und in die Rheinpfalz einmarschieren. Daraus entbrannte der „Pfälzische Krieg" (3. Raubkrieg, 1688 – 97).

Das „Zeitalter von Leibniz und Prinz Eugen" (Rössler-Franz), für die deutsche Geschichte eine treffendere Benennung als das übernommene, für Frankreich berechtigte „Sciècle de Louis XIV", gewinnt mit dem Ausbruch des „Pfälzischen Krieges" sichtbare Gestalt, wird in der Abwehr der latenten französischen Gefahr der Gedanke des Reiches noch einmal wiedergeboren. Bot die westfälische Geschichte seit Beginn der Neuzeit selten oder nie erhebende Aspekte und war sie arm an ausgeprägten, starken Persönlichkeiten – wer wäre außer Simon VI. zur Lippe, Alexander von Velen und Christoph Bernhard von Galen noch zu nennen? –, so ist es ein gewisser Trost, daß unter den Männern, die die Zeit eines Leibniz und eines Prinzen Eugen als den beiden größten und entschiedensten Vertretern des Reichsgedankens mit heraufgeführt haben, der Name eines Westfalen zu nennen ist, der des Grafen Georg Friedrich von Waldeck, „als einer der Vorkämpfer des Reiches in den französischen Raubkriegen eine der bedeutendsten Persönlichkeiten seiner Zeit" (Franz). Die „Union der vorderen Reichskreise", auch „Frank-

Westfalen in der Neuzeit

furter Union" genannt, von 1679 und die im „Laxenburger Rezeß" von 1682 niedergelegten Beschlüsse, die beiden wichtigsten vorbereitenden Maßnahmen für einen künftigen Reichskrieg gegen Frankreich, sind sein Werk gewesen. Als „Reichsfeldmarschall" hat er rühmlichen Anteil gehabt an der Rettung Wiens aus der Türkengefahr. Die Niederlage bei Fleurus jedoch, die der Alternde 1690 im Pfälzischen Kriege hinnehmen mußte, hat er nicht mehr überwunden. 2 Jahre danach ist er gestorben.

Es ist bemerkt worden, daß in diesen Jahren die Söhne des westfälischen Adels sich gern dem Kaiser als Offiziere oder Beamte zur Verfügung gestellt haben (Rothert). Auch das gehobene Bürgertum hat daran Anteil gehabt. Zwei Brüder der ravensbergischen Familie Consbruch z. B. sind am Wiener Hofe zu hohen Stellen gekommen und geadelt worden. Ebenso kreisen im Schrifttum wieder, wie einst zu Zeiten Dietrichs von Niem und Gobel Persons, die Gedanken um Kaiser und Reich. Das leider unausgereift gebliebene Werk des zu Unrecht vergessenen Hermann Adolf Meinders, der mit Leibniz Briefe gewechselt hat, legt Zeugnis davon ab.

Die 1688 vom Kaiser begründete „Große Allianz", der die Stände des Westfälischen Kreises, Friedrich Christian aber nur widerstrebend, beigetreten waren, und das Beispiel Georg Friedrichs mögen nicht zuletzt dazu beigetragen haben, daß sich angesichts der drohenden Gefahr der W e s t f ä l i s c h e K r e i s noch einmal zu Taten aufraffte. Gleich bei Ausbruch der Feindseligkeiten wurde die Besatzung der von den Franzosen bedrohten Stadt Köln durch ein Kontingent westfälischer Kreistruppen verstärkt, und gegen französische Truppen, die bereits in das Herzogtum Westfalen (Arnsberg) und das kölnische Vest Recklinghausen einmarschiert waren, wurden m ü n s t e r s c h e T r u p p e n eingesetzt. Die Uneinigkeit der führenden Stände des Kreises aber, besonders die offenkundig gewordene, unzuverlässige Haltung Friedrich Christians von Münster erschwerten jede planvolle Handlung. So wurden die münsterschen Truppen, die Dorsten und Recklinghausen besetzt hatten, von den „befreundeten" Brandenburgern daraus verdrängt.

Friedrich Christians Quertreibereien nahmen in der Tat bedenkliche Formen an. Als die Welfen damals wegen ihres Anspruchs auf eine Kurwürde sich mit dem Kaiser veruneinigten, trat er auf ihre Seite und erklärte sich, wie diese, Frankreich gegenüber als neutral. Die offene Hand Ludwigs XIV. belohnte ihn dafür mit Zahlung erheblicher Subsidiengelder, wogegen Friedrich Christian sich verpflichtete, seine Truppen nur in Übereinstimmung mit Frankreich zu verwenden. Diesen offenen Bruch der Reichstreue hat der geschickte Diplomat später zu verschleiern verstanden, und als Hannover dann doch die Kurwürde erhielt und das Zerwürfnis mit dem Kaiser beigelegt war, trat auch Friedrich Christian wieder zum Kaiser und stellte ihm seine Soldaten, 3000 Mann, erneut und gegen Zahlung von 25 000 Talern Subsidien zur Verfügung. Während er selbst in Münster blieb und die Taler zählte, die von zwei Seiten in seine Tasche flossen – auch die französischen Subsidien liefen weiter –, verbluteten sich seine Soldaten erfolglos an der Ourthe in Nordfrankreich.

Westfalen zwischen fremden Mächten

Brandenburgs junger Kurfürst, Friedrich III., hat wenigstens zu Beginn der Feindseligkeiten selbst auf dem Kriegsschauplatz geweilt. Auf der Rückreise hat er Kleve, Mark, Ravensberg und Minden besucht und sich dort in der üblichen Weise von den Ständen und Städten huldigen lassen. Ein zweites Mal ist er nicht wieder nach Westfalen gekommen. Dafür sind, wenn man so sagen darf, die Westfalen zu ihm gekommen. Sein Vater, der Große Kurfürst, hatte gelegentlich eines Aufenthaltes in Lingen den kleinen Sohn des dortigen Richters Danckelmann, Eberhard, ein wissenschftliches Wunderkind, kennen gelernt und ihn, wie er schon die Begabung des jungen Franz Meinders erkannt hatte, später als Prinzenerzieher nach Berlin gerufen. Eberhard Danckelmann ist Friedrichs III. vertrautester und bester Ratgeber geworden. Als er sich schließlich dem übertriebenen Luxusbedürfnis des jungen Fürsten widersetzte, auch für dessen Königswünsche kein Verständnis zeigte, zettelte die Kurfürstin Sophie Charlotte häßliche Intrigen gegen ihn an. Er wurde gestürzt und in unwürdige Haft gesetzt. Als alter, gebrochener Mann ist er erst von Friedrich Wilhelm I. rehabilitiert worden.

Danckelmanns Nachfolger als erster Ratgeber des Kurfürsten und späteren Königs wurde wieder ein Westfale, der Mindener Heinrich Rüdiger Ilgen. Er hatte als Sekretär Franz von Meinders angefangen und sich in dessen Schule die Sporen verdient. Seinem geschickten Verhandeln in Wien verdankte der Kurfürst die endliche Durchsetzung seiner Königswünsche gegen den Widerspruch des Prinzen Eugen, dessen Vorstellungen von Kaiser und Reich einen zweiten König im Königreich strikt ablehnten.

Unter Ilgens umsichtiger und vorsichtiger Führung hat Preußen die schwierige Zeit des Spanischen Erbfolgekrieges durchgestanden, der vier Jahre nach Beendigung des Pfälzischen Krieges das Reich erneut gegen die Hegemoniewünsche Frankreichs auf den Plan rief und das alte Reich noch einmal, zum letzten und allerletzten Male, als geschlossene europäische Großmacht unter der genialen Kriegführung des Prinzen Eugen entscheidend in die europäische Politik eingreifen ließ und das „Europäische Gleichgewicht", wenn auch nur für wenige Jahrzehnte, wiederherstellte.

Westfalens, d. h. des Westfälischen Kreises, Anteil daran ist nicht größer, als zu erwarten war, ja, im Vergleich zu den Leistungen anderer Kreise, des Schwäbischen Kreises z. B. und des Fränkischen Kreises, gering und ungenügend gewesen. Wie hätte es auch anders sein können in einem Kreise, dessen beherrschende Mächte außerhalb des Kreises saßen, in der Fremde, irgendwo im Reich, ja selbst jenseits der Reichsgrenzen, deren Interessen einander zuwider liefen und denen Westfalen höchstens ein Mittel für ihre Zwecke war? Man vergegenwärtige sich: Auf den westfälischen Kreistagen sprachen Brandenburg, die Welfen, das Haus Wittelsbach – von 1688 bis 1723 fiel Wittelsbach auf den Kreistagen allerdings aus, da EB Joseph Clemens nicht, wie sein Vorgänger und sein Nachfolger, Bischofsstühle Westfalens innehatte, die kölnischen Teile Westfalens aber, das Herzogtum Westfalen (Arnsberg) und das Vest Recklinghausen, zum kurkölnischen Kreise gehörten – Pfalz-Neuburg und Hessen-Kassel,

Westfalen in der Neuzeit

Schweden (bis 1719 als Besitzer von Wildeshausen und des zum Kreise gehörenden Bistums Verden) und Dänemark, dem 1667 die Grafschaften Oldenburg und Delmenhorst im Erbgang zugefallen waren, das erste und letzte Wort. Was auf den Kreistagen noch von westfälischen Ständen vertreten war, die Bistümer Münster, Paderborn und Osnabrück, die Reichsstadt Dortmund und die kleinen, im sogenannten „Grafenkolleg" vereinigten Stände Lippe, Schaumburg usw. bis herunter zu Gemen, dessen Kontingent zum Reichsheer einen Soldaten betrug, einschließlich der verschiedenen nassauischen, zum Kreise gehörenden Stände, dazu noch das Bistum Lüttich, Ostfriesland und die Reichsstadt Aachen, kamen nicht dagegen auf. Was Wunder auch, daß sie sich darauf beschränkten, ja darauf erpichten, ihre Rolle als lästige, alles durchkreuzende und erschwerende Querulanten konsequent durchzuspielen! Es war die letzte Waffe, die ihnen blieb in der Abwehr der Fremde. Sie deswegen als kleinmütig, kurzsichtig und einsichtslos zu verschreien, wie es gewöhnlich geschieht, gehört zu den Urteilen, die den zeitlichen Gegebenheiten nicht gerecht werden.

Immerhin: der Kreis brachte dieses Mal eine Truppe von 8200 Mann auf die Beine. Nach der „Reichsdefensionalordnung" von 1681 hatte der Westfälische Kreis im Kriegsfalle für das Reichsheer 2700 Mann zu Fuß und 1300 Mann zu Pferde zu stellen. Beim Ausbruch des Pfälzischen Krieges, 1688, war dieses, natürlich völlig unzureichende, Kontingent auf insgesamt 12 000 Mann erhöht worden. Die Zahl ist aber nie, auch später nicht, erreicht worden. – Wenn Brandenburg sich gelegentlich weigerte, Teile seiner Truppe als das auf es entfallende Kontingent in die Kreisverbände einzugliedern, so kann das aus führungsmäßigen oder anderen militärischen Notwendigkeiten berechtigt gewesen sein.

Ein Kreisgeneral, der pfälzische Freiherr von Hochkirchen, wurde angestellt und mit dem Oberbefehl betraut. Er führte die Truppe dem kaiserlichen Heere zu und hat in dessen Verbande gekämpft. 1703 ist er bei Speyer gefallen, ein Teil seiner Truppe, das münstersche Regiment, ist an demselben Tage fast aufgerieben worden. Westfälische Kreistruppen, zusammengesetzt vornehmlich aus Münsterländern, Paderbornern und Osnabrückern bzw. dort geworbenen, haben in den folgenden Jahren an den Kämpfen auf dem süddeutschen Kriegsschauplatze teilgenommen und nicht unerhebliche Verluste erlitten. Da ihre Reihen trotz aller Beschlüsse der Kreisstände nicht wieder aufgefüllt wurden, schmolz ihre Zahl zusammen. Möglich, daß ihnen ursprünglich die Aufgabe zugedacht war, Nordwestdeutschland, im besonderen das Kreisgebiet, vor eventuellen Einbrüchen französischer Truppen zu schützen. Gelegenheit dazu ist ihnen aber wohl kaum gegeben worden.

Friedrich Christian, dem Bischof von Münster, muß es zugute gehalten werden, daß er allein fast die Hälfte der vom Kreise aufzubringenden Truppen gestellt hat, darüber hinaus, scheint es – die spärlich überlieferten Zahlen und Nachrichten sind wenig durchsichtig –, noch Truppen bereit gehalten und eingesetzt hat für die Wiedergewinnung der von den Franzosen gleich zu Beginn der Feindseligkeiten besetzten rheinischen Festungen, die EB Joseph Clemens, wie sein Bruder, Herzog Max Ema-

Westfalen zwischen fremden Mächten

nuel von Bayern, auf Seiten Ludwigs IV., den Franzosen bereitwilligst ausgeliefert hatte. – Friedrich Christians Leben neigte sich in diesen Jahren seinem Ende zu. Seine münsterschen Zeitgenossen und Untertanen haben anscheinend an seinem politischen Wechselspiel keinen Anstoß genommen. Das gehörte im ancien régime zur Politik wie im Mittelalter die Urkundenfälschung. Zwar wußte man, daß er die reichen Subsidiengelder, die er nach wie vor einkassierte, teils seinen zahlreichen Nepoten zuwandte, teils, was man vor Augen hatte, so prächtige Schlösser wie Ahaus und Nordkirchen davon erbaute; aber aus dem erträglichen Maß der Steuern konnte man schließen, daß ein Teil dieser Gelder auch dem Lande zugute kam. Da Friedrich Christian außerdem wirklich regierte, sich z. B. um die Verbesserung der Straßen kümmerte, neue Postverbindungen, besonders solche nach Holland, einrichtete, die Regulierung der Ems versuchte, Beamtentum und Verwaltung reorganisierte, so hatte man keine Ursache, mit ihm unzufrieden zu sein. Er starb im Jahre 1706. Sein prächtiges Grabmal im Dom zu Münster wäre schwerlich errichtet worden, hätte die Nachwelt ihm jedes freundliche Gedenken versagt.

Für die Neubesetzung des münsterschen Stuhles brauchte man ein ganzes Jahr. Alle Welt war an diesem Bistum, das sich in der jüngsten und jüngeren Vergangenheit immer wieder als das lebenskräftigste und leistungsfähigste aller westfälischen Territorien erwiesen hatte, interessiert. Die Wahlvorbereitungen waren entsprechend und wie damals üblich. Die Wähler ließen ihre Stimmen nicht mit Versprechungen fangen, von denen sie im voraus wußten, daß sie nicht gehalten wurden, sondern mit Geld. Wir tun das heute nicht, bzw. wenn es einer tut, verurteilen wir ihn. Ist das ein Grund, daß wir uns entrüsten über eine andere Zeit, die anders dachte als wir, realer, nüchterner? Mußte so ein Domherr für das, was er für seine Stimme erhielt, nicht auch alle Folgen ganz persönlich auf sich nehmen und ausbaden? – Der Kaiser und Holland ließen Unsummen springen, um Stimmen für ihre Kandidaten zu gewinnen. Schließlich griffen auch Preußen, Lothringen, Kurpfalz und Hannover ein. Gänzlich unbeteiligt blieb, was auf den ersten Blick verwunderlich erscheinen könnte, das Haus Wittelsbach. Max Emanuel, der Herzog von Bayern, und sein Bruder, EB Joseph Clemens von Köln, hatten zu dieser Zeit andere Sorgen. Ihre Haltung zu Ludwig XIV. war ihnen in der entscheidenden Schlacht des Krieges, bei Höchstedt (13. August 1704) – bei Höchstedt fiel ein Sohn des ravensbergichen Landrosten Wolf Ernst von Eller – zum Unheil ausgeschlagen, ganz Bayern von Österreich in Besitz genommen und über beide Brüder die Reichsacht verhängt worden. – Nach Verhandlungen mit dem Kaiser, der seinen Vetter, den Osnabrücker Bischof Karl von Lothringen, um jeden Preis durchbringen wollte, gab der Papst den Ausschlag zugunsten des Kandidaten des Domkapitels und der Holländer, des mit Friedrich Christian schon befreundet gewesenen Paderborner Bischofs F r a n z   A r n o l d   v o n   W o l f f - M e t t e r n i c h . Der einem heiteren Lebensgenuß zuneigende Herr hat die münstersche Mitra neben seiner paderbornischen noch elf Jahre lang mit jovialem Anstand getragen, dem Kaiser nochmals eine, wenn auch kleine,

187

Westfalen in der Neuzeit

Truppenmacht zugeführt und im übrigen weder sich noch seine Landeskinder in Turbationen und Konflikte gestürzt.

Sein Tod aber, am Weichnachtstage des Jahres 1718, sollte nicht nur für seine beiden Bistümer, sondern für ganz Westfalen tiefe Folgen haben. Die bei seiner Wahl ausgeschiedenen Wittelsbacher waren inzwischen wieder da. Die Friedensschlüsse von Rastatt und Baden (1714/15), die den Spanischen Erbfolgekrieg beendeten, hatten sie in ihre früheren Besitzungen und Würden wiedereingesetzt. Max Emanuel ergriff sofort die Chance. Schon im letzten Lebensjahre Franz Arnolds hatte er mit ihm verhandelt wegen der Wahl eines seiner Söhne zum Koadjutor. Franz Arnold war darüber gestorben. Unter Aufwendung von 600 000 Gulden „Wahlgelder" setzte Max Emanuel jetzt die Wahl seines Sohnes in Paderborn und Münster durch. Sein Bruder, EB Joseph Clemens, war früh gealtert und krank und für die Wahl nicht mehr in Frage gekommen. Es mußte allerdings ein zweites Mal gewählt werden; denn der Gewählte war kurz vor der Wahl, was hinterher erst bekannt wurde, gestorben. Als Ersatz präsentierte Max Emanuel seinen jüngeren Sohn, den 19jährigen Prinzen C l e m e n s   A u g u s t. Dessen Wahl ging ohne größere Schwierigkeiten durch.

LITERATUR

A r n o l d , K.: Geschichte des Niederrheinisch-Westfälischen Kreises in der Zeit des Spanischen Erbfolgekrieges. 1937.

H a b e r e c h t , K.: Geschichte des Niederrheinisch-Westfälischen Kreises in der Zeit der französischen Eroberungskriege 1667–97. 1935.

S c h a r l a c h , F.: Fürstbischof Friedrich Christian von Plettenberg und die münsterische Politik im Koalitionskriege 1688–97. In: WZ 80 I (1922), S. 1 bis 35; 93 I (1937), S. 79-127.

B r a u b a c h M.: Politisch-militärische Verträge zwischen den Fürstbischöfen von Münster und den Generalstaaten der Vereinigten Niederlande im 18. Jahrhundert. In: WZ 91 I (1935), S. 150-194.

H e u ß , Th.: Georg Friedrich von Waldeck. Soldat und Staatsmann des Barock. In: ds.: Schattenbeschwörungen. 3. Aufl. (1960), S. 13–19.

Clemens August

Was sie bedeutete, sollte bald offenbar werden. Drei Jahre später, 1723, wurde Clemens August anstelle seines inzwischen verstorbenen Onkels zum Erzbischof von Köln gewählt, 1724 zum Bischof von Hildesheim, 1728 zum Bischof von Osnabrück, 1732 endlich noch zum Hochmeister des Deutschen Ordens.

So herrschten nun in Westfalen, nachdem Preußen 1702 noch die kleine Grafschaft Lingen aus dem Erbe der Oranier an sich genommen und 1707 die Grafschaft Tecklenburg von ihren Erben, die sich darum nicht einigen konnten, gekauft hatte, praktisch nur zwei Mächte: W i t t e l s b a c h und P r e u ß e n , die eine den Westfalen so fremd wie die andere, beide aber in einem seltsamen Mißverhältnis zueinander befangen sowohl hinsichtlich ihres Besitzstandes in Westfalen als auch in ihren militärischen Kräf-

Westfalen zwischen fremden Mächten

ten. Setzt man für den westfälischen Besitz der beiden Häuser zusammen, d. h. für Westfalen ohne Lippe, Schaumburg, Waldeck, Hoya, Diepholz, Oldenburg, Bentheim, Corvey, Essen, Werden, die Größenzahl 10, so entfallen davon auf Wittelsbach $^7/_{10}$, auf Preußen nur $^3/_{10}$; für die beiderseitigen militärischen Kräfte ebenfalls die Größenzahl 10 gesetzt, ergibt dagegen für Preußen $^9/_{10}$, für Wittelsbach nur $^1/_{10}$. (Das letztere Verhältnis gilt jedoch nur für die Zeit bis zum Ausbruch des Siebenjährigen Krieges (Eintritt Frankreichs in den Krieg); auch ist dabei berücksichtigt, daß die bayerischen Streitkräfte in demselben Zeitraum gebunden und für Clemens August nicht verfügbar gewesen wären, während erhebliche und schlagkräftige preußische Verbände in Westfalen standen und selbst ein Einsatz der gesamten preußischen Macht in Westfalen durchaus im Bereich des Möglichen gelegen hätte.)

Und welch ein G e g e n s a t z zwischen den beiden Herrschern! Clemens August hat die Verwaltung seiner drei westfälischen Bistümer mehr oder weniger ihren Domkapiteln und Ständen überlassen. Friedrich Wilhelm I. ignorierte alle ständischen Rechte und „regierte" bis auf den Tisch seines letzten westfälischen Untertanen. Zeitgenossen und Nachfahren haben Clemens August „katastrophale Verschwendungssucht und sinnlose Geldausgeberei" (Hoster) kritisiert. Der Preußenkönig war die verkörperte Sparsamkeit. Clemens August liebte rauschende Feste, Musik, Theater und die Jagd. Friedrich Wilhelms einzige Vergnügung war das Tabakskollegium, wo man sich an groben Späßen ergötzte und sich mit billigem Bier betrank.

Um so verwunderlicher will es anmuten, daß diese beiden so grundverschiedenen Männer aneinander Gefallen gefunden haben. Sie haben sich zweimal besucht, und Friedrich Wilhelm schrieb über Clemens August an den Alten Dessauer: „ . . . ist ein feiner Herr, schade, daß er nicht ein Soldat, denn er alle Inklinazion hat; ich habe gute Freundschaft gemacht."

Verwunderlich vollends bleibt aber: Die Westfalen, die unter dem Krummstabe C l e m e n s A u g u s t s lebten, haben sich – nach guter Überlieferung – 42 Jahre lang bei ihm wohlgefühlt und sein Andenken bewahrt. Daß man auch in Westfalen um den Toten getrauert hätte, dafür sind Zeugnisse freilich noch nicht bekannt. Die zeitgenössischen Verse „Bei Clemens August trug man Blau und Weiß, Da lebte man wie im Paradeis" sind wohl ein Ausdruck rheinischer Trauer um die dahingegangenen „s c h ö n e n Z e i t e n".

Die anderen, die unter dem Korporalstock F r i e d r i c h W i l h e l m s I. leben mußten, haben sich, daran ist kein Zweifel, in den 27 Jahren seiner Regierung n i c h t e i n e n T a g l a n g wohlgefühlt. Hat Clemens August ihnen ein Scheinglück vorgetäuscht, für das sie später einmal büßen oder bezahlen oder sonstwie Vergeltung erleiden würden? Haben die andern nicht begriffen oder wollten sie nicht begreifen, daß Glück, Größe und Geltung in der Welt erst auf Entbehrung, Strenge und Härte folgen könnten? – Weder das eine noch das andere ist wahr geworden.

C l e m e n s A u g u s t hat nicht nur Schlösser gebaut, Hirsche gejagt und Feste gefeiert. Nach Ausweis seiner Itinerars ist er mehr auf Reisen

Westfalen in der Neuzeit

gewesen als in seiner Bonner Residenz. Fast jedes Jahr hat er Westfalen besucht, häufig auf monatelangen Reisen von Ort zu Ort und kreuz und quer durch das Land. Es ist darum nicht angängig, in einer Geschichte Westfalens ihn und seine Zeit mit ein paar Sätzen abzutun, wie es gewöhnlich geschieht. Mag er nun „regiert" oder nicht „regiert" haben wie Friedrich Wilhelm I. von Preußen, in den 42 Jahren seiner langen Regierung hat die Zeit in seinen westfälischen Ländern, in Arnsberg und Recklinghausen, in Münster, Osnabrück und Paderborn nicht still gestanden. Merkwürdigerweise hat sich die Forschung damit bis jetzt wenig beschäftigt. Ganze Aktenbestände, die darüber aussagen könnten, ruhen noch unerschlossen in den Archiven.

Das schillernde Bild seiner Person: der Mensch, der Priester, der Fürst und der Politiker haben das Interesse um so mehr gefangen. Max B r a u b a c h hat es in wenigen Sätzen vortrefflich gezeichnet: „. . . die Frage, ob er Neigung zum geistlichen Beruf habe, (hat er als Jüngling) entschieden verneint, und. . . als der Papst die Bestätigung seiner Wahl in Hildesheim von dem Empfang der höheren Weihen abhängig machte, in einem Brief an den Vater. . . erklärt, er könne nicht Priester werden, da er diesen Stand nur unwürdig vertreten werde, er wolle daher lieber auf Kur und Bistümer verzichten. Es ist offenbar Max Emanuel nicht allzu schwer geworden, ihn von solchen ,desparaten' Gedanken abzubringen: Clemens August ließ sich am 4. März 1725 zum Priester weihen, und am 9. November 1727 konsekrierte ihn Papst Benedikt XIII. persönlich . . . zum Bischof. Nun kann gewiß kein Zweifel daran sein, daß er gläubig und fromm war und daß er den besten Willen hatte, sowohl die kirchlichen Aufgaben, die ihm zugefallen waren, zu erfüllen, als auch den mannigfachen Pflichten des Reichsfürsten und Landesherren Genüge zu tun. Aber es stellte sich heraus, daß hinter diesen guten Vorsätzen kein fester Charakter und kein klarer Geist standen und daß er weder die Kraft zur Entsagung noch die Fähigkeit zur richtigen Erkenntnis der Dinge besaß, daß er im Grunde ein labiler, schwankender, unsicherer Mensch war, hin- und hergeworfen zwischen Stimmungen der verschiedensten Art, zwischen falschen Gefühlen der eigenen Größe, verzweifelten Empfindungen der eigenen Unzulänglichkeit, zwischen einer oft hektisch anmutenden Lebensbejahung und schwärzester Melancholie, leicht zu gewinnen, ebenso leicht wieder zu verlieren – alles in allem also ein Mann, der weder die sittliche Eignung für das verantwortungsvolle Amt des Oberhirten vieler Diözesen noch politische Einsicht und staatsmännische Befähigung besaß."

Ein tragikomisches Ereignis – eins von mehreren, die das Leben dieses Mannes belastet haben – wirft ganz plötzlich ein scharfes Licht auf sein Verhältnis zu Westfalen. Als 1733 der Streit um die polnische Thronfolge einen neuen Krieg auslöste zwischen Frankreich und Österreich (im Bunde mit Rußland und Preußen), hielt sich Bayern neutral, aber nur, um dem Kaiser in den Rücken fallen zu können, falls ihm im Verlauf des Krieges Schwierigkeiten entstehen sollten. Für diesen Plan suchten die bayrischen Verwandten Clemens August zu gewinnen. Man stellte ihm die Notwendigkeit vor, seine geringe Truppenmacht schnell und erheblich zu verstärken und sie für einen gegebenen Fall bereit zu halten. Außerdem, so gab man ihm zu verstehen, gewänne er erst mit hinreichenden militärischen Machtmitteln in der Hand die Möglichkeit, der S c h w i e r i g k e i t e n Herr zu werden, die ihm von seiten der D o m k a p i t e l u n d L a n d s t ä n d e immer noch bereitet würden.

Der leicht zu Entflammende ging darauf ein und sah sich schon als Kriegshelden an der Spitze seiner Heerscharen. Zwei Infanterieregimenter und ein Dragonerregiment, bis dahin die gesamte kurkölnische Heeresmacht, wurden in überstürzter Eile und durch intensive Werbung verstärkt, dazu ein Infanterieregiment und ein Dragonerregiment neu aufgestellt. Diese erst halb fertige Streitmacht, im ganzen kaum mehr als 4000 Mann, wurde in einem eigens dazu hergerichteten Lager bei P l i t t e r s d o r f, zwischen Bonn und Godesberg, zu einer großen Truppenschau mit nachfolgenden Übungen und Manövern zusammengezogen.

Das Unglück wollte, daß alles total verregnete. „Der Wettergott war anscheinend vom Wiener Hof bestochen" (Braubach). Aber das war nicht das schlimmste – zu einem Manöver gehört, daß es regnet –; das Geld, das zur Unterhaltung eines so kostspieligen Unternehmens nötig war, ging aus, und daran trugen die meiste Schuld – die W e s t f a l e n. Die Domkapitel und Landstände der drei westfälischen Bistümer hatten nämlich von Anfang an und auf das bestimmteste erklärt, daß sie mit d e r Sache nichts zu tun haben wollten und dafür nicht ihre Hand böten. Clemens August eiligst unternommener Versuch, durch persönliche Rücksprache in Münster, Paderborn und Osnabrück die Gemüter der Westfalen umzustimmen, hatte nichts gefruchtet. Die Domherren und die Herren der Ritterschaften verspürten keine Lust, aufs neue in kriegerische Abenteuer verstrickt zu werden, bei denen sie nur die Leidtragenden sein würden; standen doch unmittelbar an ihren Grenzen, in Wesel, Hamm, Lippstadt, Bielefeld und Minden, die gefürchteten preußischen Regimenter. Sie wagten es also – und sie konnten es offenbar wagen –, ihrem Landesherrn die kalte Schulter zu zeigen.

Es sollte sich auch bald zeigen, daß sie mit ihren Befürchtungen nicht Unrecht gehabt hatten. Natürlich war der Wiener Hof über die Rüstungen Clemens Augusts genauestens unterrichtet. Der Kaiser sah darin eine offene Herausforderung, und um zu verstehen zu geben, daß er keinen Spaß verstände, wies er den mit ihm verbündeten brandenburgischen Truppenverbänden Winterquartiere in den Bistümern Münster und Paderborn an. Clemens August konnte nicht daran denken, es zu hindern. Was von seinen Soldaten wegen schlechter Verpflegung und nicht gezahltem Sold noch nicht desertiert war, mußte eiligst in die Garnisonen zurückgeschickt werden. – Glücklicherweise wurde der Krieg um die polnische Thronfolge nur lässig geführt. Die großen Feldherren aus dem Spanischen Erbfolgekriege, soweit sie noch, wie Prinz Eugen, am Leben waren, waren alt und müde geworden. Im Frühjahr wurden Münster und Paderborn von den lästigen Gästen befreit.

Über Clemens Augusts politisches Wirken in Westfalen und für Westfalen wissen wir leider nicht viel mehr. Er scheint sich nicht darauf beschränkt zu haben, den Empfang der Einkünfte, die ihm aus seinen westfälischen Bistümern zuflossen, zu quittieren. Im wesentlichen hat er wohl die Verwaltung den dortigen Behörden (Domkapiteln usw.) überlassen, ohne sich indessen jeder Mitbestimmung oder jeder Aufsicht zu begeben. So begründete er in Paderborn ein „Geheimes Ratskollegium", und in Osnabrück übte in seinem Namen Ferdinand von Kerssenbrock eine Art Statthalterschaft aus. Sicher ist jedenfalls – und das ist für das geschichtliche Urteil und im Vergleich mit der Lage im übrigen Westfalen entscheidend: unter der Herrschaft Clemens Augusts ist in den Bistümern Münster, Paderborn und Osnabrück von Fürstenwillkür, von übermäßigem Steuerdruck, von Pressung der Menschen zum Waffendienst, kurz von dem „sic volo, sic jubeo" des Absolutismus wenig oder nichts zu spüren, es sei denn, daß die noch uneröffneten Akten uns eines anderen belehrten. Und war die Verwaltung, das Gerichtswesen, der ganze Behördenapparat und die Wirtschaft in den drei Bistümern wirklich so rückständig, wie gern in Bausch und Bogen von ihr gesagt wird? „Unterm Krummstab ist gut wohnen", haben die Zeitgenossen gesagt.

In den preußischen Ländern Westfalens sah es anders aus. Mochte der Große Kurfürst vielleicht den Versuch gemacht haben, sich Sympathien in Westfalen zu erwerben, von seinen Nachfolgern hat keiner den Versuch wiederholt. Friedrich Wilhelm I. hat seine Verwaltungsreformen ohne Rücksicht auf Traditionen und Personen durchgeführt. Seine Neugestaltung der städtischen Verfassung zerschlug die Selbstverwaltung, das sorgsam gehütete Kleinod der westfälischen Städte. Sie beseitigten zwar die alten Ratsoligarchien mit ihrer Vetternwirtschaft und ihrem gemächlichen Geschäftsgang mitsamt dem Umtrunk, der nach alter Sitte dazu gehörte, nahmen aber den neuen Ratskörperschaften jedes Interesse und jede eigene Initiative, da er ihnen von ihren Steuer- und Akziseeinnahmen nur soviel beließ, wie eben und bei größter Sparsamkeit ausreichte zur Befriedigung des dringendsten kommunalen Bedarfs. Mit der sogenannten „Generalpacht" (Verpachtung der Amtsverwaltungen) trat an die Stelle einer im Volke verwurzelten Rechtspflege die Rechtsprechung durch justizfremde Amtspächter. Die fremden Beamten und Kommissare, die in das Land kamen, wußten sich nirgends beliebt zu machen. Man empfand ihr Wesen – ob mit Recht oder Unrecht? – als anmaßend und hochfahrend. In der Tat hat ihr ostelbisches Auftreten im Mindischen einmal zu regelrechten Bauernaufständen geführt. Sie mußten mit Einsatz von Militär unterdrückt werden. Freilich schritt der König gegen Beamtenwillkür ebenso rücksichtslos ein; aber er machte das Geschehene damit nicht ungeschehen. Einsichtigen blieb andererseits nicht verborgen, daß dieses neue Wesen mit seinen Paragraphen, Verordnungen und Befehlen, daß die Errichtung der Kriegs- und Domänenkammern als regionale Verwaltungszentren in Minden und Hamm mit ihrer vorzüglichen Organisation, mit unbestechlichen Beamten und einem verhältnismäßig flotten Geschäftsgang auch Gutes brachte und noch mehr gebracht hätte, wäre es mit etwas mehr Geschick und Takt eingeführt worden.

Schlimm im wahrsten Sinne aber waren die Lasten, die die Befriedigung des ungeheuren Bedarfs an Menschen und Dingen eines stehenden Heeres, auf dem allein die Existenz des jungen preußischen Staates ruhte, den Einwohnern auferlegte. ,,Das Militärwesen des 18. Jahrhunderts warf einen dunklen Schatten in das Bild der preußischen Herrschaft, der sich nicht auslöschen läßt" (Rothert). (Daß † Hermann Rothert, selbst preußischer Verwaltungsbeamter in hoher Stellung und von hohen Verdiensten, diesen Satz geschrieben hat (Westf. Gesch. III, S. 284), gibt ihm sein ganzes Gewicht. R. hat dazu Beispiele aus der Grafschaft Mark angeführt. Die Furcht vor dem Militär führte dort zu einer wahren Landflucht. Die Stadt Barmen z. B. soll ihre Blüte damals den Flüchtlingen aus der Grafschaft Mark verdankt haben. Zwei Geistliche, die dem König eine Bittschrift um Milderung der Zwangsrekrutierung usw. überreichten, wurden auf die Festung geschickt. – Die Beispiele lassen sich beliebig vermehren. Unter Friedrich Wilhelms Sohn und Nachfolger haben sie im Siebenjährigen Kriege oft Formen angenommen, die, bei aller Berücksichtigung staatlicher Notwendigkeiten, jedes Maß überschreiten. Nur ein Beispiel für viele: ,,Der Mindener Kammerpräsident von Massow unterrichtete am 1. Januar 1757 in einem vertraulichen Schreiben den Stiftsamtmann Keiser des Stiftes Quernheim von einem königlichen Befehl, mit dessen Durchführung der reinebergische Amtmann Barkhausen betraut sei. Barkhausen erschien schon am Tage darauf und teilte mit, daß am kommenden Sonntage alle Kirchen des Landes von Polizei und Militär umstellt und alle jungen Männer, «so capabel, das gewehr zu tragen», weggeführt werden sollten. Der Pastor sollte den Befehl des Königs aber erst nach begonnenem Gottesdienst bekanntmachen und die Notwendigkeit in seiner Predigt zu begründen versuchen, «damit die Gemüter einigermaßen zu dieser Tragedie präpariret werden». (Zitiert nach des Vf.s ,,Geschichtliches zur Klosterbauerschaft" in: Beiträge zur Geschichte der Klosterbauerschaft (1964), S. 170 aufgrund von Staatsarchiv Münster, Stift Quernheim, Akte 55). – Dergleichen Nachrichten, schwarz auf weiß gelesen, passen schlecht zu der oft wiederholten Erzählung – zuerst in Schlözers Staatsanzeiger o h n e Angabe der Quelle –, daß patriotisch gesinnte ravensbergische Bauern ihre desertierten Söhne damals zur Armee zurückgeschickt hätten. Wenn sie es überhaupt getan haben, dann vermutlich nur deshalb, weil sie für sich selbst schwere Repressalien zu befürchten hatten, wenn sie Deserteure beherbergten. – Hermann Rothert fügt dem oben zitierten Satz die Bemerkung hinzu: ,,Es war der Preis, den die Untertanen für eine vorbildliche Verwaltung, die Zugehörigkeit zu einem großen Staatswesen zahlen mußten." Die ,,vorbildliche Verwaltung" wird man gelten lassen, mochte sie sich auch über den ,,beschränkten Untertanenverstand" erhoben dünken, die Verquickung mit den Vorstellungen von einem großen Staatswesen jedoch nicht, selbst wenn sie nicht auf die Zeitgenossen bezogen werden soll).

Der Sohn und Nachfolger Friedrich Wilhelms I., F r i e d r i c h, den die Mitwelt, von seinen kriegerischen Erfolgen beeindruckt, schon den

Westfalen in der Neuzeit

Großen genannt hat, hat gleich im ersten Jahrzehnt seiner Regierung seine westfälischen Länder besucht. Er hat sich interessiert u. a. für die Möglichkeiten zur Verbesserung des Steinkohlenbergbaues an der Ruhr und im Osning, für die Verbesserung der Ruhrschiffahrt und für die Salzgewinnung. Die Anlage des großen Salzwerkes zur Ausnutzung der Salzquellen bei Rehme an der Weser geht auf ihn zurück.

Seine K r i e g e hat er n i c h t in Westfalen geführt. Clemens August war kein Gegner für ihn. „*L'Electeur de Cologne, frère de celui de Bavière*", hat er später in dem einleitenden Kapitel „Etat de la Prusse à la mort de Frédéric Guillaume" seiner „Mémoirs pour servir á l'histoire de mon temps" geschrieben, „*avoit mis sur sa tête le plus de mitres qu'il avoit pu s'approprié. Il étoit Electeur de Cologne, Evêque de Munster, de Paderborn, d'Osnabruck, et le plus grand Maître de l'ordre teutonique; il entretenoit 8 à 12 000 hommes, dont il trafiquoit comme un bouvier avec ses bestiaux* (mit denen er Handel trieb wie ein Ochsentreiber mit seinen Tieren). *Alors il s'étoit vendu à la Maison d'Autriche*". (Vor dem beißenden Sarkasmus des alten Königs war bekanntlich nichts sicher. Die Subsidiengelder, die Clemens August abwechselnd von seinen Bündnispartnern empfing, standen aber schließlich auf derselben Stufe wie Englands Subsidien, ohne die Friedrich seinen großen Krieg nicht hätte führen können, und können nicht gleichgesetzt werden mit Soldatenverkäufen, hinter denen keine politischen Motive, Bündnispflichten oder dgl. standen).

Clemens August seinerseits nannte den König von Preußen nur den „Kurfürsten von Brandenburg"; aber er lebte in beständiger Angst vor ihm. In den Jahren der ersten beiden Schlesischen Kriege schickte er, um gut Wetter zu machen, wiederholt seinen Paderborner Obristjägermeister, den Freiherrn von Asseburg, und dessen Sekretär Raesfeld zum König. Man traf ein Abkommen über gegenseitige Auslieferung von Deserteuren, was in Münster, Paderborn und Osnabrück nur Mißstimmung erregte. Der König soll auch versprochen haben, den Kurfürsten in Reichs- und Angelegenheiten des Westfälischen Kreises zu unterstützen. Als Friedrich dann aber, 1756, in Sachsen einbrach, geriet Clemens August „in eine unbeschreibliche Entrüstung", gab seinen Freunden die Zusicherung, „alles zur Rächung der ungerechten preußischen Gewalttaten werktätig vorzukehren", und sprach von ihm als dem „gefährlichsten Revolutionär, den es seit Jahrhunderten in Europa gegeben" (nach Zitaten von Braubach). Beim Ausbruch des Siebenjährigen Krieges stand Clemens August auf seiten Österreichs und mußte dessen Verbündetem, Frankreich, freie Hand lassen für kriegerische Unternehmungen in Westfalen. Ob seine eigenen Truppen und Truppen des Westfälischen Kreises auf seiten der Franzosen in Westfalen oder in den Heeren der Kaiserin gefochten haben, ist noch nicht bekannt.

LITERATUR

Braubach, M.: Kurköln. Gestalten und Ereignisse aus zwei Jahrhunderten rheinischer Geschichte. 544 S. 1949.

Renard, E.: Clemens August, Kurfürst von Köln. Ein rheinischer Mäzen und Weidmann des 18. Jahrhunderts. Reich illustr. 1927. (= Monographien zur Weltgeschichte 33).

Braubach, M.: Kurfürst-Fürstbischof Clemens August in Clemenswerth. In: Mttlgn. des Hist. V. Osnabrück 66 (1954), S. 197 – 219. (LB 291).

Der Siebenjährige Krieg in Westfalen

Von den ersten beiden Kriegen um Schlesien war Westfalen verschont geblieben. Das münstersche Domkapitel richtete eine dringende Bitte an Clemens August, darauf bedacht zu sein, daß das Land nicht in den neuen Konflikt hineingezogen würde. Aber dafür war dieses Mal keine Hoffnung.

Beim Ausbruch des Krieges war die Lage in Westfalen für Preußen denkbar ungünstig. Zwar war es dem König gelungen, im Januar 1756 England durch die Konvention von Westminster auf seine Seite zu ziehen. England war an der Entwicklung der Dinge in Nordwestdeutschland natürlich interessiert, da es seit 1714 mit Hannover in Personalunion verbunden war und zudem wenige Jahre vorher, 1753, durch Vermittlung des jungen Justus Möser aus Osnabrück noch die Grafschaft B e n t h e i m um schweres Geld für Hannover in Pfandschaft genommen hatte. Den Abschluß der Westminster-Konvention hatte Preußen den Engländern auch dadurch schmackhaft gemacht, daß es ihnen den Erwerb von Paderborn, Osnabrück und Münster zu einer passenden Gelegenheit in Aussicht stellte (!). Diesen schönen Plan aber hatte Österreichs Kanzler, Graf Wenzel Anton von K a u n i t z - R i e t b e r g – die seit 1456 unter hessischer Lehnshoheit stehende Grafschaft Rietberg war 1699 durch Heirat der Erbtochter dem Vater des Grafen Wenzel Anton zugefallen – mit einem diplomatischen Meisterstück zu aller Welt größter Überraschung durchkreuzt, indem er Frankreich, den Erzfeind des Hauses Habsburg, durch ein Defensivbündnis (1. Mai 1756), wenige Wochen später auch durch ein Offensivbündnis zur „déstruction totale de la Prusse" für Österreich verpflichtete. Trotz dieser unerwarteten, bedrohlichen Wendung und bei der auf allen Seiten herrschenden „Kriegspsychose" (Rössler) hatte Preußen an dem Gedanken, daß eine letzte Auseinandersetzung um Schlesien unvermeidbar sei, festgehalten und am 26. August den Krieg begonnen.

Da F r a n k r e i c h sich bereits mit England im Kriege befand wegen der beiderseitigen Besitzungen in Nordamerika, mußte mit einem massiven Angriff Frankreichs auf die preußischen Länder in Westfalen und auf Hannover, somit also mit einer gefährlichen Bedrohung der preußischen Westflanke und aller rückwärtigen Verbindungen, gerechnet werden. In der Tat war bereits Anfang des Jahres 1757 eine französische Armee unter dem Marschall d'Estrée im Felde erschienen, hatte den Rhein überschritten und sich kampflos der von Truppen entblößten preußischen Festungen Wesel und Lippstadt bemächtigt. In aller Eile war an der Weser, in Nienburg und Hameln, eine Abwehr organisiert worden. Die dort aufgestellte Armee setzte sich zusammen aus Hannoveranern, Hessen,

Westfalen in der Neuzeit

Braunschweigern und den preußischen Garnisontruppen aus Wesel und Lippstadt und war unter den Befehl des Herzogs von Cumberland, eines Sohnes des englischen Königs Georgs II., gestellt worden. Cumberland hatte sich auch bald in Bewegung gesetzt, um dem Gegner die Stirn zu bieten. Hart südlich des Teutoburger Waldes, beiderseits Brackwede, hatte er, um die Pässe zu sperren, auf breiter Front eine Verteidigungsstellung bezogen, sich aber nach wenigen Tagen umgangen geglaubt und in überstürzter Eile den Rückzug auf die Weser angetreten. Dort hatte er kehrtgemacht, war bei Hastenbeck auf den Gegner gestoßen, geschlagen und nach Norden ausgewichen. Mutlos geworden, hatte er mit den Franzosen die Konvention von Kloster Zeven bei Bremen abgeschlossen, die fast einer Kapitulation gleichkam. England aber hatte die Konvention nicht anerkannt und Cumberland abberufen.

Zu Ausgang des Jahres 1757 wäre die Lage in Westfalen für Preußen und Hannover-England doppelt bedrohlich geworden, hätte nicht der Schock von Roßbach (5. November 1757) auch die im Westen operierenden Franzosen gelähmt. Dadurch hatten Preußen und England Zeit gewonnen, noch vor Ablauf des Jahres mit der Aufstellung einer neuen Armee an der Weser zu beginnen. Zum Oberbefehlshaber war Ferdinand von Braunschweig, der Bruder des regierenden Herzogs von Braunschweig, naher Verwandter des englischen Königshauses und Schwager des Preußenkönigs, auf Drängen König Georgs bestellt worden. Friedrich hatte sich nur schwer dazu entschließen können. Sein Schwager hatte sich wohl als Truppenführer unter ihm selbst bewährt, war auch bei Roßbach dabei gewesen, für ein selbständiges Kommando, noch dazu auf einem entfernten Kriegsschauplatz, hielt er dessen militärische Fähigkeiten indessen nicht für ausreichend. Er hatte ihm schließlich alle guten Ratschläge mit auf den Weg gegeben und ihn verpflichtet, täglich durch Kurier über die Lage und seine geplanten Maßnahmen zu berichten.

Herzog Ferdinand hatte jedoch eine bemerkenswerte Aktivität an den Tag gelegt. Seine Armee war zwar ebenso zusammengewürfelt worden wie die Cumberlands, aber er hatte den Grafen Wilhelm von Schaumburg-Lippe, den tüchtigsten Artilleristen der Zeit, sein schaumburgisches Grenadierregiment – eine vorzüglich ausgebildete Truppe von Landeskindern, ausgehoben aufgrund der allgemein bestehenden, aber nirgends mehr durchgeführten Milizpflicht. Ihr Kampfruf war „Man drup!"; sie hießen die „Bückeburger Mandrups" – und ein Artilleriekorps von 26 Geschützen mitbringen können. Bereits im Februar des folgenden Jahres (1758), als der Winter es eben zuließ, war er zu einem entschlossenen Vorstoß angetreten. Der überraschte Gegner war vor ihm zurückgewichen, hatte ihm die Stadt Münster ohne Kampf überlassen – stiftmünstersche Truppen, soweit sie noch nicht zur Reichsarmee gestoßen waren, waren nach Bonn zurückgezogen worden – und war auf das linke Rheinufer gegangen. Ferdinand war auch dahin gefolgt und hatte den inzwischen stark demoralisierten Franzosen bei Krefeld (23. Juni 1758) eine empfindliche Niederlage beigebracht. Einem weiteren Vordringen hatten seine begrenzten Kräfte und die Entfernung von seinen Verpflegungsmagazinen ein Ziel gesetzt. Er war auf das rechte Rheinufer zurückgegangen, hatte in Münster, im schönen Erbdrostenhof, sein Hauptquartier eingerichtet, um dort in Ruhe, da ihm kein Feind mehr gegenüber stand, Verstärkungen abzuwarten. Sein Erfolg von Krefeld hatte England veranlaßt, nunmehr auch eigene Truppen auf das Festland und zum Heere Ferdinands zu schicken.

Bei einem Gang über das Schlachtfeld von Krefeld hatte Ferdinand, so wird berichtet, mit Entsetzen in das grauenvolle Gesicht des Krieges geschaut. Es ist wahr, daß er im Grunde seines Herzens das Soldatenhandwerk, das Geburt und Stand ihm aufgezwungen, nie geliebt hat. Die Ruhe in Münster, von Festlichkeiten, so wird ebenfalls berichtet, gelegentlich angenehm unterbrochen, scheint ihm willkommen gewesen zu sein.

Daß man an den Annehmlichkeiten der Winterquartiere damals noch so festgehalten hat, ist durch die Verkehrs- und Nachschubverhältnisse bedingt gewesen, wenn es uns auch merkwürdig erscheinen will angesichts der Tatsache, daß wenige Jahrzehnte später, in den napoleonischen Kriegen, bei gleichen Bedingungen darauf gänzlich verzichtet wurde. An Merkwürdigkeiten ist dieser Krieg in Westfalen, in dem es nicht einmal um Westfalen ging, im übrigen nicht arm gewesen. Niemand hat auch damals von einem „westfälischen" Krieg gesprochen. Im Gegenteil: Noch ein Jahrhundert nach der im folgenden Jahre (1759) auf der Ebene bei Minden durchgefochtenen einzigen großen Feldschlacht des Krieges erschien das grundlegende Aktenwerk mit dem Titel „Entstehung und Geschichte des hannöverischen Krieges". So haben ihn die Zeitgenossen genannt und auch die Franzosen. Sie führten diesen Krieg nicht Maria Theresias wegen, sondern gegen England. England hat den Krieg vom ersten bis zum letzten Tage finanziert. Es hat ihn nicht nur mit Geld, sondern auch mit dem Blute seiner Landeskinder geführt. An dem Sieg von Minden kommt englischen Infanterieregimentern der größte Anteil zu.

Die Schlacht bei Minden stellt alle übrigen Ereignisse dieses Krieges als strategische Konzeption sowohl wie in ihrer operativen und taktischen Durchführung und moralischen Auswirkung so sehr in den Schatten, daß sie in den Mittelpunkt einer Darstellung gerückt werden darf, die diesen Krieg als Ganzes und in seinen charakteristischen, eigenartigen und oft auch absonderlichen Zügen zu erfassen sucht.

Der Herausgeber des genannten Werkes über den „hannöverischen Krieg", F. O. W. H. von Westphalen, war ein Enkel des „Generalstabschefs" des Herzogs Ferdinand. Philipp Westphalen, so hieß der Großvater – wegen seiner Verdienste in diesem Kriege ist er später geadelt worden –, war zwar nicht in Westfalen geboren, sondern in Niedersachsen; aber seine Vorfahren müssen wohl aus Westfalen gekommen sein. Als einen halben Westfalen wird man ihn ansprechen dürfen. Das täte man um so lieber, als damit wenigstens ein Westfale gefunden wäre, der neben dem Grafen Wilhelm von Schaumburg an diesem Kriege in Westfalen in führender Stellung teilgenommen hätte. Auf seiten der Franzosen haben, abgesehen von einem kleinen Freikorps um 9000 Sachsen, nur Franzosen gekämpft. Im Heere Ferdinands kämpften außer der Handvoll bückeburgischer Grenadiere und Artilleristen k e i n e Westfalen. Die westfälischen Regimenter Preußens – in Bielefeld und Herford lag im Frieden das IR. 10, in Minden das IR. 41, in Soest, Lippstadt und Hamm das IR. 9, in Wesel lagen die IR. 44, 45 und 48 – haben bei Lobositz, Prag, Kolin, Roßbach, Leuthen, Kunersdorf und Torgau gekämpft.

Philipp Westphalen selbst ist eine der merkwürdigsten Merkwürdigkeiten dieses Krieges. Dieser „Generalstabschef" ist nämlich nie in seinem Leben Soldat gewesen, hat niemals auch nur „eine blinde Rotte durch den Rinnstein geführt". 1724 geboren als Sohn eines herzoglich braunschweigischen Postverwalters und späteren Hofpostmeisters, studierte er Rechtswissenschaft, ging Ende der 40er Jahre mit einem Herrn von Spiegel als dessen Begleiter auf Kavalierstour durch Frankreich, Italien und Österreich und wurde 1751 von Herzog Ferdinand als Privatsekretär in Dienst genommen. In dieser Stellung hat er dem Herzog mit Hingabe gedient und ist während des ganzen Krieges nicht von seiner Seite gewichen. Aus dem einfachen Schreiber wurde bald der Ratgeber in privaten und Vermögenssachen und schließlich auch in militärischen Dingen. Sämtliche Befehle und militärischen Anordnungen, Berichte und der ganze übrige Schriftverkehr des Herzogs sind durch seine Hand gegangen, vielfach auch von ihm entworfen worden. Die großartige Konzeption, die eine verzweifelte Lage des Herzogs in den Monaten und Wochen vor der Schlacht bei Minden nicht nur wiederherstellte, sondern in einen Erfolg umwandelte, ist seinem Geiste entsprungen. Die Kriegsgeschichte kennt wenig Beispiele ähnlichen zivilen Soldatentums.

Die deutschsprachigen Darstellungen sehen diesen Krieg mehr oder weniger durch die preußische Brille. Sie vergessen, daß für die Mehrzahl aller Westfalen, mindestens für ³/₄, Preußen damals das r o t e T u c h war und daß selbst die Haltung der preußischen Westfalen den Preußen gegenüber u n m ö g l i c h so freundlich gewesen sein kann, wie es gern hingestellt worden ist. Ferdinands Heer war ständig von Verrat umgeben. Die mindischen, ravensbergischen und märkischen Bauern taten sich bei der Gestellung von Fuhrwerken nicht einen Deut schneller als die in Paderborn, Münster, Osnabrück und dem kölnischen Westfalen. Das Wettern der preußischen Proviantschreiber über die „verfluchte Langsamkeit der verdammten Bauern" regte weder die einen noch die anderen auf. Lieferungen von Fourage (Hafer, Stroh) und Lebensmitteln, auf die trotz er Magazinverpflegung nicht verzichtet werden konnte, mußten im Mindischen nicht anders als im Münsterschen mit Zwang und Druck erpreßt werden. Städte und Klöster wußten sich häufig nicht anders zu helfen, als daß sie die Hilfe jüdischer Finanzleute in Anspruch nahmen. Diese kauften dann in ihrem Auftrage das Geforderte überall zusammen. Die Sympathien der weitaus größten Mehrzahl aller Westfalen waren auf seiten der Franzosen. Großsprecherische, „patriotische" Reimereien auf preußische Siege, wie sie damals auch in Westfalen aufgetaucht sind, beweisen nicht das Gegenteil. Einen jubelnden Empfang, wie ihn die Bürger Münsters den einmarschierenden Franzosen bereitet haben, hat Ferdinand von Braunschweig in Westfalen, soweit bekannt, niemals gefunden. –

Westfalen zwischen fremden Mächten

Den Winter 1758/59 hatten die Franzosen zu außerordentlichen Anstrengungen und umfangreichen Rüstungen benutzt, so daß die besten Aussichten für eine erfolgreiche Kriegsführung zu Anfang des Jahres 1759 auf ihrer Seite lagen. Den Schrecken, den der gelehrige Schüler des gefürchteten Preußenkönigs ihnen eingejagt hatte, ihren zuletzt fast kopflosen Rückzug aus Westfalen und die Niederlage von Krefeld hatten sie überwunden. Das Heer war in den Winterquartieren am Rhein reorganisiert, ein neuer Oberbefehlshaber in der Person des Marschalls C o n - t a d e s ernannt. Die Blüte des französischen Adels stellte die Generalität und die Regimentskommandeure, unter ihnen den Herzog v o n B r o - g l i e . Der Herzog, Sohn eines französischen Marschalls, ein Mann in den besten Jahren, ritterlich, tapfer, entschlußfreudig und militärisch begabt, aber auch ehrgeizig und Ränken zugänglich, führte die zweite französische, Contades unterstellte Armee am Main. Einen Vorstoß Ferdinands gegen Frankfurt, das Zentrum der französischen Südarmee im April des Jahres 59, hatte Broglie bei B e r g e n erfolgreich abgewiesen.

Das Frühjahr brachte im übrigen zunächst das übliche Hin und Her. Ferdinand wußte sich dabei das Gesetz des Handelns zu wahren. Da aber stieß Contades, um einer von Ferdinand in der Soester Gegend angebotenen Entscheidung auszuweichen, alle seine bisherigen Dispositionen um, löste sich von seinem Gegner und suchte die Vereinigung mit Broglie, der in Hessen stand. Broglie erhielt Befehl, geradenwegs nach Norden zu marschieren. Contades folgte ihm links gestaffelt. Weit nach Osten ausholend gelang es ihm, Ferdinand zu überflügeln, sich in seine Flanke zu setzen und seine rückwärtigen Verbindungen zu bedrohen. Ferdinand wich Schritt für Schritt nach Nordwesten aus, bis ein kühner Vorstoß Broglies gegen den Teutoburger Wald über Paderborn, Detmold und Bielefeld ihn immer weiter von der Weser, seiner Operationsbasis, nach Westen hin entfernte. Münster, sein westlichster Stützpunkt, wurde bereits von einem französischen, von Contades dorthin abgezweigten Korps bedroht. Contades neuer Plan für den Feldzug dieses Jahres, den Gegner von zwei Seiten in die Zange zu nehmen, ihn von seinen rückwärtigen Verbindungen und Magazinen abzuschneiden und mit vereinter Macht die untere Weser als Ausgangspunkt gegen Hannover zu gewinnen, war in vollem Anlauf.

In diesen Wochen des Juni und Juli 1759 hat Ferdinand von Braunschweig die schwersten Tage erlebt. Die plötzliche Wendung der Dinge traf ihn innerlich unvorbereitet. Hatte er das Kriegshandwerk überhaupt nur aus fürstlicher Verpflichtung übernommen, so bedrückten ihn die Mißerfolge dieses Jahres, besonders die Schlappe von Bergen, bei der er ehrenvoll genug abgeschnitten hatte, über die er aber einige Anzüglichkeiten seines königlichen Schwagers einstecken mußte. Friedrichs Briefe wurden von Tag zu Tag mahnender, beschworen das Schicksal des unglücklichen Cumberland vom Jahre 57 und fielen schließlich in einen Ton, der von Abkanzlung nicht weit entfernt war. Seinen Generälen gegenüber hat Friedrich bekanntlich kein Blatt vor den Mund genommen, und von Ferdinands militärischen Fähigkeiten hielt er, trotz Krefeld, immer noch nicht allzu viel. Ferdinand gab sich über den Ernst seiner Lage keiner

Westfalen in der Neuzeit

Täuschung hin. Er wußte, daß nunmehr alles auf dem Spiele stand. Die Verantwortung gegen sein eigenes Land Braunschweig, gegen Preußen, gegen Hannover und England hat er nie als so erdrückende Last empfunden wie in diesen Tagen. Das lähmte ihn, machte ihn mutlos, unentschlossen und verzagt bis zur Verzweiflung. Schon trug er sich mit dem Gedanken, die Weserlinie ganz aufzugeben, und fragte den König, der selbst in Bedrängnis war – 14 Tage nach Minden wurde er bei Kunersdorf geschlagen –, nach einem Ausweg. –

Es ist eine der seltsamen Fügungen dieses Krieges, daß Ferdinands Gegner Contades wenige Wochen später vor Minden dieselbe innere Erschütterung erleben sollte, die Ferdinand in der Abgeschiedenheit des Klosters Marienfeld, in Dissen und Osnabrück, wohin er zurückgewichen war, durchgemacht hatte. Auch Contades sah sich, als Ferdinand gegen alles Vermuten plötzlich an der Weser erschien, einer gänzlich veränderten Situation gegenüber. Sie stellte sich ihm wie ein Berg in den Weg, machte ihn unsicher und zaudernd und ließ kostbare Zeit verstreichen. Bei den Generälen hörte er hämische Bemerkungen; selbst Broglie konnte sich ihrer nicht enthalten. Sie waren alle neidisch und mißgünstig aufeinander; aber niemand tat etwas. Im Gegenteil, sie machten sich noch ein Vergnügen daraus, die angebliche Furcht vor dem Braunschweiger in Anwesenheit Contades mit spöttisch sorgenvollen Mienen zur Schau zu tragen.

Auch Ferdinands Generäle murrten und wußten nichts Besseres. Aber einer war da, der den Kopf behielt, der unscheinbare Sekretär im Bürgerrock, Philipp Westphalen. ,,Es bleibt mir nur noch übrig", schrieb er seinem Herrn – sie verkehrten, obwohl sie gewöhnlich unter einem Dach wohnten, gern schriftlich miteinander –, ,,Eure Hoheit zu beschwören, daß Sie sich nicht aufregen". Er steifte ihm jetzt den Rücken, suchte ihm Selbstgefühl und Selbstvertrauen wiederzugeben und riet ihm, seiner eigenen Einsicht zu folgen, anstatt, was Ferdinand gern tat, die Meinung der Generäle einzuholen, von denen keiner das Ganze übersähe. In Osnabrück wurde am 10. Juli endlich der Entschluß gefaßt, nach Osten abzumarschieren und, wenn möglich, Minden zu retten. Unterwegs aber, als man in Bohmte den Fall Mindens erfuhr – Broglie hatte es durch einen kühnen Handstreich genommen –, erwog Ferdinand, wieder umzukehren. Da ist ihm Westphalen beschwörend in den Weg getreten: Nur eine letzte Möglichkeit gäbe es noch, die Entscheidung durch die Waffen!

Seine Worte müssen wie eine Erlösung auf Ferdinand gewirkt haben. Westphalens klare Zielsetzungen und ihre Unausweichlichkeit schoben die quälenden Zweifel beseite. Schon in diesem Augenblick scheint der operative Gedanke der kommenden Schlacht geboren zu sein: den Franzosen von Norden her entgegenzutreten, sie zu zwingen, in die Ebene nördlich Minden einzutreten und ihnen dabei, den Schwerpunkt der eigenen Kräfte nach Westen legend, in die Flanke zu fallen. Sogar vor dem Wagnis einer Zersplitterung seiner Kräfte ist Ferdinand nicht zurückgeschreckt. Angesichts der zahlenmäßigen Überlegenheit des Gegners war sie nicht unbedenklich: Der Erbprinz von Braunschweig, ein tatendurstiger Jüngling – derselbe, der, als greiser preußischer Feldmarschall

Westfalen zwischen fremden Mächten

47 Jahre später, bei Auerstädt, tödlich verwundet, Preußens Gloria dahinsinken sah –, wurde mit einem Korps über Lübbecke, Quernheim und Kirchlengern in den Rücken des Feindes detachiert, um diesem die Straße nach Süden, über Herford, als Rückzugsweg abzuschneiden. Das war eine großzügige Konzeption, geschickt und klug in der Anlage, kühn und nicht ohne Wagnis; mußte doch damit gerechnet werden, daß sich der Hauptstoß des Gegners gegen die eigene, schwache rechte Flanke an der Weser richten würde.

Beinahe wie auf dem Exerzierplatz ist Ferdinands Plan abgerollt. Um 1 Uhr nachts stand er bereit, um halb 4 Uhr erhielt er durch Überläufer die Nachricht vom Anmarsch des Gegners. Er ließ sofort antreten und kam ihm in der Aufstellung an seinem eigenen rechten Flügel zwischen den Dörfern Stemmern und Hartum, wo er die Entscheidung erwartete, zuvor. Um 5 Uhr fiel auf dem Flügel an der Weser der erste Kanonenschuß, um 6 Uhr war der Kampf auf der ganzen Linie entbrannt. Eine Stunde später schon gab Contades die Schlacht verloren. Um 12 Uhr mittags war alles zu Ende. Ferdinands Truppen standen, Gewehr bei Fuß, vor den Wällen der Festung Minden, die noch von einer schwachen französischen Besatzung gehalten wurde. –

Auch der Marschall war nicht ohne einen Plan in die Schlacht gegangen, und man kann nicht sagen, daß er schlecht gewesen wäre, obgleich Broglie wegwerfend bemerkte, er taugte nichts. Jedenfalls war er sorgfältig vorbereitet, in einer umfangreichen Schrift niedergelegt und enthielt genaue Anweisungen für Unterführer. Contades waren die Bewegungen seines Gegners in den Tagen vor der Schlacht nicht verborgen geblieben. Seine operativen Gedanken richteten sich gegen die Flügel von Ferdinands Aufstellung, vornehmlich gegen den linken an der Weser, zumal er zwischen ihm und der Hauptmacht eine Lücke von fast 5 km erspäht hatte. Das Korps Broglie sollte hier den ersten Stoß führen und erhielt für das Gefecht Handlungsfreiheit. Dem geschlagenen Gegner sollte es in scharfer Verfolgung auf den Fersen bleiben, während ein zweites, ihm nebengeordnetes Korps nach geglücktem Durchbruch gegen den Rücken der übrigen gegnerischen Front nach Westen einschwenken sollte. Auf seinem äußersten linken Flügel hatte Contades einen artilleristischen Scheinangriff vorgesehen, um die Kräfte des Gegners dorthin und vom Zentrum wegzuziehen. Vor dem gegnerischen Zentrum konzentrierte er seine gesamte Kavellerie für den entscheidenden Stoß. Auch er wich damit von den – ihm natürlich wohlbekannten – Grundregeln damaliger Kriegführung ab, nach denen die Kavallerie auf den Flügeln aufzustellen war. –

Broglie eröffnete den Kampf mit einer Kanonade, verhielt sich aber im übrigen passiv; ob aus bösem Willen gegen Contades oder weil er vor seiner Front einen stärkeren Gegner sah, als er vermutet hatte, und darum glaubte, die Entwicklung im Zentrum abwarten zu sollen, ist nicht geklärt. Während des Wartens mußte er zusehen, wie seine Infanterie unter dem wohlgezielten Feuer der bückeburgischen Artillerie, die hierhin mit Bedacht postiert war und von Graf Wilhelm selbst befehligt wurde, blutige Verluste erlitt. Im Zentrum überstürzten sich unterdessen die Ereignisse. Hier gingen englische Infanteriebataillone unter Trommelschlag und mit fliegenden Fahnen gegen die massierte, in 3 Treffen aufgestellte französische Kavallerie vor, ungeachtet des heftigen Feuers französischer Batterien, die vor den Flügeln der Kavallerie standen. Der Anblick, nach damaligen taktischen Grundsätzen völlig ungewohnt, war so frappierend, daß der Führer des ersten französischen Kavallerietreffens nervös wurde und vorzeitig zum Gegenangriff ansetzte. Der Angriff brach im Gewehrfeuer und vor den Bajonetten der englischen Infanterie zusammen. Vier weitere Gegenangriffe französischer Kavallerie folgten unmittelbar. Gelang es ihnen auch, in die englischen Linien einzubrechen, so formierten diese sich jedoch wieder überraschend schnell, setzten ihren Marsch, nunmehr unterstützt durch hannoversche Kavallerie, unerschüttert fort und durchstießen das Zentrum der französischen Front. „Acht bis zehn Bataillone", schrieb Contades nach der Schlacht, „haben in einer kahlen Heide 61 französischen Schwadronen geschlagen. Wenn ich es nicht gesehen hätte, würde ich es nicht glauben". (Wortlaut nach E. Daniels: Ferdinand von Braunschweig. 4. theil. In: Preuß. Jahrbücher 79. Bd. (1895), S. 309. – Den richtigeren Wortlaut gibt wohl eine französische Quelle, zitiert in dem genannten Werk von F. O. H. W. v. Westphalen, Bd. 3 (1871), S. 553: *Mr. de Contades dit dans sa courte lettre (qu'il venoit de voir ce que ne s'étoit jamais vu, et qui est presque incroiable, une seule Colonne d'Infanterie pénétrer trois lignes de Cavallerie, et quatre Brigades d'Infanterie).* Dem Unbegreiflichen gegenüber verlor er die Fassung. Während Ferdinand, von Regiment zu Regiment galoppierend, die Gefechtsführung immer in der Hand hatte, rührte Contades sich nicht mehr von der Stelle und ließ dem Verhängnis seinen Lauf.

„Herr von Contades hatte die schönste Armee von der Welt", hat ein französischer Briefschreiber geklagt, „voll Feuers und guten Willens, und eine ausgesprochene Überlegenheit über den Feind, und mit allen diesen Vorteilen haben wir d e n z w e i t e n B a n d v o n R o ß b a c h geliefert".

So glänzend die Waffentat Ferdinands auch war, kriegsentscheidende Bedeutung hat sie nicht gehabt, auch nicht den Feldzug dieses Jahres hat sie entschieden. Eine rücksichtslose Verfolgung bis zum letzten Hauch von Mann und Roß, wie sie Gneisenau nach Waterloo durchführte, lag dem ritterlichen Sinn der Kämpfer des Dixhuitième nicht. Auch dem geschlagenen Gegner glaubte man noch goldene Brücken bauen zu müssen. Contades' Armee konnte sich in der Gegend von Kassel wieder sammeln. Er selbst wurde abberufen und durch Broglie ersetzt.

Der französischen Armee fehlten überragende Führerpersönlichkeiten und die innere Schlagkraft. In höheren und niederen Stäben herrschte ein allgemeines laisser faire, laisser aller. Die Versorgung der Truppe war niemals gut, zuzeiten sogar katastrophal. Die Intendanten dachten mehr an ihre eigenen Taschen als an die hungernden Mägen der Soldaten. Die subalternen Offiziere mußten sich von kargem Sold mehr' oder weniger selbst beköstigen und die teuren Uniformen beschaffen. Neid und Mißgunst entzweite die höheren Führer, und die Günstlingswirtschaft am Hofe der Pompadour in Paris verdarb obendrein, was guter Wille hätte zuwege bringen können.

Westfalen zwischen fremden Mächten

In Ferdinands Heer war auch längst nicht alles zum besten bestellt. Seine Generäle waren tapfere Haudegen, aber mehr waren sie nicht. Im entscheidenden Augenblick bei Minden hat ihm der Führer der englischen Kavallerie sogar den Gehorsam verweigert. Wäre er dem Angriffsbefehl, der ihm dreimal auch Adjutanten und schließlich von Ferdinand persönlich wiederholt wurde, gefolgt, das französische Heer wäre von seiner linken Flanke her aufgerollt, in die Weser geworfen und mit Mann und Maus ertrunken. –

Welche Gedanken den Dispositionen Ferdinands nach den Mindener Tagen zugrunde lagen – dem Schlachtentag folgte die Einnahme der Stadt, der Einmarsch, ein Tedeum usw. –, ist nicht ganz ersichtlich. Anstatt dem überstürzten Rückzug des Gegners mit geschlossener Macht dichtauf zu folgen, zweigte Ferdinand ein Korps unter dem braunschweigischen General von Imhoff, dazu die bückeburgische Artillerie unter dem Grafen Wilhelm zur Wiedereinnahme von M ü n s t e r ab. Die Stadt, in der der Herzog sich so wohl gefühlt hatte, war wenige Tage vor Minden, am 25. Juli, von den Franzosen nach kurzem Kampf eingenommen worden. Die Münsteraner hatten den einrückenden Franzosen einen jubelnden Empfang bereitet und sie als ihre Befreier von den Preußen begrüßt. Jetzt sollten sie die Schrecken des Krieges nach jahrzehntelanger Friedenszeit wieder erleben. Ihre Stadt wurde von Imhoff eingeschlossen und unter heftigen Artilleriebeschuß genommen. Die bückeburgischen Kanonen richteten große Verheerungen in der Stadt an und verbreiteten Angst und Schrecken unter den Einwohnern. Nach dreimonatiger Belagerung und tapferer Gegenwehr kapitulierte die französische Besatzung gegen freien Abzug. Münster ist bis zum Kriegsende in der Hand Ferdinands geblieben, hat aber für den weiteren Gang der Operationen keine erhebliche Bedeutung gewonnen, da sich diese größtenteils im südlichen Westfalen und an der Weser abgespielt haben.

Ferdinand ist sich der Grenzen seiner Möglichkeiten immer bewußt gewesen. Am Ende des Jahres 59 sah er sich schon wieder einer gleich mißlichen Lage gegenüber wie in den Tagen und Wochen vor Minden. Der Winter und die Winterquartiere führten zu beiderseitigem Absetzen.

Der Krieg in Westfalen ist bis zum Ende des Kampfes um Schlesien weitergegangen. Zu einer Schlacht großen Stiles wie bei Minden ist es nicht wieder gekommen. Weder Ferdinand noch seine Gegner haben die letzte Entscheidung gesucht, ja, obwohl mehrfach Gelgenheit dazu gewesen wäre, sie fast ängstlich vermieden. Wer von beiden, die Franzosen oder die Deutschen, in diesem merkwürdigen Kriege die größere „Angst" vor dem anderen gehabt hat, wird man am besten nicht fragen. –

Die Ereignisse der folgenden Jahre kurz zu streifen, nachdem Minden für alle übrigen als eine Art Exempel gelten kann, darf im Rahmen dieser Darstellung genügen. (Hermann Rothers ausführliche Schilderung der 4 letzten Kriegsjahre Westf. Gesch. III. S. 92–105 ist anschaulich und lebendig, wenn auch unkritisch und nicht frei von Glorifizierungen.)

Jedes neue Jahr begann auf beiden Seiten mit neuen strategischen Konzeptionen. Da gab es ewiges Hin- und Hermarschieren vom Rhein bis zur Weser und darüber hinaus, von Main und Lahn bis nach Ostfriesland.

Westfalen in der Neuzeit

Das Land hat darunter zu leiden gehabt. Des Requirierens, Fouragierens, Kontribuierens und Scharmutzierens war kein Ende. Von den zahlreichen kleineren und größeren Treffen waren mehr als Zufallsbegegnungen das Gefecht bei K o r b a c h im Jahre 1760, das der Erbprinz von Braunschweig gegen die Franzosen verlor, das Gefecht bei W a r b u r g am 31. Juli 1761, an dem auf beiden Seiten stärkere Verbände beteiligt waren und das für die Franzosen ziemlich unglücklich auslief, besonders aber die sogenannte ,,S c h l a c h t   b e i   V e l l i n g h a u s e n'' am 15. und 16. Juli 1761. Hier schien sich eine Entscheidung anzubahnen; beide Gegner aber brachen am Abend des zweiten Tages das Gefecht ab, bevor sie noch das Gros ihrer Verbände eingesetzt hatten. 1762 endlich sollte A r n s b e r g, die schöne Burg hoch über der Ruhr, der Lieblingsaufenthalt aller wittelsbachischen Kölner Erzbischöfe, eine Beute des Braunschweiger Erbprinzen werden. Der junge Herr ließ sie zusammenschießen und in einen Trümmerhaufen verwandeln.

Den ,,Hannöverischen Krieg" hat, militärisch gesehen, keiner gewonnen und keiner verloren. Der Friedensschluß des nächsten Jahres stellte den alten Besitzstand in Westfalen wieder her. England hatte sein Ziel, Kanada zu gewinnen, erreicht, Frankreich von allen den kürzesten gezogen. Es mußte die preußischen Landesteile Kleve, Moers und Geldern räumen, wollte sie aber nicht den Preußen zurückgeben, sondern den Österreichern; die wollten sie nicht haben, weil ihnen die Kräfte fehlten, sie in Besitz zu nehmen. So sind sie den Preußen geblieben. Eins haben die Franzosen aus diesem Kriege doch mit nach Hause gebracht: den Respekt vor dem preußischen Drill. Gleich nach Beendigung des Krieges, so berichten kürzlich erschienene Briefe zweier Kriegsteilnehmer auf französischer Seite, der Brüder P r u n e l l e, wurde in der französischen Armee der preußische Stechschritt eingeführt, und die jüngeren Offiziere bis hinauf zum Hauptmann wurden darin bis zum Umfallen exerziert. – Während im preußischen Heere der Stechschritt bis 1945 als Paradestück militärischer Erziehung galt und den Kriegsfreiwilligen von 1914 auch bei Angriffsübungen (Einbruch in den Gegner; nach dem Exerzierreglement von 1911) noch eingedrillt wurde, haben die Franzosen bald erkannt, daß mit dieser, zur Zeit seines Erfinders, des Alten Dessauers, und offenbar auch noch im Siebenjährigen Kriege mit Erfolg anzuwendenden Kampfesweise keine Kriege mehr zu gewinnen waren, und den Stechschritt wieder abgeschafft.

QUELLEN UND LITERATUR

v o n   W e s t p h a l e n, Ch. H. Ph.: Geschichte der Feldzüge des Herzogs Ferdinand. Hrsg. von F. O. W. H. v. Westphalen. 6 Bände, 1895 – 1872.

R e n o u a r d, K.: Geschichte des Krieges in Hannover, Hessen und Westfalen von 1757 bis 63. 3 Bände, 1863 – 1864.

S c h w e r t f e g e r, B.: Graf Wilhelm zu Schaumburg-Lippe. 1941.

W a h l, F.: Verfassung und Verwaltung Schaumburg-Lippes unter dem Grafen Wilhelm. 1938.

K r i e g, M.: Die Schlacht bei Minden. In: Kalender Der Minden-Ravensberger 1959.

Schindeler, W.: Aufklärende Mitteilungen über die Schlacht bei Minden. In: Westpl. Prov. Bll. IV. 1 (1847), S. 3–24.

Huppertz, Ä.: Münster im Siebenjährigen Kriege, insbesondere die beiden Belagerungen des Jahres 1759. Mit Plänen und Bildbeilagen. 491 S., gr. 8°. 1908.

Stoffers, A.: Das Hochstift Paderborn zur Zeit des Siebenjährigen Krieges. In: WZ 69 II (1911), S. 1 – 90.

Weerth, O.: Die Grafschaft Lippe und der Siebenjährige Krieg. 1888.

von Geisau, H.: Zur Schlacht bei Warburg. In: WZ 111 (1961), S. 329–336.

Die letzten Jahrzehnte

Der Siebenjährige Krieg in Westfalen ist nicht ein Krieg der Westfalen gewesen. Sie mußten ihn ertragen; dagegen gab es kein Mittel. Hatte der Krieg auch alle eigenständigen politischen Kräfte der Westfalen lahmgelegt und zur völligen Passivität verurteilt, so hatte er sie jedoch keineswegs erstickt. Im Gegenteil: von einer Vor-Sonnenuntergang-Stimmung, von einem Bewußtsein, daß das Alte restlos überlebt sei und nur aus dem Osten das neue Licht kommen könne, wie man es gern hingestellt hat, kann keine Rede sein. Schäden hatte der lange Krieg mehr als genug angerichtet, aber er hatte Westfalen nicht als ein einziges Trümmerfeld hinterlassen. Bald erblühte wieder ein kräftiges staatliches Leben der alten „Länder". Daß es das letzte Mal sein sollte, konnte niemand wissen, geschweige denn voraussagen.

In der Beseitigung der Kriegsschäden gingen Preußen und sein König mit gutem Beispiel voran; doch die Mittel, die von Staats wegen hierfür zur Verfügung gestellt werden konnten, waren gering. Die Hauptlast hatten die Städte zu tragen. In den geistlichen Fürstentümern, besonders in Münster und Osnabrück, war man nicht weniger eifrig tätig in der Beseitigung der Schäden.

Der Tod Clemens Augusts im Jahre 1761 machte, wie in Köln, in Münster, Paderborn und Osnabrück Neuwahlen nötig. Sie wurden zunächst auf Veranlassung von König Georg III., der aufgrund des durchaus nicht vergessenen preußischen Angebotes mit dem Gedanken einer allgemeinen Säkularisation spielte, untersagt und erst auf energische Vorstellung der Domkapitel beim Kaiser freigegeben. Da das Haus Wittelsbach nicht wieder als Bewerber auftrat, wählte das Kölner Domkapitel den ihm wohl vom Kaiser nahegebrachten, diesem ergebenen schwäbischen Grafen Max Friedrich von Königsegg-Rothenfels. Das Domkapitel mochte die Wahl um so lieber getroffen haben, als es sich von dem bejahrten und „schläfrigen" Herrn keine Einengung seiner eigenen Rechte zu gewärtigen hatte.

In Paderborn siegte der mit den bewährten Methoden wahrgenommene Einfluß England-Hannovers, das alles Interesse daran hatte, Söhne der großen Fürstenhäuser von den Stühlen der ihnen in Aussicht gestellten Länder fernzuhalten. Das Domkapitel wählte den Osnabrücker Dompropst Wilhelm Anton von der Asseburg. Nach seinem Tode im Jahre 1782 folgte ihm Friedrich Wilhelm von Westphalen,

Westfalen in der Neuzeit

der bereits Bischof von Hildesheim war. Ihm wurde 1785 auf Preußens Betreiben Franz Egon von Fürstenberg als Koadjutor beigesellt, und dieser wurde 1789, nach dem Tode Westphalens, zum Bischof gewählt. Sein Bruder Friedrich Wilhelm spielte bereits in Münster als allmächtiger Minister eine bedeutsame Rolle.

In Osnabrück waren die Welfen wieder an der Reihe. König Georg III. ließ sein noch nicht ein Jahr altes Söhnchen, Friedrich von York, zum Bischof wählen. Über den Anspruch des Domkapitels auf eine vormundschaftliche Regierung setzte er sich hinweg und bestellte zwei hannoversche Räte als „Geheimen Rat" und vormundschaftliche Regierung. Diese überließ aber die Regierungsgeschäfte mehr und mehr dem in Osnabrück seit langem bestens bewährten Justus Möser. Dessen geistige Persönlichkeit und seine staatsmännischen Fähigkeiten sind in der Literatur hinreichend gewürdigt worden. Er vertrat und wahrte zeit seines Lebens in Osnabrück den Gedanken der ständisch-landschaftlichen Selbstverwaltung, wie ihm auch der große, freilich nicht mehr durchführbare Plan vorschwebte, den Westfälischen Kreis zu einem Organ allgemeiner Selbstverwaltung umzugestalten. Als scharfer Gegner des „maschinenmäßigen" Absolutismus bejahte er dennoch dessen Bestreben und Reformen, soweit sie sich, wie im aufgeklärten Absolutismus, eine Hebung des allgemeinen Volkswohles zum Ziele gesetzt hatten. Den im Bürger- und Bauerntum schlummernden Kräften aufs engste verbunden, begriff er die Geschichte im Gegensatz zu den toten, schematisierenden und generalisierenden Tendenzen der Aufklärung aus ihren sachlichen Gegebenheiten, wie sie aus „Natur und Not" erwuchsen, und stellte das „Volk" in den Mittelpunkt eines neuen Geschichtsbildes, als dessen letzte Erfüllung ihm, dem Schüler Leibnizens, Pufendorfs und Montesquieus, die Wiedergeburt der Nation und des Reiches erschien. Dank seinem Verhandlungsgeschick und der Konzilianz seines Wesens verstand er es, die oft gegensätzlichen Forderungen seines Doppelamtes als Syndikus der Ritterschaft und „Advocatus patriae" (Vertreter der Rechte des Staates) auf das glücklichste zu überbrücken. Auf allen Gebieten des öffentlichen Lebens wirkte seine Tätigkeit sich fördernd und segensreich aus. Das Land Osnabrück hat nie glücklichere Tage gesehen. Den Zerfall Westfalens, das ihm Heimat und Welt war, zu erleben, ist ihm erspart geblieben. 74 Jahre alt starb er, 1794, als der „Patriarch von Osnabrück".

An der Bischofswahl in Münster waren Holland als dessen Nachbar und England am stärksten interessiert. Die Kandidatur des Kölner Erzbischofs von Königsegg-Rothenfels erschien ihnen als die passabelste, weil ungefährlichste. Die Stimme des Domkapitels erkauften sie mit drei Millionen Gulden, bei welchem Geschäft der 34jährige Freiherr Franz Friedr. Wilh. von Fürstenberg den diskreten und geschickten Vermittler spielte. Zum Dank ernannte ihn der neue Bischof wenige Jahre später, 1767, zum Minister und stattete ihn mit allen Vollmachten aus. Die landesväterlichen Verpflichtungen seines hohen Amtes sah er damit als erfüllt an und sich berechtigt, weiterhin der Ruhe zu pflegen. Eine schlechte Wahl hatte er nicht getroffen. Wenn es schon als ein Verdienst der Regierenden angesehen wird, den rechten Mann an die rechte Stelle zu setzen, so darf ihm dieses Verdienst nicht abgesprochen werden.

Franz Friedr. Wilh. von Fürstenberg hat die Bürde, die zu tragen der dafür Berufene sich nicht getraute, mit Freuden und mit Eifer auf seine jungen Schultern genommen, und er hatte in der Tat die Gaben und Befähigung, der Justus Möser Münsters zu sein, hätte er seinen Eifer zu zügeln gewußt. Freilich, der Kreis der Aufgaben, der auf ihn zukam, war ungeheuer groß, und bei ihrer Lösung nicht anzustoßen, war wohl unmöglich in einem Lande, wo der Stein am Wege aufbegehrt, selbst wenn ihn der liebe Gott anstößt. („Wat stött hei mi an?" sagte der Stein, den Jesu Fuß berührte, als er im Münsterlande ging.) Fürstenbergs erstes Anliegen, die Schuldenlast, die die lange Regierungszeit Clemens Augusts hinterlassen hatte, durch Erhebung neuer Steuern zu tilgen, mochte ihm nicht gerade neue Freunde gebracht haben; um so bereitwilliger folgte man seinen Reformen zur Verbesserung der Landeskultur durch großzügige Entwässerungen, seiner Förderung der Manufakturen und des Gesundheitswesens. Das von ihm ins Leben gerufene „Medizinalkollegium" wurde ein Vorbild für andere Länder. Vorbildlich war auch sein Ausbau des Schulwesens. Die von ihm begründete Universität in Münster trägt seinen Namen. Mit der Sprunghaftigkeit seiner Entschlüsse jedoch und der oft überstürzten Eile, in der eine Reform der anderen folgte, erschwerte er sich häufig die Gefolgschaft selbst der Wohlgesinnten. Unwillen erregte er geradezu mit seinem Versuch, durch Wiederbelebung der Milizpflicht eine allgemeine Wehrpflicht einzuführen. Das Landvolk in erster Linie empfand es als lästig, zu militärischen Übungen und Exerzitien von der Feldarbeit weg aufgeboten zu werden. Es war vorauszusehen, daß, wenn einmal die Tage des alten Herrn Königsegg zu Ende gingen, ein solcher Gang der Dinge nicht den Beifall des neuen Herrn finden würde.

13 Jahre lang hat der „Minister" Fürstenberg sein Münsterland beherrscht wie ein König, dem der Gedanke an sein Volk keine Ruhe ließ und der glaubte, täglich etwas Neues zu dessen Wohl finden zu müssen. Nicht mit Unrecht hat man ihn mit seinem Zeitgenossen Josef II. verglichen, den er freilich an Weite des Geistes und des politischen Horizontes nicht erreichte. – Fürstenbergs Hoffnung, vom Diener selbst in die Stelle des Herrn aufzurücken, sollte sich nicht erfüllen. Als 1780 von Österreich eine Koadjutorwahl für Köln und Münster angestrebt und eingeleitet wurde und Maria Theresia ihren jüngsten Sohn, Max Franz, als Kandidat präsentierte, ließ Fürstenberg sich von Preußen als Gegenkandidat aufstellen, unterlag aber bei der Wahl, da der sparsame Preußenkönig dem österreichischen Golde nicht ein entsprechendes Gewicht entgegenzustellen wagte. Es war ein später Triumph der sterbenden Kaiserin über ihren Gegner. – Max Franz nahm sogleich, schon als Koadjutor, die Regierung in eigene Hände. Den Minister – und Gegner im Wahlkampf – konnte er entbehren. Fürstenberg wurde entlassen, behielt jedoch das Amt eines Generalvikars und die Aufsicht über das Schulwesen des Bistums.

Westfalen in der Neuzeit

Seit 1784, nach dem Tode Königseggs, regierte M a x F r a n z als Erzbischof und Bischof. Der Sohn der großen Kaiserin hat sein Amt im Geiste seiner Mutter geführt und die Reihe der münsterschen Fürstbischöfe würdig beschlossen. Anspruchslos, ohne Prunk und Pomp, abhold den Gedanken der Macht und des Machtstaates – Fürstenbergs Bauernsoldaten verschwanden sofort von der Bildfläche –, verwirklichte er in seiner Person das Dienertum des Fürsten an seinem Staate, das der Preußenkönig vorgelebt hatte. Seine Bestrebungen zur Hebung der Wohlfahrtspflege, seine Verbesserung der – anderorts völlig unterdrückten – städtischen Selbstverwaltung und die Einführung einer allgemeinen Schulpflicht, Reformen des Justiz- und Steuerwesens, seine umfangreichen Kultivierungen von Ödländereien und Mooren u. a. haben sich in der Ungunst der Zeit nicht mehr voll auswirken können. Er starb 1801, erst 44 Jahre alt, fern von Westfalen, in der Nähe von Wien. Die Nachwelt hat ihm, dem „wohlmeinendsten und pflichttreuesten Regenten, den Münster und Köln seit Jahrhunderten gehabt hatten" (Rothert), hohes Lob gezollt. –

War das Bild, das die geistlichen Fürstentümer Westfalens im 18. Jahrhundert, zum wenigsten in der zweiten Hälfte des Jahrhunderts, boten, wirklich so unerfreulich? Waren sie in ihrer Wirtschaft so zurückgeblieben, war ihre Verwaltung so veraltet und korrumpiert, wie es gern hingestellt wird? Hatten sie keine Kultur, kein geistiges Leben, keine Kunst, keine Wissenschaft, weil sie katholisch waren oder halbkatholisch wie Osnabrück? War ihre Zeit vorbei? Waren sie nur noch zum Sterben da? – Für P a d e r b o r n mag es zutreffen, daß vieles, sehr vieles im argen lag. Ob die mit blutiger Strenge durchgeführte Gegenreformation Dietrichs von Fürstenberg den Paderborner das Rückgrat gebrochen, ihnen den inneren Schwung genommen und sie in eine gewisse Lethargie hat hinsinken lassen, ob es daran gelegen hat, daß dem Lande kein Möser, kein Fürstenberg und kein Max Franz beschieden gewesen ist, daß ein eigensüchtiger Adel keine zielbewußte Regierung hat aufkommen lassen, das alles sind schwer zu beantwortende Fragen, über die trotz Steins und Vinckes vernichtenden Urteilen über Paderborn der Geschichtsschreiber leicht zum Pharisäer werden kann. – H e r f o r d stand als Territorium nur noch auf dem Papier, E s s e n und W e r d e n führten unter preußischer, C o r v e y, das 1752 zum Bistum erhoben war, unter welfischer Schutzherrschaft kein Eigenleben mehr.

Fürstlicher A b s o l u t i s m u s, Zwang und blinder Gehorsam, der Grundsatz der Staatsraison, nach dem der Staat, besser das Volk, um des Staates willen da war – nicht umgekehrt –, der von seinen Untertanen jedes Opfer für den Staat verlangen konnte, ja, es zur größten Tugend erhob, der im Begriff der Freiheit nur eine Gefahr für sich sah, haben sich in Osnabrück, in Münster und im kölnischen Westfalen n i e m a l s durchgesetzt. Die Verfassung der geistlichen Staaten wahrte das Prinzip des Ständestaates. Oberste Behörde war, in dieser oder jener Form, der „G e h e i m e R a t". Die Ratsstellen wurden von der Ritterschaft besetzt, den Vorsitz im Rate führte jedoch ein Mitglied des D o m k a p i t e l s, das sich damit einen festen Anteil an der Regierung sicherte. (Wäre es nach dem Willen des Freiherrn vom Stein gegangen, wäre diese Verfassung für Münster, wo er 1803 als Oberkammerpräsident amtierte, auch nach der Säkularisation beibehalten worden. War sie also schlecht?) Die Beamtenschaft wurde vom einheimischen Adel und Bürgertum gestellt. Hatte sich in der Verwaltung – unter Clemens August zweifellos – der Schlendrian eingeschlichen, wurde er hinwiederum energisch bekämpft. Der Steuerdruck war erträglich, und „regiert" wurde nicht mehr als nötig. Der B a u e r lebte in der milden Form der westfälischen Hörigkeit, die ihm mit ihren beiderseitigen Pflichten und Rechten ein hohes Maß von Geborgenheit in der Grundherrschaft gab, dessen er in seiner ländlichen und rechtlichen Isolierung bedurfte. Die S t ä d t e, voran Osnabrück und Münster, hatten ihre vorübergehend verlorengegangenen alten Freiheiten, die freie Ratswahl und die Selbstverwaltung, nicht durch Trotz und Gewalt zurückgewonnen, sondern aus der Hand ihrer Landesfürsten zurückerhalten und in ihren Mauern ein reiches wirtschaftliches und kulturelles Leben entwickelt.

In den w e l t l i c h e n Landesteilen Westfalens hatten die Territorien, soweit sie selbständig geblieben waren, ihre Rolle ausgespielt und waren innerlich abgewirtschaftet. Eine Ausnahme machte nur die Grafschaft S c h a u m b u r g - L i p p e, Graf Wilhelms öffentliche Wohlfahrtseinrichtungen wie Krankenkassen und Feuerversicherungen, seine Fabrikanlagen und Schulen, seine Siedlungen, seine Förderung der Landwirtschaft, schließlich auch die allgemeine Wehrpflicht, hatten die kleine Grafschaft zu einem Staat modernster Prägung gemacht. Graf Wilhelm hatte damit gezeigt, daß die Größe eines Staatswesens mit seiner Güte nichts zu tun hat. Mit der Gründung einer M i l i t ä r s c h u l e auf seiner Festung Wilhelmstein mitten im Steinhuder Meer hat der Graf die Aufmerksamkeit der Welt auf sich gezogen. Jeder, ob reich oder arm, hoch oder niedrig, adlig oder bürgerlich, konnte dort zum Offizier ausgebildet werden. Sein bester Schüler ist Scharnhorst gewesen. Für Musik und Wissenschaften gleich begeistert, hatte der Graf einen der B a c h - S ö h n e und A b b t und H e r d e r an seinen Hof gezogen.

In L i p p e hatte einer der Grafen den verhängnisvollen Ehrgeiz gehabt, seine Hofhaltung nach dem Muster von Versailles einzurichten, und dem Lande eine Schuldenlast aufgebürdet, an der die Enkel und Urenkel noch zu tragen hatten. Als derselbe Graf schließlich auch meinte, in den Fürstenstand erhoben werden zu müssen und einen entsprechenden Antrag beim Kaiser stellte, hatte er nicht mehr das Geld, ganze 2000 Taler, das in Wien bereits ausgefertigte Diplom einzulösen.

Die Grafschaft L i m b u r g stand unter preußischer Schutzherrschaft, B e n t h e i m war in hannoverschem Pfandbesitz, W e r t h 1709 an Münster verkauft, S t e i n f u r t, R i e t b e r g, R h e d a, G e m e n, A n h o l t waren klein, aber sie waren da, und die Zeit gab ihnen die Möglichkeit, da zu sein und zu leben.

Die einst so stolze Reichsstadt D o r t m u n d hatte am Ende des 18. Jahrhunderts noch 4000 Einwohner, weniger als zu derselben Zeit Städte wie Lemgo, Lippstadt, Hamm, Bielefeld, Coesfeld u. a. Seit etwa 1768 hatte eine preußisch gesinnte Partei unter Mallinckrodt in der Stadt die

Westfalen in der Neuzeit

Oberhand gewonnen. Sie suchte Anlehnung an Preußen, ohne auf die Reichsstandschaft verzichten zu wollen.

In der Grafschaft W a l d e c k wirkte sich die hessische Lehnshoheit aus. Die Grafschaft geriet mehr und mehr in die politische Interessensphäre Hessens und fing an, darüber ihr Zugehörigkeitsgefühl zu Westfalen zu vergessen. Ähnlich ging es in O l d e n b u r g, der nördlichsten Grafschaft Westfalens. Es war 1667 an Dänemark vererbt worden und wurde durch dänische Statthalter verwaltet. 1773 fiel es durch Tausch an das Haus Holstein-Gottorp und wurde 1777 zum Herzogtum erhoben. Vielleicht hat der starke friesische Einschlag in Nordoldenburg das westfälische Element zurückgedrängt.

Verloren für Westfalen waren bereits die Grafschaft H o y a und die Herrschaft D i e p h o l z. 100 Jahre welfischer Herrschaft hatten genügt, die Hoyaer und Diepholzer aus Westfalen zu „Hannoveranern" zu machen. Noch heute werden dort mit Begeisterung die alten welfischen Lieder gesungen.

Das haben die W e l f e n verstanden! Haben sie etwa die Kunst, die Bewohner gewonnener Länder zu sich herüberzuziehen, von den Franzosen, die Meister darin waren, gelernt oder von den Engländern, mit denen sie verwandt waren?

Die P r e u ß e n haben diese Kunst nie besessen. Die Erfolge ihres großen Königs hatten ein Preußentum gezüchtet, dessen h o h e n Tugenden tiefe Schatten gegenüberstanden. Der D u a l i s m u s, den Preußens Aufstieg im Reich geschaffen hatte, ist in Westfalen nicht minder stark in Erscheinung getreten. Seitdem Preußen Vormacht in Westfalen geworden war, war Westfalen in zwei Welten geteilt. Niemand hat das stärker empfunden als der Freiherr v o m S t e i n. Sein „Vaterland" war Deutschland, seine Wahlheimat Westfalen ist ihm immer mehr zur Heimat seines Herzens geworden. Seine großen Reformgedanken sind nicht zuletzt an den Erkenntnissen und Eindrücken gereift, die er in seiner 20jährigen Tätigkeit als hoher preußischer Beamter in Westfalen gewonnen hatte.

Der junge, nassauische R e i c h s f r e i h e r r H e i n r i c h F r i e d r i c h K a r l v o m u n d z u m S t e i n, 1757 aus altem reichsministerialen und reichsunmittelbaren Geschlecht auf der Stammburg seines Hauses „auf dem Stein" unterhalb der Burg Nassau geboren, hatte sich nach Studien in Göttingen vom preußischen „Bergwerksminister" von Heinitz angezogen gefühlt und war 1780 auf dessen Betreiben in die preußische Bergwerksverwaltung in Wetter an der Ruhr übergetreten. F r i e d r i c h A n t o n v o n H e i n i t z wurde 1786 „Provinzialminister für Westfalen". Er übernahm damit ein neu geschaffenes Ministerium innerhalb der vier regional aufgegliederten Departements des Berliner „Generaldirektoriums", der obersten Verwaltungsbehörde Preußens. In dieser Stellung hat er sich um Westfalen verdient gemacht. Er baute die ersten Kunststraßen Westfalens, betrieb die Durchführung der Markenteilungen und suchte den Gedanken der Bauernbefreiung wieder zu beleben.

> (Schon König Friedrich Wilhelm I. hatte Schritte nach dieser Richtung hin unternommen. Durch Einführung der „meyerstättischen Freiheit" wollte er die Unfreiheit und persönliche Abhängigkeit

Westfalen zwischen fremden Mächten

der hörigen Bauern beseitigen, stieß dabei aber auf den Widerstand der adligen und geistlichen Grundherrn. Die persönliche, „meyerstättische Freiheit" konnte er auch nur für einen beschränkten Kreis seiner eigenen Hörigen durchsetzen, während das grundherrliche Obereigentum auch für die Güter der königlichen Grundherrschaft unberührt blieb).

Den Bemühungen Steins und denen seines um fast 20 Jahre jüngeren „Schülers" und Freundes, des Westfalen Ludwig Freiherrn Vincke, ist es zu verdanken, daß wenigstens das schwerste Geröll, das den Weg Preußens zu den Herzen der Westfalen bedeckte, beiseite geräumt wurde.

Preußen hat die Verwaltung seiner westfälischen Länder von Grund aus umgestaltet. Die staatlichen Verwaltungsbehörden wurden zusammengefügt in die beiden „Kriegs- und Domänenkammern" Hamm und Minden. Sie waren nach dem kollegialen Prinzip organisiert, in Ressorts eingeteilt und unterstanden direkt dem Generaldirektorium in Berlin. Ein Mitspracherecht der Stände etwa in der Frage der Steuerbewilligung und eine kommunale Selbstverwaltung gab es nicht mehr. Das Justizwesen wurde in der zweiten Hälfte des Jahrhunderts nach den Plänen Coccejis reformiert. Es trennte Justiz und Verwaltung voneinander, hob alle Patrimonial- und sonstigen Sondergerichte auf und faßte die gesamte Rechtsprechung in 6 Landgerichten und 1 Kriminalgericht zusammen. Der Appellationsweg ging direkt nach Berlin. Krönung dieses modernen, vorbildlichen Werkes war das 1794 für ganz Preußen erlassene „Allgemeine Landrecht", ein bürgerliches Gesetzbuch, das es in ähnlicher Form im Reich noch nicht gab. – Die Untertanen mußten hohe Steuern aufbringen für die Unterhaltung des Militärstaates. Sie hatten dafür die Genugtuung zu sehen, wie Gewerbe und Industrie unter der Förderung des Staates aufblühten und der allgemeine Wohlstand wuchs. Dabei ist jedoch zu bemerken, daß die staatlichen Förderungsmaßnahmen sich im wesentlichen auf die Grafschaft Mark beschränkt haben. Im Mindischen und im Ravensbergischen hat man gegenüber den Eingriffen des Staates in das empfindliche Leinengewerbe in passiver Resistenz verharrt oder hat sie als ein von mangelnder Sachkenntnis betriebenes Gängeln empfunden und innerlich abgelehnt, zumal die Ausfuhr des westfälischen Leinens über die Elbe zugunsten des schlesischen Leinens gesperrt war. Man hatte Grund und es liegen Zeugnisse dafür vor, daß man sich hier geradezu über eine Vernachlässigung durch den Staat beklagte.

Das Aufblühen des ravensbergischen Leinengewerbes im 18. Jahrhundert ist eigenen Kräften zu verdanken gewesen, nicht staatlichen Förderungen. Selbst der Gedanke des bekannten „Gnadenfonds" König Friedrich Wilhelms II., ein „Geschenk" von 50 000 Talern für das Leinengewerbe Bielefelds, ist nicht in Berlin, sondern in der Amtsstube des Bielefelder Bürgermeisters geboren worden. Das „Geschenk", in Wirklichkeit ein Fonds, über den die Regierung sich das volle Aufsichtsrecht vorbehielt, ist dem König erst in zähen Verhandlungen abgerungen worden.

Ob man von einem Hineinwachsen Westfalens in Preußen oder umgekehrt von einem Hineinwachsen Preußens in Westfalen sprechen muß, ist ebenfalls eine von den schwer zu beantwortenden Fragen. Schließlich kann es nicht anders sein, als daß bei Vorgängen solcher Art Hell und Dunkel unmittelbar nebeneinander liegen und daß von dem guten Willen auf beiden Seiten mancherlei abhängt. Wenn aber das bloße Wort „Preußen" n a c h w i e v o r genügte, den Menschen der nichtpreußischen Länder Westfalens eine Gänsehaut über den Rücken laufen zu lassen, dann muß man sich schon mit einer gehörigen Portion Kinderglaubens wappnen, um annehmen zu können, daß die preußischen Westfalen sich in ihrer Begeisterung für Preußen umgebracht hätten. Nimmt es endlich wunder, daß die Gedanken, die mit der Französischen Revolution Europa überfluteten, in den verhältnismäßig freiheitlich regierten geistlichen Ländern Westfalens vielfachen und offenen Widerhall fanden? Wer in Preußen darüber den Mund aufzutun wagte, verschwand hinter Gefängnismauern.

LITERATUR

S t o l t e , H.: Kleve, Mark und Minden im Urteil Friedrichs des Großen. Beitrag zur politischen Volkskunde Preußens. In: Westfalen 23 (1938), S. 240–244.

M e i s t e r , A.: Friedrich der Große und die preußischen Westfalen. Festrede. 1912.

N i e m a n n , F. W.: Friedrich der Große und die Koadjutorwahl von Köln und Münster. 1928.

L a n g , H. O.: Die Vereinigten Niederlande und die Fürstbischofs- und Koadjutorwahlen in Münster im 18. Jahrhundert. 1933 (= Münsterische Beitr. z. Gesch. Forschg., 3. Folge, 4).

B r a n d i , K.: Justus Möser. Gesellschaft und Staat. 1921.

B r ü n a u e r , U.: Justus Möser. (= Probleme der Staats- u. Kultursoziologie, hrsg. von A. Weber, Bd. 7).

H a t z i g , O.: Justus Möser als Staatsmann und Publizist. 1909. (= Quellen u. Darst. z. Gesch. Niedersachsens 27).

H o r t h o n - S m i t h , N.: Justus Möser and the British. In.: German Life and Letters. New Series, Vol. 5, Nr. 1 (1951), S. 47–56. (LB 317).

S c u p i n , U.: Justus Möser als Westfale und Staatsmann. In: WZ 107 (1957), S. 135–152.

S c h m i t z - E c k e r t , HG.: Die hochstift-münsterische Regierung von 1574–1803. In: WZ 116 (1966), S. 27–100.

B r ü h l , H. J.: Die Tätigkeit des Ministers von Fürstenberg. In: WZ 63 I (1905), S. 167–248 und Beilagen.

H a n s c h m i d t , A.: Franz von Fürstenberg als Staatsmann 1762–80, Diss. Münster 1967, als Buch 1969. XXIV, 316 S.

F ü r s t e n b e r g - Heft der Ztschrft „Westfalen" 39 (1961) Heft 1.

B r a u b a c h , M.: Die Außenpolitik Max Friedrichs von Königsegg, Kurfürsten von Köln und Fürstbischofs von Münster (1761–1784). In: Annalen des Hist. V. f. d. Niederrhein 115 (1929), S. 330–353.

B r a u b a c h , M.: Max Franz von Oesterreich, letzter Kurfürst von Köln und Fürstbischof von Münster. 486 S., 1925. Neubearbeitung: Maria Theresias jüngster Sohn Max Franz, . . . 1961.

J a c o b s , F.: Die Paderborner Landstände im 17. und 18. Jahrhundert. Ein Beitrag zur Verfassungsgeschichte des Hochstiftes Paderborn. In: WZ 93 II (1937), S. 42–112.

Westfalen zwischen fremden Mächten

Keinemann, F.: Unruhen und Krisen im Fürst-Bistum Paderborn am Ende des 18. Jahrhunderts. In: WZ 118 (1968), S. 339–362.

Meister, A.: Das Herzogtum Westfalen in der letzten Zeit der kurkölnischen Herrschaft. In: WZ 64 I (1906), S. 96–136; 65 I (1907), S. 211–280.

Schumacher, E.: Das kölnische Westfalen im Zeitalter der Aufklärung unter besonderer Berücksichtigung der Reformen des letzten Kurfürsten von Köln, Max Franz von Österreich. 1967.

Schöne, M.: Das Herzogtum Westfalen unter hessen-darmstädtischer Herrschaft 1802–1819. 1966.

Greiwing, J.: Der Übergang der Grafschaft Bentheim an Hannover. Die Geschichte einer Pfandschaft. 1934. (= Münsterische Beitr. z. Gesch. Forschg., 3. Folge 6).

Botzenhart, E.: Stein und Westfalen. In: Westfalen 15 (1930), S. 1–12, 70–80.

Alt-Westfalens Zerfall

*Von der Französischen Revolution
bis zum Reichsdeputationshauptschluß*

Wer wollte sagen, daß der Riß, den Preußens Vormacht in Westfalen durch das Land gezogen hatte, unüberbrückbar gewesen wäre? Das Bewußtsein der alten Westfalengemeinschaft ist auch am Ende des 18. Jahrhunderts noch lebendig und hätte auf die eine oder andere Weise seine einigenden Kräfte geltend machen können. Die Gedanken eines Justus Möser und des Freiherrn vom Stein laufen unverkennbar in diese Richtung. Der Zerfall Westfalens ist nicht von innen heraus erfolgt, nicht die Folge einer – nicht bestehenden – inneren Zerrüttung. Die beiden staatlichen Prinzipien, die sich in Westfalen einander gegenüberstanden: der zur Größe drängende Machtstaat und die in sich selbst ruhenden, auf Erhaltung bedachten Kräfte eines von der Kirche her und mit der Kirche als Mittelpunkt entwickelten Staatswesens konnten, aber mußten nicht unbedingt eines Tages zu einem Zusammenprall auf Leben und Tod führen, zumal Bestrebungen im Gange waren, den Einfluß des Papstes auf das politische Geschehen in Deutschland und auf die deutschen Staaten überhaupt auszuschalten. Einer der eifrigsten Verfechter der hierauf abzielenden „Emser Punktation" von 1786 war Max Franz, der Erzbischof von Köln und Bischof von Münster, gewesen. Die Zeitverhältnisse und der Ausbruch des 1. Koalitionskrieges hatten verhindert, daß sie sich auswirken konnte. Die Lawine, die mit dem Ausbruch der Französischen Revolution Europa überrollte, hat den Zerfall Westfalens herbeigeführt dadurch, daß sie das gesamte kirchliche Staatswesen des Reiches den weltlichen Mächten überlieferte.

Schon im Revolutionsjahr 1789 wurden in Westfalen Waffen erhoben, als in L ü t t i c h , das noch zum Westfälischen Kreis gehörte, ein Aufstand gegen den Bischof ausbrach. Noch einmal wurde der Westfälische Kreis aufgerufen. Zwei münsterische Bataillone und preußische Truppen aus den westfälischen Garnisonen Preußens wurden nach Lüttich in Marsch gesetzt. Die Preußen zogen sich wieder zurück, weil ein Krieg mit Österreich drohte, und die Münsterschen richteten nichts aus, so daß Österreich von seinen Niederlanden her eingriff und Lüttich besetzte. – Bald darauf erschienen auch in Westfalen die Scharen französischer E m i g r a n t e n . Sie ließen sich in Münster und Hamm, im Waldeckischen und im Lippischen häuslich nieder und sollen sich durch ihr anspruchsvolles Auftreten nicht beliebt gemacht haben. Sie bildeten sogar eine Exilregierung mit dem Sitz in Dortmund. An ihrer Spitze stand der in Westfalen bestens bekannte, inzwischen alt gewordene Marschall Frankreichs, der

Herzog von B r o g l i e . Er hat, während die Masse der Emigranten 1799, nach der Machtergreifung Napoleons, nach Frankreich zurückging, seine Heimat nicht wiedergesehen. In Münster ist er 1804 gestorben.

Auch aus dem 1. Koalitionskriege, in dem Münster 2 Regimenter zu stellen hatte und Friedrich von York, der Bischof von Osnabrück, mit einem englisch-hannoversch-osnabrückischen Heere unglücklich kämpfte, zog Preußen sich wieder vor der Zeit zurück. Im Frieden von Basel (1795) vereinbarte es mit den über den Rhein in Norddeutschland eingedrungenen Franzosen eine D e m a r k a t i o n s l i n i e . Sie verlief längs der Ems und Aa bis westlich Münster, weiter über Coesfeld, Borken und Bocholt zur klevischen Grenze, ging über Duisburg, Werden, Barmen, folgte dann ein Stück dem Lauf der Wupper bis Homburg im Oberbergischen, berührte Altenkirchen im Westerwald und Limburg an der Lahn und lief an Lahn und Neckar entlang in südostwärtiger Richtung weiter. Sie sollte von den kriegführenden Parteien nicht überschritten werden. Zu ihrer Bewachung schickte Preußen eine Observationsarmee unter B l ü c h e r nach Westfalen. Blücher richtete sein Hauptquartier in Münster ein. Keine Hand rührte sich, als er in die Stadt einmarschierte. – In Minden stand damals der Major S c h a r n h o r s t als hannoverscher Generalstabsoffizier, in Lemgo bezog P r i n z L o u i s F e r d i n a n d von Preußen Quartier. Er schimpfte Stein und Bein über das „verwünschte Dorf". In mehreren geheimen Abkommen Preußens mit Frankreich wurden Säkularisationen wiederum erwogen. Die Demarkationslinie wurde zugunsten der Franzosen noch einmal verändert.

Im 2. Koalitionskriege hat M ü n s t e r wieder seine Pflichten gegen das Reich erfüllt. Seine letzte Truppe, ein Kavallerieregiment, hat sich 1800 mit der Festung Ulm den Franzosen ergeben. Preußen ist in diesem Kriege neutral geblieben. Nachdem aber im Frieden von L u n é v i l l e (1801) das ganze linke Rheinufer an Frankreich abgetreten wurde, zog die Frage der Entschädigung der auf dem linken Rheinufer begüterten und berechtigten deutschen Fürsten Westfalen stark in Mitleidenschaft und führte hier, wie im ganzen Reich, zu tiefgehendsten Veränderungen. Sie sind festgelegt worden im R e i c h s d e p u t a t i o n s h a u p t s c h l u ß vom Jahre 1803.

Die zur Durchführung des Friedens von Lunéville auf Veranlassung des Kaisers Franz II. gewählte „Reichsdeputation" hat zwar über die Entschädigungsfrage verhandelt, wurde aber vollständig überspielt von direkten Verhandlungen der deutschen Fürsten mit Frankreich. Napoleon und der Zar Alexander entwarfen schließlich einen Entschädigungsplan. Er wurde der Deputation wie ein Ultimatum vorgelegt und konnte vom Reichstag am 25. Februar 1803 nur noch genehmigt werden. Der Plan sah die S ä k u l a r i s a t i o n aller deutschen geistlichen Staaten und reichsunmittelbaren Abteien vor außer dem Deutschen Ritterorden und dem Johanniterorden und das Ausscheiden aller R e i c h s s t ä d t e außer Bremen, Hamburg, Lübeck, Frankfurt, Nürnberg und Augsburg aus der Reichsstandschaft und verteilte ihre Besitzungen und Hoheitsrechte an die Entschädigungsberechtigten. Die bis dahin immer noch mittelalterliche Struktur des Reiches erhielt dadurch ein völlig neues Gesicht. Es ist zwar durch die Ereignisse der folgenden Jahre schon weitgehend wieder umgestoßen worden, in seinen Grundzügen aber bestehen geblieben. – Sollten auch nur 11 Jahre später, auf dem Wiener Kongreß, Stimmen laut geworden sein, geistliche Würdenträger wieder mit weltlichen Rechten auszustatten, so sind sie schwerlich noch angehört worden. Das staatliche Denken der Regierenden bewegte sich ausschließlich in den, wie man glaubte, erprobten Formen des aufgeklärten Absolutismus und des reinen Machtstaates. Weder auf das eine noch auf das andere waren die geistlichen Staaten ausgerichtet; darum blieb ihnen jetzt nichts mehr übrig, als sich ohne Widerstand beiseite schieben zu lassen.

Nur die politische Seite dieses Vorganges ist hier zu berühren und zwar so, wie sie von den Westfalen gesehen und erlebt worden ist. Unvorstellbar ist, daß die Westfalen sie einfach hingenommen hätten, wie sie etwa einen neuen Bischof jedesmal hingenommen hatten. Was jetzt mit den geistlichen Ländern und in ihnen geschah, kehrte das Unterste zuoberst und konnte nur als das Ende eines Zeitalters empfunden werden, und der Gedanke, wie es weitergehen würde, nur Schauder, Kleinmut und Angst erwecken.

Mit welchen Gefühlen mag man in den weltlichen Ländern und in den bereits preußischen Teilen Westfalens diese Dinge verfolgt haben, bliebe zu fragen. Soweit ersichtlich, liegen darüber noch keine Untersuchungen oder Sammlungen von Zeugnissen vor. Sie wären dringend nötig. Dem Bilde einer zuerst von Westfalen, nicht von Preußen oder vom Reich oder von Hessen oder Hannover her gesehenen Geschichte dieser entscheidungsvollen Jahre 1802 und 1803 fehlt noch jede Farbe. Die bloßen Ergebnisse sind tote Fakten. Kein Westfale ist an ihrem Zustandekommen beteiligt gewesen, jeder aber hat sie zu spüren gekriegt. Blücher, der die Säkularisation Münsters in der Stadt selbst miterlebte und mit ihrer Durchführung beauftragt war, nannte sie „eine Hundsfötterei".

Preußen und Hannover hatten schon seit 1799 das Bistum P a d e r b o r n im Rahmen einer Schutzmaßnahme militärisch besetzt. 1801 erreichte Preußen Frankreichs Einverständnis zur Inbesitznahme von Paderborn durch Preußen. Aus Freude über die reichsrechtliche Bestätigung dieser Abmachung durch die Reichsdeputation ließ König Friedrich Wilhelm III. von Preußen eine goldene Denkmünze prägen mit seinem Bildnis und einer auf den Erwerb Paderborns hinweisenden Inschrift.

Auf der Rückseite einer für einen Paderborner Kleriker ausgestellten Papsturkunde von 1790, Mai 22., (Stadtarchiv Bielefeld) findet sich hingegen folgende Notiz: *„O Tempora O mores, quantum distamus ab istis. Pereat Natio Diabolica Borussica et Vivat antiquus noster Franciscus Egon Episcopus et Princeps in Adventu eius. Vivat, vivat, vivat. Ao. 1805, 31. Julij".*

Als weitere Entschädigung für den Verlust seiner linksrheinischen Länder Kleve, Moers und Geldern erhielt P r e u ß e n außerdem die östliche Hälfte des Oberstifes M ü n s t e r mit der Stadt Münster und die Reichsabteien Essen, Werden, Elten, Herford, – das es in Wirklichkeit längst, nach Recht und Gesetz aber noch nicht besaß –, und Cappenberg. – Die Ämter Vechta und Cloppenburg des Niederstiftes Münster und die zuletzt hannoversche Herrschaft Wildeshausen mit dem Alexanderstift fielen an Oldenburg. Die restlichen Teile des Hochstiftes Münster wurden zur Entschädigung der im Quellgebiet der Ahr ansässigen Herzöge von Aremberg, der aus dem Hennegau stammenden, in den östlichen Niederlanden angesessenen Grafen von Looz-Corswarem, der im südlichen Elsaß, in Lothringen und beiderseits des Rheins ansässigen Linien der Grafen von Salm und der wallonischen Herzöge von Croy verwandt. Das münstersche Amt Meppen, dazu das kölnische Vest Recklinghausen erhielt der Herzog von Aremberg als neues Herzogtum. Der Graf von Looz-Corswarem erhielt ein neues Fürstentum aus den münsterschen Ämtern Rheine und Wolbeck und nannte es „Rheina-Wolbeck". Der Herzog August von Croy, ein Freund Talleyrands, erhielt das münstersche Amt Dülmen als neues, reichsunmittelbares Herzogtum. Es zählte ganze 8000 Einwohner. (Diese neue Kleinstaaterei hat nicht den Beifall Napoleons gefunden. Er wollte größere, leistungsfähige Gebilde, gab aber den Wünschen des Zaren und der Diplomaten einstweilen nach). Die Grafen von Salm-Kyrburg und Salm-Salm erhielten zu ihrer westfälischen Herrschaft Anholt, die sie 1641 ererbt hatten, die münsterschen Ämter Ahaus und Bocholt als Fürstentum Salm. Die Linie Salm-Grumbach, auch „Rhein- und Wildgrafen" genannt, wurde mit der ehemaligen, längst von Münster eingegliederten Herrschaft Horstmar entschädigt. – Die neuen Herren mußten sich den Spottnamen „Moorgrafen" gefallen lassen. Ihre fürstliche Herrlichkeit war zwar nach wenigen Jahren zu Ende, aber mit Ausnahme der inzwischen ausgestorbenen Looz-Corswarem sitzen sie heute noch als Großgrundbesitzer und Wildpferdefänger in Westfalen und an der mittleren Ems. – Osnabrück wurde ohne Abstriche an Hannover gegeben, das es ohnehin als sein Eigentum ansah. Das kölnische Herzogtum Westfalen ohne das Vest Recklinghausen, also die mittelalterliche Grafschaft Arnsberg, fiel an Hessen-Darmstadt, die Reichsstadt Dortmund und die Reichsabtei Corvey fielen an die Fürsten von Nassau-Oranien.

Preußen schickte den seit 1796 bereits als Oberkammerpräsident der 3 Kriegs- und Domänenkammern Minden, Hamm und Kleve in der Stadt Minden amtierenden Freiherrn vom Stein nach Münster mit dem Auftrage, die Zivilverwaltung in den gewonnenen Gebieten nach preußischem Muster zu organisieren. Sein behutsames Vorgehen, sein weltmännisches, unpreußisches Auftreten und die starke Wirkung, die von seiner Person ausging, seine Wertschätzung gewachsener, eigener Lebensformen, auch solche konfessioneller Art, nicht zuletzt aber sein offenes Eintreten für die Beibehaltung der ständischen Einrichtungen und ihre, soweit unter den Verhältnissen mögliche Überführung in Verfassung und Verwaltung verschafften ihm vom ersten Tage an hohe Achtung in Münster. Die preußischen Offiziere dagegen wurden nach wie vor von der münsterschen Gesellschaft abgelehnt. Eine Ausnahme machte der Kommandierende, der Generalmajor Blücher. Konnte er sich auch in dem katholischen Wesen nicht zurecht finden, so gewann er doch Sympathien durch seine joviale Art, sich zu geben, und durch seinen unkonventionellen Verkehrston. Stein wurde schon im Jahre darauf nach Berlin berufen.

Westfalen in der Neuzeit

Sein glücklicher Vorschlag, ihn durch Vincke zu ersetzen, erweckte in Münster die besten Hoffnungen. Das schlichte, kernige Westfalentum dieses Mannes war nach dem Geschmack der Münsterer.
Indessen überstürzten sich aber die Ereignisse und ließen einstweilen nichts zur Reife kommen. Der Reichsdeputationshauptschluß war kaum in Kraft getreten (24. März 1803), als ein französisches Korps unter Mortier die Demarkationslinie in Bentheim überschritt und in Hannover einmarschierte, das, als Teil Englands betrachtet, sich noch im Kriege mit Frankreich befand. Preußen versuchte einzugreifen, indem es seine westfälischen Länder Frankreich im Tausch gegen Hannover anbot. So wenig war Preußen an Westfalen gelegen! Frankreich lehnte aber ab. Mortier wurde erst im 3. Koalitionskriege von einer englisch-deutschen Legion und einem russisch-schwedischen Korps aus Hannover und Osnabrück wieder vertrieben, und Preußen konnte 1805 Hannover besetzen. – Alles das hatte keinen Bestand.

QUELLEN UND LITERATUR

Gruner, J.: Meine Wallfahrt zur Ruhe und Hoffnung. 2 Bände 1802.

Hoche, J. G.: Reise durch Osnabrück und Niedermünster in das Saterland, Ostfriesland und Gröningen. 1800.

Strothotte, H.: Die Exekution gegen Lüttich 1798–92. 1936.

Katz, J.: Das letzte Jahrzehnt des Fürstentums Münster. 1933.

Meyer zu Stieghorst, A.: Die Verhandlungen der Landstände des Fürstbistums Münster in der Zeit der Französischen Revolution 1789–1802. 1911. (= Beitr. f. d. Gesch. Niedersachsens und Westfalens 31).

Richter, W.: Der Übergang des Hochstifts Paderborn an Preußen. In: WZ 62 II (1904), S. 163–235.

Kleinschmidt, A.: Geschichte von Arenberg, Salm und Leyen 1789–1815. 1912.

Darpe, F.: Geschichte des Fürstentums Rheina-Wolbeck. In: WZ 33 I (1875), S. 113–153. Mit 1 Stammtafel des Hauses Looz.

Schröder, A.: Emsland und Hümmling im Wechsel der Landesherrschaft unter besonderer Berücksichtigung der Vorgänge um 1803. In: Jahrb. des Emsländischen Heimatvereins 4 (1957), S. 67–76. (LB 147).

Braubach, M. und E. Schulte: Die politische Umgestaltung Westfalens 1795–1815. In: Der Raum Westfalen II, 2, S. 73–158. Mit Karten und Plänen. 1934.

Göttker-Schnetmann, L.: Die „polnische" Teilung Westfalens. In: Ravensberger Blätter 1957, S. 205–214. (LB 141).

Die „Franzosenzeit" in Westfalen

Das „Königreich Westfalen" und sein König

Ein abermaliger Umsturz, der ganz Westfalen aus den Fugen heben wollte, wurde eingeleitet durch den von Napoleon am 12. Juli 1806 ins Leben gerufenen Rheinbund. Ihm traten aus Westfalen zunächst nur drei der „Moorgrafen" bei, die ohnehin mehr französisch als deutsch waren: der Herzog von Aremberg – er erhielt dafür die landeshoheitlichen Rechte über das Herzogtum seines Landsmannes Croy –, die Grafen von Salm-Salm und die von Salm-Kyrburg. Durch die Rheinbundakte vom 12. Juli 1806 wurde aber gleichzeitig das Herzogtum Berg, das im Jahre vorher, durch den Vertrag von Schönbrunn, an Frankreich abgetreten, zum Großherzogtum erhoben und an Napoleons Schwager Murat gegeben war, vergrößert u. a. durch die westfälischen Landesteile Bentheim-Steinfurt, Rheina-Wolbeck und Rheda. Napoleon errichtete damit im Herzen von Westfalen fremde, wie Berg mit Frankreich im Satellitenverhältnis stehende Hoheitsgebiete. Truppen des neuen Großherzogs besetzten bald darauf die Territorien der Abteien Essen, Werden und Elten. Napoleon, der es in diesem Augenblick mit Preußen nicht verderben wollte, schalt seinen Schwager deswegen einen Dummkopf, und als Preußen die Räumung der ihm vom Reichdeputationshauptschluß zugesprochenen abteilichen Gebiete verlangte, die Zurückziehung aller französischen Truppen von den preußischen Grenzen forderte, den General Blücher von Münster aus gegen die bedrohten Gebiete in Marsch setzte und Preußens ultimative Forderungen unbeantwortet blieben, kam es zum 4. Koalitionskriege und zum Zusammenbruch Preußens im Frieden von Tilsit (9. Juli 1807), in dem Preußen alle seine Länder westlich der Elbe an Frankreich verlor. Aus dem größeren Teil der so gewonnenen Gebiete einschließlich Braunschweigs und Hessen-Kassels errichtete Napoleon am 18. August 1807 das Königreich Westphalen mit seinem jüngsten Bruder Jérôme als König, den Rest, d. h. den preußischen Teil des Bistums Münster, die Grafschaft Mark, Lippstadt und die drei Abteien schlug er zum Großherzogtum Berg. Schaumburg-Lippe, Waldeck und Lippe bewahrten ihre Selbständigkeit dadurch, daß sie rechtzeitig, noch während des Krieges, dem Rheinbund beigetreten waren. Lippes Landesmutter, die kluge Fürstin Pauline, antichambrierte tagelang bei Napoleon in Fontainebleau, bis er ihren Bitten um Schonung ihres Landes Gehör schenkte. Als er die Einwohnerzahl ihres Ländchens erfuhr, entließ er sie mit einer ungeduldigen, aber freundlichen Handbewegung.

Der Beitritt Schaumburg-Lippes, Lippes und Waldecks wie auch der Nassaus und mehrerer thüringischer Länder war erfolgt auf Anraten und Betreiben des geschickten Vertreters Nassaus in Paris, des Reichsfreiherrn

Westfalen in der Neuzeit

Hans Christoph von Gagern, der sich später als Publizist einen Namen machte und seine politische Regsamkeit auf 3 Söhne vererbte. Obwohl Gagern von der Gründung des Rheinbundes abgeraten hatte, ergriff er, als der Beschluß feststand, die Initiative in vorstehendem Sinne, um Schlimmeres zu verhüten. –

Paulinens Schwärmerei für Napoleon, die man ihr übel vermerkt hat, sind in ein verstehendes Licht zu rücken. Sie reiste im Oktober 1807 nach Paris, hielt sich einige Wochen, solange ihr schmaler Geldbeutel es erlaubte, dort auf und ließ sich in den Trubel des Hoflebens ziehen. Die französischen Damen bestaunten sie weidlich ob ihrer natürlichen Schlichtheit und ihrer offene Art, sich zu geben. Da sie gut französisch sprach, wurde sie überall eingeladen und als vermeintlich seltsames Urbild einer hausbackenen norddeutschen Fürstin herumgereicht. Ihr hartnäckiges Warten und Drängen auf eine Audienz bei Napoleon hatte schließlich Erfolg. Napoleon zog sie auch in den folgenden Tagen mehrfach ins Gespräch. Die Persönlichkeit des Kaisers hat ihren Eindruck auf Pauline – wie auf andere – nicht verfehlt. Die Versprechungen, die er ihr leichthin gab, sind freilich größtenteils ebenso leicht vergessen worden. – Das Herzogtum Westfalen (Arnsberg) blieb bei dem Rheinbundsmitglied Hessen Darmstadt.

Unbekannt, wohl auch nie gefragt ist, wie Napoleon auf den Namen ,,Westphalen'' für sein neues Königreich verfallen ist, zumal die westfälischen Teile dieses Reiches nicht mehr als etwa ⅕ des Ganzen ausmachten. ,,Königreich Hessen'' wäre richtiger gewesen, wurde doch Kassel zur Hauptstadt des Landes gewählt. Irgendetwas muß Napoleon an dem Namen Westfalen gefallen haben, vielleicht der Ruf des Absonderlichen und des Besonderen, in dem das Land von jeher stand. Voltaires ,,Candide'', die alberne Satire auf Westfalen, auf Leibnizens prästabilierte Harmonie und auf wer weiß was, hat Napoleon, der leidenschaftliche Leser, der auf seinen Feldzügen stets eine schwere Bücherkiste mitzuschleppen pflegte, sicherlich gekannt. Etwas Besonderes, ein Muster- und Modellstaat, schwebte ihm vor. Er sollte die Vorzüge französischer Verwaltung und Verfassung und die Mustergültigkeit des französischen Staatswesens den Deutschen vor Augen führen. So mochte also der Name des neuen Königreiches mit Bedacht gewählt sein, obwohl von den westfälischen Ländern nur Paderborn, Corvey, Rietberg, Ravensberg, Minden und Osnabrück zu ihm geschlagen wurden. Es wurde im übrigen zusammengesetzt aus den Herzogtümern Braunschweig und Hessen-Kassel (ohne Hanau, Schmalkalden und Niederkatzenelnbogen), das als Nichtmitglied des Rheinbundes in den Niederbruch hineingerissen war, aus den hannoverschen, seit 1805 als preußisch betrachteten Besitzungen im Harz und den Ämtern Göttingen und Grubenhagen, aus den preußischen Teilen Altmark, Magdeburg, Halberstadt, Stolberg, Hohenstein, Hildesheim, Quedlinburg, Goslar, Eichsfeld, Mühlhausen und Nordhausen und aus den sächsischen Ämtern Gommern, Barby, Treffurt und dem sächsischen Anteil an der Grafschaft Mansfeld. Im Oktober 1810 wurde es um Hannover vergrößert, mußte aber 2 Monate später größere Teile Hannovers sowie Teile von Osnabrück, Ravensberg und Minden an das Kaiser-

Die „Franzosenzeit" in Westfalen

reich Frankreich abgeben (Senatskonsult vom 13. Dezember 1810, s. u. S. 225).

Dem mit großen Worten, Proklamationen und Bulletins angekündigten Königreich sah man in weiten Kreisen, und nicht nur in den geistlichen Ländern, mit offenem Beifall und nicht weniger großen Erwartungen entgegen. Die wenigsten sind erfüllt worden, einige nicht unerfüllt geblieben, manches hat sogar Bestand gehabt. Dies zuerst: Die Verhandlung aller G e r i c h t s v e r f a h r e n vor der Öffentlichkeit wurde wiederhergestellt ebenso wie die Beteiligung der Laien an der Rechtsprechung mit der Einrichtung der Schwurgerichte – wie es bis zur völligen Rezeption des römischen Rechtes an den westfälischen Gogerichten immer gewesen war. Aus dem für Bagatellsachen zuständigen „Friedensrichter" ist in etwa unser heutiger Schiedsmann hervorgegangen. Die persönliche H ö r i g k e i t wurde aufgehoben, die an die Grundherrschaft zu entrichtenden Lasten wurden für ablösbar erklärt. (Die „Bauernbefreiung" ist damit eingeleitet, aber noch nicht durchgeführt worden; denn die Bauern hatten im allgemeinen nicht die Mittel, die Ablösung von sich aus durchzuführen). Der „Judenschutz", eine weidlich ausgenutzte Einnahmequelle geldbedürftiger Fürsten, wurde abgeschafft, die J u d e n erhielten die volle bürgerliche und gewerbliche Gleichberechtigung. Der A d e l verlor seine bisherige Steuerfreiheit. Mit der Aufhebung der Zünfte wurde der Grundsatz einer allgemeinen G e w e r b e f r e i h e i t nahezu durchgeführt. Die Einführung der Z w a n g s i m p f u n g gegen die Pocken kam einem von weiten Kreisen in Westfalen lange gehegtem Wunsche entgegen. Von Verwaltungsbeamten nach einem strengen Schema geführte Z i v i l s t a n d s r e g i s t e r endlich traten an die Stelle der Kirchenbücher, die zwar weitergeführt werden konnten und wurden, aber ihren amtlichen Charakter verloren. (Im Rheinland sind sie beibehalten, im übrigen Preußen 1875 wiedereingeführt worden).

Dagegen wurde die V e r f a s s u n g, die eine ständische Volksvertretung, zusammengesetzt aus den Grundeigentümern, den Kaufleuten und den gelehrten Berufen vorsah, eine Enttäuschung. Die „Stände" wurden zur formellen Annahme der Verfassung einberufen, noch ein zweites und drittes Mal und, als sie wagten, eine Regierungsvorlage abzulehnen, nicht wieder. Die S t e u e r s c h r a u b e wurde in einer bisher selbst unter den Preußen nicht bekannten Weise angezogen und durch Zwangsanleihen verstärkt, da Napoleon dem Lande an Lasten ein Vielfaches von dem auferlegte, was es aus den regulären Einkünften bestreiten konnte. Hinzu kam, daß die Zivilliste des zu Sparsamkeit nicht erzogenen, aber verzogenen jungen Königs mit 1 Million Taler über alle Gebühr hoch war. Am schlimmsten aber waren die Aushebungen für den Wehrdienst. Die aus allen Waffengattungen bestehende „Westphälische Armee" hatte ständig große Abgaben an den Rheinbund zu stellen. Sie wurden in den Kriegen gegen Oesterreich und in Spanien verwandt. Die Aushebungen wurden mit rücksichtsloser Strenge und brutaler Gewalt – „Ab nach Kassel!" – durchgeführt. Dagegen ist es vielerorts zu offenen Auflehnungen gekommen. Von der Einrichtung des Ersatzmannes (remplaçant, „Rampelmann"), die trotz aller Gleichheit und Brüderlichkeit beibehalten wurde,

221

konnten nur Wohlhabende Gebrauch machen. 23 000 Mann der Westphälischen Armee sind zur Großen Armee Napoleons gestoßen und nach Rußland marschiert, nur 2000 sind zurückgekehrt.

Dem Königreich Westphalen ist nur eine Dauer von 6 Jahren beschieden gewesen; aber diese 6 Jahre sind angefüllt gewesen von einem erregenden Geschehen und einer immerwährenden Spannung. Seine Menschen sind hin und hergeworfen worden zwischen Hoffnung und bittersten Enttäuschungen. Diese Zeit als eine Episode, als ein Geschehen am Rande der westfälischen Geschichte abzutun, ist nicht angängig; denn sie hat Spuren hinterlassen, denen wir noch heute auf Schritt und Tritt begegnen. Daß die Franzosenherrschaft zu einer drückenden, von der Gewalt diktierten F r e m d h e r r s c h a f t ausgeartet ist und bewaffnete Aufstände auslöste, hat die blinde Machtgier Napoleons gemacht. E r hat dieser seiner eigensten und für seine Zeit modernsten und interessanten Staatsschöpfung die Möglichkeit zur Entfaltung und Entwicklung genommen, indem er ihr die Einkünfte und die Menschen nahm und sie für sich verwandte.

Der dieser Darstellung zugemessene Raum verbietet eine breitere Behandlung dieses inhaltsreichen Abschnittes westfälischer Geschichte; bemerkt sollte indessen werden, daß das landläufige Urteil dem K ö n i g dieses Königreiches nicht gerecht wird. So jung, so unerfahren, so unbekümmert und leichtsinnig er war, das verhätschelte Nesthäkchen aus der großen Kinderstube der Madame Mère, so wenig fehlte es ihm an Geist, an gutem Willen, an Einsicht und an nüchterner Erkenntnis seiner Lage. Er bezauberte seine Umgebung, nicht nur die Frauen, durch sein ungezwungenes Auftreten und sein natürliches, gewinnendes Wesen, in diesem Punkte das völlige Gegenteil seines plumpen großen Bruders. Von diesem wie ein dummer Junge behandelt und abgekanzelt zu werden, nahm er mit lächelnder Gelassenheit hin; aber er hat sich nie gescheut, ihm seine Meinung zu sagen. Er sei sich völlig darüber klar, schrieb er schon 1808 an den Bruder, daß er immer 100 000 Bajonette unterhalten müsse, um einen unbedeutenden Thron zu stützen, und er wolle lieber Privatmann sein als ein Herrscher ohne Volk. ,,Wenn ich nicht in Berlin regieren werde, wird der König von Preußen mich eines Tages aus meinem Reiche jagen, und dieses wird mit dem Leben des Kaisers zu Ende sein." Er warnte Napoleon vor dem Feldzug nach Rußland und vor der Rache der Völker, besonders der Deutschen. Napoleon hat darüber gelacht. Den Freiherrn vom Stein verhaften zu lassen, hat Jérôme sich geweigert.

Anders als seine Brüder hat er in den entscheidenden Augenblicken dennoch bei Napoleon ausgeharrt. Ob es allerdings richtig ist, daß er zu Beugnot, wie dieser in seinen Memoire berichtet, nach der Leipziger Schlacht auf dem Rückwege nach Frankreich in Düsseldorf gesagt habe, er habe ein Angebot der Alliierten, zu ihnen überzutreten und sein Königreich zu behalten, bleibt in dieser Form wohl zweifelhaft. Während die anderen Brüder an den Röcken der Mutter hingen und von deren klug erspartem Gelde zehrten, hat er das Abenteuer von Elba mit seinen letzten Goldstücken unterstützt und bei Waterloo bis zur Verwundung ge-

Die „Franzosenzeit" in Westfalen

kämpft. Mit seiner zweiten Frau, der württembergischen Prinzessin Katharina, hat er in glücklicher Ehe gelebt. Sie hat jedes Angebot ihres Vaters, gegen eine Pension von ihrem Gatten zu lassen, strikt abgelehnt. Jérôme ist, 76 Jahre alt, ausgestattet mit einem reichlichen Gnadengehalt Napoleons III. und dem Titel eines Gouverneurs des Invalidendoms, 1860 in Paris gestorben.

Der französische Graf Beugnot, der Jérôme dienstlich und privat nahe stand, charakterisiert ihn in seinen, erst nach seinem Tode veröffentlichten Memoiren so:

„*J'avais remarqué chez lui, à travers les emportements de la jeunesse, de la loyauté et de la résolution; mieux préparé, je ne doute pas qu'il n'eut porté le fardeau de son nom, si lourd qu'il fût*".

Ein anderer, Marc André Fabre, hat ihm noch 1952 eine umfangreiche Biographie gewidmet. Er nennt ihn

„*. . . certes pas un saint, mais pas davantage le César d'opérette . . . naturellement bon et généreux, . . . un homme très près des autres . . . très dépassé par les événements auxquels il fut mêlé. Un peu grisé par eux, il lui reste, cependant, le mérite de ne pas l'avoir été davantage*". –

Jérômes älteste Tochter Mélanie – er war 16 Jahre alt, als sie geboren wurde, die Mutter war eine Bürgerstochter aus Nantes – heiratete den deutschen Baron von Schlottheim und wurde mit dem Gute Wietersheim bei Minden ausgestattet. Schlottheim wurde später Landrat des Kreises Minden. Auf der Höhe von Bergkirchen bei Minden, im Walde unter zwei hohen, schmiedeeisernen Kreuzen, liegen beide begraben. – Jérômes und Katharinens Tochter, „la Princesse Mathilde", war mit Flaubert befreundet und hat lange Jahre in Paris einen der besten literarischen Salons geführt.

Das Großherzogtum Berg

Weniger von sich reden gemacht hat das G r o ß h e r z o g t u m B e r g. Es hatte auch keine repräsentative Hofhaltung. Murat, sein Großherzog, tauschte es schon im Juli 1808 gegen die Königskrone von Neapel ein. Napoleon übertrug das Großherzogtum im folgenden Jahre, 1809, seinem erst 1½ Jahre alten Neffen Napoleon Louis, dem Sohne seines Bruders Louis, Königs von Holland, und der Hortense Beauharnais, und stellte das Land unter die Regentschaft eines kaiserlichen Kommissars, des Grafen Jacques Claude B e u g n o t, eines der „billigst denkenden Repräsentanten des Kaisers in deutschen Landen" (Goecke). Er war schon bei der Einrichtung des Finanzwesens des Königreiches Westphalen tätig gewesen und nahm sich der neuen Aufgabe mit Ernst und Eifer an. Seine korrekte, loyale Haltung erwarb ihm viele Freunde am Rhein, wo man den Franzosen ohnehin Sympathien entgegenbrachte. Die westfälischen Teile seines Großherzogtums hat er nur gelegentlich besucht. In seinen Memoiren berichtet er von einer Reise durch das südliche Münsterland und die Grafschaft Mark. „Auf dem platten Lande", schreibt er, „habe ich gutmütige, gastfreie Männer, sittenreine arbeitsame Frauen und gut erzogene Kinder gefunden. . . . Als ich, meine ‚Germania' vor Augen, das altehrwürdige Münsterland durchzog, habe ich immer wieder empfunden, wie echt und wahr die Darstellung des großen römischen Sittenschilderers ist, und ich glaube seitdem nicht mehr, daß seine Bilder aus dem Leben der alten Germanen Phantasiegebilde sind". (Viele der von Tacitus entworfenen Bilder s i n d, wie seit Eduard Norden bekannt, Phantasiegebilde, aus Berichten anderer über fremde Völker zusammengestellt und als literarische Antithesen verwertet). Das „jedem Franzosen bekannte Voltairesche Zerrbild des westfälischen Menschen" hat er, wie er betont, vergeblich gesucht. – In der Grafschaft Mark beeindruckte ihn der Gewerbefleiß der Einwohner und der hohe Stand ihrer Manufakturen und Industrieen, und den Spuren des großen Preußenkönigs, denen er hier begegnete, zollte er Bewunderung. Auf sein Franzosentum war er ungemein stolz. „Es war damals eine Position in Europa", schrieb er, „ein Franzose zu sein", und von den Einwohnern seines Großherzogtums meinte er daher, man müßte ihnen wohl verzeihen, daß sie keine Franzosen seien; „nichtsdestoweniger waren sie die besten Menschen von der Welt."

Das Großherzogtum Berg ist nicht, wie das Königreich Westphalen, eine staatliche Neuschöpfung Napoleons gewesen, vielmehr von ihm übernommen, an die bisherige territoriale Entwicklung angeknüpft und weiterentwickelt worden. Als Erbe der Pfalz-Neuburger war Berg 1742 an die Linie Pfalz-Sulzbach und 1799, ebenfalls im Erbgang, an die wittelsbachische Linie Pfalz-Zweibrücken-Birkenfeld gefallen. Kurfürst Maximilian I. Joseph hatte es im Vertrage von Schönbrunn 1805 an Napoleon abgetreten im Tausch gegen oberschwäbische Gebiete. Sein Bruder Wilhelm, dem Berg als Paragialherrschaft überwiesen war, verabschiedete sich von seinen „lieben" Landeskindern mit den freundlichen Worten, die „ihm bisher erwiesene Anhänglichkeit könnte sie seinem Nachfolger in der Regierung nicht anders als bestens empfehlen". Durch die Rheinbundakte von 1806 erhob Napoleon Berg zum Großherzogtum. Er vergrößerte es gleichzeitig um das rechtsrheinische Kleve (ohne die Festung Wesel), das Preußen ihm 1805 in Schönnbrunn abgetreten hatte, ferner um die Länder Rheina-Wolbeck und Horstmar (Salm-Grumbach) die beide dem Rheinbund fern geblieben waren, und um die Grafschaften Bentheim, Steinfurt, Limburg (Hohenlimburg im Lenne-Ruhrwinkel) und die Herrschaft Rheda. Welchen Grund Napoleon für die Annektierung und Einverleibung der 4 letzteren Gebiete, des Besitzes des Hauses der Grafen von Bentheim-Steinfurt, vorgeschoben hat, ist nicht ganz ersichtlich. Graf Ludwig von Bentheim-Steinfurt hatte erst kurz vorher, während der französischen Besetzung Hannovers (1802–1805), die hannoversche Pfandschaft durch Zahlung von 800 000 Francs an Napoleon eingelöst und war nach Bentheim zurückgekehrt. Ohne die Einlösungssumme zurückzuzahlen, depossidierte Napoleon ihn kurzer Hand, vermutlich weil der Graf sich nicht rheinbundfreundlich gezeigt hatte. Nach dem Frieden von Tilsit wurde das Großherzogtum nochmals, am 28. Januar 1808, vergrößert um die preußischen Abteien Essen, Werden und

Die „Franzosenzeit" in Westfalen

Elten, um die Grafschaft Mark mit der Stadt Lippstadt, um den preußischen Teil des Oberstiftes Münster, um die preußischen Grafschaften Tecklenburg und Lingen sowie um die Reichsstadt Dortmund, dessen Besitzer, der mit dem preußischen Königshause verwandte Wilhelm V. von Nassau-Oranien, Exkönig von Holland und Entschädigter des Reichsdeputationshauptschlusses, alle seine Länder an die rheinbundfreundliche walramische Linie des Hauses Nassau (Herzogtum Nassau-Usingen-Weilburg) und an das Großherzogtum Berg verlor.

Die folgenden 3 Jahre, eine lange Frist in der Turbulenz der napoleonischen Ära, haben die politische Karte Westfalens unverändert gelassen. Es verlohnt sich, diesen Status als einen gewissen Ruhepunkt in der Flucht der Erscheinungen festzuhalten. An die Stelle der im 16., 17. und 18. Jahrhundert fortschreitenden Ü b e r f r e m d u n g Westfalens war die t o t a l e V e r f r e m d u n g getreten. Der westfälische Raum, sofern eine solche Vorstellung – vielleicht – noch lebendig war, bestand nunmehr aus den

zum Königreich Westphalen gehörigen Ländern Paderborn, Corvey, Rietberg, Ravensberg (mit Herford), Minden und Osnabrück;

zum Großherzogtum Berg gehörigen Ländern Mark (mit Lippstadt märk. u. lipp. Hälfte), Münster, Essen, Werden, Elten, Dortmund, Tecklenburg, Lingen, Bentheim, Steinfurt, Limburg, Rheda;

zum Rheinbund gehörigen Ländern Lippe, Waldeck, Schaumburg-Lippe, Hzgtm. Westfalen (Hessen-Darmstadt), Aremberg (mit Recklinghausen u. Croy), Salm (Anholt u. Gemen), Oldenburg (mit Vechta, Cloppenburg, Wildeshausen);

zum Kaiserreich Frankreich gehörigen, mit Hannover annektierten Hoya und Diepholz.

Westfalen war restlos, direkt oder indirekt, unter französische Herrschaft gekommen. Damit nicht zufrieden und um die Kontinentalsperre besser durchführen zu können, verfügte Napoleon durch den S e n a t s k o n s u l t vom 13. Dezember 1810, daß alle Länder nördlich einer willkürlich gezogenen Linie Wesel – Haltern – Minden – Nienburg – Lauenburg zusamt der Stadt Lübeck zum Kaiserreich Frankreich geschlagen wurden. Damit verloren auch die Fürstentümer Salm (Anholt) und Aremberg und das Herzogtum Oldenburg den Rest ihrer staatlichen Selbständigkeit, der ihnen im Rheinbund noch geblieben war. Die südlich der Linie gelegenen arembergischen Landesteile Recklinghausen und Croy (Dülmen) wurden 1811 zum Großherzogtum Berg gegeben.

Im Großherzogtum Berg, soweit es westfälische Landesteile einbegriff, ist es dank der klugen und rücksichtsvollen Amtsführung des Grafen Beugnot, anders als im Königreich Westphalen, zu inneren Schwierigkeiten, Auflehnungen u. dgl. kaum gekommen. M ü n s t e r hatte die französische Besetzung 1806 und die Einverleibung in das Großherzogtum wieder mit Bällen und Reunionen begrüßt, glücklich darüber, der preußischen „Ketzerherrschaft" ledig zu sein. Wenn aber das Domkapitel glaubte, die Zeit seiner Mitregierung wäre wiedergekommen, so mußte es sich bald eines anderen belehren lassen. Auch bereitete die Gleichgültigkeit der Franzosen dem Kirchenwesen gegenüber und ihr mutwilliges

Westfalen in der Neuzeit

Umspringen mit säkularisierten Kloster- und Stiftsgütern den Münsterern auf die Dauer erhebliches Unbehagen, ganz abgesehen von den übrigen Lasten und Steuern, die ihnen natürlich nicht erspart blieben. – Die Grafschaft Mark hingegen scheint sich schwer mit der Trennung von Preußen abgefunden zu haben. Als Kronzeugnis für die preußische Gesinnung der Märker wird gewöhnlich der Brief des Pfarrers von E l s e y , Johann Friedrich M ö l l e r , an den König von Preußen vom 10. März 1806 zitiert, der außerdem die Unterschriften damals bekannter märkischer Persönlichkeiten trägt. In zahlreichen, zum Teil gedruckten Schriften gibt sich Möller zweifellos als überzeugter „Preuße"; vergessen werden darf jedoch nicht, daß der Brief auch diktiert worden ist von der Sorge, französisch zu werden. Vergessen wird auch gewöhnlich der Schlußsatz der Proklamation des Königs von Preußen von 24. Juli 1807, auch eine Antwort auf Möllers Brief: „Unsere heißesten Wünsche für euer Wohl begleiten euch zu eurem neuen Landesherrn; s e i d i h m , was ihr Mir waret". Er übertrifft noch die „Empfehlung" des Herzogs Wilhelm von Bayern an seine bergischen Landeskinder, und seine Kaltschnäuzigkeit kann von noch so viel gespieltem Abschiedsschmerz nicht überkleistert werden. – Wie dem auch sei, in der Mark hatten preußischer Geist und preußisches Wesen vielfachen Anklang gefunden, anders hätte Beugnot von den Märkern insgesamt wohl nicht als von „enragirten Preußen" gesprochen. Unter der Fremdherrschaft mußte solche Haltung täglich neue Nahrung finden.

Westfalen in den Freiheitskriegen

Wenige Wochen nach der Leipziger Schlacht erschienen in Westfalen die ersten Freiheitsboten: Kosaken. Man hatte seine liebe Not mit ihnen. Die rauhen Gesellen kampierten am liebsten in wohlgepflegten Parks und auf schönen Plätzen und trampelten alles nieder. Es war nicht immer leicht, ihre absonderlichen Wünsche zufrieden zu stellen. Aber dann kamen die preußischen Truppen und wurden überall, diesmal selbst in Münster, freudig begrüßt. Am 14. November 1813 trafen sich in Bielefeld der preußische General von B ü l o w und der Freiherr Ludwig V i n c k e . Bülow bat den Freiherrn, die Zivilverwaltung in den wiedergewonnenen Gebieten zu übernehmen. Vincke sagte zu und erhielt wenig später die königliche Ernennung. Seine erste Sorge war, die Versorgung des Bülowschen Corps, das zur Wiedereroberung des noch von Franzosen besetzen Königreichs Holland bestimmt war, mit Verpflegung und Ausrüstung sicher zu stellen und Aushebungen in die Wege zu leiten für die befohlene Aufstellung von 5 Landwehrregimentern und für die Gestellung von 5300 Rekruten zum Feldheer. Von den Landwehrregimentern hatten je 1 zu stellen die Grafschaft Mark, Minden-Ravensberg, Tecklenburg-Lingen-Ostfriesland, Münster und Paderborn. In der Grafschaft Mark meldeten sich soviel Freiwillige, daß Aushebungen nicht nötig waren, in Tecklenburg machten die Freiwilligen nur die Hälfte der zu stellenden Mannschaften aus, in Minden-Ravensberg sogar nur ein Drittel. Widerstand

Die „Franzosenzeit" in Westfalen

gegen die Aushebungen zeigte sich in Münster, Paderborn und Lingen. Die Ausgehobenen sind in den – für die Alliierten keineswegs glorreichen – Kämpfen des Jahres 1814 nicht mehr zum Einsatz gekommen. 1815 haben westfälische Truppen bei Thuin und Ligny gekämpft. Bei Waterloo hat das Landwehrbataillon Osnabrück den Kommandeur der französischen Garde, General Cambronne, gefangen genommen. Der General, aus Wunden blutend, kampfunfähig, ließ den Stumpf seines Degens fallen und sagte nur e i n Wort, das Wort, das jeder Soldat einmal auf den Lippen geführt hat; die von der sterbenden Garde, die sich nicht ergibt, hat er erwiesener Maßen nicht gesprochen. Während der nächtlichen, von Gneisenau angesetzten Verfolgung fiel der Wagen Napoleons Mindenern in die Hände. Wie Waterloo ohne Gneisenau eine Niederlage geworden wäre, wären die Freiheitskriege, keineswegs eine militärische Glanzleistung der Alliierten, ohne Gneisenau schwerlich gewonnen worden. In dem letzten Gefecht des Krieges, bei Issy vor Paris, sind wieder Westfalen beteiligt gewesen.

Der Wiener Kongreß

Unterdessen war in W i e n der K o n g r e ß zusammengetreten. Er hatte die schwierige Aufgabe, die alte Ordnung in Europa wiederherzustellen und eine neue zu errichten. Den Fürsten und Diplomaten, die in Wien verhandelten, feilschten und Feste feierten, war Westfalen nur ein Begriff von „Seelenzahlen". Die abenteuerlichsten Pläne sind damals in Wien, wenn über Westfalen gesprochen wurde, diskutiert worden. Die einen wollten das sächsische Königshaus nach Westfalen verpflanzen, andere die rheinbündlerischen Herzöge von Mecklenburg hier heimisch machen; England hatte die Sorge, Preußen von der Nordsee fern zu halten. Auf den Gedanken, die Westfalen selbst zu fragen, was nun aus ihnen werden sollte, ist niemand gekommen und konnte auch niemand kommen. Wer hätte auch Westfalen vertreten sollen? Lippes Abgesandter, der Regierungsrat Friedrich Wilhelm Helwing, hatte Mühe genug, der versammelten Prominenz Europas u. a. klar zu machen, daß es sich bei Lippe und Schaumburg-Lippe „um zwei völlig von einander unabhängige Fürstentümer handele" (Kittel); im übrigen aber hat k e i n W e s t f a l e auf dem Kongreß ein Wort mitzureden gehabt. Ein paar junge Westfalen sind damals wohl in Wien gewesen als Beobachter und Zuschauer, unter ihnen ein Ledebur und der kluge Werner von Haxthausen. Er hat sorgenvolle Briefe nach Hause geschrieben, als er hörte, was alles aus Westfalen werden konnte oder sollte. Als einzig mögliche Lösung erwies sich schließlich die „legitime" preußische.

Am 30. April 1815 verkündete König Friedrich Wilhelm III. von Wien aus das Ergebnis: Westfalen südlich einer Linie Minden - Wiehengebirge - Tecklenburg - Rheine, jedoch ohne Lippe, Schaumburg-Lippe und Waldeck, und die Rheinlande wurden Teile des Königreichs Preußen und mit ihm durch eine Militärstraße verbunden. Das so vergrößerte Königreich wurde in 10 Provinzen eingeteilt; eine von ihnen war die „P r o v i n z W e s t f a l e n".

Westfalen in der Neuzeit

Zu dem Stande von 1801 gewann also Preußen in Westfalen nunmehr und endgültig hinzu die ehemaligen Bistümer Münster und Paderborn sowie das ehedem kölnische Herzogtum Westfalen mit dem Vest Recklinghausen, die Reichsstadt Dortmund und die Abtei Corvey, die Herrschaften Steinfurt, Rheda, Limburg, Rietberg und das osnabrückische Amt Reckenberg (zwischen Rheda und Rietberg), die Fürstentümer Salm-Salm und Salm-Kyrburg (Anholt) und Salm-Horstmar, Croy und Teile von Rheina-Wolbeck. Ihre Besitzer wurden, wie die Grafen von Bentheim-Steinfurt, mediatisiert und zu Standesherrn erhoben – bzw. erniedrigt. Das Haus Oranien, das ganz nach Holland übersiedelte, gab seine Besitzungen in Deutschland auf. Von ihnen fielen Siegen und Wittgenstein an Preußen und wurden zur Provinz Westfalen gezogen. Die Abteien Essen und Werden, schon seit dem Großen Kurfürsten unter preußischer Schutzherrschaft, fielen endgültig an Preußen, wurden aber der Rheinprovinz zugewiesen. Lippe (mit der Hälfte der Stadt Lippstadt – die andere Hälfte war mit der Grafschaft Mark, an die die Stadt im Jahre 1376 verpfändet worden war, preußisch), Schaumburg-Lippe und Waldeck-Pyrmont blieben selbständige Staaten. –

Nördlich der Linie Wiehengebirge – Tecklenburg usw. gewann H a n n o v e r zu Hoya und Diepholz endgültig hinzu das frühere Bistum Osnabrück, Teile von Rheina-Wolbeck und das Herzogtum Aremberg (Meppen); die Pfandschaft Bentheim wurde zugunsten Hannovers beendet. O l d e n b u r g wurde in seinen letzten Grenzen wiederhergestellt, um das zwischen Münster und Osnabrück immer streitig gewesene Amt Damme vergrößert und zum Großherzogtum erhoben.

Von dem altwestfälischen Raume war somit nur die s ü d l i c h e H ä l f t e als W e s t f a l e n übrig geblieben. Es konnte nicht anders sein, als daß die neue Provinz mit ihrem Namen allein die ihr nicht zugehörigen, nördlichen Teile auch von „Westfalen" ausschloß. Für diese hat sich der rechtsweserische Name „Niedersachsen" als Gesamtlandschaftsname im Laufe der Zeit eingebürgert.

Weite Kreise Westfalens haben die Lösung „Provinz Westfalen" damals nicht nur bejaht, sondern auch begrüßt. Bei dem gesteigerten Wirtschaftsleben hatte man die kleinstaatlichen Schranken, Zollstellen und andere, von den kleinen und kleinsten Staaten errichteten wirtschaftlichen Behinderungen doch als störend empfunden, und die politischen Erfahrungen der letzten Jahrzehnte mochten j e t z t die Vorstellung geweckt haben, daß die Zugehörigkeit zu einem großen, aufstrebenden Staatswesen Zuversicht und Hoffnung versprach. – In den früher geistlichen Ländern war die Ablehnung Preußens vorerst und begreiflicher Weise größer als die Zustimmung.

QUELLEN UND LITERATUR

Freiherr vom Stein: Briefe und amtliche Schriften, hrsg. von W. Hubatsch, Bd. I–VII. 1957 ff.

H a r t l i e b v o n W a l l t h o r, A.: Westfalen und das Rheinland in Leben und Werk des Freiherrn vom Stein. In: Festschrift Fr. Petri (1970), S. 237–249.

Die „Franzosenzeit" in Westfalen

Beugnot, J. C.: Mémoires du Comte Beugnot, ancien ministre (1783–1813), publiés par le comte Albert Beugnot, son petit fils. 2 Bde., 2e Edition, 1868.

Kleinschmidt, A.: Geschichte des Königreichs Westfalen. 1893.

Kochendörffer, H.: Territorialentwicklung und Behördenverfassung von Westfalen 1802–13. In: WZ 86 I (1929), S. 97–218.

Schücking, L.: Die Franzosen im Münsterland 1806–1813. In: WZ 58 I (1900), S. 153–185.

Knops, A.: Die Aufhebung der Leibeigenschaft (Eigenbehörigkeit) im nördlichen Münsterlande (den vormals Arenbergischen und Bergischen Teilen des französischen Kaiserreiches). 1906.

Schmidt, H.: Minden-Ravensberg unter französisch-westfälischer Herrschaft. 1933.

Hömberg, W.: Ueber Verfassungseinrichtungen während der französischen Zeit im Osnabrückischen. In: Mttlgn. des Hist. V. Osnabrück 38 (1913), S. 129–243.

Webster, C. K.: The foreign policy of Castlereagh 1812–1815. 1931.

Nicolson, H.: The congress of Vienna. A study in allied unity: 1812–1822. Mit 1 Frontispiz, 8 Porträts und 2 Karten. London 1946.

Fabre, M. A.: Jérôme Bomparte, Roi de Westphalie. Paris 1952.

5. Teil

Die preußische Provinz Westfalen
(1815-1946)

DIE NICHT PREUSSISCH GEWORDENEN LANDESTEILE WESTFALENS

Bedeutung der Wiener Entscheidung

Kein Ereignis hat so tief in die Geschichte Westfalens eingeschnitten wie die Entscheidungen des Wiener Kongresses über die westfälischen Länder und die Errichtung einer ,,Provinz Westfalen" als Teil des preußischen Staates. Suchte man nach parallelen Vorgängen der westfälischen Geschichte, wären etwa zu nennen die Unterwerfung Widukinds im Jahre 785, die Herforder Heirat von 909, der Tag von Gelnhausen, die Wahl Herzogs Ernst von Bayern zum Bischof von Münster im Jahre 1585, schließlich auch die Gründung des napoleonischen Rheinbundes im Juli 1806.

Widukinds Unterwerfung hat sich nur für den süd- und mittelwestfälischen Raum ausgewirkt. In den ,,Stammesherzogtümern" der Liudolfinger und Billunger, so bedeutsam sie gewesen sind, ist Westfalen nur Randgebiet gewesen. Am ehesten könnte man den Tag von Gelnhausen (13. April 1180) als ein Ergebnis ansprechen ähnlich dem des 30. April 1815 in Wien. Was in Gelnhausen dekretiert wurde, war nur vorübergehend Wirklichkeit geworden, ist nie ohne Widerstand gewesen und zeitweise auf das schärfste bekämpft worden. Die Wahl Herzog Ernsts ist in der Reihe der Ereignisse, die die Überfremdung Westfalens herbeigeführt haben, nur ein besonders markanter Punkt, und der Rheinbund Napoleons, so folgenschwer er auch gewesen ist, hat nur ein kurzes Leben gefristet.

Das Wiener Ereignis hatte mit dem Tage seiner Verkündigung volle Gesetzeskraft. An der vollendeten Tatsache eines Beschlusses und einer königlichen Verfügung war, so oder so, nichts mehr zu ändern. Man mag darauf vorbereitet gewesen sein, die einen mögen es bejaht, die anderen verneint haben, eine schockartige Wirkung muß es in jedem Falle gehabt haben, sei es nun der Schock einer plötzlichen Befreiung von einer Last oder der umgekehrte. Man muß sich vergegenwärtigen, was die Wiener Entscheidung enthält, um mit den Zeitgenossen ermessen zu können, mit welchen Hammerschlägen alles, was bisher Begriff und Wesen dessen, was Westfalen war und westfälisch hieß, umgeschmiedet werden sollte. Die Wiener Entscheidung enthält:

Westfalen wird um die Hälfte verkleinert. Was nördlich der genannten Linie liegt, wird künftig nicht mehr Westfalen sein;

die südliche Hälfte wird nochmals beschnitten um die Länder Waldeck und Lippe; beide sollen als selbständige, souveräne Staaten weiter bestehen;

Die preußische Provinz Westfalen

der Rest wird eine politische Einheit, erhält eine regierende, persönliche Spitze und soll als „Provinz" im Staate Preußen aufgehen.
Ist dies alles Wirklichkeit geworden? Haben die Westfalen sich damit abgefunden?

Die ausgeschiedenen Länder

Mit Hoya, Diepholz, Osnabrück, Bentheim, Lingen und Meppen (Aremberg) gehörte der größte Teil des ehemaligen westfälischen Nordens nun zu H a n n o v e r , das mit der Neuregelung von 1815 zum Königreich erhoben war. Die Bewohner dieser Gebiete haben sich seither mehr und mehr, dank auch der Beliebtheit ihres, wenn auch reaktionären, Königs Ernst August (1837–1851), als „Hannoveraner" gefühlt, eine Einstellung, die nach der Annektierung Hannovers durch Preußen im Jahre 1866 und der Einbeziehung dieser Gebiete in die preußische Provinz Hannover bestehen geblieben ist. In der „Deutsch-hannoverschen Partei" („Welfenpartei") hat sie zeitweise starken Ausdruck gefunden. 1946 ist die Provinz Hannover das Kernstück des Landes Niedersachsen geworden. Westfälische Erinnerungen sind höchstens im südlichen Osnabrück und im Emslande lebendig geblieben. Staatliches Eigenleben haben diese Teile seit 1815 nicht mehr geführt.

In der alten, nordwestfälischen Grafschaft S c h a u m b u r g war – das kann an dieser Stelle nachgeholt werden – das Grafenhaus mit dem Grafen Otto V. (VII.) im Jahre 1640 ausgestorben. Als einzige Erbin war nur seine alte Mutter da. Sie entstammte dem Hause Lippe-Alverdissen, einer Nebenlinie der Edelherrn zur Lippe, und übertrug, da sie keine weiteren Kinder hatte, das Erbe ihrem Bruder Philipp. Lehnsherrliche Rechte und Erbansprüche, die von entfernteren Verwandten geltend gemacht wurden, konnte Philipp nur teilweise abwehren und mußte im Westfälischen Frieden die ostwärtige Hälfte seiner Grafschaft mit Rinteln und der dortigen, kurz zuvor gegründeten Universität an Hessen-Kassel, das Amt L a u e n a u an das welfische Fürstentum Calenberg abtreten. Den ebenfalls kinderlosen, 1777 gestorbenen Grafen Wilhelm, den Artilleristen, beerbte wieder ein Mitglied des Hauses Lippe-Alverdissen. Seit Philipp nannten sich die Grafen auch von Lippe-Bückeburg, gewöhnlich aber von S c h a u m b u r g - L i p p e . Im Jahre 1807 nahmen sie von sich aus, aus eigenem Recht, den Fürstentitel an und erhielten im Wiener Kongreß die volle Souveränität über ihr Land, suchten aber seit 1866 Anlehnung an Preußen. 1918 wurde das Fürstentum in einen Freistaat umgewandelt, lehnte jedoch in der Volksabstimmung des Jahres 1926 den Anschluß an Preußen ab. Die Lage des Landes rechts der Weser, die Nähe der Großstadt Hannover und wirtschaftliche Beziehungen dorthin mögen neben anderen Gründen dafür den Ausschlag gegeben haben. 1946 ging Schaumburg-Lippe als „Kreis Schaumburg-Lippe" in dem Lande Niedersachsen auf. Die Sprache der Einwohner ist heute stark ostfälisch gefärbt.

Die nicht preußischen Landesteile

Im Großherzogtum Oldenburg war man wohl schon längst nur noch „Oldenburger". 100 Jahre dänischer Herrschaft, dann der Anfall des Landes an das landfremde Haus Holstein-Gottorp hatten die Fäden nach Westfalen hin zerrissen. Man erfand eine eigene Nationalhymne. Auf Erinnerungen an ein einstiges Westfalentum stößt man allenfalls noch im südlichsten Oldenburg, dem ehemaligen Amt Cloppenburg des Niederstiftes Münster. Die Menschen dort nennen sich noch gern „Münsterländer" und sprechen von ihrem „Münsterlande".

Waldeck und Lippe

Nicht von ähnlich radikaler Auswirkung war, daß der Kongreß den Ländern Waldeck (mit der seit 1805 selbständigen Seitenlinie Waldeck-Pyrmont) und Lippe ihre mit dem Beitritt zum Rheinbund erlangte volle Souveränität bestätigte. In den Verhandlungen des Kongresses sind sie nur einige Male als Tausch- oder ähnliche Objekte aufgetaucht, ohne ernstlich diskutiert zu werden. Sie sind anscheinend von Anfang an, aus welchem Grunde immer, „hors concours" gewesen.

Waldeck erhielt schon 1814, wie das benachbarte Nassau und darin allen deutschen Ländern vorausgehend, von seinem Fürsten eine konstitutionelle Verfassung. Zwar wurde das ständische Prinzip beibehalten, doch erhielt der aus Ritterschaft, Städten und Bauern zusammengesetzte Landtag das Recht der Steuerbewilligung und ein Mitspracherecht in der Gesetzgebung. Innere Schwierigkeiten führten 1867 dazu, daß der Landesherr auf die wichtigsten Teile seiner landeshoheitlichen Rechte zugunsten Preußens verzichtete. 1918 zum Freistaat ausgerufen gab Waldeck jedoch 1929 seine Selbständigkeit auf und ließ sich nach einer Volksabstimmung in den preußischen Regierungsbezirk Kassel eingliedern. Die seit 1431 bestehende hessische Lehnshoheit über Waldeck mochte dazu geführt haben, daß die Waldecker ihre alte Zugehörigkeit zu Westfalen vergessen hatten, zumal von den Hessen und ihren Landgrafen zweifellos eine stärkere, politische Wirkung ausgegangen ist als von den Westfalen als Gesamtheit; war doch deren Staatlichkeit von Jahrhundert zu Jahrhundert fragwürdiger geworden. Pyrmont war schon vorher, 1922, an Preußen gefallen und in den Kreis Hameln der Provinz Hannover aufgenommen worden. Für Westfalen jedenfalls war Waldeck schon seit der Mitte des 19. Jahrhunderts verloren; daran hat auch die Folgezeit nichts ändern können. Waldeck gehört seit 1947 zum Lande Hessen der deutschen Bundesrepublik.

Auch dem Lande Lippe schien durch den Wiener Entscheid bestimmt zu sein, sich den verlorenen Kindern Westfalens beizugesellen, dies um so mehr, als das Land auf lange hinaus ein kräftiges eigenstaatliches Leben geführt hatte. Die vormundschaftliche Regierung der Fürstin Pauline (1802–1820), ihre umfangreichen sozialen Reformen, ihr Arbeitsethos, ihre Auffassung von Pflicht, Recht und Billigkeit und ihre menschliche Schlichtheit haben so tiefe Wirkung ausgeübt, daß jüngst noch von einem

Die preußische Provinz Westfalen

„paulinisch geprägten Lippe" gesprochen werden konnte, und das, obwohl sie mit den Ständen ihres Landes nie auf einen guten Fuß kommen konnte und ihr Verfassungsvorschlag am Widerspruch der Stände scheiterte. Unter ihren Nachfolgern gewannen reaktionäre Elemente die Oberhand, so daß die 48er Bewegung in dem gebildeten Bürgertum, vornehmlich dem der Hauptstadt Detmold, lebhaften Widerhall fand. Auf die Verfassung und soziale Struktur des Landes konnte sich das jedoch nicht nennenswert auswirken. So kam es dahin, daß das Land „seit dem Tode der Fürstin Pauline mit seiner politischen Ordnung stets hinter der Entwicklung einherhinkte" (Kittel). Seit der Mitte des Jahrhunderts machten sich Annäherungsversuche an Preußen bemerkbar. 1850 wurde die lippische Hälfte der Stadt L i p p s t a d t – bis auf geringe, heute noch bestehende Reste – gegen Entschädigung an Preußen abgetreten. 1866 kämpfte das lippische Bataillon an der Seite Preußens. Lippe trat dem Norddeutschen Bunde bei, schloß 1867 mit Preußen eine Militärkonvention und leitete damit den „Abbau seiner Eigenstaatlichkeit" ein (Kittel). Die folgenden Jahre waren trübe. Fürst Woldemar, ein Enkel der Fürstin Pauline, beseitigte zwar den „verfassungslosen" Zustand, bestritt dem Landtag aber so gut wie alle Befugnisse und führte ein ziemlich eigenmächtiges, „nörgelndes" Regiment. Da er kinderlos war und nur einen geisteskranken Bruder hatte, setzte er 1886 in einem bis zu seinem Tode geheim gehaltenen Abkommen seinen Verwandten, den Prinzen Adolf zu Schaumburg-Lippe, einen Schwager Kaiser Wilhelms II., zu seinem Nachfolger ein. Sein Tod im Jahre 1895 löste einen T h r o n s t r e i t aus, der erst nach 10 Jahren beigelegt werden konnte. Die Nebenlinie Lippe-Biesterfeld bestritt die Rechtmäßigkeit des Geheimabkommens, weil es ohne Kenntnis und Mitwirkung des Landtages geschlossen war und beanspruchte den Vorrang ihrer Erb- und Nachfolgerechte. Trotz der wiederholten, Aufsehen erregenden und ungeschickten Eingriffe des Kaisers für seinen Schwager drangen die Biesterfelder mit ihrem Anspruch durch dank der festen Haltung des lippischen Landtages, der sich jede Einmischung verbat und auf eine unparteiische, gerichtliche Entscheidung bestand. Fürst Leopold gewann damit einen Thron, verlor ihn aber wieder durch die November-Ereignisse des Jahres 1918. In den Jahrzehnten bis 1945 wurde erkennbar, daß die Aufrechterhaltung der Eigenstaatlichkeit unter den gänzlich veränderten Verhältnissen auf die Dauer nicht ratsam und auch nicht möglich sein würde. Da das Land auf allen Seiten von Preußen umklammert war, mußte mit einem Aufgehen in Preußen zu einem nicht zu fernen Zeitpunkt gerechnet werden. Die Frage war aber, ob man sich nach Westen, zur Provinz Westfalen, oder nach Osten, zur Provinz Hannover hin, entscheiden sollte, als Preußen 1945 aufhörte zu existieren. Das Provisorium, das Lippe mit Schaumburg-Lippe 1945 vereinigte, da die beiden Länder in der nationalsozialistischen Zeit einen gemeinsamen Reichsstatthalter gehabt hatten, wurde ein Jahr später wieder aufgehoben. Am 21. Januar 1947 trat Lippe, vorbehaltlich des Votums einer Volksabstimmung, die innerhalb der nächsten 5 Jahre stattfinden sollte, dem Lande Nordrhein-Westfalen bei und bildete mit dem früheren Regierungsbezirk

Die nicht preußischen Landesteile

Minden den neuen Regierungsbezirk Detmold mit dem Regierungssitz in Detmold.

Ob für den Anschluß Lippes an Nordrhein-Westfalen geschichtliche und ähnliche Erwägungen mitgesprochen haben oder ob das Höchstgebot den Ausschlag gegeben hat, mag eine unangebrachte Frage sein. Lippes Bedingungen für den Übertritt und seine Wünsche und Forderungen, von seinem letzten Landespräsidenten Heinrich Drake mit Nachdruck vertreten, konnte nur Nordrhein-Westfalen erfüllen und erfüllte sie. Die Volksabstimmung nachzuholen, bestand keine Veranlassung. – Heinrich Drake wurde erster Regierungspräsident des Regierungsbezirks Detmold. Lippe, das von allen Ländern Westfalens seinen Länderstatus am längsten aufrecht erhalten hatte und sich rühmen konnte, die Franzosen und die Preußen ausgehalten zu haben, blieb, wohin es gehörte, bei Westfalen.

Politische Gegensätze im preussischen Westfalen

Ludwig Freiherr Vincke, erster Oberpräsident

Sind, wie die Osnabrücker Hannoveraner, die Waldecker Hessen, die Westfalen Preußen geworden?

Die Ernennung des Freiherrn Ludwig Vincke zum Oberpräsidenten der neuen Provinz und zum Regierungspräsidenten des Regierungsbezirks Münster ist von vielen Westfalen begrüßt worden, nicht von allen. Als er starb, haben sie es in der Stadt kaum zur Kenntnis genommen. Im Jahre 1844 in Münster schrieb Annette von Droste-Hülshoff an Levin Schücking: „Vincke starb und wurde begraben, ohne daß ein Hahn danach krähte". – Gewiß bedeutet dieser Satz nicht das Fazit von Vinckes Lebenswerk; aber er umschließt d e n Teil seines Lebens und Wirkens, den er u n v o l l e n d e t zurücklassen mußte.

Die Aufgabe, die ihm von Staats wegen gestellt war, die Verwaltung der neuen Provinz nach preußischen Grundsätzen zu organisieren, hat er gelöst. Sein unermüdlicher Arbeitseifer wirkte anfeuernd bis in die letzte Schreibstube der Behörden. Den Typus des pflichtbewußten, integren, unbestechlichen, autoritätsgläubigen und Autorität heischenden preußischen Beamten hat er auf Westfalen übertragen. Kompromißlos in seinem Verlangen nach Recht und Billigkeit, persönlich hilfsbereit, wo immer Not und Elend seine Wege kreuzten, wurde er zu der legendären Figur des „alten Vincke", dem man auf den Landstraßen Westfalens begegnete, angetan mit dem blauen Leinenkittel des Landmannes, Pfeife schmauchend, unerkannt und ohne sich bekannt zu machen. Bekannt war er, wo Chausseen gebaut, Ruhr und Lippe schiffbar gemacht, Anstalten für Blinde, Arme, Irre und Taubstumme errichtet wurden. In der Reihe der 4 großen Oberpräsidenten Preußens im 19. Jahrhundert, eines Theodor Heinrich Schön (West- u. Ostpreußen), Johann August Sack (Pommern) und Friedrich Theodor Merckel (Schlesien), Vinckes und Steins Zeitgenossen und Geistesverwandten, steht Vinckes Namen an hervorragender Stelle.

Seine besondere Fürsorge galt dem Bauernstande. Sah er in ihm eine der tragenden, wenn nicht die tragende Säule des Staatswesens, so konnte ihm die hohe Bedeutung der B a u e r n b e f r e i u n g als innerpolitischen Faktums nicht verborgen bleiben. Die Durchführung des Befreiungswerkes, das erst 1829 mit Errichtung der Rentenbanken seinen eigentlichen Anfang nahm, stieß auf mancherlei Schwierigkeiten, da ein Hinwegsetzen über die Entschädigungsansprüche der Gutsherren einer widerrechtlichen Enteignung gleichgekommen wäre. Die Bauern auf der anderen Seite schreckten zurück vor den neuen Lasten, die ihnen mit der Ablösung der grundherrlichen Rechte aufgebürdet werden sollten, wie überhaupt ein nicht geringer Teil der Bauern dem ganzen Befreiungsgedanken skeptisch gegenüber stand, wohl wissend, daß die neue „Freiheit" noch kein Äquivalent war für die Geborgenheit in der Grundherrschaft. Vincke selbst hat diese Besorgnis geteilt und in einer kleinen Schrift „Über die Zerstückelung der Bauernhöfe" darauf hingewiesen, daß die persönliche Hörigkeit der Bauern „durch eine Hörigkeit von den Juden" abgelöst werden könnte. Tatsächlich sind gerade in dem ersten halben Jahrhundert nach der Bauernbefreiung nicht weniger als 30% der alten Höfe durch mißverständliche oder mißbräuchliche Handhabung des freien Veräußerungsrechtes am Grund und Boden oder durch Verschuldung verschwunden. Vincke forderte daher mit Nachdruck die Durchführung der bisher nur schleppend, zum Teil widerwillig betriebenen A u f t e i l u n g d e r F e l d m a r k e n (Allmenden); denn sie gab den zahlreichen Köttern, Markköttern und Brinksitzern die Möglichkeit, durch Zukauf der kleinen und kleinsten Teilungsparzellen, die für den Betrieb der Altbauern häufig uninteressant waren, ihren Besitz zu vergrößern und wirtschaftlich zu machen. Der oben genannte Verlust an Höfen ist dadurch wettgemacht worden. Es ist nicht zu hoch geschätzt, daß etwa die Hälfte der heutigen „stattlichen" Bauernhöfe von 50 Morgen und darüber, in einigen Gegenden sogar bis zu vielen 100 Morgen, im 18. Jahrhundert noch kleine Anwesen von einigen Scheffelsaat bis höchstens 25 Morgen gewesen sind.

Mit Vinckes Gedankengängen trifft sich auch die Einführung der Steinschen „ S t ä d t e o r d n u n g " in den 30er Jahren. Sie befreite die Städte von der staatlichen Bevormundung, in die sie im 18. Jahrhundert herabgedrückt worden waren, und gab ihnen ein gesundes Maß von Selbstverwaltung zurück. Schwieriger dagegen war die Organisation der untersten Verwaltungseinheiten des platten Landes. Feste Formen hatten hier überhaupt nicht bestanden. Mal hatten sich Kirchspiel und Gemeinde gedeckt, mal hatten sie sich wieder getrennt, mancherorts hatten sich Bauernschaften zu Samtgemeinden zusammengeschlossen und wieder getrennt. Die ersten Versuche, feste L a n d g e m e i n d e o r d n u n g e n zu schaffen, machten die in Verwaltungsdingen an Ordnung gewöhnten Franzosen zur Zeit des Königreichs Westphalen. Die Preußische Landgemeindeordnung von 1842 wurde schon 1856 durch eine neue abgelöst und auch diese in Einzelheiten später noch geändert.

Ob Vincke sich mit dem S c h m u g g e l u n w e s e n befaßt hat, das an den Grenzen seiner Provinz gegen das Königreich Hannover und das Fürstentum Lippe unerfreuliche Blüten trieb – beide Länder schlossen sich erst 1851 bzw. 1844 dem Preußischen Zollverein von 1834 an – und ob er endlich die innerpolitischen Schwierigkeiten gesehen hat, die sich im Gefolge der i n d u s t r i e l l e n R e v o l u t i o n geltend machen mußten, – die der alte Goethe „wie ein Gewitter" heraufziehen sah –, bliebe noch zu untersuchen.

D i e Aufgabe aber, die er sich selbst gestellt hatte, sein Westfalen zu einem freiheitlichen, unter Mitverantwortung seiner Bürger regierten Lande zu erheben gemäß den Vorstellungen, die er sich auf Reisen in England gebildet hatte, hat er nicht, nicht einmal in bescheidenen Ansätzen, erfüllen können. Daß sie unter den gegebenen Verhältnissen und im

Die preußische Provinz Westfalen

Rahmen des damaligen preußischen Staates überhaupt unlösbar war, muß ihm zur bitteren Erkenntnis geworden sein und ihn mit sich selbst und seinem hohen Amte in Konflikte gebracht haben. Wenn er, der die im preußischen Wesen lebendigen Kräfte stets bejaht hat und von Preußens Größe allein das Heil für sein eigenes Land erhoffen zu können glaubte, nicht e i n Mal, sondern zu wiederholten Malen seinen Rücktritt anbot, ja forderte, müssen es schwerwiegende Gründe gewesen sein, die ihn zu einem solchen Schritt veranlaßten. Seine Abneigung gegen den Zentralismus der Berliner Regierung und gegen ihr ständiges Hineinreden in seine Verwaltung ist so weit gegangen, daß er sich häufig über Verfügungen aus Berlin, die ihm für Westfalen nicht passend erschienen, einfach hinwegsetzte.

Das hatte indessen seine Grenzen. Gegen die D e m a g o g e n v e r f o l g u n g der preußischen Restauration, die auch in Westfalen zahlreiche Opfer forderte, ist er machtlos gewesen. Eine erschreckend große Zahl junger Westfalen, zumeist Studenten und Burschenschaftler, wurde damals, noch dazu in rohester Weise, in die Gefängnisse und Zuchthäuser geschleppt. 1835 wurden in einem einzigen Prozeß der Berliner Zentral-Untersuchungsbehörde 30 Westfalen verurteilt, wenig später nochmals etwa 20. (Namen und Einzelheiten bei Schulte, Volk und Staat, S. 67 ff., S. 447 ff.). Auch die scharfe Handhabung der Z e n s u r ist sicherlich nicht in seinem Sinne gewesen. Wir wissen nicht, wie er zu solchen Auswüchsen des Polizeistaates gestanden hat, er, der selbst in seiner Provinz die höchste Polizeigewalt ausübte. Seine Tagebücher, deren Veröffentlichung vorbereitet wird, werden darüber und über manches andere vielleicht noch Auskunft geben.

Wie dem Freiherrn vom Stein ist es auch Vincke nicht gelungen, den K o n f e s s i o n a l i s m u s innerlich zu überwinden. Beiden ist das Gebot der Toleranz heilig gewesen; in die Gedankenwelt des Katholizismus einzudringen aber ist ihnen, den überzeugten Protestanten und gläubigen Christen, zeit ihres Lebens versagt geblieben. Das hat sie besonders dem münsterschen Adel entfremdet. Seitdem es 1837 in Münster zu Straßenunruhen gekommen war wegen der Inhaftierung des Kölner Erzbischofs Clemens August von Droste-Vischering, mied der münstersche Adel mit wenigen Ausnahmen jeden gesellschaftlichen Verkehr mit Vincke. Das „Kölner Ereignis", wie es genannt wird, war „der schlimmste Mißgriff" des preußischen Staates in die westlichen Verhältnisse. Es drängte die Katholiken Rheinlands und Westfalens „in eine schroffe Abwehrstellung gegen Preußen und sein protestantisches Herrscherhaus. Der Rückzug, den der Staat unter Friedrich Wilhelm IV. antrat, konnte den Schaden n i e wieder gutmachen" (Hartung).

Ob und wie weit der Adel der Provinz, der weder jetzt noch auf lange hinaus gewillt war, seinen Anspruch auf aktive Teilnahme an der inneren Verwaltung der Provinz aufzugeben, das unablässige Drängen Steins und Vinckes auf Einberufung eines P r o v i n z i a l l a n d t a g e s unterstützt hat und welche Rolle der Adel neben den Vertretern der übrigen Stände im Landtag gespielt hat, bedarf ebenfalls noch der Klärung. Der Landtag war, wie es dem altständischen Denken Steins entsprach, den Vorstellungen Vinckes aber strikt zuwider lief, gemäß der am 27. März 1824 erlassenen „Provinzialordnung für Westfalen" nach dem ständischen Prinzip zusammengesetzt und bedeutet in dieser Form kaum einen Fortschritt gegenüber den territorialen Landtagen des Mittelalters, gegenüber denen der Zeit des Absolutismus immerhin einen gewissen Fortschritt. Er hatte sich nur mit kommunalen Fragen zu befassen, die Politik blieb ihm gänzlich verschlossen, und jeder seiner Beschlüsse bedurfte der Zustimmung des Königs. Praktisch gingen seine Befugnisse, fürs erste wenigstens, kaum über die einer repräsentativen Versammlung hinaus. Der Landtag ist, nachdem andere Provinzen Preußens darin vorangegangen waren, am 29. Oktober 1826 im Schlosse zu Münster zum ersten Male zusammengetreten und wurde von dem Freiherrn vom Stein als „Landtagsmarschall" präsidiert. Vincke wohnte ihm ständig als Regierungskommissar bei. Die „Stände", die die Mitglieder vertraten, waren

1. der hohe Adel (die ehedem reichsunmittelbaren, jetzt mediatisierten Fürsten und Herren),
2. die Ritterschaft (der Großgrundbesitz, auch wenn der Besitzer nicht adlig war),
3. die Bewohner der Städte,
4. die Bewohner des „offenen Landes".

Der zweite, dritte und vierte Stand stellte jeder bis zu 20 Abgeordnete.

Der Abgeordnete mußte mindestens 30 Jahre alt sein, in seinem Wahlbezirk ansässig und über ein festgesetztes Mindestmaß an Grundbesitz verfügen. Die Wahl erfolgte nach einem indirekten, umständlichen und ungerechten Wahlverfahren. Die Verhandlungen des Landtages waren nicht öffentlich, sind aber in Protokollen, die gedruckt wurden und von denen jeder Abgeordnete 1 Stück erhielt und als Geheimsache behandeln mußte, niedergelegt.

Wirksamkeit und Bedeutung des Landtages sind verschieden beurteilt worden. Daß er nicht viel mehr als ein Scheinparlament gewesen sei, wird man schwerlich sagen; denn ein solches mit seiner Person zu repräsentieren, hätte sich ein Freiherr vom Stein gewiß nicht hergegeben. Im entsprechenden Sinne geben die Namen bekannter Mitglieder des Landtages wie die eines Ernst von Bodelschwingh, eines Johann Friedrich Sommer, Johann Hermann Hüffer, des späteren Oberbürgermeisters von Münster, Friedrich Harkort, der Kaufleute Biederlack und Delius u. a. eine Gewähr. Von den verhandelten Gegenständen sind beispielsweise zu vermerken die Städte- und Gemeindeordnungen, die Ablösung der gutsherrlichen Leistungen, die Gründung einer Provinzialhilfskasse und einer westfälischen Landesbank, das Schulwesen, die Schiffahrt auf Lippe und Ruhr, der Bau von Straßen und Eisenbahnen. Wie weit die „Empfehlungen" des Landtages – zu Weiterem war er nicht befugt – bei der Regierung Gehör gefunden haben, kann auch dahingestellt bleiben. Richtig und von Bedeutung ist, daß der Landtag „auf diese Weise zu einem Organ politischer Willensbildung wurde" (Hartlieb von Wallthor). Gewiß war dieser Erste Landtag, wie auch der Zweite von 1828 und der Dritte von 1830/31, noch weit davon entfernt, eine echte Volksvertretung zu sein. Dem Freiherrn vom Stein mag die Tätigkeit im Landtag über die Bitternisse seines Alters und seiner „Geschäftslosigkeit" ein wenig hinweg geholfen haben; an die Stelle seiner „betrogenen Hoffnungen von einem nahen besseren Zustand in Deutschland" (Nachtrag von 1824 zu seiner Autobiographie von 1823) bessere zu setzen, hat sie wohl kaum vermocht, wie verschiedene seiner Reden und Äußerungen im Zweiten Landtage zeigen. Abfällige Urteile von Zeitgenossen sind nicht selten. Hüffer nannte ihn einmal eine „Treibhauspflanze, die nicht auf dem Boden der allgemeinen Teilnahme wurzelt" (Brief an Stein vom 1. März 1830), und Leo Benedikt Waldeck sah in ihm nur „einen unglücklichen Versuch, den im Leben längst untergegangenen Unterschied der Kasten wiederherzustellen".

Männer um und nach Vincke

Leo Benedikt W a l d e c k war Westfale und lange Jahre, bevor er in das Obertribunal nach Berlin berufen wurde, als Gerichtsdirektor in Vlotho und Hamm tätig gewesen und hatte sich dort wegen seiner rechtlichen Gesinnung und seines Eintretens für die Bauern den Ehrennamen eines „Westfälischen Bauernkönigs" erworben. Er lieferte später den ersten Verfassungsentwurf für Preußen. Es verdient festgehalten zu werden, daß entscheidende Anregungen für eine preußische Verfassung damals aus Westfalen gekommen sind. Georg V i n c k e, der Sohn Ludwigs, und Ernst von B o d e l s c h w i n g h, der Vater des „Vaters", haben neben Waldeck wichtige Beiträge dafür gegeben. In ähnlicher Weise machte sich das gesteigerte Lebendigwerden solcher politischer Eigenkräfte des Landes im Provinziallandtag bemerkbar in der Bildung von A u s s c h ü s s e n. Eine Berufung der vereinigten Ausschüsse aller Provinzen zu gemeinsamen Beratungen nach Berlin leitete den Höhepunkt dieser Entwicklung ein: die Berufung der Provinziallandtage zum V e r e i n i g t e n L a n d t a g nach Berlin. Der Gedanke dieses ersten preußischen Parlamentes ist in Westfalen geboren worden. Im Westfälischen Provinziallandtag sind damals Stimmen laut geworden, den Landtag als solchen aufzulösen und ihn zusammen mit den Landtagen der übrigen Provinzen nach Berlin zu verlegen, da auf diese Weise die Regierung am besten und einfachsten die Wünsche und Meinungen der Provinzen kennen lernen würde, ein Verlangen, das durch das Einberufungsdekret König Friedrich Wilhelms IV. vom 3. Februar 1847 Wirklichkeit geworden ist.

Auch Ludwig Vincke ist um viele Hoffnungen seines Lebens betrogen worden. An Enttäuschungen reich wurde er mit zunehmendem Alter schwierig im Umgang, schroff und eigensinnig und ließ nicht gern andere Meinungen neben sich gelten. Sein Tod am 2. Dezember 1844 hat dennoch eine Lücke aufgerissen. Ernst von Bodelschwinghs Bruder K a r l, der als Vizepräsident Vinckes Vertretung führte, hatte sich durch sein junkerliches Auftreten unbeliebt gemacht. Vinckes Nachfolger, E d u a r d v o n S c h a p e r, hat nur wenig länger als 1 Jahr das Amt des Oberpräsidenten geführt. Er wurde 1846 ersetzt durch den Finanzminister E d u a r d H e i n r i c h v o n F l o t t w e l l, einen geborenen Ostpreußen.

Gegensätze im preußischen Westfalen

Er hatte bereits den Provinzen Posen und Sachsen als Oberpräsident vorgestanden und galt als tüchtiger Verwaltungsbeamter. In Münster führte er sich mit einer unbedachtsamen Äußerung ein, als er in einer Unterhaltung für die Abschaffung des Priesterzölibates eintrat. Die Sympathien der Münsterer hatte er damit ein für alle Male verschüttet.

Vormärz und 48er Revolution

Die 48er Revolution hat sich in Westfalen wie im übrigen Preußen und in Deutschland unmittelbar an der Pariser Februar-Revolution von 1848 entzündet und „Volk und Staat" (W. Schulte) als Gegensätzlichkeiten hart aufeinander prallen lassen. Westfalen ist weder Herd noch Zentrum der Bewegung gewesen; sein Anteil ist aber nicht gering. Träger der Bewegung war auch hier das zum Staatsbewußtsein wiedererwachte, gebildete B ü r g e r t u m d e r S t ä d t e. So zeichnen sich als Schwerpunkte ab an erster Stelle die Stadt M ü n s t e r, an zweiter Stelle B i e l e f e l d, an dritter Stelle D o r t m u n d. Die Städte Paderborn, Iserlohn, Minden, Herford und Hamm folgen erst mit Abstand, während kleinere Städte wie Coesfeld, Billerbeck, Borken, Bocholt, Werl, Meschede, Lemgo, Detmold, Warburg u. a. kaum in Erscheinung treten. Die Bewegung hat in Westfalen ihren Ausgang genommen von den Bemühungen zur Überwindung s o z i a l e r N o t s t ä n d e, wie sie durch die industrielle Revolution der Maschine heraufgeführt worden waren (W. Schulte). Entsprechend sind die gewerblich intensivsten Landschaften Mark und Minden-Ravensberg am stärksten beteiligt. Hier wurden auch die Massen ergriffen, während das Münsterland – im Gegensatz zur Stadt Münster – , das Paderborner Land und Lippe dagegen stark zurücktreten. Die Politisierung der Bewegung ist ein sekundärer Vorgang. Bleiben auch Vorstellungen und Begriffe wie Gott, Thron und Altar, Staat und König für die Masse der Bevölkerung auf lange hinaus unantastbar, so nimmt die Bewegung auch in diesen Bereichen und „als Antwort auf außerhalb der Provinz liegende revolutionäre Ereignisse" (Conze) in ihrer Schärfe und Radikalisierung zeitweise erhebliche Ausmaße an.

„Pauperismus" ist aber nicht eine spezifische Erscheinung der industriellen Revolution des beginnenden 19. Jahrhunderts, sondern jeweils aus Arbeitsangebot und Arbeitsnachfrage erwachsen und zu allen Zeiten immer wieder periodisch aufgetreten (Abel). Überall in Westfalen, auch da, wo die Maschine noch keine Rolle spielte, nahmen in den 30er und 40er Jahren Armut und Elend zu, am schlimmsten und augenfälligsten unter den Spinnern des Ravensberger Landes, die sich in den Zeiten der günstigen Konjunktur des 18. Jahrhunderts zu Tausenden auf dem Lande niedergelassen, in den Scheunen, Backhäusern und Feldhütten der Bauern Unterkunft gefunden hatten und mit dem Kapitalminimum eines Spinnrädchens eine Existenz begründen konnten. Der drohenden Verelendung dieser Massen haben wohl staatliche und private Initiative entgegenzuwirken versucht, letzter z. B. durch Bildung zahlreicher Hilfsvereine in Stadt und Land; die Not aber wuchs wie ein reißender Strom und war nicht aufzuhalten. In Bielefeld kam es zu Massenversammlungen, hohe Regierungsbeamte aus Berlin, Kaufleute und Weber, die beide ihre Existenz bedroht sahen, und ein Heer hungernder Spinner redeten erregt aufeinander los und gingen wieder, ratlos, wie sie gekommen waren. Im Mindischen, im Lippischen, auch in der Grafschaft Mark und in den Landstädten des Münsterlandes klopfte die Not an die Türen. Die Kunde von dem Umsturz in Frankreich im Februar 1848 und von den Berliner März-Ereignissen, das Wort ,,Revolution", mußte wie ein Funke in dieses Pulverfaß schlagen. ,,Revolution" mußte man machen, damit es anders, also besser, würde. Überall in Westfalen ist es damals über Nacht, wie das zu gehen pflegt, wenn einer den Anfang macht, zu Tumulten und lärmenden Drohungen gekommen. ,,Es gibt kaum Orte in Westfalen, wo hinfort keine Unruhen eintraten" (W. Schulte). Selbst das platte Land wurde angesteckt. Bauern bedrohten die Schlösser der Gutsherren, Kötter die Höfe der Bauern. Militär und schnell gebildete Bürgerwehren haben die Ruhe bald wiederhergestellt, einsichtige Männer, wie Friedrich Harkort mit seinen ,,Arbeiterbriefen", die erhitzten Gemüter besänftigt. (Vgl. die ausführliche Darstellung bei W. Schulte, S. 168 ff.).

Die Unruhen waren überall planlos und führerlos ins Werk gesetzt worden und samt und sonders spontane Ausbrüche einer überhitzten Zeitstimmung. Da das Militär nicht viel Federlesens machte, besonders und begreiflicherweise dann nicht, wenn es, wie in Münster und Paderborn, mit Steinwürfen empfangen wurde, erhielt in den katholischen Teilen die latente Abneigung gegen alles, was preußisch hieß, neue Nahrung. Von den westfälischen Abgeordneten zum Frankfurter Parlament sprachen sich die meisten, auch Nichtkatholiken, für die Reichsverweserschaft des Erzherzogs Johann aus, fanden sich aber, als dieser Plan an dem Widerstand Preußens und Oesterreichs scheiterte, wieder zusammen in einem einmütigen Eintreten für ein geeintes Deutschland unter Preußens Führung. Entscheidend für diesen Schritt ist bei vielen der Wunsch und die Überzeugung gewesen, daß in einem bundesstaatlichen Deutschland kein Platz mehr sein würde für fürstlichen Absolutismus jeglicher Art. Die Ablehnung der Kaiserkrone durch Friedrich Wilhelm IV. und die Sabotierung des Frankfurter Verfassungswerkes durch Preußen empfand man daher in allen Kreisen Westfalens als einen V e r r a t a n d e r S a c h e d e s V o l k e s . Die Westfalen aller Schichten, politischer Richtungen und Meinungen sind damals so gut wie geschlossen in die ,,Opposition" gegangen, wenn dieser Ausdruck hier insofern eine Berechtigung hat, als alle Gruppen, auch die ,,Konstitutionellen", eine stets betonte ,,demokratische" Grundhaltung einnahmen.

Während die konfessionell gebundenen Kreise beider Bekenntnisse die s o z i a l e Komponente ihrer ,,Demokratie" mehr und weniger der privaten Initiative belassen wollten, hatten sich einzelne Anhänger des inzwischen stark an Boden gewonnenen Freidenkertums mit Leidenschaft der Ideenwelt bemächtigt, die, zuerst in Frankreich und England als ,,Sozialismus" gelehrt, von Karl Marx und Friedrich Engels zum System des Kommunismus und der klassenlosen Gesellschaft entwickelt worden war. Soweit sie nicht durch die Universität gegangen und dort mit der Bewegung der Burschenschaften in Berührung gekommen waren, gehörten sie doch ausnahmslos dem gehobenen Bürgertum an. Von der Polizei beargwohnt und bespitzelt, trafen sie sich zunächst in geheimen Zusammenkünften, so der ,,Rietberger Kreis" auf Schloß Holte zwischen Paderborn und Bielefeld, wagten es aber um die Mitte der 40er Jahre, mit Veröffentlichungen hervorzutreten. Ihre erste Zeitschrift, das ,,Weserdampfboot", erschien 1844. Sie wurde sofort verboten, erschien aber im folgenden Jahre wieder unter dem Titel ,,Das Westfälische Dampfboot". In demselben Jahre, 1845, veröffentlichte der Herausgeber und Redakteur der Dampfboote, der Rhedaer Arzt Otto Lüning, eine Buchfolge mit dem herausfordernden Titel ,,Dies Buch gehört dem Volke!", einer betonten Abwandlung von Bettina Brentanos ,,Dies Buch gehört dem König". Von Lünings Schriften ist eine starke Wirkung ausgegangen. An vielen Orten Westfalens sind 1848 dann, von der Zensur nicht mehr behindert, ähnlich gerichtete Zeitschriften und Zeitungen erschienen. (Ein Verzeichnis der Titel und kurze Charakterisierung bei W. Schulte, Volk und Staat, S. 57 ff.). Die 1849 wiedererstandene Zensur machte ihnen ein schnelles Ende, soweit sie nicht schon vorher aus Mangel an Lesern eingegangen waren. Lüning hat im Mai 1848 das ,,Dampfboot" aufgegeben, als er die Schriftleitung der Darmstädter ,,Neuen Deutschen Zeitung", des Organs der Linken der Paulskirche, übernahm. Sein eifrigster Mitarbeiter, der Bielefelder Leinenkaufmann Rudolf Rempel, begründete darauf eine eigene Zeitung, den ,,Volksfreund".

Lüning und Rempel verstanden mit der Feder umzugehen. Temperamentvoll und angriffslustig, wußten sie ihre Leser zu packen. Als Fanatiker der neuen Ideen griffen sie zu starken Tönen und stießen damit die gebildete Leserschaft, die sie doch auch oder gerade gewinnen wollten, ab. Lüning vertrat einen humanitären Sozialismus. In seinem leidenschaftlichen Eintreten für die Armen und ,,Rechtlosen" konnte er unsachlich werden und in bloßes Hetzertum verfallen, während Rempels grobschlächtigere rhetorische Galoppaden den Spott der Gegner herausforderten. Beide galten als ,,Kommunisten", obwohl sie den Kommunismus in seiner reinen Form, besonders in seiner Forderung nach Aufhebung des Privateigentums und Herrschaft des Proletariates, keineswegs bejahten, auch vor Anwendung von Gewalt warnten. Rempel schwenkte mehr in die Lassallesche Richtung ein und machte selbst praktische Versuche, Handwerker zu ,,Associations-Gesellschaften" zusammenzufassen; sie scheiterten recht kläglich. Überhaupt scheint ihm, dem leicht Entflammbaren, für alles Neue Aufgeschlossenen, Überzeugungstreue nicht gegeben zu sein. Er hat als erster Westfale das Wort ,,Sozialdemokrat" gebraucht; geblieben ist er es nicht. Er ist später zu den ,,Fortschrittlern" übergegangen und hat, nicht anders als Lüning, schließlich auch Bismarck anerkannt.

Einen unbefriedigenden Verlauf nahm der Erste Westfälische Demokratenkongreß. Rempel und seine Freunde hatten ihn zum 10. und 11. September 1848 nach Bielefeld einberufen. Die Versammlung, von Rempel selbst geleitet, steckte bei der Ungeklärtheit aller Begriffe ihre Ziele zu weit und ließ ihre eigentliche Aufgabe, eine Art Parteiprogramm

Die preußische Provinz Westfalen

aufzustellen, gänzlich unerfüllt. Selbst das Zauberwort „Republik" schlug noch nicht durch. Ein Teil verlangte sie stürmisch, die meisten bekannten sich nur mit Vorbehalten zu ihr, einige warnten sogar vor dem bloßen Gebrauch des „staatsfeindlichen" Wortes. Wie die Versammlung sonst verlaufen ist, kann man sich vorstellen, wenn man hört, daß die Nachricht von der Ermordung der beiden Abgeordneten v. Lichnowski und v. Auerswald in Frankfurt mit lautem Händeklatschen begrüßt wurde und ein unflätiges Geschimpfe gegen das „reiche Pack" und die „lumpige Bourgeoisie" auslöste.

Rempel und Lüning haben als die Fackelträger und lauten Verkünder eines neuen Evangeliums ihren Platz in der Geschichte der Westfalen. Daß die Westfalen ihnen persönlich die Gefolgschaft versagt haben, das haben sie, der eine wie der andere, nicht zuletzt sich selbst und ihrer Kurzsichtigkeit zuzuschreiben. Als geborene Westfalen mußten sie wissen, daß Westfalen – zu ihrer Zeit – kein Boden war für ihren konsequenten Atheismus. Mit allem, was von der Kirche, von Glaube und Gott her kam, trieben sie einen Spott, der in Rüpelhaftigkeit ausartete, und ihre wütenden, keinerlei Maß haltenden Angriffe auf das „Pfaffentum" prallten an dem unerschütterlichen Glaubensgebäude der Katholiken nicht nur völlig wirkungslos ab, sondern begegneten hier tiefster Verachtung. Die Evangelischen, die eben in der „Erweckungsbewegung" des mindenravensbergischen Pastors Volkening und seinen Missionsfesten neuen Halt und Zulauf gefunden hatten, empfanden dergleichen als frivol und wiesen es ebenfalls mit Empörung zurück. Die beiden Hitzköpfe hätten ihrer Sache auf andere Weise besser gedient. Ihr Gezeter über die „verlumpte, verlotterte Geldsack-Bourgeoisie" war auch nur ein Aushängeschild, zu nichts anderem gut als belacht zu werden. –

Als in den kritischen Novembertagen 1848 die Berliner Nationalversammlung die Genehmigung des Budgets für 1849 verweigerte, vornehmlich wegen des hohen Anteils des Heeresetats, und es daraus zu einem Konflikt mit der Regierung kam und die Regierung die Nationalversammlung nach Brandenburg verlegte – während die Abgeordneten der äußersten Linken, unter ihnen die meisten Westfalen, als „Rumpfparlament" in Berlin verblieben –, ergriff eine Welle der Empörung ganz Westfalen; man empfand das Vorgehen der Regierung als offenen Bruch des Rechtes. Der Paderborner „Volksverein" und der „Demokratische Verein Bielefeld" riefen einen neuen, allgemeinen K o n g r e ß nach Münster zum 18. November ein. In der Tat erschienen in Münster „die Vertreter von 14 demokratischen Vereinen, 9 Bürgervereinen, 7 Volksvereinen, 10 Volksversammlungen und 8 Gemeinden, dazu noch 20 Vertreter von konstitutionellen Vereinen. (W. Schulte, S. 280; ebdt. die Namen der Teilnehmer und ein Auszug aus dem Protokoll der Tagung gemäß „Volksfreund", Nr. 25, S. 123 f.). Der Antrag des Paderborner Oberlandesgerichtsreferendars v. L ö h e r, das Berliner Rumpfparlament als die allein gültige und gesetzliche Vertretung des preußischen Volkes anzuerkennen und in eine allgemeine S t e u e r v e r w e i g e r u n g einzutreten, und ein weiterer Antrag, das Frankfurter Parlament aufzufordern, durch R e i c h s t r u p p e n in Berlin, wo Belagerungszustand herrschte, die Ord-

Gegensätze im preußischen Westfalen

nung wiederherstellen zu lassen, wurden fast einstimmig zu Beschlüssen erhoben. Von Löher und der Dortmunder Hermann B e c k e r , wegen seines brandroten Haares der ,,Rote Becker" genannt, riefen außerdem in flammenden Worten zu Umsturz durch Gewalt auf.

Es ist nicht dazu gekommen. Aufruhr, Empörung, Bürgerkrieg? Diese Teufel an die Wand zu malen, war unklug. Der Kongreß verlief sich. Die Erregung ebbte freilich im ganzen Lande nur langsam ab. Die fest gefügte militärische und polizeiliche Macht des Staates war überdies stark genug, Ansammlungen und Kundgebungen, wo sie in der Folge noch auftauchten, in Münster, Dortmund und Paderborn, im Keime zu ersticken. Der Sprecher des münsterschen Kongresses, v. Löher, und der münstersche Oberlandesgerichtsdirektor Jod. D. H. T e m m e u. a. wurden verhaftet und ins Zuchthaus gebracht.

R e m p e l hatte sich der Verhaftung durch die Flucht entzogen, stellte sich aber im Jahre darauf dem Schwurgericht in Hamm, das die ,,Dezember-Gefangenen", die Teilnehmer des münsterschen Kongresses, aburteilen sollte. Das ,,Proletariat", dessen Fahne er sich aus Büchern entliehen hatte, stand, soweit es hier im Lande überhaupt schon existierte, den Dingen noch teilnahmslos – oder verständnislos – gegenüber. Auf der Anklagebank in Hamm saßen ausnahmslos Angehörige des B ü r g e r t u m s , Juristen, Offiziere, Beamte, Lehrer, Geistliche und 1 Gastwirt, die ,,Bourgeoisie", die Rempel so wütend bekämpfte. – Solcher Verstrickung in Zwiespältigkeiten unterlag nicht er allein.

Schnell wurde auch die Hoffnung zunichte, die eine Klärung der Lage anzubahnen schien, als der König am 5. Dezember 1848 den ihm von Georg Vincke abgerungenen Entschluß bekannt gab, dem Lande eine neue, auf den Vorschlägen Waldecks basierende k o n s t i t u t i o n e l l e V e r f a s s u n g zu geben. Die Wahl zu dem neuen Parlament, das die ,,oktroyierte" Verfassung nicht nur genehmigen, sondern auch ,,revidieren" sollte, brachte zwar den Demokraten beträchtlichen, aber längst nicht den erhofften Gewinn; denn die Beibehaltung des Systems der Wahlmänner und das neu eingeführte Dreiklassenwahlrecht sicherten den Begüterten, die, sei es aus Angst, sei es aus Achtung vor dem Gesetz und dem Staat, Revolution und Umsturz ablehnten, alle Vorteile und öffneten überdies einer skrupellos gehandhabten Wahlbeeinflussung durch Landräte, Gutsbesitzer, Fabrikherren und Großbauern Tor und Tür.

Die Enttäuschung wurde vollständig, als die Frankfurter Entscheidung in der immer noch und von allen Seiten leidenschaftlich diskutierten Frage der Einigung Deutschlands und der Kaiserwahl der Ablehnung des Königs verfiel. Friedrich Wilhelm IV. wollte die Wahl nicht, wie man damals sagte, aus der Hand eines Georg Vincke, sondern nur aus der Wahl der Fürsten entgegennehmen.

(Die E i n i g u n g Deutschlands hatte Hoffmann von Fallersleben mit seinem Deutschland-Lied vom Jahre 1841 gemeint. Das Ausland wird und kann es immer nur verstehen als den Gipfel der deutschen Überheblichkeit. Wir mögen die 3. oder welche Strophe des Liedes singen, die Reaktion von draußen wird immer dieselbe sein).

Die preußische Provinz Westfalen

In Süddeutschland und in Sachsen brach die Revolution aus. Sie drohte auf die preußischen Rheinlande und das bergische Land überzugreifen. Aus Elberfeld gingen Sendlinge in die Grafschaft Mark und schürten zum Aufstand. Die westfälische Landwehr wurde mobilisiert und an verschiedenen Orten Westfalens zusammengezogen. Als ruchbar wurde, daß sie gegen die badischen Aufständischen eingesetzt werden sollte – was, zunächst wenigstens, nicht beabsichtigt gewesen sein soll – , geschah das in der preußischen Heeresgeschichte Beispiellose: in Hagen und Iserlohn m e u t e r t e n die Landwehrleute und weigerten sich, zur Einkleidung zu gehen. In I s e r l o h n bemächtigten sie sich unter Teilnahme der Bürgerschaft der Waffenbestände des Zeughauses, richteten ultimative Forderungen auf Abzug der anmarschierenden Linientruppen an den kommandierenden General in Münster und verbarrikadierten die Stadt. Die Forderungen wurden natürlich abgelehnt; beruhigende Zusicherungen aus Münster aber erreichten die Stadt nicht mehr. Am Himmelfahrtstage 1849, dem 17. Mai, rückte ein Bataillon des 24. Infanterie-Regiments, das an der Niederwerfung des Aufstandes in Dresden beteiligt gewesen war, in die Stadt ein. Es wurde mit Schüssen empfangen. Der Kommandeur stürzte tödlich getoffen vom Pferde. Ein entsetzliches Blutbad, mehr als 100 Tote, Männer, Frauen und Kinder, war die traurige Folge.

Das war das Ende, ein „Ende ohne Ausgang" (W. Schulte). Vor der letzten Konsequenz, Gewalt gegen Gewalt zu setzen, waren schließlich alle, auch die Radikalsten, zurückgeschreckt. Gegen die bewaffnete Macht des Staates gab es keinen Widerstand. Der chimäre Gedanke einer allgemeinen Volksbewaffnung, mit dem die Republikaner gespielt hatten, war waffentechnisch und führungsmäßig nicht realisierbar, wie die großen, außerwestfälischen Aufstandsbewegungen bald genug zeigten. Andererseits bleibt die Frage offen, wie man sich ein „Los von Preußen!" überhaupt gedacht hätte. Der Ruf ist in dieser Form, soweit ersichtlich, zwar nie erklungen, niemals aber sind die offenen, antipreußischen Bekundungen nicht nur der katholischen Kreise, sondern auch weiter Kreise der überzeugten Demokraten so scharf und eindeutig gewesen wie in diesen Jahren. Ob man ihre Erfüllung in einer Republik erhoffte oder in föderalistischen Vorstellungen, wie sie durch den Deutschen Bund von 1815 vorgezeichnet waren und wofür die an der preußischen Monarchie festhaltenden Konstitutionellen zu gewinnen gewesen wären, kann man fragen, aber nicht beantworten.

Eine verzichtende Mutlosigkeit ist das Ergebnis der Jahre 48 und 49 in Westfalen. Tiefer Pessimismus spricht aus den Erinnerungen und Aufzeichnungen eines Hermann Becker, Joh. Hermann Hüffer, Hermann Schauenburg und Friedrich Wilhelm Weber, des Dreizehnlinden-Dichters. Männer wie Waldeck, Ernst von Bodelschwingh, Georg Vincke, Temme u. a. zogen sich aus dem politischen Leben zurück. Rempel und Lüning gaben sich nicht sogleich zufrieden, verstummten aber, als Reaktion und Zensur ihnen das Wort abschnitten, suchten bei den „Fortschrittlern" Zuflucht und verfielen schließlich dem Zauber der preußischen Erfolge unter Bismarck. Als Typus für viele in dieser Zeit steht der Dichter Ferdinand F r e i l i g r a t h. Einstmals hatte er auf die Barrikaden gerufen; aber er wollte nur als Dichter auf seine Zeitgenossen wirken und seine Zeit erleben. Aus langer, zweimaliger Verbannung kehrte er als alter Mann nach Deutschland zurück, ließ sich, zusammen mit dem Dichter Hoffmann von Fallersleben, feiern, begeisterte sich an der „Trompete von Vionville" und sang „Hurra Germania!" –

Das politische Leben in Westfalen veränderte sein Gesicht; der Zug geht vom Landschaftlichen weg. Die politischen P a r t e i e n , die sich aus den bisherigen Gruppen, Gesellschaften, Klubs und Vereinen nunmehr zu formieren beginnen, bilden sich nicht nach Landschaften, sondern nach allgemein politischen Grundsätzen (Hartung). Aus den katholischen „Pius-Vereinen für Wahrheit, Recht und Freiheit" erwächst das liberal-konservative „Zentrum", aus den Evangelisch-Kirchlichen gehen die „Christlich-Konservativen" hervor, der „Zentralverein der konstitutionellen Vereine für Rheinland und Westfalen" bildet die liberale „Freie Konservative Partei" und die „Deutsche Fortschrittspartei", Teile der Konstitutionellen schlagen sich zu der „Nationalliberalen Partei", aus dem 1848 von dem Altenaer Gerichtssekretär Wilhelm T ö l c k e gegründeten „Arbeiterverein" als Gruppe des Lassalleschen „Allgemeinen Deutschen Arbeitervereins" erwächst endlich 1874, von dem Arnsberger Lohgerbersohn Wilhelm H a s e n c l e v e r , dem bekannten Sozialistenführer Lassallescher Prägung, begründet, in Westfalen die erste Gruppe der „Sozialdemokratischen Arbeiterpartei".

ERSTER AUSBAU DER PROVINZIALVERWALTUNG

Von Anfang an ist das Bestreben des Provinziallandtages darauf gerichtet gewesen, Einfluß zu gewinnen auf die Provinzialanstalten: Feuersozietät, Westfälische Hilfskasse, Fürsorgeanstalten für Kranke, Blinde, Taubstumme, Irre und Arme, Schiffahrtswege, Eisenbahnen. („Der Westfälische Landtag kann für sich den Ruhm beanspruchen, die erste deutsche Ständeversammlung gewesen zu sein, die sich mit Eisenbahnprojekten befaßte") (Soll). Diese Wünsche gipfeln in einem Antrag (Immediatpetition vom 6. 4. 1868) auf Gewährung weitgehender Selbstverwaltungsrechte. Von der Regierung vorgeschlagene „Grundzüge für die Organisation der Verwaltung des provinzialständischen Vermögens und der provinzialständischen Anstalten in Westfalen" wurden jedoch vom 20. Provinziallandtag wegen ihrer vielen staatlichen Vorbehalte stark kritisiert. Die Regierung zeigte Entgegenkommen und konstituierte mit dem „Regulativ" vom 5. August 1871 den Provinzialverband als echten und eigenen kommunalen Verband. Für die Verwaltung seiner laufenden Geschäfte wurde das Amt des Landesdirektors geschaffen, der in seiner Amtsführung wiederum kontrolliert wurde durch einen aus dem Landtagsmarschall und 14 Abgeordneten bestehenden Verwaltungsausschuß.

„Mit dieser Lösung hob sich Westfalen eindeutig von den übrigen Provinzen ab, wo allgemein eine beamtete Verwaltungsspitze bestand. Wenn die Entwicklung auch bewies, daß die provinziellen Aufgaben die Arbeitsmöglichkeiten einer ehrenamtlichen Verwaltungsspitze überforderten, so hat der Westfälische Provinziallandtag mit seiner eigenwilligen Regelung doch ein Zeugnis für den in der Provinz lebendigen Willen zur Selbstverwaltung abgelegt" (Soll).

Dieser „Provinzialausschuß" wurde bald das wichtigste Glied der ganzen Provinzialverwaltung; denn da der Landtag in der Regel nur alle 2 Jahre einmal zusammentrat, kam dem Ausschuß zwangsläufig sowohl eine exekutive als auch eine „gewisse legislative Bedeutung zu" (Soll). Der Ausschuß hat sich auf diesem Wege zu einer wirklichen Kollegialbehörde entwickelt. Er hatte die Verhandlungen des Landtages sowohl vorzubereiten als auch seine Beschlüsse durchzuführen. Die Beamten der Provinzialverwaltung wurden von ihm ernannt; der vom Landtag gewählte, vom König bestätigte Landesdirektor war Mitglied des Ausschusses, mußte sich also eine Art steter Selbstkontrolle unterwerfen.

Zwecks Durchführung der Verwaltungsaufgaben wurden den Provinzialverbänden Gelder aus den Staatseinkünften in Form von „Dotationen" zugewiesen. Mit Einbeziehung des Straßenbaues in die Aufgaben der Provinzialverwaltung wurden diese erheblich erhöht.

Erster Ausbau der Provinzialverwaltung

Wieder zeigte sich jedoch in den folgenden Jahren, daß Westfalen hinter den anderen preußischen Provinzen, besonders den östlichen, in verwaltungsreformerischer Hinsicht zurückgesetzt wurde. Für die 6 Ostprovinzen wurde eine neue Kreisordnung geschaffen (13. Dezember 1872). Sie beseitigte die gutsherrliche Polizeigewalt und machte den Landrat zum Staatsbeamten, und 1875 erhielten die 6 Ostprovinzen eine neue Provinzialordnung. Danach wurden die Abgeordneten der Provinziallandtage nicht mehr aus den Ständen, sondern von den Kreisen gewählt. Der Landtagsmarschall, bisher vom König ernannt, der Ausschuß und seine Beamten gingen aus freier Wahl der Provinziallandtage hervor. Lediglich der Landesdirektor, der Vorsteher des Beamtenkörpers des Provinzialausschusses, bedurfte der Bestätigung durch den König. Bismarck, obwohl in der damaligen Lage zu Zugeständnissen an die Liberalen gezwungen, bekrittelte diese, den Ostprovinzen gegebene Ordnung als zu liberal und bemerkte mit seinem beißenden Spott, der zuständige Minister sei bei seinem Erlaß ,,Linksgalopp" geritten.

Alle im Raume der Ostprovinzen auftretenden staatlichen und politischen Aufgaben zu erfassen, zu bearbeiten und zu entscheiden, blieb das Aufgabengebiet des O b e r p r ä s i d e n t e n. Über die kommunale Tätigkeit des Provinzialverbandes führte er, in höherer Instanz der Minister des Inneren, nur die Staatsaufsicht. Er hatte die Möglichkeit, Beschlüsse des Provinziallandtages und des Ausschusses mit aufschiebender Wirkung zu beanstanden. Gegebenenfalls mußte die Klärung im Wege der Verwaltungsklage herbeigeführt werden. Für besondere Fälle, wenn nämlich Verstöße gegen die Gesetze nachzuweisen waren, wurde dem Oberpräsidenten die Möglichkeit gegeben, in die Gestaltung des Haushaltes des Provinzialverbandes mit Zwangsmaßnahmen einzugreifen.

KULTURELLE UND KONFESSIONELLE ERSCHWERUNGEN

Versuch einer „Vernunftehe"

Trotz des Scheiterns der Kaiserwahl und der Unionsbestrebungen König Friedrich Wilhelms IV. gewann in der öffentlichen Meinung die Anschauung an Boden, daß es dem preußischen Staate aus historischen Bedingtheiten und als eine entwicklungsgeschichtliche Notwendigkeit für die Zukunft bestimmt sei, die politische Führung in Deutschland zu übernehmen. Die Hinwendung der Westfalen von ihrem „Lande", ihrer Landschaft, zu dem S t a a t e, dem sie angehörten, mußte dazu führen, daß ihr Verhältnis zu diesem Staate – wie das Verhältnis des Westens zu Preußen überhaupt – den Charakter einer mit starken Kontroversen belasteten Auseinandersetzung zu verlieren begann zugunsten eines H i n e i n w a c h s e n s in diesen Staat. Auf b e i d e n Seiten zeigte sich nun auch das ernstliche Bemühen, wenigstens zu einer „Vernunftehe" (Koser) zu kommen. In Berlin mochte man eingesehen haben, daß mit dem Oberpräsidenten von Flottwell, dem man in Münster einmal die Fensterscheiben eingeworfen hatte, nicht der für Westfalen passende Mann an der Spitze der Provinz stand. Er wurde im Mai 1849 abberufen. Mit der Wahl seines Nachfolgers F r a n z v o n D u e s b e r g (21. Juni 1850) bewies der König guten Willen und eine glückliche Hand. Duesberg empfahl sich aus zwei Gründen: er war Westfale, 1973 als Sohn eines Arztes in Borken geboren und überzeugter Katholik dazu. Er hatte bereits eine glänzende Karriere als Verwaltungsbeamter hinter sich. 1840 hatte der König ihn in den Adelsstand erhoben und ihm das Direktorat der neu geschaffenen „Abteilung für den Katholischen Kultus" im Kultusministerium übertragen. 1846 war er Finanzminister, trat aber zusammen mit Ernst von Bodelschwingh 1848 zurück. Im Jahre darauf übernahm er indessen schon wieder eine diplomatische Mission des Königs beim Erfurter Unionsparlament. Der kenntnisreiche, „in allen Sätteln gerechte" Mann hatte sich wiederholt in Aufgaben bewährt, deren Durchführung den Takt und das Geschick des Mittlers erforderten. Seine langjährige Wirksamkeit als Oberpräsident Westfalens ist noch nicht gewürdigt worden. Zu seinem 50. Dienstjubiläum im Jahre 1865 haben die Westfalen ihm eine begeisterte Dankadresse gewidmet. Ob zwischen seinem Rücktritt (1871) und der Aufhebung der einstmals von ihm geleiteten „Abteilung für den katholischen Kultus", einem Schritt der Regierung, der dem „Kulturkampf" unmittelbar vorausging, ein ursächlicher Zusammenhang besteht, ist ungewiß. Die Verkündigung des Jesuitengesetzes im Jahre 1872 mag ihn befremdet haben; gab es doch damals in ganz Deutschland nur 221 Jesuiten und 29 Novizen in 14 Stationen. Den mit der Verkündigung der „M a i - G e s e t z e" von 1873 ausbrechenden „Kulturkampf" noch zu erleben, ist ihm erspart geblieben. Wenige Monate vorher, am 11. Dezember 1872 ist er gestorben.

Erschwerungen

Der „Kulturkampf" in Westfalen

Der „Kulturkampf" ist nicht allein ein Kampf um kulturelle Belange gewesen. Er begann mit der Aufnahme des sogenannten „Kanzelparagraphen" vom 10. Oktober 1871 in das Strafgesetzbuch. Das neue Gesetz bedrohte alle Geistlichen, nicht nur die katholischen, mit Gefängnis oder Festungshaft bis zu 2 Jahren, die öffentlich oder in Ausübung ihres Berufes Angelegenheiten des Staates in einer Weise erörterten, die den Bestand des Staates in den öffentlichen Frieden gefährden konnten. Bismarck hat später den Gesamtkomplex des Kulturkampfes überhaupt auf die politische Ebene schieben wollen: die Agitation des polnischen Adels und der Geistlichkeit in den ostdeutschen Grenzgebieten hätten Gegenmaßnahmen verlangt, und in der Haltung des Zentrums, von dem er glaubte, daß es sich mit außerdeutschen Mächten wie Frankreich, Italien, Oesterreich, mit den Polen und den Welfen verbinden könnte zugunsten eines Eintritts für die päpstlichen, mit dem „Syllabus" von 1865 erneut erhobenen weltlichen Herrschaftsansprüchen, sah er eine Gefahr für den Bestand des Reiches (Gedanken und Erinnerungen II. 24). Die Verantwortung für die „Mai-Gesetze", die sich einseitig gegen die katholische Kirche richteten und gegen ihren Anspruch auf Beherrschung der Schulen und Erziehung der Jugend in dem nach seiner Meinung staatsgefährlichen Sinne, bürdete er ihrem Redaktor, dem Kultusminister Falk, auf; ihre häufig brutale Durchführung besonders gegen die hohe Geistlichkeit, von der er erst im Laufe der Ereignisse Kenntnis erhalten haben wollte, legte er dem Ungeschick preußischer Gendarmen zur Last, „die mit Sporen und Schleppsäbeln hinter gewandten und leichtfüßigen Priestern durch Hintertüren und Schlafzimmer nachjagten" (ebdt.).

Den Ablauf der Dinge in Westfalen hat Bismarck mit keinem Wort berührt. Sie waren n i c h t dazu angetan, mit einem witzigen Scherzwort bagatellisiert zu werden. Während nämlich in den übrigen preußischen Provinzen die Durchführung der Mai-Gesetze von den höheren Behörden mit Maßen betrieben wurde, war es in Westfalen, vornehmlich in der Provinzialhauptstadt Münster und im Münsterlande, gerade der oberste Verwaltungsbeamte, der den Kampf mit allen Mitteln, lauteren und unlauteren, auf die Spitze trieb und in bedenkenloser Kurzsichtigkeit alles in Frage stellte, was Preußen nach dem Stimmungsumschwung seit den Einigungskriegen an Sympathien in Westfalen gewonnen hatte.

Westfalens Oberpräsident von Duesberg war am 25. August 1871 aus Altersgründen von seinem Amte zurückgetreten. Bei seinem Nachfolger, Friedrich von Kühlwetter, „lag die Leitung der staatlichen Angelegenheiten in der Hand eines Mannes, von dem sich nach allen seinen Antezedenzien erwarten ließ, daß er den Kampf mit äußerster Rücksichtslosigkeit führen werde, wiewohl er Katholik war". Dieser Satz steht in der Einleitung der aus eigenem Miterleben, sachlich und leidenschaftslos geschriebenen Darstellung „Der Kulturkampf in Münster. Aufzeichnungen des münsterschen Stadtrates, Kreisgerichtsrates a. D. Ludwig Ficker".

Die preußische Provinz Westfalen

Zu welch grotesken Situationen der neue Oberpräsident, ein Fanatiker des Autoritätsglaubens, es kommen ließ, zeigt besser als alle Einzelheiten die folgende, von Ficker erzählte Begebenheit: Als einer der ersten wurde in Münster der Bischof, J o h a n n   B e r n h a r d   B r i n k m a n n, unter Anklage gestellt, weil er es geflissentlich unterließ, die in ein Amt einzusetzenden Geistlichen vorher dem Oberpräsidenten zu benennen, wie es eines der neuen Gesetze forderte. Er wurde zu hohen Geldstrafen verurteilt, erklärte aber, daß er als Geistlicher kein Vermögen besäße, und ließ sich pfänden. Sein gesamtes Mobiliar, seine Kutsche und seine Milchkuh verfielen der Versteigerung. In ganz Münster aber befand sich niemand, der bereit gewesen wäre, die gepfändeten Gegenstände zum Versteigerungslokal zu transportieren. Deshalb mußten aus Tecklenburg einige protestantische Arbeitsmänner unter polizeilicher Bedeckung nach Münster geholt und mit ihrer Hilfe der Transport durchgeführt werden. Zum Versteigerungstermin erschien eine stattliche Menge Menschen; aber nur einer, ein begüterter münsterscher Kaufmann, gab für die jeweils ausgerufenen Gegenstände ein Gebot ab. Für die mit 50 Talern ausgesetzte Kuh bot er 100 Taler, für den mit 500 Talern ausgesetzten Wagen 770 Taler und so fort. Er erhielt jedesmal den Zuschlag und legte das Geld auf den Tisch, bis die Strafsumme samt Kosten gedeckt war. „Zum Rücktransport der Möbel bedurfte es keiner Tecklenburger. Die Volksmenge bemächtigte sich derselben und führte sie im Triumph in das bischöfliche Palais zurück". – Bei dieser Gelegenheit und in ähnlichen Fällen wurde das in Münster garnisonierende Militär zum Eingreifen bereit gehalten.

Der Bischof blieb weiterhin das Ziel der Verfolgungen. Er wurde schließlich zu Gefängnis verurteilt und floh, wie der ebenfalls unter Anklage gestellte und verurteilte Bischof von Paderborn, ins Ausland.

Es konnte natürlich nicht fehlen, daß die Kunde von dem „kühlwetterschen Regiment" nach außen drang. Da er sich überdies bei verschiedeen Ministern durch seine Schroffheit mißliebig gemacht hatte, legten sich die westfälischen Abgeordneten v. Heermann, v. Schorlemer und Ludwig Windhorst ins Mittel und verlangten die Abberufung Kühlwetters. „Will der Herr Minister die Sache, solange der Kulturkampf dauert, in Westfalen auf eine andere Basis bringen, so kann ich ihm nur empfehlen, dem Herrn Oberpräsidenten von Westfalen Muße zu gewähren, seine Memoiren zu schreiben", rief Windhorst im Abgeordnetenhause zu dem Minister des Innern gewandt, und Miquel, der spätere Finanzminister, fügte hinzu, daß der Kulturkampf in Westfalen auch auf Dinge ausgedehnt würde, „wo er nichts zu suchen" hätte. Kühlwetter wurde aber vom Kaiser gehalten, weil dieser sich ihm aus den 48er Jahren verpflichtet fühlte. Da griff, als die Spannungen auf des Messers Schneide standen, ein Mächtigerer ein. Kühlwetter wurde auf das Krankenbett geworfen und starb am 2. Dezember 1882, 74 Jahre alt. „Wie wir hören", schreibt Ficker, „hat er sich auf dem Sterbebette mit der von ihm schwer geschädigten und gekränkten Kirche ausgesöhnt und mehrere Male die Sakramente empfangen."

Sein Nachfolger, der bisherige Regierungspräsident von Düsseldorf, R o b e r t   v o n   H a g e m e i s t e r, war ein Mann der Konzilianz und sein

Erschwerungen

Streben „von vorneherein darauf gerichtet, versöhnend zu wirken" (Ficker). Auch in Berlin setzte sich die Überzeugung von der Unhaltbarkeit der eingerissenen Zustände durch, nicht zuletzt auf Betreiben der Kaiserin Augusta. „Wir machen uns durch unsere Kirchenpolitik Rom gegenüber nachgerade vor Europa lächerlich", erklärte sie offen. (Anmerkung des Herausgebers der Fickerschen Schrift, S. 493.) Der alte Kaiser selbst war nur „schweren Herzens in den Konflikt mit der römischen Kirche" eingetreten. (Ebdt., Einleitung, S. 62, Anmerkung des Herausgebers.)

Der aussichtslose Kampf wurde endlich abgebrochen. Falk hatte schon 1879, als Bismarck aus innenpolitischen Gründen sich um die Gunst des Zentrums bemühte, seinen Abschied genommen. Später, als Oberlandesgerichtspräsident in Hamm, bekannte er, „die ungeheure Gewalt der katholischen Kirche über die Herzen der Menschheit" unterschätzt" zu haben „und gegenüber diesen Imponderabilien der brutalen Macht des Staates eine siegreiche Überlegenheit beigemessen" zu haben, „die sie nicht hatte und nicht haben konnte". . . „Die eingeschlagenen Wege waren im Grunde ungeschichtlich, und so gab es einen Kampf der blassen, wenn auch wohlgemeinten Theorie gegen die tiefsten realen religiösen Mächte, die im Menschenherzen wirksam sind. . . Die Mächte des Geistes wurden bei der Eröffnung und Weiterführung des Kulturkampfes in einer heute auch für einen liberalen Poltiker kaum noch verständlichen Verblendung gering geachtet und beiseite geschoben." (Einleitung des Herausgebers der Fickerschen Schrift, S. 64.)

Die kirchenfeindlichen Erlasse und Gesetze wurden Schritt für Schritt zurückgenommen und die alten Ordnungen im wesentlichen wiederhergestellt. Bischof Johann Brinkmann kehrte nach siebenjähriger Verbannung nach Münster zurück. Da die Regierung in der Frage der Schulaufsicht wenigstens einiges erreicht hatte, konnte Bismarck es sich nicht versagen, wie Memoirenschreiber, Chronisten, Annalisten und Bulletinisten es gern tun, den Mißerfolg in einen Erfolg umzudeuten (a. a. O.). Die Ereignisse in Westfalen hat er mit keinem Wort berührt.

1884, als der Kulturkampf zwar im Abflauen, die betreffenden Gesetze aber noch nicht aufgehoben waren, hatte die Stadt Münster den Kaiser, der sich bei den Herbstmanövern am Rhein befand, zu einem Besuch der Stadt eingeladen. Die ehrwürdige Gestalt des Monarchen machte auf die Münsterer tiefen Eindruck. An der kaiserlichen Tafel saß der eben aus der Verbannung zurückgekehrte Bischof Johann Brinkmann. Bismarck, für den Quartier gemacht war, war nicht erschienen. Vom Kulturkampf wurde natürlich nicht gesprochen. Eine vom münsterschen Adel unter Führung des Herzogs von Croy beabsichtigte, darauf zielende mündliche Vorstellung beim Kaiser unterblieb auf einen Wink des Hofmarschallamtes. Eine münstersche Tageszeitung ließ es sich aber nicht nehmen, am Tage darauf den Finger auf diese noch nicht geschlossene Wunde zu legen.

Provinzialverfassung Und Provinzielle
Selbstverwaltung In Ihrer Weiteren Entwicklung

Die „Neue Provinzialordnung" von 1886

Nach Abbruch des Kulturkampfes konnte eine nach langer Entwicklung in Westfalen zur Lösung drängende Aufgabe in erfreulicherer Zusammenarbeit mit der preußischen Regierung zu Ende geführt werden: die Selbstverwaltung im Rahmen der Provinz. An den Geldmitteln, die die preußischen „Dotationsgesetze" von 1873 und 1875 für die Provinzen vorsahen, hatte Westfalen zwar Anteil, nicht aber an den gleichzeitig für die östlichen Provinzen erlassenen neuen „Provinzialordnungen". Die bisher dazu erlassenen Bestimmungen für Westfalen trugen nur „regulativen", d. h. vorläufigen Charakter. Die Provinzen Schleswig-Holstein, Hannover und Hessen mußten sich als neue preußische Landesteile damit abfinden, daß die Berliner Regierung es nicht übermäßig eilig hatte, ihre Eigenständigkeit zu fördern. In Westfalen und Rheinland hatten die Ereignisse des Kulturkampfes die Wünsche nach Reformen überschattet. Westfalen erhielt erst 1886 die endgültige Kreisordnung (31. Juli 1886) und eine neue Provinzialordnung (1. August 1886). Sie schloß sich im allgemeinen an das „Regulativ" von 1875 an. Wesentlich neu und wichtig war die Regelung der Vertretungs- und Repräsentationsverhältnisse; sie trugen dem Wachstum der Städte in angemessener Form Rechnung. Der Provinziallandtag, bisher eine Vertretung der „Stände", in der die Handwerker und Bauern am wenigsten, die nicht grundbesitzenden und „gelehrten" Gruppen überhaupt nicht vertreten waren, wurde in eine wirkliche Volksvertretung umgewandelt, und zwar, gemäß den kommunalen Aufgaben, die er zu behandeln hatte, in der Weise, daß die Körperschaften der Gemeindevertretungen und kommunalen Verbände die Abgeordneten zum Provinziallandtag, im ganzen 90, wählten, jeweils für die Dauer von 6 Jahren. Jeder Kreis und jede Stadt mit weniger als 35 000 Einwohnern stellten 2, mit mehr als 70 000 Einwohnern 3 Abgeordnete und zusätzlich für jede weitere volle 50 000 Einwohner 1 Abgeordneten. Der Landtag wurde gleichzeitig Beschlußorgan. Zur Durchführung seiner Beschlüsse und der daraus entspringenden Verwaltungsarbeit wurde ein besonderes Verwaltungsgremium als öffentlich-rechtliche Körperschaft geschaffen. Seine Mitglieder erhielten Beamtencharakter. Den leitenden Beamten, der seit 1889 auf Antrag des Provinzialverbandes Landeshauptmann hieß, und die oberen Beamten wählte der Landtag. Der Landeshauptmann war nur dem Landtag verantwortlich und unterlag nicht mehr, wie sein Vorgänger, der Landesdirektor, der Aufsicht des Oberpräsidenten.

An die Stelle eines von Berlin ausgehenden Verwaltungsdirigismus war die Selbstverwaltung der Provinz getreten mit allen gewünschten Entfaltungsmöglichkeiten. Ein Rückblick auf die Zusammensetzung des Pro-

Provinzialverfassung und Selbstverwaltung

vinziallandtages zu den verschiedenen Zeiten zeigt, daß das liberale Element mit Einführung der Provinzialordnung von 1886 selbst in der Zeit des preußischen Dreiklassenwahlrechtes sich erheblich verstärken konnte. Dem Westfälischen Provinziallandtag von 1826 hatten angehört
aus dem „ersten" Stand 3 Herzöge, 7 Fürsten, 1 Freiherr,
aus dem „zweiten" Stand 5 Grafen, 15 Adlige,
aus dem „dritten" Stand 1 Adliger, 19 Bürger,
aus dem „vierten" Stand 20 Besitzer von Bauerngütern;

dem Westfälischen Provinziallandtag von 1887 und 1909 gehörten an

1887	1909	
12	26	königliche Landräte,
16	13	Rittergutsbesitzer,
18	19	Gutsbesitzer, Ehrenamtmänner,
4	—	Beamte,
15	3	Landwirte, Rentner, Mühlenbesitzer,
5	13	Oberbürgermeister, Bürgermeister,
7	4	Beigeordnete, Ratsherren u. ä.,
11	27	Fabrikanten, Kaufleute, Bankiers,
—	3	Juristen, Ärzte.

„Weil es gelang, durch das Wahlrecht der Stadtkreise zum Provinziallandtag die liberale Komponente in der kommunalen Selbstverwaltung zu verstärken, war dem B ü r g e r t u m auf einer höheren Ebene eine M i t w i r k u n g s m ö g l i c h k e i t in der Gestaltung von öffentlichen Aufgaben gegeben, während vorher das bürokratische Element des staatlichen Beamtentums nach zentralistischen Gesichtspunkten die Entscheidung traf. Im weitgehend katholischen Westfalen hatte man jahrzehntelang dem konservativen preußischen Staat fremd gegenübergestanden. Mit der Provinzialordnung von 1886 wurde einem wichtigen Teil seiner Bevölkerung statt der bisherigen Mitberatung eine v e r a n t w o r t l i c h e M i t b e s t i m m u n g in Provinzialangelegenheiten ermöglicht, die vorher von dem überwiegend evangelischen preußischen Beamtentum, dem man häufig skeptisch gegenüberstand, entschieden worden waren" (Soll).

Als ersten Landeshauptmann wählte der Landtag den damals 50jährigen, aus Iserlohn gebürtigen Juristen A u g u s t O v e r w e g. Er hatte sich im höheren Verwaltungsdienst bereits bewährt, war, erst 26 Jahre alt, Stadtrat in Iserlohn gewesen, zuletzt Vortragender Rat im Landwirtschaftsministerium. In zielbewußter Tätigkeit zog er Straßen- und Wegebau, die Anlage von Klein- und Nebenbahnen, Kanalisierungen, Museen, wissenschaftliche Institute, Denkmalspflege, Wohnungsbau und Siedlungswesen mit in seinen Aufgabenkreis und gab der westfälischen Selbstverwaltung einen weit größeren Aufgaben- und Arbeitsrahmen, als er in den meisten anderen preußischen Provinzen erreicht wurde. Nach Ablauf seiner, wie üblich auf 12 Jahre begrenzten Amtsdauer wurde er 1899 abermals auf 12 Jahre gewählt, mußte aber im Jahre darauf sein Amt aus Gesundheitsrücksichten niederlegen. Er ist 1909 gestorben.

Die preußische Provinz Westfalen

Ihm folgte als Landeshauptmann Dr. L u d w i g H o l l e , 1855 in Schwelm als Sohn und Enkel von Juristen geboren und, wie Overweg, Vortragender Rat im Landwirtschaftsministerium. Er konnte 1901 das L a n d e s h a u s in Münster, den Sitz der Selbstverwaltung, eröffnen und das W e s t f ä l i s c h e L a n d e s m u s e u m errichten. 1905 wurde er zum Kultusminister ernannt. Sein Fortgang wurde in Münster bedauert. Der nächste Landeshauptmann, Dr. W i l h e l m H a m m e r s c h m i d t , bis dahin Landrat von Gelsenkirchen, legte 1919 sein Amt aus Gewissensgründen nieder, und sein Nachfolger, Münsters bisheriger Oberbürgermeister F r a n z D i e c k m a n n , wurde 1933 von den Nationalsozialisten davongejagt.

Von der „Ära Wilhelmina" bis zur Auflösung
der Provinz im Jahre 1946

Die Provinz Westfalen im Reich

Die glänzende Außenseite der „Wilhelminischen Ära", Deutschland als Großmacht preußischer Prägung, hat – begreiflicherweise – auch die Westfalen in ihren Bann gezogen. Sich wieder als „Deutscher" fühlen zu dürfen war nur die Erfüllung eines lang gehegten Traumes. Deutschland und Preußen wuchsen für den Norden des Reiches immer mehr zu e i n e m Begriff zusammen. Die Wünsche der 48er und aller, die sich damals demokratisch, liberal oder konstitutionell nannten, die Einheit ganz Deutschlands in einer freiheitlichen, föderalistischen Staatsform verwirklicht zu sehen, waren durch die Ereignisse überspielt worden: das „Reich" war dennoch Wirklichkeit geworden. Niemand konnte und wollte auch leugnen, daß das wirtschaftliche Aufblühen, die Hebung des Wohlstandes weiter – wenn auch nicht aller – Bevölkerungsschichten, daß die Bildung eines riesigen Industriezentrums in der Mark und an der Ruhr, die Ausweitung der münsterländischen und ravensbergischen Textil-Unternehmungen nur möglich gewesen war in einem fest gefügten Staatswesen und in der Verklammerung des Westens mit dem Osten durch Preußen. Sie hatten die innerdeutschen Märkte durch Beseitigung der zwischenstaatlichen Zollschranken erschlossen und die Türen zum Welthandel aufgestoßen. Selbst der Westfale schlug sich mit Stolz an seine „deutsche" Brust, und er hörte es nicht ungern, daß der neue Oberpräsident, K o n r a d S t u d t, sich im Jahre seines Amtsantrittes, 1889, in einer öffentlichen Verlautbarung bedankte für die freundliche Aufnahme, die die Truppen bei den großen Herbstmanövern gefunden hatten, und für die Bereitwilligkeit, mit der die Bevölkerung die Lasten der Einquartierungen auf sich genommen hatte. Der neue Herr war nicht in Westfalen beheimatet und mochte unbefangenen Auges sehen, was sich hier überschichtete und um Ausgleich rang.

Erst wenige Monate zuvor, im Mai desselben Jahres, war der große B e r g a r b e i t e r s t r e i k an der Ruhr durch Einsatz der bewaffneten Macht niedergeschlagen worden; dabei hatte es 7 Tote und eine Anzahl Verletzter gegeben. Eine Abordnung der B e r g l e u t e, die eine Audienz bei Wilhelm II. erwirkt hatte, um ihm die Nöte der Bergarbeiter vorzutragen, wurde in brüsker Form von dem jungen Herrscher abgekanzelt. Der neue „Staatsfeind", die S o z i a l d e m o k r a t i e, hatte bisher an der Ruhr nur eine geringe Anhängerschaft gehabt. Jetzt strömten ihr, obwohl der Streik gescheitert war, die Anhänger zu. Allein im Wahlkreis Dortmund-Hörde erhöhte sich bei der nächsten Reichstagswahl ihre Stimmen-

Die preußische Provinz Westfalen

zahl auf das Achtfache. Die Arbeiterbewegung, ob sozialistischer oder christlicher Formung, konnte nirgends in Deutschland einen besseren Nährboden finden als hier. 100 000 Bergleute hatten an dem Streik teilgenommen; die wenigsten von ihnen waren bereits gewerkschaftlich organisiert. Als sich daher nach Aufhebung der Sozialistengesetze die Sozialdemokratische Partei des Ausbaues der seit 1890 im Entstehen begriffenen „Freien Gewerkschaften" mit Nachdruck annahmen, war der Erfolg gesichert, zumal die Gewerkschaften in dem Bünde-Herforder „Zigarrenarbeiterverband", einer Untergruppe des Fritzeschen „Allgemeinen deutschen Zigarrenarbeiterverbandes", und in den ravensbergische „Arbeitervereinen" Vorläufer in Westfalen hatten.

Eine führende Rolle in dieser Bewegung hat der Sohn eines armen Hörder Walzmeisters, O t t o   H u e , gespielt. Frühzeitig elternlos geworden, wandte sich der junge Maschinenschlosser nach entbehrungsreichen Wanderjahren literarischer Tätigkeit im Sinne eines besseren Arbeiterschutzes zu. Eins seiner Ziele, die Gewerkschaften aus der Politik herauszuhalten und den von ihm geführten freigewerkschaftlichen „Bergarbeiterverband" mit dem „Gewerkverein christlicher Bergarbeiter" zu vereinigen, konnte er nicht verwirklichen. Sein früher Tod – er starb 1922, erst 54 Jahre alt – nahm den Bergleuten einen ihrer besten Führer; hatte er es doch durch sein maßhaltendes Auftreten erreicht, daß die Bergarbeiter nach dem Zusammenbruch von 1919 von ihrer Forderung der Sechsstundenschicht abgingen, und die Vertreter der ehemaligen Feindmächte in Spa 1920 davon überzeugt, daß das Schicksal des Ruhrbergbaues letzten Endes nicht von Diplomaten, sondern von den Bergleuten selbst entschieden werden würde (Schulte).

Nun dürfte es freilich schwer sein, in der sozialdemokratischen Bewegung, soweit sie sich in Westfalen und unter Westfalen abgespielt hat, spezifisch westfälische Züge zu finden. In der Person des wegen seiner loyalen und besonnenen Haltung auch von seinen Gegnern hoch geachteten Otto Hue kommen sie vielleicht doch zum Ausdruck. Es muß auch daran erinnert werden, daß sich in eben diesen Jahren im „Kohlenpott" an der Ruhr ein neuer Menschentyp herausbildete: der „ K u m p e l " . Seine originelle, aus Hochdeutsch, Platt und Polnisch zusammengemischte Sprache wies viele gemütvolle Züge auf; in seiner Liebe zum Tier (Brieftaubenvereine, „Bergmannskuh") und in seinem Wunsch nach einem Gärtchen um sich herum ist er dem ravensbergischen und lippischen Arbeiter verwandt, der am liebsten, wie seine bäuerlichen Vorfahren, auf dem Lande wohnt, auf einem Stückchen Ackerland graben, säen und ernten und ein Schwein im Stall haben will. In das Politische übersetzt wird man solche Züge als eine Verbundenheit mit dem Boden und als Abneigung gegen Radikalismus jeglicher Art deuten dürfen. Sie mögen dazu beigetragen haben, daß Bürgertum und Arbeiterschaft in Westfalen sich nicht in dem Maße wie in anderen Landschaften auseinander gelebt und sich als fremde, einander feindliche Welten noch auf lange hinaus gegenüber gestanden haben. In ihren Bildungs-, gesellschaftlichen und kulturellen Bestrebungen jedoch (Arbeiter-Bildungsvereine, Theater für Arbeitergruppen und -vereine, Arbeiterbibliotheken, Arbeiter-Schützen-

Von der „Ära Wilhelmina" bis zur Auflösung

verein (!), Arbeiter-Gesangvereine, Jugendbünde) sind sie auch hier gemäß ihren politischen Bildungszielen eigene Wege gegangen.

Die bürgerliche Welt Westfalens, dieselbe, die in den 48er Jahren neue soziale, liberale und demokratische Gedanken mit Leidenschaft verfochten und zum Durchbruch gebracht hatte, verlor sich nach der Reichsgründung in einen übersteigerten, rauschebärtig-romantischen Nationalismus, bepflanzte die schönen Berge der Heimat mit wenig schönen Denkmälern und die Straßen und Plätze der Städte mit Standbildern eines Staatsmannes, der zu den Westfalen zeit seines Lebens kein Verhältnis gefunden hatte. Der Franzose Jules Huret, der um 1906 Deutschland bereiste, gewann den Eindruck, daß Bismarck geradezu zum „Abgott der Westfalen" erhoben sei.

In der Rede, die Bismarck am 11. Juni 1895 vor den 3 000 Westfalen hielt, die in den Sachsenwald gekommen waren, um ihm eine Huldigung darzubringen, erinnerte er daran, daß von allen politischen Parteien „die beiden extremen", die Sozialdemokratie und das Zentrum, „nirgends schärfere Vertreter gehabt hätten als in Westfalen". Dann sagte er ihnen einige Artigkeiten über ihre Geschichte, die nur zum Teil richtig waren, und gab in aller Offenheit zu, daß er in Westfalen mehr Feinde als Freunde gehabt hätte. Weder mit Georg Vincke noch mit Ernst von Bodelschwingh wäre er politisch einverstanden gewesen, und gar der Herr von Schorlemer (Burchard von Schorlemer-Alst, Gründer der westfälischen Bauernvereine) hätte ihn „hart und bitter angegriffen". Aber sie seien doch – und damit kehrte er die Bitternis mit leichter Hand in ihr Gegenteil um – „vollkräftige Männer" und „ehrliche Gegner" gewesen. Dem einstmals von ihm verspotteten und ehrenrührig verunglimpften Friedrich Harkort gewährte er die Genugtuung, die er dem Lebenden schuldig geblieben war. So kam er zu dem Schluß: „Der Westfale bleibt immer Westfale!" – was mit „Heiterkeit" quittiert wurde. (Der Wortlaut der Rede ist nach der von H. Nohl besorgten Ausgabe „Die politischen Reden des Fürsten Bismarck", 13. Band (1905) wiederabgedruckt von Josef Bergenthal in seiner schönen Sammlung „Sonderbares Land. Ein Lesebuch von westfälischer Art und Kunst", 3. Aufl. (1960), S. 85 ff.).

Hinter dieser Feststellung verbirgt sich mehr als ein bon mot. Die preußische Provinz Westfalen war im preußischen Staate, was immer auch geschehen war, dennoch „Westfalen" geblieben.

Dennoch: in dem Preußen-Deutschland des neuen, unseres Jahrhunderts blieb vorerst für ein westfälisches Geschehen im früheren Sinne kaum noch Platz. Politische Konflikte, wie sie sich im 19. Jahrhundert einander abgelöst hatten, traten nicht mehr auf, wenigstens nicht in einem Umfange, daß das ganze Land davon erschüttert worden wäre. Der immer schärfer hervortretende Gegensatz zwischen „Bürgerlich" und „Nichtbürgerlich" verschob sich mehr und mehr auf die Ebene des Reiches. Unter dem Dreiklassenwahlrecht konnte das Bürgertum in den kommunalen, Kreis- und Provinzialvertretungen seinen Einfluß im wesentlichen behaupten.

Der Oberpräsident Konrad Studt wurde nach 10jähriger Amtstätigkeit 1899 in ein Ministerium berufen und durch den Westfalen Eberhard

Die preußische Provinz Westfalen

von der Recke ersetzt. Nach dessen Tode im Jahre 1911 folgte ihm im Amte des Oberpräsidenten Karl Prinz zu Ratibor und Corvey. Ihn veranlaßte der Umschwung des Jahres 1919, das Amt niederzulegen.

Die Ereignisse des ersten Weltkrieges hatten westfälischen Boden nicht berührt. Das Ende des Krieges war das Ende der preußischen Monarchie. Vor 300 Jahren war ihr der Sprung in den Westen des Reiches durch einen dynastischen Erbgang angeboten und geglückt. Die westfälischen Landesteile, die Grafschaften Mark und Ravensberg, die Brandenburg-Preußen damit gewann und die es im Westfälischen Frieden um das Bistum Minden und 1702 um die Grafschaft Tecklenburg vermehren konnte, wurden von ihm im 18. Jahrhundert verwaltungsmäßig und staatsökonomisch durchdrungen, fanden auch, da sie vorwiegend protestantisch waren, teilweise und zeitweise ein inneres Verhältnis zu Preußen, blieben aber wirtschaftliche und machtpolitische, d. h. rechnerische, Größen in seiner Gesamtpolitik und wären jederzeit, hätte sich die Gelegenheit geboten, gegen näher liegende, gleichwertige Objekte ausgetauscht worden, zumal das Herrscherhaus selbst und das von ihm geprägte Preußentum nicht eine entsprechende Haltung zu den westfälischen Untertanen gewann.

Die territorialen Veränderungen des Wiener Kongresses hatten eine veränderte Situation geschaffen. Während Teile Nordwestfalens unter politischem Zwang schon vorher Wege gegangen waren, die geistig und kulturell von Westfalen weg zu „Niedersachsen" führten, war die südliche Hälfte mit Ausnahme von Lippe, Schaumburg-Lippe und Waldeck zu einem geschlossenen westfälischen Gebilde unter preußischer Hoheit zusammengefaßt worden. Um die Lösung der konfessionellen, sozialen und soziologischen Probleme, die daraus entstanden, ist 100 Jahre lang auf beiden Seiten gerungen worden. Preußen hat nicht vermocht, die Eigenart des Westfalentums dem preußischen Wesen zu assimilieren. Ob das den Westfalen zum Guten oder zum Schlechten ausgeschlagen ist, wird sich einer künftigen Geschichtsschreibung einmal als Frage stellen.

Daß Preußen den Westen wieder an das Reich gebracht habe, ist eine Auffassung, die den Begriff des „Reiches" im Sinne der bismarckschen, kleindeutschen Lösung versteht. Sie vergißt, daß ebendiese Preußen im Jahrhundert zuvor die Wurzeln des Reiches untergraben hatten. – Eine viel gehörte Meinung ist: die Preußen haben aus Westfalen überhaupt erst etwas „gemacht"! Gewiß hat der im Innern fest gefügte und nach außen hin mächtige Staat Preußen gewichtige Voraussetzungen und Möglichkeiten geschaffen für eine kräftige wirtschaftliche Entwicklung der preußischen Landesteile Westfalens im 18. und 19. Jahrhundert. Soweit aber der Staat als Wirtschaftsförderer aktiv geworden ist, haben seine Bemühungen in erster Linie dem fiskalischen Interesse gedient. Über das Gängelband des preußischen Merkantilismus haben sich die westfälischen Unternehmer des 18. Jahrhunderts häufig und offen beklagt, und die Betriebsamkeit preußischer Wirtschaftsbehörden hat in der industriellen Revolution des 19. Jahrhunderts die Entwicklung ebenso wohlmeinend zu fördern versucht wie mit bürokratischen und kleinlichen Bedenken durchkreuzt und erschwert. Das schmälert nicht die Verdienste eines Ministers Hei-

Von der „Ära Wilhelmina" bis zur Auflösung

nitz, eines Regierungsrates Eversmann (in der Grafschaft Mark), des jungen Stein, des Ministers Viebahn, eines Bitter, Kuhnt, Gerstein u. a. Ihr Aufgabenbereich und ihre Tätigkeit haben sich über die eines Mittlers im allgemeinen nicht erhoben. Die entscheidenden Impulse und ihre Verwirklichung sind immer von den Westfalen selbst ausgegangen, von dem Unternehmer, dessen Wagemut, „schöpferische Kraft und wegweisende organisatorische Begabung" gerade in Westfalen den Typus des „Produzentenunternehmers" und „deutschen Wirtschaftsführers" herausgebildet haben (Däbritz). Das Westfalen des 19. Jahrhunderts ist an seinen Westfalen groß geworden, an den Harkorts, Krupps, Dinnendahls, an den Müsers (Harpener Bergbau), Selves und Basses, an den Waldthausen und Huyssen, an Grillo und Kirdorf, Stinnes, Haniel, Hoesch, Thyssen und Kloeckner, an den Möllers, Delius, Kisker, Laurenz und Küppers, nicht zu vergessen die Brockhaus, Baedeker, Crüwell, Hüffer, Velhagen, Klasing. Die bloße Aufzählung dieser Namen, die samt und sonders weltweiten Klang gewonnen haben, läßt das Kraftfeld lebendig werden, auf dem Westfalen im 19. Jahrhundert gewachsen ist.

Allerdings: in d i e s e m Jahrhundert treten Wirtschaft und Politik in so enge Berührung, daß eins das andere schließlich nicht mehr entbehren kann, eins o h n e das andere nicht sein kann. So wird Preußens Anteil an dieser Entwicklung immer als imponierende Leistung gewürdigt werden. Bleibt demgegenüber auch bestehen, daß das innere Verhältnis der Westfalen zu den Preußen trotz der nivellierenden Wirkung der Zeit und nach weitgehender Ausräumung offener Gegensätzlichkeiten schartig und rissig geblieben ist, darf solches doch nicht dahin gedeutet werden, als seien die Preußen allein der „schwarze Peter" gewesen. Fritz Hartungs kluge Bemerkung, daß umgekehrt auch „der Westen nicht stark genug gewesen ist, das durch den Osten geprägte preußische Wesen aufzulockern und es für den ganzen Reichtum des Deutschtums zu öffnen", wird dem um ein Urteil Bemühten zu denken geben.

Das p o l i t i s c h e Geschehen des 19. Jahrhunderts in Westfalen, das in anderen Landschaften Preußens und des Reiches in dieser und in anderer Weise seine Parallelen hat, ist, als Ganzes gesehen, die Auseinandersetzung zweier Welten gewesen. Welches Urteil die Geschichte darüber sprechen wird, bleibt abzuwarten, bis einmal die Geschichte der 100 Jahre Westfalens im Königreich Preußen, die nicht ein Buch, sondern Bände füllen wird, geschrieben ist.

in der Weimarer Republik

Die Provinz Westfalen hat, wie die übrigen preußischen Provinzen, das Königreich, das „alte" Preußen, überdauert. War die Provinz in der Ausgestaltung ihrer Provinzialverfassung lange Zeit stiefmütterlich behandelt worden, hatte sie hinter den östlichen Provinzen sichtlich zurückgestanden und erst nach ständigem Bohren und Treiben mit der Provinzialordnung von 1886 einen einigermaßen befriedigenden Status gewonnen, konnte sie sich nun aus der einengenden administrativen und personalpo-

Die preußische Provinz Westfalen

litischen Verbindung mit Berlin bis zu einem gewissen Grade lösen und, wie die übrigen Provinzen, mehr in die Rolle einer ,,R e i c h s p r o - v i n z'' (Bühler) hineinwachsen. Den bedeutsamsten Fortschritt in der Zusammensetzung des Provinziallandtages aber brachte die Einführung des neuen Wahlrechtes in Preußen (Artikel 74 der Preußischen Verfassung vom 30. November 1920). Ihm zufolge mußten künftighin a l l e W a h - l e n , auch die kommunalen, nach dem gleichen, geheimen und direkten Wahlrecht durchgeführt werden. Waren die Abgeordneten des Provinziallandtages bisher nach kommunalständischen Gesichtspunkten ausgewählt worden, gingen sie nunmehr aus der Listenwahl der Parteien hervor. Das führte allerdings zunächst zu Unzuträglichkeiten; konnte es doch vorkommen, daß jetzt einzelne Stadt- oder Landkreise überhaupt nicht, andere dagegen mehrfach im Provinziallandtag vertreten waren. Dem wurde durch ein neues Wahlgesetz vom 7. Oktober 1925 abgeholfen. Dadurch, daß man Listen und Wahlbezirke aufeinander abstimmte, wurde eine gleichmäßigere Vertretung der Lokalinteressen erreicht, wie sie für einen Provinziallandtag erforderlich war.

Den Provinziallandtagen wuchsen in eben dieser Zeit auch p o l i t i - s c h e Aufgaben zu. Der an die Stelle des früheren Preußischen Herrenhauses getretene P r e u ß i s c h e S t a a t s r a t nämlich wurde ausschließlich aus Mitgliedern der Provinziallandtage zusammengesetzt. Der Westfälische Provinziallandtag hatte 10 seiner Abgeordneten in den Preußischen Staatsrat zu delegieren. Der Staatsrat besaß ein Vetorecht mit aufschiebender Wirkung gegen alle vom Preußischen Abgeordnetenhause verabschiedeten Gesetze. Eine ähnliche Politisierung hatten die Provinzialausschüsse der preußischen Provinzen schon in der Weimarer Verfassung vom 31. Juli 1919 erfahren. Preußen stellte zum R e i c h s r a t der Weimarer Republik 26 Mitglieder. Die Hälfte davon, 13, wurde von den preußischen Provinzialausschüssen gewählt. Sie waren bei ihrer Stimmabgabe nicht, wie die übrigen 13, von der Regierung delegierten Mitglieder, an Weisungen gebunden. Schließlich erhielten die Provinzialausschüsse auch noch das Recht, bei der Ernennung der Oberpräsidenten, der Regierungspräsidenten, der Vorsitzenden der Provinzialschulkollegien und der Landeskulturämter mitzuwirken. Weitere Neuerungen waren geplant. Sie zielten u. a. darauf ab, den preußischen Staat ganz aufzulösen und seine Provinzen dem Reich direkt einzugliedern. Sind diese Pläne auch nicht mehr zur Durchführung gekommen, so ist doch festzustellen, daß die Provinzialverbände in der Zeit der Weimarer Republik wiederum an Bedeutung gewonnen hatten.

,,Obwohl nun aber die Provinzialverbände und ihre Landtage politischen Charakter erhalten hatten, blieb in der Verwaltungspraxis der Zusammenhang mit den Stadt- und Landkreisen als den eigentlich Beteiligten unverändert bestehen. Der Entwurf des Haushaltsplanes z. B. wurde in Westfalen weiterhin im Benehmen mit den Stadt- und Landkreisen als den Pflichtigen für die Provinzialumlage aufgestellt, wenn auch die neuen Überweisungen aus Reichssteuern neben den alten Dotationen das Verhältnis der Finanzquellen im ganzen veränderte. Auch die Parteien selbst gingen aus der

Von der „Ära Wilhelmina" bis zur Auflösung

Einsicht, die sie in das Wesen der Aufgaben des Provinzialverbandes gewannen, mehr und mehr dazu über, eine große Zahl von leitenden Beamten der Stadt- und Landkreise auf die Wahllisten zum Provinziallandtag zu setzen, so daß sich in den Fachausschüssen des Landtages erfahrene Kommunalpolitiker zusammenfanden" (Naunin). –

Der erste O b e r p r ä s i d e n t Westfalens in der Zeit der Weimarer Republik, B e r n h a r d W ü r m e l i n g, konnte in der schweren Krise, die die Widerstandsbewegung der Arbeitermassen im Ruhrgebiet auslöste, soweit ersichtlich, nicht entscheidend hervortreten, da seine Befugnisse nicht ausreichten für den Fall, daß der Einsatz militärischer Machtmittel erforderlich würde. Die Reichsregierung hatte daher schon im Jahre vorher, am 7. April 1919, den in Regierungskreisen wegen seiner Tatkraft und ruhigen, besonnenen Festigkeit geschätzten und in schwierigen Verhandlungen bewährten Westfalen C a r l S e v e r i n g als „Reichs- und Staatskommissar" nach Westfalen geschickt.

Carl Severing war 1875 in Herford geboren, begann als Schlosserlehrling und wurde 1901 Gewerkschaftsbeamter, war von 1907 bis 1912 Mitglied des Reichstages und 1919 Mitglied der Nationalregierung. Über seine Tätigkeit als Reichskommissar für Westfalen hat er 1927 in seinem Buch „Im Wetter- und Watterwinkel 1919–1920" berichtet. Er wurde später preußischer Innenminister und Reichsminister des Innern, „ein kleiner, unscheinbarer, schweigsamer Mann mit den Händen eines Arbeiters, der Stirn eines Gelehrten, den Augen eines Gläubigen" (Vossische Zeitung, zitiert in der Würdigung der Persönlichkeit S.'s durch W. Schulte, Westfälische Köpfe (1963), S. 305 ff.). Er starb 1952 in Bielefeld, wo er, von den Nationalsozialisten unbehelligt gelassen, seinen Lebensabend verbrachte und seine Erinnerungen, „Mein Lebensweg", 2 Teile (1950), schrieb.

Die Bewegung im Ruhrgebiet trägt im Anfang, für Westfalen wiederum bezeichnend, ein gemäßigtes, ja, im Vergleich mit den gleichzeitigen Bewegungen in Berlin und Mitteldeutschland, überraschend gemäßigtes Gesicht. Das zeigt die „Programmatische Kundgebung der rheinisch-westfälischen Bergarbeiter- und Soldatenräte an die Bevölkerung des Ruhrgebietes." (Im Wortlaut abgedruckt bei Richard Müller, Der Bürgerkrieg in Deutschland (1925), S. 242 ff.). In einem ruhigen Tone geschrieben, liest sie sich wie die volkstümliche Erläuterung eines national-ökonomisch-politischen Problems. Sie unterrichtet den Leser zuerst, um was es überhaupt geht: die Sozialisierung des Kohlenbergbaues. Der Begriff „Sozialisierung", „ein Wort, unter dem sich nicht jeder etwas vorstellen kann", wird schlicht belehrend erklärt; dann werden die Wege aufgezeigt, auf denen die Sozialisierung über ein kompliziertes System von Vertrauensräten, Räten, Revierräten, Zentralräten, beaufsichtigenden Räten und Volkskommissaren vor sich gehen soll. Sie bittet um Vertrauen zu den selbstgewählten Räten und fordert zur Wiederaufnahme der Arbeit auf und zur Beendigung des Streiks als eines „veralteten Hilfsmittels". Unterzeichnet ist die Proklamation von „Baade (Unabh. Soz.), Limbertz (Soz. Dem. Partei), König (Spartakusbund)". Sie zeigt die drei sozialistischen Parteien noch in gemeinsamem Handeln und hält sich frei von den üblichen, rechts und links gleich beliebten Schimpfworten „Halunke", „Gesindel", „Verbrecher", „Mörder", „Blutsauger", „Schlotbaron", „Offiziersmeute", „Sklavenpeitsche", „nieder!", „hoch!", „es lebe!" usw.

Als aber bekannt wurde, daß auch Industrielle zu den Sozialisierungsausschüssen zugezogen wurden, empfand man das als einen Verrat an der Republik, stempelte, wie anderorts, die Regierung Ebert-Scheidemann zu „Gegenrevolutionären" und schwenkte spontan in das Lager der kommunistischen Revolution über. Die gemäßigten Elemente wurden ausgeschaltet, Limbertz selbst entging mit knapper Not der Massakrierung. Die Arbeitermassen setzten sich in den Besitz der aus dem Kriege vorhandenen Vorräte an leichten und schweren Waffen mitsamt Munition und formierten sich zu militärischen Verbänden. Die gegen sie entsandten Freikorps und örtlichen Bürgerwehren wurden in heftigen Kämpfen überwältigt und größtenteils entwaffnet. Die Kämpfe waren auf beiden Seiten in Roheiten ausgeartet und brachten beiden Teilen, besonders im Kampf um den Essener Wasserturm, blutige Verluste.

Das alles hatte Severing nicht verhindern können. Die Lage spitzte sich zu, als das Arbeiterheer auf angeblich 50 000 Mann und mehr anwuchs und die Städte Dortmund, Hagen und Essen in seine Gewalt brachte. Da ein Verlust des Ruhrgebietes die wirtschaftliche Kraft der Republik untergraben und schwerste außenpolitische Folgen haben mußte, gewann Severing nunmehr die Überzeugung, daß der junge Staat nur durch Einsatz größerer und regulärer militärischer Verbände zu retten war. Um eine solche, weiten Kreisen von rechts und links unpopuläre Maßnahme rechtfertigen zu können, gelang es Severing, die Verantwortung dafür der Gegenseite zuzuspielen. Es glückte ihm, vereinzelte Vertreter der Aufständischen nach Bielefeld an den Verhandlungstisch zu bringen und mit ihnen das „Bielefelder Abkommen" (24. März 1920) zu schließen. Obwohl das Abkommen wenig Neues enthielt, da es weitgehende Versprechungen aus einer bereits am 20. März in Berlin getroffenen Vereinbarung übernahm, obwohl es schwer durchführbar gewesen wäre und den Aufständischen „nicht übersehbaren Machtzuwachs" gebracht hätte (Arning), insofern in einigen Punkten sogar als verfassungswidrig gelten konnte und auch in den eigenen Reihen um Severing, besonders bei dessen militärischen Befehlshaber, dem Freiherrn von Watter, auf Ablehnung stieß, bewirkte es dennoch – was es bewirken sollte? –, die Front der Aufständischen zu spalten. Teile der Aufständischen hielten sich daran und liefen auseinander; der Rest rief um so entschlossener zum Kampf und stellte sich an der Lippe bereit.

Es ist umstritten, ob Severing diese Entwicklung vorausgesehen bzw. ob er sie mit voller Absicht heraufführen wollte. Das letztere ist wahrscheinlich. Sie gab ihm die erwünschte Handlungsfreiheit, selbst wenn diese durch den Buchstaben nicht sanktioniert werden konnte (Arning). Nun konnten, wie einst in den Augusttagen 1914, lange Transportzüge wohlausgerüsteter Truppen aus Norddeutschland über Osnabrück und Rheine auf Severings Geheiß nach Süden rollen. Zu größeren Kampfhand-

Von der „Ära Wilhelmina" bis zur Auflösung

lungen ist es glücklicherweise nicht mehr gekommen. Der Aufstand brach schnell zusammen.

Severings Aufgabe als Reichskommissar war damit beendet. Das Ruhrgebiet sollte allerdings noch nicht so bald zur Ruhe kommen. Die Besetzung des Gebietes durch französische Truppen am 11. Januar 1923 brachte der Bevölkerung wiederum schwere Prüfungen. Bei einem Zusammenstoß mit französischem Militär in Essen gab es Tote und Verwundete. Aktiver Widerstand erwies sich als nutzlos, nutzlos war auch der Opfergang des 29jährigen Leutnants A l b e r t   L e o   S c h l a g e t e r. Nach einem geglückten Anschlag auf die Eisenbahn zwischen Duisburg und Düsseldorf fiel er durch Verrat den Franzosen in die Hände, wurde zum Tode verurteilt und am 23. Mai 1923 auf der Golzheimer Heide bei Düsseldorf erschossen. Dagegen bewirkte der p a s s i v e   W i d e r s t a n d, von der Bevölkerung, besonders von der Arbeiterschaft, mit Nachdruck durchgeführt, daß die Besatzung zurückgezogen wurde, als die Franzosen feststellten, daß sie trotz aller Bemühungen nur die Hälfte der Kohlenmengen erhielten, die sie vorher erhalten hatten und für ihre lothringische Eisenindustrie benötigten. Frankreich stimmte einer Neuregelung der Reparationen durch den Dawes-Plan zu.

Unter der milden Amtsführung des Oberpräsidenten J o h a n n e s   G r o n o w s k i – er hatte 1922 den Oberpräsidenten Würmeling abgelöst – sind Westfalen 10 gute Jahre beschieden gewesen. Gronowski war 1874 als Sohn eines Arbeiters geboren, hatte eine Handwerkslehre durchgemacht, sich in den katholischen Arbeitervereinen und den christlichen Gewerkschaften betätigt, war der Zentrumspartei beigetreten und Mitglied des Reichstages geworden. Katholik und von gütigem friedlichen Wesen, verbunden mit großer Sachkenntnis, konnte er vielfach ausgleichend wirken. 1933 wurde er von den Nationalsozialisten entlassen. – Er verzichtete auf ein „Gnadengehalt" und schlug sich und seine zahlreiche Familie als Handelsvertreter durch. 1945 schloß er sich der CDU an und war längere Zeit Alterspräsident des Landtages von Nordrhein-Westfalen; 1958 ist er gestorben.

im nationalsozialistischen Regime

Der neue Oberpräsident, F e r d i n a n d   F r e i h e r r   v o n   L ü n i n c k, geriet bald in das Ränkespiel der Parteigrößen, widersetzte sich, wurde 1938 seines Amtes enthoben und 1944 wegen Beteiligung am Widerstand durch den Volksgerichtshof zum Tode verurteilt und hingerichtet. Sein Nachfolger, D r.   A l f r e d   M e y e r, war gleichzeitig „Gauleiter" von Westfalen-Nord; die Provinz trat hinter den „Gauen" der Partei zurück. Alfred Meyer starb auf der Flucht 1945, vermutlich durch Selbstmord.

Die W i d e r s t a n d s b e w e g u n g hat in Westfalen zahlreiche Opfer gefordert. Eine ihrer markantesten Figuren ist der von Katholiken und Protestanten gleich geschätzte, mannhaft aufrechte münsterische Bischof C l e m e n s   A u g u s t   v o n   G a l e n gewesen. An seiner Person sich zu

Die preußische Provinz Westfalen

vergreifen, haben die Nationalsozialisten nicht gewagt. 1946 empfing er in Rom den Kardinalshut und starb kurz darauf eines plötzlichen, unerwarteten Todes.

Wenn sich die Selbstverwaltung des westfälischen Provinzialverbandes gegen die totalitären Ansprüche des nationalsozialistischen Regimes anfänglich behaupten konnte, so lag es teils daran, daß die Gauleiter bei ihrer politischen Inanspruchnahme wenig Zeit fanden, sich um die Dinge zu kümmern, zum Teil auch daran, daß die Verwaltungsaufgaben des Provinzialverbandes weitergeführt werden mußten. Der Westfälische Provinziallandtag war gemäß dem neuen Führerprinzip und der Suprematie der staatlichen Gewalt schon durch das Gesetz vom 17. Juli 1933 aufgelöst worden. Bald darauf wurde auch der Provinzialausschuß durch das sogenannte „Oberpräsidentengesetz" vom 15. Dezember 1933 aufgelöst und der Behördenapparat des in seiner rechtlichen Selbständigkeit nicht veränderten Provinzialverbandes dem Oberpräsidenten unterstellt, und zwar in der Weise, daß der Landeshauptmann nunmehr seiner Behörde gegenüber als Stellvertreter des Oberpräsidenten galt. War von dem Provinzialverband nun auch nicht viel mehr übrig geblieben als Amt und Dienststelle des Landeshauptmanns, so blieben ihnen trotz ihrer Durchsetzung mit Nationalsozialisten im wesentlichen doch ihre früheren Aufgaben erhalten; ja, von hier aus und im Verein mit berufsständischen Organisationen gelang es, die von den Nationalsozialisten angestrebte Teilung Westfalens nach den Grenzen der beiden NS-Gaue „Westfalen-Nord" und „Westfalen-Süd" zu verhindern.

Die solchen Teilungs- und Spaltungswünschen widerstrebenden Kräfte sollte der Betrachter der Geschichte Westfalens nicht übersehen. Mit der napoleonischen Epoche und dem Wiener Kongreß hatte es doch geschienen, als wäre das Ende alles dessen gekommen, was einmal „Westfalen" und „westfälisch" genannt worden war, und das preußische Halbwestfalen, das der Kongreß als die einzige Lösung gesehen hatte, blieb bei den Westfalen selbst auf lange hinaus außerhalb jeder Vorstellung. In dem Maße aber, wie die Menschen dieses n e u e n W e s t f a l e n s sich den Weg zur eigenen Bewältigung ihrer Angelegenheiten frei machten, wie sie sich unter der Einwirkung des unter ihnen lebenden Freiherrn vom Stein zur Mitwirkung an den öffentlichen Aufgaben und am staatlichen Leben heranbringen lassen konnten, mußte auch ein neues „Westfalenbewußtsein" (Casser) entstehen, das sich an einen neuen Raum band, an den Raum eben der Provinz, in dem sich so widerstrebende Elemente wie Münster und Paderborn und die kölnischen Westfalen, schließlich selbst die Lipper als Westfalen zusammenfinden konnten.

Rückblicke und Betrachtungen drängen sich in diesem Zusammenhange auf. Es ist leicht, zu sehen, welche Kräfte politische, geschichtliche, geographische, volkstumsmäßige B e w u ß t h e i t e n ausstrahlen und mit welcher Hartnäckigkeit an ihnen festgehalten wird. Der im späten Mittelalter in Westfalen sich bildende „territoriale Nationalismus" (Hömberg), („Markaner", „Mindener", „Tecklenburger", „Ravensberger", „Paderborner", „Schaumburger" usw. zu sein), ist bis auf den heutigen Tag voll lebendig, obwohl die Verbindung mit den alten Herrscherhäusern längst

Von der „Ära Wilhelmina" bis zur Auflösung

abgerissen, der Territorialstaat mit seinem Namen und seinen Grenzen als Verwaltungseinheit o. ä. nicht immer bestehen geblieben ist. Die Herzöge von Jülich, Berg, Kleve, Mark und Ravensberg haben für ihren Gesamtstaat keinen Namen gehabt wie ebenso wenig die Könige von Preußen. Sie haben immer nur von ihren „Staaten" gesprochen.

Älter ist das „Westfalenbewußtsein" (Casser); es hat a l l e Nationalismen des westfälischen Raumes einstmals u m g r i f f e n (vgl. S. 86). Mit der vollständigen Überfremdung Westfalens im 17. und 18. Jahrhundert wäre es wohl verloren gegangen, wenn es sich nicht an eine p o l i t i s c h e Neuschöpfung, den Reichskreis von 1512, hätte anlehnen können, sei es auch nur, weil dieser Kreis, eine Organisation des Reiches, immer wieder und bis auf Justus Möser, Hoffnungen erweckte. Wir unterschätzen die Bedeutung des Kreises. Daß er die auf ihn gesetzten Hoffnungen enttäuschte, war nur die Folge des passiven Widerstandes, der ihm aus den Reihen der Westfalen entgegengesetzt wurde, für die die Machthaber dieses Kreises eben Fremde waren.

Die Entscheidung des Wiener Kongresses hat von Westfalen gerettet, was noch zu retten war; denn die gewaltsamen, jeder Rechtsgrundlage entbehrenden Säkularisationen von 1803 rückgängig zu machen, war undenkbar, und unzumutbar war es für England-Hannover, eine Ausdehnung Preußens bis zur Nordsee geschehen zu lassen. Die Welfen dachten aber nicht daran, ihren Anteil an der „Neuordnung Europas" etwa als „Nordwestfalen" zu übernehmen. Sie hatten ja bereits seit mehr als 100 und 200 Jahren Teile des Raumes zwischen Mittel-Weser und Mittel-Ems mit ihrem Niedersachsentum ausgefüllt und blieben mit soviel Geschick dabei, daß im Nord-Osnabrückischen, wo heute noch das ursprünglichste, weil ungebrochene, westfälische Platt gesprochen wird und wo vor 1½ Jahrtausenden die Wiege des Westfalentums gestanden hat, kein Mensch mehr weiß und nicht wissen will, daß er Westfale ist. Hier hat also die stammesgeschichtliche – richtiger: volkstumsmäßige – Komponente des Westfalenbewußtseins vor der Politik die Segel gestrichen und hat sich ablösen lassen von einem nun r e i n von der Politik her bestimmten „Regionalismus" (Gollwitzer). Freilich darf man nicht vergessen, daß der „Sachsen"-Begriff den „Westfalen"-Begriff von Anfang an überdeckt hat, daß also mit dem Niedersachsentum Osnabrücks nicht etwas vollständig Neues an die Stelle des Alten getreten ist.

Weit schwieriger ist auch der Ablauf in den neuen preußischen Provinzen von 1864 und 1866 gewesen, schwierig auch z. B. in Bayern mit der Erwerbung Frankens und in Württemberg mit der Oberschwabens (Gollwitzer). Anfechtbar aber ist die Meinung, der territoriale Nationalismus sei hinter den neuen Regionalismus einfach zurückgetreten oder gar von ihm aufgesogen worden. Die Lipper z. B. wollten seit 1807 n u r Lipper sein; Westfalen war ihm gleichbedeutend mit Preußen.

Gewiß ist es schwer, Erscheinungen dieser Art in deckende Begriffe zu zwängen. Sicher ist aber, daß, wo immer die Politik in geschichtlich oder volkstumsmäßig Gewachsenes eingreift, Vacua entstehen. Sie wieder auszufüllen, gelingt häufig nur unvollkommen und unter Erschütterungen. In der großen Politik geht die Brutalität der Macht darüber hinweg; im

Die preußische Provinz Westfalen

Mikrokosmos der kommunalen und regionalen Verwaltung aber gebührte ihnen vor anderen Problemen der Vorrang. So unmeßbar sie sind, so schwer ist ihr Eigengewicht.

Was immer über die preußische Provinz Westfalen gesagt ist und noch gesagt werden wird, eins ist unbestreitbar: o h n e d i e P r o v i n z W e s t - f a l e n g ä b e e s v i e l l e i c h t k e i n W e s t f a l e n m e h r, gäbe es heute nicht mehr diese in ihren kulturellen und volkstumsmäßigen Äußerungen eigenständige und lebenskräftige, in ihrem Wirtschaftspotential überwältigende Landschaft. Das Erbe der Provinz ist auf den Landschaftsverband Westfalen-Lippe übergegangen; es erneut zerschlagen könnte seinen Tod bedeuten. –

Als Landeshauptmann hatten die Nationalsozialisten K a r l F r i e d - r i c h K o l b o w eingesetzt. Er war Wandervogel, später Korpsstudent gewesen und hatte gehofft, die Erfüllung seines idealistischen, voneinander widerstreitenden Gedanken bestimmten Weltbildes im Nationalsozialismus zu finden. Sein Amt brachte ihn mit den höheren Parteistellen in Berührung und ließ ihn bald seine Hoffnungen als getäuscht erkennen. Die Flucht in die zum Schein geduldete Heimatbewegung gab ihm Rückhalt. In der damals geschaffenen Koppelung seines Amtes als Landeshauptmann mit dem eines Bundesleiters des „Westfälischen Heimatbundes" fand er eine ersprießliche Betätigung, spürte aber bald, daß man ihn, der den Widerspruch nicht scheute, beargwöhnte. Zum Verhängnis wurde ihm, daß er mit dem gestürzten Oberpräsidenten von Lüninck in Verbindung blieb. 1944 wurde er abgesetzt, aus der Partei ausgestoßen und ging als Soldat an die Westfront, geriet in Gefangenschaft und starb 1945 im Lager Thoré an Entkräftung. Im wesentlichen sein Verdienst ist es, daß eine Teilung der Provinz unter die 3 Parteigaue Westfalen-Nord, Westfalen-Süd und Essen verhindert wurde.

Der Zweite Weltkrieg hatte alle größeren Städte Westfalens und Industrieanlagen in chaotische Trümmerfelder verwandelt, in den letzten Kriegstagen durch unglückliche Verkettungen auch noch das bis dahin unversehrte Paderborn in ein Flammenmeer aufgehen lassen. Die Bekämpfung der gegnerischen Luftstreitkräfte durch Flakartillerie, deren Bedienung vornehmlich aus noch nicht kriegsdienstpflichtigen Jugendlichen bestand, war wirkungslos, wirkungslos und unsinnig auch der Versuch, im Ruhrkessel Widerstand zu leisten und durch schnell zusammengewürfelte, aus Genesenden- und Krankenkompanien gebildete Verbände längs des Teutoburger Waldes eine Verteidigungsfront zu errichten. Amerikanische Truppen, die bei Kriegsende Westfalen besetzt hielten, wurden noch 1945 durch englische Truppen abgelöst.

Nun ist Preußen dahin, und das Reich ist dahin. Geblieben ist Westfalen, geblieben auch ein preußisches Erbe in Westfalen. – Die Westfalen sind keine Preußen gewesen, gleichgültig, ob sie katholisch oder lutherisch waren, ob sie in Münster oder Paderborn, in der Mark oder zwischen Osning, Weser und Wiehen lebten. Sie sind es nie gewesen und sind es nie geworden.

Stehen wir mit leeren Händen vor unserer Vergangenheit? Nicht einmal einen „Staat" haben wir fertig gebracht? Eben das ist es. Daß wir unseren

Von der „Ära Wilhelmina" bis zur Auflösung

eigenen Staatsgedanken gewollt haben, macht unser Mittelalter so reizvoll, so einzigartig, so „pittoresque": unser Mittelalter. Dann ist es anders gekommen. Im 16. und 17. Jahrhundert sollten wir wittelsbachisch, im 18. Jahrhundert preußisch werden. Wir waren, was Heinrich Böll von seinen Rheinländern gesagt hat, „in die falsche Geschichte geraten".

QUELLEN UND LITERATUR

Drake, H.: Land Lippe. Berichte, Aktenauszüge und Bemerkungen zu den Vorgängen in den Jahren 1945, 1946, 1947 mit einigen Hinweisen auf Auswirkungen und Entschließungen in den späteren Jahren bis zur Gegenwart. Als Manuskript gedruckt. 1955.
Für die Geschichte Westfalens im 19. und 20. Jahrhundert liegen noch keine größeren, zusammenhängenden Aktenpublikationen vor; Memoiren, Briefwechsel und Tagebücher sind erst spärlich vertreten. (Die Herausgabe der Tagebücher Vinckes ist in Vorbereitung). Die als neue Geschichtsquellen auftretenden Tageszeitungen geben in erster Linie den Stoff für die Geschichte ihrer Partei. Der Historiker ist daher für diese Zeit vornehmlich auf die Akten der staatlichen und privaten Archive angewiesen. Hingewiesen sei auf das Quellen- und Literaturverzeichnis in Wilhelm Schultes „Volk und Staat", S. 775–778.

Kochendörffer, H.: Briefwechsel zwischen Stein und Vincke. 1930.

Verhandlungen des 1. (2. usw.) Provinziallandtages der Provinz Westfalen. 1827 ff.

von Haxthausen, W.: Über die Grundlagen unserer Verfassung. Denkschrift, 1833.

Westfälische Zustände. Eine freimütige Denkschrift bei dem Regierungsantritt Sr. Maj. Friedrich Wilhelm IV. 1841, 2. Aufl. 1842.

Hüffer, J. H.: Lebenserinnerungen, Briefe und Aktenstücke. Unter Mitwirkung von E. Hövel hrsg. von W. Steffens 524 S., 3 Tafeln, 2 Schriftproben, 1952 (= Westf. Briefwechsel und Denkwürdigkeiten 3). (LB 321).

Ficker, L.: Der Kulturkampf in Münster. Aufzeichnungen des Kreisgerichtsrates a. D. Ludwig Ficker. Bearb. von O. Hellinghaus. XII, 592 S., 1928. (= Quellen und Forschgn. zur Gesch. der Stadt Münster 5).

Severing, C.: Mein Lebensweg. Bd. 1: Vom Schlosser zum Minister; Bd. 2: Im Auf und Ab der Republik. XI, 465 S., VII, 526 S., illustr., 1950.

Kriegstagebuch des Oberkommandos der Wehrmacht. Geführt von H. Greiner und P. E. Schramm. Bd. IV, 2. 1963.

Keinemann, F. (Herausgeber): Quellen zur politischen und sozialen Geschichte Westfalens im 19. Jahrhundert und zur Zeitgeschichte. 2 Bände, Hamm 1975/1976 (Selbstverlag).
(Bd. 1 enthält eine Auswahl der sogenannten „Zeitungs-Berichte der Regierungspräsidenten von Arnsberg, Minden und Münster aus der Zeit von 1841–1868" mit umfangreichen Anmerkungen des Herausgebers; Bd. 2 des Herausgebers „Überblick über die Entwicklung der öffentlichen Stimmung in Westfalen 1841–1872" (23 Seiten), Nachträge verschiedener Landräte bis 1859 und weitere ähnlich ausgewählte Berichte aus der Weimarer Zeit, NS-Zeit und Nachkriegszeit, ebenfalls mit umfangreichen Anmerkungen).

LITERATUR

Kiewning, H.: Fürstin Pauline. 1930.

Reichhold, H.: Der Streit um die Thronfolge im Fürstentum Lippe 1895 bis 1905. VII, 78 S., 1 Stammtafel, 4 Abbldgn., 1967. (= Schriften der Hist. Kommission Westfalens 6).

Die preußische Provinz Westfalen

(behandelt den lippischen Thronstreit als Symptom der Auseinandersetzung von „Fürstenmacht und Staatsraison" im „Föderalismus Bismarckscher Prägung").

Hartlieb von Wallthor, A.: Die Entstehung der Provinz Westfalen und die ersten westfälischen Provinziallandtage. In: Westf. Heimatkalender 1965, S. 28–35.

Hartmann, J.: Geschichte der Provinz Westfalen. 1912.
(vgl. die Bemerkung hierzu im bibliographischen Teil der Einleitung.
Der Geschichte der „Provinz" sind nur 50 Seiten gewidmet; sie beschränken sich auf die Nebengebiete, Geschichte im engeren Sinne sind in diesem Teile nur die knapp 2 Seiten über „Die Unruhen im Jahre 1848").

Trende, A.: Aus der Werdezeit der Provinz Westfalen. 1933.

Philippi, F.: Hundert Jahre preußischer Herrschaft im Münsterland. 1904.

Pertz, G. H.: Das Leben des Ministers Freiherr vom Stein. 6 Bände, 1849 bis 1855.

von Bodelschwingh, E.: Das Leben des Oberpräsidenten Freiherrn von Vincke. 1853.

Kochendörffer, H.: Vincke. 2 Bände, 1932, 1933.

Steffens, W.: E. M. Arndt und Vincke. Ihre Anschauungen über den Bauernstand in den Strömungen ihrer Zeit. Mit 3 unveröffentlichten Briefen Arndts. In: WZ 91 I (1935), S. 195–279.

Wegmann, D.: Die leitenden staatlichen Verwaltungsbeamten der Provinz Westfalen 1815–1918. Münster 1969. XV, 352 S. (= Veröffentl. d. Hist. Komm. Westfalens XXII a = Gesch. Arbeiten zur westf. Landesforschung. Wirtschafts- u. sozialgesch. Gruppe I).

Lipgens, W.: Ferdinand August Graf Spiegel und das Verhältnis von Kirche und Staat 1789–1835. Die Wende vom Staatskirchentum zur Kirchenfreiheit. 1965.

Keinemann, F.: Zu den Auswirkungen der Julirevolution in Westfalen. In: WZ 121 (1971), S. 351–364.

Nordsiek, H.: Der „Märtyrer von Minden". Die Haft des Kölner Erzbischofs Droste zu Vischering 1837–1839 in Minden. In: Mttlgn. des Mindener Gesch.V. 45 (1973), S. 107–126.

Schnake, E. F.: Zur Erinnerung an Rud. Rempel. Charakterbild eines Volksmannes. 1869.

Bläute, H.: Das Westfälische Dampfboot und sein Herausgeber Otto Lüning. In: 56. JBHVR (1951), S. 251–268. (LB 302).

Schulte, W.: Volk und Staat. Westfalen im Vormärz und in der Revolution 1848/49. 808 S., 24 Tafeln, 1954. (LB 182).
(eine der hervorragendsten Leistungen der westfälischen Geschichtsschreibung unserer Zeit. Die verhältnismäßig knappe, aber packende Darstellung wird ergänzt durch eine überaus reiche Fülle von Anmerkungen und Beigaben zur Personen- und Lokalgeschichte. Die Behandlung des Problems Westfalen: Preußen hat die Kritik herausgefordert und Zustimmung wie Ablehnung gefunden).

Hüser, K.: Der westfälische Kongreß für die Sache und Rechte der preußischen Nationalversammlung und des preußischen Volkes vom 18./19. November 1848 in Münster. In: WZ 119 (1969), S. 121–157.
(fragwürdige Interpretation des zur Veröffentlichung bestimmten und entsprechend vorsichtig formulierten Protokolls des Kongresses und Versuch einer Bagatellisierung und Herabwürdigung der hochgestimmten Erregung dieser Tage).

Schulte, A. u. E. Schulte: Der Plan der Angliederung von Ostfriesland, Emsland und Osnabrück an die Provinz Westfalen 1866–1869. Mit 1 Karte. In: Der Raum Westfalen II, 2, S. 159–209.

Gollwitzer, H.: Die politischen Landschaften des 19. und 20. Jahrhunderts. In: Ztschrft. f. bayr. Landesgeschichte 27 (Festgabe für Alexander von Müller), 1950.

Von der „Ära Wilhelmina" bis zur Auflösung

Hartung, F.: Der preußische Staat und seine westlichen Provinzen. In: Westf. Forschgn. 7 (1954), S. 5–14. (LB 156).

Hohmann, G.: Die Soester Konferenzen 1864–1866. Zur Vorgeschichte der Zentrumspartei in Westfalen. In: WZ 114 (1964), S. 293–342.

Dahm, H.: Preußens Westprovinzen. In: Rheinisch-Westf. Rückblende, hrsg. von W. Först (1967), S. 43–52.

Soll, K.: Die Provinzialordnung vom 29. Juni 1875 und ihre Einführung in Westfalen am 1. August 1886. In: Ravensberger Blätter 5 (1966), S. 65–71.

Soll, K.: Der Provinzialverband „Westfalen" und seine verfassungsmäßige Fortentwicklung von 1886 bis zur Gegenwart. In: Ravensberger Blätter 6 (1967), S. 81–86.

Zuhorn, K.: Grundlagen der landschaftlichen Selbstverwaltung. 1951.

Hammerschmidt, W.: Die provinzielle Selbstverwaltung Westfalens. Aus Anlaß des 50. Zusammentritts des Westf. Provinziallandtages dargestellt von Landeshauptmann Dr. Hammerschmidt und den oberen Provinzialbeamten. 1909.

Herzig, A.: Die Entwicklung der Sozialdemokratie in Westfalen bis 1894. In: WZ 121 (1971), S. 97–172.

Koch, M. J.: Die Bergarbeiterbewegung im Ruhrgebiet zur Zeit Wilhelms II. (1889–1914). 1954. (= Beitr. zur Gesch. des Parlamentarismus der politischen Parteien 5). (LB 306).

von Oertzen, P: Die großen Streiks der Ruhr-Bergarbeiterschaft im Februar 1919. Ein Beitrag zur Diskussion über die revolutionären Entstehungsphasen der Weimarer Republik. In: Vierteljahreshefte für Zeitgeschichte 6 (1958), Heft 3.

Hennicke, O.: Die Rote Ruhrarmee. Berlin, Verlag des Ministeriums für Nationale Verteidigung 1956, 117 S.

Angreß, F. W.: Weimar coalition and Ruhr insurrection, March–April 1920. A study of government policy. In: Journal of Modern History 29 (1957). S. 1–20.

Hundt, J. u. H. Meier-Wrekk: Hitlergeißel über Westfalen. Eine Bilanz der Nazi-Zeit. Mit einem Geleitwort von F. Stricker. Hrsg. von der Pressestelle der Westf. Provinzialregierung, o. O. u. J. (1946). (LB 185).

Spethmann, H.: Die Eroberung des Ruhrgebietes im Frühjahr 1945. In: Beitr. zur Gesch. von Stadt u. Stift Essen 65 (1950), S. 43–91. Mit Plänen. (LB 186).

Kühlwein, F. K.: Die Kämpfe in und um Bielefeld im März und April 1945. In: 56. JBHVR (1951), S. 296–318. (LB 190).

Meyer-Detring, W.: Die militärischen Ereignisse im rheinisch-westfälischen Raume während des Zweiten Weltkrieges. In: WZ 117 (1967), S. 49–66.

Görlitz, W.: Model. Strategie der Defensive. Von Rußland bis zum Ruhrkessel. 1975.

Wegmann, G.: Das Kriegsende zwischen Niederrhein, Emsland und Teutoburger Wald im März/April 1945. In: Osnabr. Mttlgn. 83, 84 (1977, 1978). 182 S., mit Karten.

Whiting, Ch.: Der Kampf um den Ruhrkessel. 1978.

Bierbaum, M.: Nicht Lob, nicht Furcht. Das Leben des Kardinals von Galen nach unveröffentlichten Briefen und Dokumenten. 2., erweiterte Aufl., 1957. 367 S., 10 Tafeln, 2 Facsimilia. (LB 331).

Portmann, H.: Der Bischof von Münster. Das Echo eines Kampfes für Gottesrecht und Menschenrecht. 1946.

6. Teil

Westfalen im Lande Nordrhein-Westfalen

Westfalen im Lande Nordrhein-Westfalen

Das Ende des Zweiten Weltkrieges hat in Westfalen nicht, was befürchtet werden konnte, Umwälzungen ähnlichen Ausmaßes gebracht, wie sie etwa der Wiener Kongreß bewirkt hatte. Auch nach Kolbows Entfernung aus dem Amte blieb seine Dienststelle bestehen, blieben auch nach wie vor die kommunalen und staatlichen Zweige der Verwaltung innerhalb des gesamten Oberpräsidiums voneinander getrennt und setzten ihre Arbeit auch über das Kriegsende hinaus fort. Die alliierte Besatzung war natürlich an einem reibungslosen Ablauf aller kommunalen Verwaltungsgeschäfte interessiert. Die Militärregierung berief deshalb am 2. Juni 1945 den bisherigen Landesrat B e r n h a r d S a l z m a n n zum neuen Landeshauptmann, unterstellte ihn und seine Dienststelle jedoch, wie es nach dem Oberpräsidentengesetz gewesen war, dem kurz darauf, am 5. Juli 1945 zum Oberpräsidenten berufenen, ehemaligen Regierungspräsidenten Dr. R u d o l f A m e l u n x e n. Der neue Oberpräsident gliederte sein Oberpräsidium in neun Generalreferate, unter ihnen war aber keines für den Bereich des kommunalen Provinzialverbandes. Daraus ergab sich sogleich ein „Streit um die Notwendigkeit der E r h a l t u n g des Provinzialverbandes. Seine Befürworter argumentierten, daß eine Vermischung der kommunalen Selbstverwaltungsaufgaben mit den Staatsaufgaben unzulässig sei, während seine Gegner bestritten, daß nach der Auflösung des Landes Preußen und der Schaffung einer eigenständigen Provinzialregierung, für die über kurz oder lang auch ein Parlament zu wählen sei, noch besondere Selbstverwaltungsaufgaben von den Staatsaufgaben zu trennen seien" (Soll). In dieser Krise bewährte sich die westfälische Zähigkeit des neuen Landeshauptmanns. Er erklärte, durch das Kontrollratsgesetz Nr. 1 vom 20. September 1945 über die „Aufhebung von Nazi-Gesetzen" wäre auch das Oberpräsidentengesetz von 1933 aufgehoben worden, und in eigenmächtigem Festhalten am Bestehenden wußte er die Gegner der Selbstverwaltung, unter ihnen an erster Stelle den Generalreferenten Dr. M e n z e l, Severings Schwiegersohn, zunächst hinzuhalten. Zugute kam ihm, daß bei Bekanntwerden des französischen „Bidault-Planes" im April 1946 die gegnerischen Lager sich zur gemeinsamen Abwehr der französischen Wünsche, das Ruhrgebiet – wahrscheinlich nach dem Muster von Berlin und Wien – unter internationale Kontrolle zu stellen, näher kamen. Dies zeigte sich besonders in der Reaktion von Provinzialregierung und Verwaltung des Provinzialverbandes (Provinzialverwaltung) auf den „Bevin-Plan", der die englische Antwort auf den „Bidault-Plan" darstellte und ein um Teile Westfalens, insbesondere das Ruhrgebiet, erweitertes Land Rheinland als Land der britischen Besatzungszone schaffen wollte. Sowohl die Provinzialregierung und der von der Militärregierung auf Vorschlag der politischen Parteien zur Mitwirkung bei den staatlichen Aufgaben der Provinz berufene 100köpfige Provinzialrat als auch die Provinzialverwaltung lehnten in Übereinstimmung mit den spontanen Willenskundgebungen der Bevölkerung die geplante Teilung Westfalens entschieden ab. Die Provinzialverwaltung und kommunale Kreise um den damaligen Oberstadtdirektor von Münster, Dr. Karl Zuhorn, gingen sogar noch einen Schritt weiter, indem sie nach Absprache mit dem Chef der rheinischen Provinzialregierung, Dr. Robert Lehr, als

Westfalen im Lande Nordrhein-Westfalen

Gegenvorschlag den Zusammenschluß des Rheinlandes und Westfalens zu einem neuen Lande anregten. Diese Gedankengänge fanden ihren Niederschlag in dem von Dr. Zuhorn und Dr. Helmut Naunin, Landesrat in Salzmanns Provinzialverwaltung, der britischen Militärregierung unterbreiteten Entwurf eines Rahmengesetzes über die Bildung des Landes Nordrhein-Westfalen. Dieser Entwurf sah zur Gewährleistung der notwendigen dezentralisierten Verwaltung der regionalen Selbstverwaltungsangelegenheiten je eine regionale Selbstverwaltungskörperschaft mit einem Provinziallandtag als parlamentarischem Organ und einem Landeshauptmann als verwaltendem Organ vor.

Die Militärregierung hat zwar zu diesem Entwurf offiziell keine Stellung genommen, in überraschender Entschlußfreudigkeit aber bereits am 23. August 1946 mit der Verordnung Nr. 46 die preußischen Provinzen bzw. deren Teile in der britischen Zone aufgelöst und sie staatsrechtlich zu „Ländern" erhoben. Bestehen blieben dagegen die drei Regierungsbezirke der Provinz: Münster, Minden und Arnsberg als Verwaltungseinheiten des neuen Landes. Nach der Eingliederung Lippes (oben S. 236) wurde der Regierungsbezirk Minden um das Land Lippe erweitert, der Sitz des neuen „Regierungsbezirks Detmold" aber nach Detmold verlegt. Die Provinzen Rheinland und Westfalen waren durch die Verordnung Nr. 46 zu einem Lande „ N o r d r h e i n - W e s t f a l e n" zusammengelegt worden, zu seinem Ministerpräsidenten Dr. Amelunxen ernannt. Das Amt des Oberpräsidenten war damit erloschen.

Noch keinerlei Bestimmungen enthielt die Verordnung Nr. 46 über das Schicksal der Selbstverwaltungskörperschaften, hob sie andererseits aber auch nicht auf, so daß seine Befürworter nunmehr, da es keinen Oberpräsidenten mehr gab, ihre Wünsche auf völlige Verselbständigung stark gestützt sahen. Demgegenüber setzten ihre Gegner ihre Hoffnung auf den neuen Landtag des Landes Nordrhein-Westfalen, der darüber zu entscheiden hatte.

Schon kurz v o r Bekanntwerden der Verordnung Nr. 46 hatte der Oberbürgermeister der Stadt Bielefeld, A r t h u r L a d e b e c k, eine für die künftige Entwicklung wichtige Initiative ergriffen. In einer Sitzung des Rates der Stadt vom 26. Juni 1946 brachte er „eine Entschließung für die Bildung eines B e i r a t e s der Stadt- und Landkreise für die Provinzialverwaltung einstimmig zur Annahme" (Soll). Als der Oberpräsident diesen in Form eines Antrages an ihn weitergeleiteten Beschluß ablehnte mit der Begründung, die Aufgaben des Provinzialverbandes seien auf die Provinzialregierung übergegangen, berief der Landeshauptmann als Antwort einen Kreis von Kommunalpolitikern, der erstmals am 24. Oktober 1946 in Münster zusammentrat und mit dem er als einem ständigen Ausschuß alle Angelegenheiten des Provinzialverbandes besprach.

Der inzwischen zusammengetretene Landtag Nordrhein-Westfalen hatte sich begreiflicherweise und im Drange der ersten Geschäfte mit anderen Aufgaben auseinanderzusetzen und rührte die Frage der Selbstverwaltung zunächst nicht an. Andererseits empfand der Ausschuß selbst es als Mangel, daß es ihm wegen seiner Berufung durch den Verwaltungschef an einer echten Legitimation fehlte. Landeshauptmann Salzmann richtete daher einen Antrag an den Landtagspräsidenten und an den Ministerpräsidenten, in dem um die Einsetzung eines aus westfälischen Landtagsabgeordneten zu bildenden Ausschusses zur Wahrnehmung der Rechte und Pflichten gebeten wurde, die bis zum Oberpräsidentengesetz von 1933 dem Provinzialausschuß und dem Provinziallandtag zugestanden hatten. Als dieser Antrag mit Erlaß des Innenministers Dr. Menzel abgelehnt wurde und der Innenminister sich zudem auch noch weigerte, vom Bestehen des Ausschusses Kenntnis zu nehmen, konstituierte sich der Ausschuß als „Vorläufiger Provinzialausssschuß". Er beschloß außerdem, seine Legitimation von der Seite der Mitglieder des Provinzialverbandes aus stützen zu lassen und lud daher alle westfälischen Stadt- und Landkreise ein, je zwei bevollmächtigte Vertreter zu einer Versammlung zur Erörterung gemeinsam interessierender Fragen des Provinzialverbandes zu entsenden. Dieser provisorische Provinziallandtag tagte am 2. März 1948 auf der H o h e n s y b u r g und bestätigte einstimmig den bisherigen berufenen Ausschuß in seiner Funktion als „Vorläufiger Provinzialausschuß". Bereits vorher, nämlich am 4. Juli 1947, hatte der Landeshauptmann – damit der Ausschuß nicht nur beraten, sondern auch verantwortlich beschließen konnte – dem Ausschuß in rechtlich zulässiger Weise verbindlich erklärt, daß er – unbeschadet seiner eigenen Verantwortung – den Ausschuß mit allen Zuständigkeiten des früheren Provinzialausschusses befassen und seine Beschlüsse als bindend ansehen und ausführen werde.

Der Innenminister wies zwar den nunmehr erneut gestellten Antrag auf Anerkennung des Ausschusses unter Berufung auf seinen früheren Erlaß erneut zurück, fand sich nun aber angesichts der „demokratischen Legitimierung" mit der Existenz des Ausschusses ab. Allerdings verlangte er mit Erlaß vom 21. Juli 1949, daß sich der Ausschuß „Beratender Ausschuß" nennen müsse. Damit war ein entscheidender Schritt auf dem Wege zur Schaffung einer neuen Rechtsgrundlage für die landschaftliche Selbsverwaltung Westfalens getan.

Geschaffen wurde diese Rechtsgrundlage in der „ L a n d s c h a f t s v e r b a n d s o r d n u n g f ü r d a s L a n d N o r d r h e i n - W e s t f a l e n", die der Landtag Nordrhein-Westfalen am 6. Mai 1953 als Gesetz verabschiedete. Das Gesetz sieht für die Landesteile Rheinland und Westfalen je einen aus den Landkreisen und den kreisfreien Städten gebildeten „ L a n d s c h a f t s v e r b a n d" vor. Seine Vertretungskörperschaft ist die „ L a n d s c h a f s v e r s a m m l u n g", die mindestens einmal im Jahre zusammentreten muß. Die Mitglieder der Landschaftsversammlung werden von den Vertretungskörperschaften der Stadt- und Landkreise gewählt. Als Hauptbeschlußorgan wählt die Landschaftsversammlung einen „Landschaftsausschuß", dessen Entscheidungen durch die ebenfalls von der Landschaftsversammlung gewählten „ F a c h a u s s c h ü s s e" vorbereitet werden. Die Vorbereitung der Ausschußbeschlüsse, die Wahrnehmung der laufenden Geschäfte der Verwaltung und die Vertretung des Verbandes in Rechts- und Verwaltungsgeschäften obliegt dem „Direktor des Landschaftsverbandes", dem früheren Landeshauptmann, der bei seiner Arbeit durch einen Kreis von Wahlbeamten und die Dienstkräfte der

Verwaltung unterstützt wird. Seine Wahl durch die Landschaftsversammlung bedarf der Bestätigung durch die Landesregierung.

Im Hinblick auf die Eingliederung Lippes in das Land Nordrhein-Westfalen und seine Einbeziehung in die Bereiche der Selbstverwaltung wurde der Landschaftsverband nunmehr „Landschaftsverband Westfalen-Lippe" benannt. In seinem Parlament, der Landschaftsversammlung, lebt Westfalen als umgreifender kommunalpolitischer Begriff weiter.

Die hypertrophen Benennungen „Westfalen-Lippe", „westfälisch-lippisch", inzwischen von Institutionen und Gesellschaften übernommen, sind eine selbstgefällige, geschichtliche Blasphemie. Ihr Erfinder ist ein Lipper, der glaubte, kein Westfale zu sein.

Der letzte Landeshauptmann und erste Direktor des Landschaftsverbandes, Bernhard Salzmann, trat nach Erreichung der Altersgrenze im Jahre 1954 in den Ruhestand. Zu seinem Nachfolger wurde Dr. Anton Köchling, bisher Oberkreisdirektor im Landkreis Recklinghausen und Sprecher des Landkreistages, gewählt. Er trat 1968 nach Erreichung der Altersgrenze in den Ruhestand. Ihm folgte der bisherige Stadtdirektor von Lengerich im Kreise Tecklenburg, Walter Hoffmann.

Im Gegensatz zu den preußischen Provinzialverbänden der Weimarer Zeit haben die heutigen Landschaftsverbände keine politischen Aufgaben mehr. Was heute den Aufgabenkreis der „Landschaft" ausmacht, sind Verwaltungsaufgaben, die mit politischen Entscheidungen nicht oder doch nicht unmittelbar zusammenhängen. Daß für den Wegfall der Mitwirkung im früheren Reichsrat und im Preußischen Staatsrat kein Ersatz in einer landschaftlichen zweiten Kammer gefunden wurde, mag von dem Gewicht des Landschaftlichen her bedauert werden.

Wenn vor einigen Jahren die Frage „Was und wo ist noch Westfalen?" geringschätzig beantwortet wurde: ein Verwaltungsbezirk!, so ist das zwar in der Form richtig, wird dem Wesen und der Wirklichkeit aber nicht gerecht. Denn dieser Bezirk wird nicht – von irgendjemandem – verwaltet, sondern verwaltet sich selbst. Ein flüchtiger Blick in den Aufgabenkatalog des Landschaftsverbandes muß schon den Eindruck vermitteln, daß hier nicht nach trockenen Paragraphen geschaltet und verwaltet wird, sondern daß sich hier ein geschlossener Volkskörper in allen seinen Eigenarten, Sonderheiten und Bedürfnissen, in seiner Kultur, in Sprache und Sitte, Fürsorge und Hilfe, Pflege und Wartung, in Wirtschaft und Verkehr mit allen Willensäußerungen darbietet. Nur die folgenden Positionen des „Katalogs" brauchen genannt zu werden, um das Gesagte zu erhellen:

Fürsorge für Geisteskranke, Blinde, Gehörlose, Krüppel, Tbc-Kranke, Trinker, Durchführung der Fürsorgeerziehung, Errichtung und Unterhaltung von Spezialkrankenhäusern, Heilstätten und Ausbildungsstätten für soziale und sozialpädagogische Berufe, sowie für Hebammen, Jugendpflege, Heimatpflege im weitesten Sinne und Umfange;

Unterhaltung und Pflege der Bau- und Kunstdenkmäler, der Bodenaltertümer, Naturdenkmäler, Landes- und Heimatmuseen, Landesbildstel-

len, Archivwesen, Landesgeschichtsforschung und Volkstumsforschung;
Bau und Unterhaltung der überörtlichen Straßen (Landstraßen und Bundesstraßen sowie Autobahnen);
Mitträgerschaft bei der Landesbank und Girozentrale, Trägerschaft öffentlicher Versicherungsunternehmen und kommunaler Versorgungskassen, Mitwirkung in der Landesplanung, Förderung von Siedlungswesen und Wohnungsbau, Beteiligung an Versorgungs- und Verkehrsunternehmungen, finanzielle Förderung von Wasser- und Forstwirtschaft.

Fast könnte man geneigt sein, die Quintessenz eines solchen Aufgabenkreises umzukehren: ein aus heterogenen Elementen zusammengesetzter Volkskörper gäbe keine Voraussetzungen für das Wirken einer solchen Verwaltungsorganisation in der Praxis. Mit anderen Worten: h i e r ist noch Westfalen, und hier ist es berechtigt, ja notwendig, zu sein.

In der politischen Karte ist Westfalen nur als Verwaltungsraum des Landschaftsverbandes Westfalen-Lippe enthalten. Artikel 29 des Grundgesetzes der Bundesrepublik sieht noch die endgültige Regelung der Ländereinteilung der Bundesrepublik vor. Die Bundesregierung beauftragte im Jahre 1952 den ehemaligen Oberbürgermeister von Essen und Reichskanzler Dr. H a n s L u t h e r , hierzu nach Umfrage in den Ländern ein Gutachten abzugeben. Das Gutachten geht davon aus, daß Übergröße eines Landes die förderalistische Struktur des Bundes gefährden würde; es sieht diesen Zustand aber nur für den Fall als gegeben an, daß das Rheinland seine alte Provinzgrenze, die die Regierungsbezirke Koblenz und Trier einschloß, wiedererhalten, wie daß das jetzige Westfalen um alte westfälische Gebiete vergrößert würde. Aus Gründen der Zweckmäßigkeit und eines praktischen Vorranges des Bestehenden schlägt das Gutachten vor, das Land Nordrhein-Westfalen nicht zu teilen, solange territoriale Angliederungen nach der einen oder anderen Seite nicht erfolgen. Das Gutachten weist dabei hin auf die sich aus den Tatbeständen der Industrieballung im Ruhrgebiet ergebenden Fragen, von deren Beantwortung die Schaffung von zwei Ländern mit bestimmt sein würde. Es verkennt nicht gewisse Verwaltungs- und regierungstechnische Schwierigkeiten, die ihm aber trotz des inneren wirtschaftlichen Zusammenhangs des Ruhrgebietes nicht unüberwindlich erscheinen. Das Gutachten kommt zu dem Schluß, die Frage einer Teilung des Landes sei nicht eine zwingende Forderung des Art. 29 GG, ihre Beantwortung sei vielmehr der Verantwortung der politischen Organe zu überlassen. Die öffentliche Meinung in Westfalen hat sich mit dieser Auffassung sei es abgefunden, sei es identifiziert. Wie im Jahre 1946 die Zusammenfassung von Rheinland und Westfalen zu einem Lande überwiegend aus außenpolitischer Sorge um das Ruhrgebiet gerechtfertigt erschien, steht eine Teilung heute nicht zur Diskussion, weil sich das Ruhrgebiet nicht vom übrigen Westfalen abtrennen läßt; geht doch der Trend in der wissenschaftlichen und politischen Diskussion der Neugliederungsfrage eindeutig in die Richtung einer Verringerung und nicht einer Vergrößerung der Zahl der Bundesländer. Mit Recht wird dabei die Auffassung vertreten, daß die Durchführung des Art. 29 GG – abgesehen von einigen Grenzkorrekturen – nur in einer Zusammenlegung ganzer Bundesländer zu fünf leistungsfähigen Einheiten

Westfalen im Lande Nordrhein-Westfalen

bestehen könne. Für die großen Flächenländer Nordrhein-Westfalen, Baden-Württemberg und Bayern würde das den Fortbestand in im wesentlichen ihrem heutigen Gebietszuschnitt bedeuten. Allerdings müßte eine solche Entwicklung des staatlichen Bereichs zu einer stärkeren Kommunalisierung großräumig zu erfüllender Aufgaben auf landschaftlicher Grundlage führen. In diesem Sinne bietet das Land Nordrhein-Westfalen mit seiner Gliederung in die den beiden Landesteilen entsprechenden Landschaftsverbände ein Beispiel für eine notwendige und wünschenswerte Entwicklung in der Bundesrepublik.

LITERATUR

Zuhorn, K.: Zur Vorgeschichte der Bildung des Landes Nordrhein-Westfalen. Erörterungen und Pläne in Westfalen über den Zusammenschluß von Westfalen und Nordrhein im ersten Halbjahr 1946. In: Westf. Forschgn. 8 (1966), S. 102 bis 133. (LB 191).

Ruhrgebiet und neues Land. (= Beiträge zur neueren Landesgeschichte des Rheinlandes und Westfalens, Hrsg. von W. Först. Bd. 2, 1969.)

Naunin, H.: Landschaftliche Selbstverwaltung. Wiederaufbau in Westfalen 1945 bis 1951. 305 S., 3 Karten, reich illustr., 1952. (= Verwaltung und Wirtschaft 8.) (LB 276).

Der Reichsfreiherr vom und zum Stein und die Westfälisch-Lippische Selbstverwaltung. Hrsg. von E. Bach unter Mitarbeit von H. Drake, Cl. Herbermann, A. Köchling, H. Naunin und K. Zuhorn. 1956. 120 S., 16 Tafeln, 7 Facsimilia. (LB 277).

Naunin, H.: Verfassungsrecht der regionalen Gemeindeverbände. In: Handb. d. Kommunalen Wissenschaft und Praxis, hrsg. von H. Peters, I (1956), S. 470 ff.

Naunin, H.: Entstehung und Sinn der Landschaftsverbandsordnung in Nordrhein-Westfalen. Mit Anhang und Dokumenten. In: Westf. Forschgn. 13 (1960), S. 119–171; 14 (1961), S. 168–225. Auch als Sonderdruck, 1963.

150 Jahre Verwaltungsraum Westfalen, 1815–1965. Ansprachen und Vorträge. (= Schriften des Landschaftsverbandes Westfalen-Lippe 2.)

Selbstverwaltung einer Landschaft und Aufgaben am Beispiel Westfalen. Hrsg. von L. Baumeister und H. Naunin. 1967. (= Verwaltung und Wirtschaft. Schriftenreihe der Westf. Verwaltungs- und Wirtschaftsakademien 35.)
(mit Beiträgen von Zuhorn, Riepenhausen, Petri, Herberhold, Pieper, Naunin, Hartlieb von Wallthor, Baumeister, Kühl u. a.).

Leiers, R.: Verfassungs- und Aufgabenstruktur der preußischen Provinzialverbände im Verhältnis zu den Landschaftsverbänden von Nordrhein-Westfalen. Diss. Münster 1967.

Die kommunale und staatliche Neugliederung des Landes Nordrhein-Westfalen. Abschnitt C: Die staatliche und regionale Neugliederung des Landes Nordrhein-Westfalen. Gutachten erstattet am 8. April 1968 durch die von der Landesregierung NRW eingesetzte Sachverständigenkommission. Mit vielen Karten und Plänen. 1968.

Köhler, W.: Das Land aus dem Schmelztiegel. Die Entstehungsgeschichte Nordrhein-Westfalens. 1961.

Hartlieb v. Wallthor, A.: Die landschaftliche Selbstverwaltung Westfalens in ihrer Entwicklung seit dem 18. Jahrhundert. 1. Teil: Bis zur Berufung des Vereinigten Landtags (1847). 1965.

Die Neugliederung des Bundesgebietes. Gutachten des von der Bundesregierung eingesetzten Sachverständigenausschusses. 1955.

Westfalen im Lande Nordrhein-Westfalen

Leesch, W.: Zum geschichtlichen Werden des Landes Nordrhein-Westfalen. In: Handb. der hist. Stätten Deutschlands III, 2. Aufl. (1970), S. CLIII–CLX.

Bauermann, J.: Nordrhein-westfälische Geschichte. In: Westfalendienst. Mttlgn. des Westfalenkreises für öffentliche Angelegenheiten, Ausgabe 48. 1963, S. 95 f.

Först, W.: Geschichte Nordrhein-Westfalens I. 1945–1949. 1970.

Zwischen Ruhrkampf und Wiederaufbau. Hrsg. von W. Först. (= Beitr. zur neueren Landesgeschichte Rheinlands und Westfalens 5). 1972.

Harder-Gersdorf, E.: Außen- und innenpolitische Aspekte der Gründung des Landes Nordrhein-Westfalen 1945/46. In: Gesch. in Wissenschaft und Unterricht 1972, S. 405–417.

Geschichte und Funktion regionaler Selbstverwaltung in Westfalen. Hrsg. von A. Hartlieb von Wallthor. 1978.
(mit Beiträgen von Neutzer, Bollke, Teppe, Naunin, Hartlieb von Wallthor, Meyer-Schwickerath, Langer).

REGISTER

Abkürzungen

Bst. = Bistum
EH. = Edelherr
Frhr. = Freiherr
Fstm. = Fürstentum
Grft. = Grafschaft
Hft. = Herrschaft

Hzg. = Herzog
Hzgt. = Herzogtum
Kgr. = Königreich
Kft. = Kurfürst
Kftm. = Kurfürstentum
Terrt. = Territorium

I. Personen, Orte, Ereignisse

A
Aachen 186
Abdinghof, Kloster 64
– Abt:
– – Konrad 65
Abdinghof bei Werne 152
Abgeordnetenhaus,
  preußisches 264
Absolutismus 162, 208
Abt, Th. 209
Abteilung für den
  katholischen Kultus 252
Adalgar, Graf 67
Adalgis, Kämmerer 46
Adel 129, 138, 221, 240 f.
Agnes, Frau Heinrichs
  des Schlanken 81
Ahaus
– Amt 217
– Stadt 165
Ahaus-Ottenstein, Hft., EHn. 77, 106, 126
– Burg 82, 187
Alexander, Zar 215
Alexanderstift Wildeshausen 217
Allgemeiner Deutscher
  Arbeiterverein 249
Allianz, Große 184
Allmende 239
Alme, Hft. 122
Altena-Hövel-Berg, Gft. 103
– Grafen 61, 66, 85, 128
– Burg 82
Altenesch 125

Alternation (Osnabrück) 169
Altmark 220
Amalie Elisabeth von Hessen 165 f.
Amerika
– Truppen 270
Amt 129
Anholt, Bernhard von 81
Anholt, Hft., Gft. 77, 106, 121,
  209, 217, 225, 228
Arbeiterbewegung 259, 265
Arbeiterverein 249, 260 f.
Ardey, EHn. von 77, 103, 126
Aremberg, Hzgt., Hzge. 217, 219,
  225, 228, 234
Arnsberg, Gft. 103 f., 128, 131 f.,
  136, 163, 184 f., 190, 217
– Grafen von 79, 85, 110, 121:
– – Friedrich 73, 76, 138
– – Heinrich 79, 80
– – Gottfried 131
– Burg 82, 155, 204
Arnheim-Bückeburg, EHn. von 77
– Burg 115
Artillerie, bückeburgische 196, 198,
  201, 203
Asbeck, Kloster 121
Asig 61
Asseburg, Frhr. von 194
Assinghauser Grund 104
Associationsgesellschaften 245
Attigny 48
Auburg, Amt 156
Auerstädt 201
Auerswald, H. von 246

284

Augsburg 215
- Augsburger Religionsfriede 154
Augusta, Kaiserin 255
Ausschuß (Salzmann) 278 f.
Avaren 59
Avendorf, Kloster 75

B

Baade 265
Bach, Christoph Fr. 209
Baedeker 263
Baden 248
- Friede von 188
Bardowiek 102
Barkhausen, Amtmann 193
Barley, Amt 220
Barmen 193
Basel
- Konzil 133
- Friede von 215
Basse 263
Bassum, Kloster
- Äbtissin:
- - NN zur Lippe 85
Bauer 152, 209, 238
Bauernaufstände 192
Bauernbefreiung 210, 221, 238
Bauernkrieg 152
Bauernrepublik 116
Bauernvereine 261
Bayern, Hzgt., Kft. 80, 187, 189 f.
- Herzöge:
- - Ernst 155
- - Wilhelm V. 155
- - Maximilian 161
- - Max Emanuel 186 ff.
- Kurfürsten:
- - Maximilian I. Joseph 224
- - Wilhelm, dessen Bruder 224, 226
- Truppen 166
Becker, H., „der rote" 247 f.
Beckum 109, 162
Belke, Reginbodo von 79
Bentheim, Gft., 106, 122, 132, 136, 149, 189, 195, 209, 218, 224 f., 225, 228, 234
- Grafen von 77, 79, 121 ff., 128, 153 f.
- Burg 74, 82
Bentheim-Steinfurt, Gft., 219, 224
- Grafen von 228
- - Ludwig 224

Berg., Gft., Hzgt., 131, 170, 219, 224, 248
- Grafen von 85
- - Adolf 140
Berg., Großhzgt. 219, 223 f., 225
Bergarbeiterstreik 259
Bergarbeiterverband 260
Berge, EHn., zum 77, 115
Bergen 139, 199
Bergkirchen 223
Berlin 211, 217, 240, 246
- März-Ereignisse 244
Bersenbrück 106, 109
Besetzung, alliierte 277
Besatzungszone, britische 277
Beugnot, Graf 222 f., 225
Bevergern, Burg 125, 132
Bevin-Plan 277
Bidault-Plan 277
Biederlack 241
Bielefeld 97, 110, 163, 180, 182, 191, 198 f., 209, 211, 226, 243 f., 278
- Kreistag 173 f.
- Demokratischer Verein 246
- Bielefelder Abkommen 266
Billerbeck 243
Billung, Graf, Hzg., 66, 73, 75, 78, 81, 108, 233
- Herzöge:
- - Hermann 60
- - Bernhard 61, 67
- - Thietmar 67
Bilstein, Hft., 135
- EHn. von 77, 85
- Burg 82
Bischofshagen 116
Bischofswahlen 137
Bismarck 245, 248, 251, 253, 255, 261
Bitter, C. H., Minister 263
Blankena, EHn. von 77, 110, 126
Blomberg 85, 97, 108
Blücher, G. L. von 215 ff., 219
Bocholt 164 f., 217, 243
Bochum 103
Bodelschwingh, E. von 241 f., 248, 252, 261
Bodelschwingh, K. von 242
Böhmen 166
Bohmte 200
Bonn 190, 196
Bönninghausen, L. D. von 164

285

Borgholzhausen 109
Borken 162, 164 f., 243
Börninghausen, Hft. 110, 126
Bouvines 83
Brabant, Hzg. Heinrich von 125
Brackel, Hof 104
Brackwede 196
Brakel, EHn. von 77, 149
Brakel, Stadt 149
Brandenburg, Markgft., Kftm. 162 f., 166 f., 169 f., 172, 181, 184 ff., 191
– Markgrafen:
– – Albrecht der Bär 78, 81
– – Ernst 158
– Kurfürsten: 120
– – Johann Sigismund 158 f.
– – Georg Wilhelm 159
– – Friedrich Wilhelm, der Große Kft. 154, 166, 169, 173 f., 178, 180, 182, 185, 192, 228
– – Friedrich III. 154, 185
Brandenburg-Kulmbach
– Albrecht, Markgraf von 154
Brandenburg-Preußen 177 ff.
Braunschweig, Stadt 87
Braunschweig-Lüneburg, Hzgt. 85, 133, 178, 196, 219 f.
– Herzöge:
– – Christian, „der tolle" 161, 165
– – Georg 164
– – Ferdinand 196 ff.
– – Karl Friedrich Wilhelm 200, 204
Brechem 85
Bredevort, Burg 82
Breitenfeld, Schlacht bei 163
Bremen, Bst., Erzbst. 112, 170
– Bischöfe, Erzbischöfe:
– – Willehad 57
– – Adalbert 67
– – Liemar 68
– – Gerhard zur Lippe 85, 125
– – Heinrich von Schwarzburg 136
Bremen, Stadt 215
Brilon, EHn. von 104, 107, 165
Brockhaus 263
Broglie, von, General 199 f., 215
Bruchhausen, Hft., Gft. 77, 116, 127
Brun, Bruder Ottos des Großen 60
Brun, Liudolfinger 58
Brunonen, Grafengeschlecht 61

Brunsberg 44
Bückeburger Mandrups 196 f.
Bülow, von, General 226
Bünde 85, 108
Bundesrepublik 235
Büren, Hft., EHn. von 85, 97, 107, 127
Büren-Hinnenberg, EHn. von 77
Büren, Egmont, Graf von 154
Bürgertum 261
Bürgerwehr 244, 266
Burgsteinfurt 165
Buriaburg 44
Burschenschaften 245

C

Calenberg, Fstm. 234
Calvelage, Grafen von 61, 66, 106, 109, 112
– Hermann 74
– Erbe 126, 132
Cambray, Bst. 150
Cambronne, General 227
Canstein, Hft., Frhrn. von 122
Capitulatio de partibus Saxoniae 46, 50, 51
Capitulatio perpetua 170, 175
Capitulare Saxonicum 51
Cappenberg, Grafen von, Burg 61, 66, 106, 109, 128
– Gottfried 74, 75 ff.
Cappenberg, Kloster 75, 216
CDU 267
Chiavenna 80
Christl. konservative Partei 249
Clarholz 108, 110
Clementia von Zähringen 80
Cloppenburg, Amt 132, 216, 225, 235
Cobbonen 58, 61
Cocceji 211
Colone, Kap 61
Consbruch, Brüder von 184
Contades, Marschall 199 f.
Corvey, Abtey, Bst. 57, 61, 64, 67, 83 ff., 106 f., 120, 189, 208
– Äbte:
– – Wibald von Stablo 79
– – NN 86
– Hochstift 220, 225
– Vogtei 79, 102, 120, 163, 217, 228
– Schutzherrschaft 120

Coesfeld 165, 209, 243
Créqui, Marschall 180
Croy, Hzgtm. 225, 228, 255
- Herzöge: 217, 219
- - August 217
Crüwell 263
Cuijk, Gottfried von 74
Cumberland, Hzg. von 196, 199

D

Dale, Burg 82
Damme 113, 228
Danckelmann, E. 185
Dänemark 45, 46, 170, 186, 210, 235
- Könige:
- - Svend Estridsön 65
- - Christian IV. 161, 163
- - Friedrich, Kronprinz 163
Dawes-Plan 267
Defensionsallianz 173
Delbrück 116, 156
Delius 241, 263
Delmenhorst, Hft. 136, 153, 170, 186
Demagogenverfolgung 240
Demarkationslinie 215, 218
Demokratie 244
Demokratenkongreß 245 f.
Desenberg, Burg 71, 79, 80
Dessauer, „der Alte" 189, 204
Detmold, Stadt 85, 108, 199, 236, 243, 278
- Regierungsbezirk 237
- Schlacht bei 48
Deutsch-hannoversche Partei 234
Deutsche Fortschrittspartei 249
Deutscher Bund (1815) 248
Deutscher Orden 215
- Hochmeister:
- - Clemens August 188
Deutz 40, 45
Deventer
- Probst:
- - Dietrich zur Lippe 85
Dezember-Gefangene 247
Diepholz, Hft. 136, 156, 176, 189, 210, 225, 228, 234
- EHn. von 77
- Burg 114
Dietrich, Graf 46
Dinklage, Hft. 113
Dinnendahl 263

Dissen 200
Domburg 125
Donnersberg, Gft. 107
Dorpat 139
Dorsten 164 f., 184
Dortmund 46, 60 f., 67, 73, 75, 77, 104, 123 f., 135, 137, 149, 158, 164 f., 169, 180 f., 186, 209, 214, 217, 225, 228, 243, 247, 266
- Große Dortmunder Fehde 124
- Dortmunder Stadtrecht 138
- Dortmunder Rezeß 158
Dortmund-Hörde, Wahlkreis 259
Dotationen 250, 256, 264
Drake, H. 237
Dreckschloß 121
Dreiklassenwahlrecht 247, 257, 261
Dreißigjähriger Krieg 154, 156, 159, 161 ff., 178
Drolshagen 109, 126
Drost-Hülshoff, A. von 236
Dülmen, Burg, Stadt 74, 162, 164, 217, 225
Düsseldorf 141, 157, 163, 222

E

Ebert, F. 266
Edelinde von Northeim 74
Egbertinger 61, 66
Egilmare 61
Elba 222
Elberfeld 248
Eichsfeld 220
Eigenherrschaft 119
Eilicke, Billungerin 78
Eisenbahn 241, 250
Elisabeth von der Pfalz 162, 165
Eller, W. E. von 187
Elmenhorst, Hof 104
Elsaß 181
Elten, Abtei, Terrt., 57, 216, 219, 224 f.
- Äbtissin:
- - NN zur Lippe 85
Emigranten 214
Emmich 46
Emsland 106, 109, 132, 234
Ems, die 187
Emser Punktation 214
Engels, F. 244
Enger, Stift, Amt, Hft., Burg, Dorf 48 f., 60, 85, 108, 110, 120, 123, 133, 181

Engern 51
England 194 ff., 200, 204, 206, 210,
    218, 227
- Könige:
- - Georg II. 196
- - Georg III. 205 f.
- Truppen 270
England-Hannover 205, 215, 269
Eppendorf, von 98
Erasmus von Rotterdam 151
Eresburg 44, 58, 60, 84
Erfurter Unionsparlament 252
Ertman, Ertwin 137
Erweckungsbewegung 246
Erwitte 46, 60
Essen, Stift, Abtei, Terrt. 57, 103,
    120, 189, 208, 216, 219, 224 f.,
    228
- Vogtei 84, 103, 120
Essen, Stadt 86, 266 f.
- Wasserturm 266
Essener Friede 102
Estrée, d', Marschall 195
Eugen, Prinz 183, 185, 191
Europäische Gleichgewicht,
    das 185
Eversmann 263
Everstein, Grafen von 66, 79, 86 f.,
    107, 128, 132 f., 135
- Burg 86 f.
- Eversteinsche Fehde 120, 132
Ezzonen 109

F

Falk, Minister 253
Falkenberg, Burg 85, 108
Februar-Revolution 243
Fehrbellin 181
Feldmark 239
Feme 138
Festungen, rheinische 186
Flaesheim, Kloster 109
Flaubert, G. 223
Fleurus, Schlacht bei 184
Flinteringsche Vertrag 121
Fontainebleau 219
Fortschrittler 245
Frankfurt 215
Frankfurter Parlament 244
Frankfurter Union 183
Frankreich 157, 165 f., 173, 180,
    184 ff., 187, 189 f., 194 ff., 198,
    204, 210, 215, 218, 225, 267

- Könige:
- - Heinrich IV. 158
- - Ludwig XIV. 180, 183 f.,
    172 f., 187
Frankreich, Kaiserreich 220 f., 225
- Senatskonsult 221, 225
Französische Revolution 212,
    214 ff.
Freckenhorst, Stift 110, 120
- Äbtissin:
- - NN zur Lippe 85
Fredeburg, EHn. von, Hft. 104,
    125, 135
Freibauerntum 129
Freie konservative Partei 249
Freiheitskriege 226 f.
Freikorps 266
Freiligrath, F. 248
Freising, Bst. 155
Fresenberg, Burg 68, 106, 109
Freudenberg, Amt 156
Friedensrichter 221
Friesland; friesisch 210
Friesoyte 97, 132
Fritzlar 44
Fulda, Hochstift 163
Fürsten 118
Fürstenau, Burg, Stadt 112
Fürstenberg, F. F. W.,
    Minister 206 f.

G

Gagern, H. Ch. von 220
Gaue, sächsische
- Lerigau 46
- Emsgau 67, 74
- Westfalengau 68
- Engern 67 f.
Gaue, nationalsozialistische
- Westfalen-Nord, -Süd,
    Essen 268, 270
Gauleiter 267 f.
Gegenreformation 125, 158, 208
Gehn 156
Gehrden, EHn. von 77
Geilo, Marschall 46
Geldern, Gft. 151, 204, 216
Gellinghausen, Burg 59
Gelnhausen 80 f., 83, 87, 93, 233
Gemen, EHn. von, Hft. 77, 106,
    121, 149, 186, 209, 225
Generalpacht 192
Generalstaaten 172

Gerbert von Reims, EB. 61
Gerichtsordnung, Jülichsche 152
Gerstein 263
Geseke 87, 164, 166
Gesmold, EHn. von 77
Gewerbefreiheit 221
Gewerkschaften 260
Gewerkverein christl.
    Bergarbeiter 260
Gnadenfonds 211
Gneisenau 202, 227
Goldenstedt 114
Golzheimer Heide 267
Goslar 220
Goethe 239
Götterswik-Bentheim,
    Grafen von 121
Göttingen, Amt 220
Gottschalk, Präfekt 68
Grafenkolleg 186
Grafschaft, EHn. von 77, 104, 125
Grillo 263
Gronau, Hft. 122
Grönenberg, Burg 112
Groningen, J. von 153
Grubenhagen, Amt
Grundherrschaft 171, 211, 221, 239
Gustav Gustavsohn 164

H
Habsburg 118, 158, 195
Hachen, Burg 82
Hagen, Stadt 248, 266
Hahnenkamp 46
Halberstadt, Bst., Hochstift 220
Halerfeld 80
Hallermund, EHn. von
– Ludolf 79
– Wilbrand 79
Haltern 225
Hamburg 215
Hameln, Stadt, Stift, Kreis 86, 195, 235
Hamm 97, 103, 164 f., 191 f., 198, 209, 211, 214, 242 f., 247
Hanau 220
Haniel 263
Hannover, Land, Kftm., Kgr.,
    Provinz 173, 184, 187, 195, 199 f., 210, 216 ff., 220, 224 f., 228, 234 f., 238 f., 256
– König:
– – Ernst August 234

Hannover, Stadt 79, 234
Hannöverischer Krieg 197, 204
Hanse 102, 123, 137
Haolt 61, 67
Harkort, F., 241, 244, 261, 263
Harkotten 139
Harpstedt 136
Hartum 201
Harz 220
Hase, Schlacht an der 48
Hasenclever, W., 249
Hastenbeck 196
Hatzfeld, General 165
Haus zum Berge 67, 115
Haxthausen, W. von 227
Heer, stehendes 192
Heeremann, Kl. Frhr. von 254
Heiden, EHn. von 77
Heiden, Freigrafschaft 109
Heinitz, F. A. von 210, 262 f.
Heinrich der Löwe 78, 79 ff., 99, 102, 108, 128
Heinrich der Schwarze 78
Heinrich der Schlanke 81
Heinrich der Stolze 78
Heinrichsburg 59
Heisterholz 115
Helmarshausen, Abtei 64, 120
Helwing, F. W. 227
Herder, J. G. 209
Herford, Abtei 57, 59, 67, 84, 106 f., 216
– Äbtissinnen:
– – Gertrud zur Lippe 84 f., 120
– – Anna von
    Limburg-Styrum 152, 178
– Territorium 110, 120, 208, 225
– Vogtei 79
– Hagen 120
– Cessio 152, 178
– Condominium 152
– Heirat 909, 233
Herford, Stadt 123, 154, 163, 169, 178, 180 f., 198, 201, 243
– Neustadt 84
– Condominium 152
– Deduktion 178
– Schutzherrschaft 120
Herstelle 50
Herzebrock 85, 110
Herzfeld 59
Herzogtum ohne Herzog 119

289

Hessen, hessisch 172, 195, 199, 210, 235, 238
- Truppen 166
Hessen, Landgrafschaft 86, 131, 156
- Landgrafen 118, 120 f., 126, 136, 158
Hessen-Darmstadt 217, 220, 225
Hessen-Kassel 164, 169, 185, 219 f., 234
- Landgraf:
- - Wilhelm V., der Beständige 163 f.
Hessen, Provinz 256
Hessi 61
Hildesheim, Bst., Hochstift 155, 161, 173, 175, 206, 220
- Bischof:
- - Clemens August von Bayern 188
- Hildesheimer Stiftsfehde 156
Hilfsvereine 243
Hlidbeki 44
Hochkirchen, Frhr. von 186
Höchstedt, Schlacht bei 187
Hodenberg, EHn. von 77, 115
Hoffmann von Fallersleben 247, 249
Hohenlimburg 104, 224
Hohenstein 220
Hohensyburg 279
Hohenzollern 118, 158
Holland 173 f., 180, 187, 206, 228
- Grafen von 106
- Statthalter:
- - Wilhelm III. von Oranien 180
Holland, Kgr. 226
Holländer 162, 165, 172
Holstein-Gottorp 210, 235
Holstein-Schaumburg, Grafen von 66, 115
Holte, EHn. von 77, 112, 126, 245
- Burg 112
Holzminden, Stadt, Burg 87
Horn 85, 108
Hörde, EHn. von 77, 85, 103, 126
Hörigkeit 152, 221
Horstmar, Hft. 106, 127, 217, 224
- Edelherr von:
- - Bernhard 116
Hortense Beauharnais 223
Hoesch 263
Höxter 79, 164

Hoya, Gft. 132, 136, 170, 176, 189, 210, 225, 228, 234
- Grafen von 115 f., 127 f., 137, 153, 156
- Grafen:
- - Johann 135
- - Erich 135
- - Jobst 139
Huculinghago 115
Hue, O. 260
Hüffer, J. H. 241 f., 248, 263
Hulefeld-Wittlage, EHn. von 77
Hümmling 132
Huyssen 263

I, J

Jakobaea von Baden 157
Ibbenbüren, EHn. von 77, 125
Ibbenstadt, Kloster 75
Iburg bei Driburg 94
Iburg bei Osnabrück 113, 125
Ida, hl., 59
Jérôme Bonaparte 219, 221 ff.
Jesuitengesetz 252
Ilgen, H. R., 185
Imhoff, von, General 203
Immedinger 61
Indigenat 171, 178
Industrielle Revolution 239, 243, 262
Investiturstreit 71 ff., 98, 128
Johann, Erzherzog 244
Johanna die Wahnsinnige 151
Johanniterorden 215
Irminsul 44
Isenberg, Grafen von 103 f., 109, 122
- Grafen:
- - Friedrich 84 f., 122
- - Dietrich 122
- Burg 82
Iserlohn 164, 243, 248, 257
Issy 227
Italien 198
Itter, Burg, EHn. von 77, 82, 104, 122
Juden 198, 239
Judenschutz 221
Jülich, Gft., Grafen, Markgrafen von 85, 170
- Markgraf:
- - Gerhard 131
- Stadt 158

Jülich-Berg-Ravensberg,
    Gft., Hzgt.   120, 123, 132, 139
- Herzöge pp.:
-- Gerhard, Dompropst von Köln
    132
-- Wilhelm, Elekt von Paderborn
    132 f.
-- Gerhard, Hzg.,   135 f.
-- Wilhelm, Hzg.   141
-- Maria, Erbin   141
Jülich-klevischer Erbfolgestreit
    158, 162, 170, 177

K

Kaiser:
- Karl der Große   40, 45, 46, 48, 50,
    55, 57, 58, 93
- Lothar I.   58
- Otto I., der Große   60, 98
- Otto II.   60
- Otto III.   61 f., 107
- Heinrich II.   63 f., 66, 120
- Konrad II.   66
- Heinrich III.   63, 67
- Heinrich IV.   67, 71 f.
- Heinrich V.   71 f.
- Lothar III. von Süpplingenburg
    71, 73, 75, 78
- Konrad III.   78 f.
Friedrich I. Barbarossa   75, 79
- Otto IV.   83
- Friedrich II.   102, 118
- Karl IV.   124, 141
- Karl V.   122, 149, 151, 153 f.
- Ferdinand I.   151
- Rudolf II.   157 f.
- Ferdinand III.   166, 169, 179, 181
- Ferdinand IV.   181
- Leopold I.   173, 181, 184, 187
- Karl VI.   190
- Maria Theresia   197, 207
- Franz I.   205
- Joseph II.   207
- Franz II.   215
- Wilhelm I.   254 f.
- Wilhelm II.   236, 259
Kanada   204
Kanzelparagraph   253
Karl Martell   40
Kassel, Regierungsbezirk   235
Kassel, Stadt   202, 220
Katharina von Württemberg   223

Kaunitz, Graf von   122
Kaunitz-Rietberg, W. A. von   195
Keiser, Stiftsamtmann   193
Kerssenbrock, F. von   191
Kiew   139
Kirchlengern   201
Kirdorf   263
Kisker, A. W.   263
Klasing, A.   263
Kleindeutsch   262
Kleinherrschaft   121
Kleinstaaterei   118
Kleinterritorium   119
Kleve, Gft., 185, 204, 216, 224
- Grafen von   170 f., 177 ff.
- Graf:
-- Johann   131
Kleve-Mark, Hzgt.   149 f., 150 ff.
- Herzöge:
-- Johann I.   124, 134 ff.
-- Johann III.   141, 150, 156
-- Wilhelm V., der Reiche   150,
    154 f., 157 f.
-- Karl Friedrich (vor dem Vater †)
    151, 157
-- Johann Wilhelm   151 f., 155,
    157
Klöckner   263
Klosterbauerschaft   193
Koalitionskrieg
- I.   214 f.
- II.   215
- III.   218
- IV.   219
Koblenz   45
Kogelenburg   86, 104, 118
Kolbow, K. F.   270, 277
Kolin   198
Kollenrade   114
Kollerberg, Burg   82
Köln, Bst., Erzbst., Kftm.   156, 183
- Erzbischöfe   109, 120, 124 ff.,
    131, 150, 170
-- Kunibert   57
-- Anno   67
-- Friedrich   73
-- Rainald von Dassel   80
-- Philipp von Heinsberg   80,
    82 ff., 106, 136
-- Adolf von Altena   83
-- Engelbert I. von Berg   84, 102,
    136

– – Heinrich von Moelenark 84, 102
– – Konrad von Hochstaden 85 ff., 102, 136
– – Engelbert II. von Falkenburg 86
– – Siegfried von Runkel und Westerburg 86 f., 136
– – Wigbold von Holte 113
– – Dietrich von Moers 124, 132 f.
– – Gebhard Truchseß von Waldburg 155
– – Ernst, Hzg. von Bayern 155 f., 233
Ferdinand von Bayern 156, 161, 163 f., 166 f., 176
– – Maximilian Heinrich von Bayern 175, 183
– – Josef Clemens von Bayern 175, 183, 185 ff., 188
– – Clemens August von Bayern 175 f., 188 ff., 205, 207, 209
– – Max Friedrich von Königseck-Rothenfels 205
– – Max Franz, Erzhg. von Österreich 208, 214
– – Clemens August von Droste-Vischering 240
– Dom 132
– Truppen 191
Köln, Stadt 150 f., 169, 184
Kölner Ereignis, das 240
Kommunisten 245
Konfessionalismus 240
König 265
Könige, deutsche:
– Konrad I. 58
– Heinrich I. 58
Königsmark 166
Konstitutionelle 244
Kontinentalsperre 225
Kontrollrat 277
Korbach 107, 204
Korff, Frhrn. von 139 f.
Kosaken 226
Koevorden, EHn. von 106
Krahne, J., 169
Krefeld 196 f., 199
Kriegs- und Domänenkammern 192, 211, 217
Kroaten 166
Krüger, G. 97
Krukenburg 120

Krupp 263
Kuhnt 263
Kulturkampf 252, 253 ff., 256
Kumpel 260
Kunersdorf 198, 200
Kunststraßen 210
Küppers 263

L

Ladberger Bund 123
Ladebeck, A. 278
Lage, Hft., EHn. von 77, 122
Lamboy 166
Land, das 118, 214, 278
Landesbank, westfälische 241
Landeshauptmann 256 f., 268
– Overweg, A. 257
– Holle, L. 258
– Hammerschmidt, W. 258
– Dieckmann, F. 258
– Kolbow, K. F. 270
– Salzmann, B. 277 ff.
Landeskulturamt 264
Landfriede 102, 139, 150
Landgemeindeordnung 239
Landschaftsverband Westfalen-Lippe 270, 279 f.
– Landesdirektor 250, 256
– – Köchling, A. 280
– – Hoffmann, W. 280
Landschaftsverbandsordnung 279
Landschaftsversammlung 279
Landtagsmarschall 241
Landwehr, westfälische 248
Landwehrregimenter 226
Langenholzhausen 108
Lassalle 245, 249
Laetitia Bonaparte 222
Lauenau, Amt 234
Lauenburg 225
Laurenz 263
Ledebur 227
Leer 165
Legion, englisch-deutsche 218
Legnano 80
Lehr, R. 277
Leibniz 183 f., 206
Leinengewerbe 211
Le Mans, Bischof von 169
Lemberg, Tiedemann 123
Lemgo 83, 85, 97, 108, 137, 149, 165, 209, 215, 243

Leuthen 198
Lex Saxonum 50 f.
Lichnowski, von 246
Lichtenfels, Burg 84
Liesborn 85, 110
Liga 162 f., 166
Ligny 227
Limberg, Burg, Amt 110, 126, 128
Limbertz 265 f.
Limburg, Gft., Hft. 104, 122 f., 209, 224 f., 228
Lingen, Hft., Stadt 153 f., 185, 188, 225, 227, 234
Lippe, die 136, 238, 241, 266
Lippe, Hft., Gft., Fstm., Freistaat 134 ff., 149, 153, 164, 186, 189, 214, 219, 225, 227 f., 233, 235 ff., 239, 243, 260, 262, 268 f., 278
– EHn., Grafen, Fürsten 77, 84, 87, 107 f., 120 ff., 128, 133
– – Bernhard II., der Große 80, 83 ff., 108, 138
– – Hermann 84
– – Bernhard III. 85
– – Bernhard VII., Bellicosus 137
– – Simon V., Graf 137
– – Bernhard VIII., Graf 137
– – Simon VI., Graf 139, 157, 183
– – Katharina, Gräfin 167
– – (Friedrich Adolf) 209
– – Pauline, Fürstin 219 f., 235 f.
– – Woldemar, Fürst 236
– – Leopold zur Lippe-Biesterfeld 236
– Bataillon 236
– Thronstreit 236
Lippe-Alverdissen 234
– Philipp von 234
Lippe-Biesterfeld 236
– Leopold, Fürst 236
Lippe-Bückeburg 234
Lipperode, Burg 108
Lippspringe 45
Lippstadt 82 f., 85, 97, 108, 134, 137, 153, 162 ff., 180, 191, 195 f., 198, 209, 219, 225, 228, 236
Liudolf, Hzg. 58
Liudolfinger 58 ff., 233
Lobositz 198
Loccum 120
Löher, von 246 f.

Lohn, EHn. von, Hft. 77, 106, 112, 127
Looz-Corswaren, Grafen von 217
Lothringen, Hzgt. 187
Louis Bonaparte 223
Louis Ferdinand, Prinz von Preußen 215
Lübeck 108, 139, 215, 225
Lübbecke 44, 201
– Lübbecker Mark 115
Lüdenscheid 73, 103
Lüdinghausen 164
Lügde 48
Luise Henriette von Oranien 154
Lüneburg 87
Lünen 103, 164 f.
Lunéville, Friede von 215
Lüning, O. 245, 248
Luther, H. 281
Luther-Gutachten 281
Lutter am Barenberge 163
Lüttich, Bst., Hochstift 150, 155, 161, 169, 175, 186, 214

M

Maastricht 135
Magdeburg, Erzbst.
– Erzbischof:
– – Wigmann 80
– Land 220
– Stadt 139
Mai-Gesetze 252 f.
Mainz, Erzbst. 57, 133
– Erzbischof:
– – Aribo 66
Mallinckrodt 209
Mansfeld, Gft. 220
Mansfeld, Hoyer von 73
Margarete von Kleve 131
Marienfeld 200
Mark, Gft., märkisch 125 f., 149, 152, 163, 167, 170 f., 177, 179 f., 185, 193, 198, 211, 219, 223 f., 225 f., 228, 243, 248, 262
– Grafen von der 85, 103, 120, 122, 124 f., 128, 131, 137, 139, 141, 177
– – Adolf 131
– – Engelbert 131, 138
– – Adolf 131
– – Dietrich 131
– Burg 103

Markaner 268
Mark (Feldmark) 129
Markenteilung 210, 239
Marklo 41, 46
Marx, K. 244
Massow, von 193
Mathilde, Frau Heinrichs I. 59
Mathilde von England,
  Frau Heinrichs des Löwen 80
Mathilde, Princesse 223
Mecklenburg, Hzge. von 227
Medebach 104
Medefeld 45
Medofulli 45
Meinders, F. 180, 185
Mélanie von Schlottheim 223
Memel 139
Mendoza 157
Menzel, Referent, Minister
  277, 279
Meppen 165, 217, 228, 234
Merckel, F. Th. 238
Merfeld, Freigrafschaft 109
Merkantilismus 262
Meschede 243
Militärregierung 277 f.
Miliz 156, 164, 196, 207
Milizsatisfaktion 169

Minden, Bst., Hochstift 71, 99,
  115 ff., 136 f., 149, 153, 164,
  166, 169 f., 177, 180, 185, 192,
  198, 211, 220, 225, 262, 268
– Bischöfe 121, 126 :
– – Erkambert 57
– – Dietrich 58
– – Wolfhar 58
– – Landward 60
– – Ramward 62
– – Eilbert 67
– – Volkmar 71
– – Thietmar 79
– – Johann von Dierholz 85
– – Franz von Waldeck 153, 156
– – Franz Wilhelm von Warten-
    berg 163
– Forstbann 115
– Statthalter 178
– Stände 178

Minden, Stadt. 50, 67, 77, 80, 125,
  153, 164 f., 178, 191 f., 198,
  200, 203, 211, 215, 217, 225,
  227, 243

– Mindener Schicht 137
– Schlacht bei 197 ff.
Minden, Kreis 223
Minden, Regierungsbezirk
  236 f., 278
Minden-Ravensberg 226, 243
Minderwald 115
Miquel 254
Missionierung 57
Moderation 150
Möller, von 263
Möller, J. F., Pfarrer von Elsey 226
Monschau, Grafen von 106
Montecuculi 173, 180
Montesquieu 206
Moorgrafen 217, 219
Moers, Gft. 204, 261
– Graf :
– – Walram 135
Mortier 218
Möser, J. 195, 206 ff., 214, 269
Mühlhausen 220
Mummenrieth 106
München 108
Münster, Bst., Hochstift 71, 73, 76,
  98, 106, 132, 149, 152, 154 f.,
  164, 169 f., 175, 180, 186,
  190 ff., 195, 198, 205, 208, 217,
  219, 225 ff., 228, 268
– Bischöfe 81, 126, 128 :
– – Liudger 57
– – Suitger 61
– – Burghard 72 f.
– – Werner 79
– – Dietrich von Isenberg 84
– – Otto zur Lippe 85, 106
– – Clemens August
    von Galen 113
– – Heidenreich von Wulf 132
– – Otto von Hoya 132
– – Heinrich von Moers 134
– – Johann von Pfalz-Bayern 136
– – Heinrich von Schwarzburg 136
– – Franz von Waldeck 153
– – Ernst von Bayern 156
– – Ferdinand von Bayern
    156, 161, 170
– – Christoph Bernhard von Galen
    171 ff., 180, 183
– – Ferdinand von Fürstenberg
    183
– – Maximilian Heinrich von Bayern
    183

– – Friedrich Christian von
  Plettenberg 183 ff.
– – Franz Arnold von
  Wolff-Metternich 187 f.
– – Clemens August von Bayern
  175, 188 ff.
– – Max Friedrich von Königseck-
  Rothenfels 206
– – Max Franz, Erzhzg. von
  Österreich 207, 214
– – Johann Bernhard Brinkmann
  254 ff.
– – Clemens August von Galen
  267 f.
– Forstbann 106
– Gogerichte 106
– Münstersche Stiftsfehde 135 f.
– Truppen 184, 186 f., 214 f.
– Medizinalkollegium 207
– Oberstift 132, 164 f., 167, 216,
  225
– Niederstift 132, 136, 165 f., 175,
  216
– Dom 187
Münster, Stadt 67, 73 ff., 123, 125,
  134 f., 137, 164, 166, 169, 172,
  196 f., 199, 209, 214 ff., 225 f.,
  238, 240 f., 243 f., 247, 253 ff.
– Stadtrecht 139
– Wiedertäufer 151 f.
– Universität 207
– Kongreß 246 f.
Münster, Regierungsbezirk 238,
  278
Münsterland 223, 243
Münsterland, oldenburgisches 235
Murat 219, 223
Müser 263

N

Nagel, von, General 180
Nammer Lager 46
Nantes 223
Napoleon, napoleonisch 197, 215,
  217, 219 ff., 224, 227, 233, 268
Napoleon Louis 223
Nassau, Gft. 150, 186, 219, 235
Nassau-Oranien, Fürsten von 217
– Wilhelm V., König von Holland
  225
Nassau-Usingen-Weilburg 225
Nationalliberale Partei 249

Nationalismus, territorialer 268
Nationalsozialisten 265, 267
Nationalversammlung Berlin 246
Naunin, H. 278
Neapel, Kgr. 223
Neue Deutsche Zeitung 245
Neuhaus, Schloß 125
Neuß 72
Niederkatzenelnbogen 220
Niederlande 150, 154 f., 162, 214
Niedersachsen 228, 234, 262, 269
Nienbrügge 103
Nienburg 195, 225
Norbert von Xanten 75
Nordamerika 195
Norddeutscher Bund 236
Nordhausen 220
Nordkirchen 186
Nördlingen 165
Normannen 58
Nordrhein-Westfalen 236 f., 267,
  278 f.
– Ministerpräsident :
– – Amelunxen 278 f.
– Landtag 278 f.
– Landtagspräsident 279
Nordwestdeutschland 186, 195
Nürnberg 215

O

Oberweser 166
Odessa 139
Ohsen, Burg 86
Oldenburg, Gft., Hzgt., Großhzgt.
  113, 136, 170, 186, 189, 210,
  217, 225, 228, 235
– Grafen 66, 116, 126 f., 136, 153 :
– – Heinrich der Bogner 79
– – Anton Günther 170
Oldendorf (Weser) 97, 164
Oranien 188, 228
– Friedrich Heinrich, Prinz von
  154
– Wilhelm III. von, König von
  England 154
Oesede, EHn. von 77, 112, 126
Osnabrück, Bst., Hochstift 71,
  112 f., 132, 136, 149, 153,
  163 f., 166, 169, 175, 186, 190,
  192, 195, 198, 205, 208, 217 f.,
  220, 225, 228, 234, 269

- - Bischöfe 114, 128 :
- - - Wiho 57, 110
- - - Drogo 60
- - - Benno II. 71 f.
- - - Arnold 79 f.
- - - Engelbert von Isenberg 84 f.
- - - Bruno von Isenberg 106
- - - (Ludolf) von Holte 113
- - - (Wilhelm) von Holte 113
- - - Ludwig von Ravensberg 109
- - - Konrad von Diepholz 136
- - - Heinrich von Moers 134
- - - Franz von Waldeck 153, 156
- - - Eitel Friedrich von Hohenzollern 163
- - - Franz Wilhelm von Wartenberg 163 f., 170, 175
- - - Ernst August I. von Braunschweig-Lüneburg 175
- - - Karl Joseph von Lothringen 175
- - - Ernst August II. 175
- - - Clemens August von Bayern 188 ff.
- - - Friedrich von York 206, 215
- Forstbann 109, 112
- Exclave 110
- Gogerichte 112
- Ritterschaft 176
- Legge 179
- Statthalterschaft 191
- Geheimer Rat 206, 208
- Vogtei 79, 99, 112
- Landwehrbataillon 227
- Nordland 106, 109, 113, 132
Osnabrück, Stadt 48, 79, 123, 125, 134, 169, 175 f., 200, 209, 266
- Lennethun-Aufstand 137
- St. Johann, Stift 113
Osnabrück, Regierungsbezirk 234
Ost-Bewegung 138
Osterkappeln 109
Oesterreich 187, 190, 194 f., 198, 204, 214, 221, 244
Ostfalen, ostfälisch 51, 234
Ostfriesland 150 f., 186, 203, 226
- Graf von :
- - Enno III. 122
Osning 194
Osninggrafschaft 109
Ostfranken
- Könige :
- - Ludwig der Deutsche 58

- - Ludwig III. 58
Ostprovinzen, preußische 251
- Oberpräsident 251
Ottenstein, Hft. 126
- Fehde 126

Otto der Erlauchte 58
Otto von Northeim 71
Ourthe, Schlacht an der 184

P

Padberg, EHn. von 77, 104, 107, 125
Paderborn, Bst., Hochstift 71, 106 f., 134, 136 f., 149, 162 ff., 170, 190 ff., 195, 198, 205, 208, 216, 220, 225 ff., 243, 268
- Bischöfe 120, 126 f. :
- - Hadumar 57
- - Badurad 57
- - Meinwerk 63 ff., 107
- - Imad 67
- - Siegfried 80
- - Bernhard zur Lippe 84
- - Simon zur Lippe 85 f., 102
- - Dietrich von Moers, Administrator 133
- - Ferdinand von Bayern 156, 161 f.
- - Dietrich von Fürstenberg 158, 208
- - Theodor Adolf von der Recke 170
- - Ferdinand von Fürstenberg 171, 180
- - Hermann Werner von Wolff-Metternich 171
- - Franz Arnold von Wolff-Metternich 171, 183, 187
- - Clemens August von Bayern 175, 188 ff.
- - Wilhelm Anton von der Asseburg 205
- - Friedrich Wilhelm von Westphalen 205
- - Franz Egon von Fürstenberg 206, 216
- Forstbann 107 ff., 169
- Vogtei 85, 99, 186
- Bartholomäuskapelle 65
- Geheimes Ratskollegium 191

Paderborn, Stadt 77, 84, 104, 108, 123, 125, 133 f., 158, 162, 165 f., 180, 199, 243 f., 247, 270
- Hoftag 58, 61, 67, 83
- Reichsversammlung 45, 48, 50
Panduren 166
Papst 214, 253
- Päpste :
- - Leo III. 50
- - Johann XV. 61
- - Gregor VII. 71
- - Paschalis II. 73
- - Johann XXIII. 123
- - (Eugen IV.) 133
- - (Nicolaus V.) 135
- - (Kalixt III.) 136
- - Benedikt XIII. 190
Paris 219 f., 223
Parteien, politische 249
Paschasius, R. 64
Paulskirche 245
Petershagen 48, 125
Pfalz, Gft., Kftm. 165, 187
- Pfalzgraf :
- - Friedrich V., der Winterkönig 165
Pfalz-Neuburg, Pfalzgft.
   (Donau) 158, 162, 170, 172, 177, 179, 185, 224
- Pfalzgrafen :
- - Ludwig Wilhelm 158
- - Wolfgang Wilhelm 158 ff., 163, 167, 170, 179
- - Philipp Wilhelm 173
Pfalz-Sulzbach 224
Pfalz-Zweibrücken-Birkenfeld 224
Pfälzischer Krieg 183 ff.
Pippin 40
Pius-Verein für Wahrheit, . . . 249
Plettenberg, Gertrud von 156
Plettenberg, Wolter von 138
Plittersdorf 191
Polle, Burg 107
Pompadour, Mme. de 202
Possidierende 158 f., 167, 177
Post 187
Prag 198
Prager Friede 167
Prémontrée 75
Preußen, Hzgt. 181
- Herzog :
- - Albrecht Friedrich 158

Preußen, Kgr. 120, 187 f., 190, 200, 212, 214 ff., 234, 238, 244
- Könige :
- - Friedrich I. 154, 185
- - Friedrich Wilhelm I. 178, 185, 189 ff., 210
- - Friedrich II., der Große 193 ff., 199, 207 f.
- - Friedrich Wilhelm II. 211
- - Friedrich Wilhelm III. 216, 226 f.
- - Friedrich Wilhelm IV. 240, 242, 247
- Allgemeines Landrecht 211
- Generaldirektorium 210 f.
- Heerwesen 193
- Preußentum, preußisch, die – 191 f., 210, 226
Proletariat 245, 247
Probsthagen 115
Provinzialanstalten 250
Provinzialausschuß 250, 264, 268
Provinzialhilfskasse 241
Provinziallandtag 240, 250, 256, 264, 268, 279
Provinzialrat 277
Provinzialordnung 241, 251, 256 f., 263
Provinzialregierung 277
- Beirat 278
Provinzialschulkollegium 264
Pufendorf 206
Pyrmont, preußischer Anteil 235
Pyrmont-(Lügde), Grafen von 107, 122
- Grafen :
- - Gottschalk 86
- - Hermann 86
- Burg (Schell-Pyrmont) 82, 86

Q

Quakenbrück, Burg, Stadt 112
Quedlinburg 220
Quernheim, Hft. (?), EHn. von (?), Frhrn. von 77, 115 f., 121
Quernheim, Kloster 85, 108 f., 115, 121, 193
Quernheim, Ort 201
- Große Quernheimer Mark 115

R

Rampelmann (remplaçant) 221
Raesfeld 164
Raesfeld, Sekretär 194
Rastatt, Friede von 188
Ravensberg, Gft. 111, 133, 149 f., 152, 167, 169 ff., 177, 179 f., 185, 193, 198, 211, 220, 225, 243, 260, 262, 268
- Grafen 66, 74, 79, 83 f., 107 ff., 113, 116, 120, 123, 125 f., 128, 131 :
- - Hermann 79 f., 85, 110
- - Jutta, Teilerbin 106, 109
- - Otto III. 110
- - Otto IV. 139
- - Bernhard 131
- - Margarete, Erbin 131
- Burg 109 f., 180
- Amt 110
- Gogerichte 110
- Hagen 110
- Kontribution 179
- Legge 179
- Leinengewerbe 179 f.
- Patrimonialgerichte 178
- Regierung 178

Reckenberg, Burg, Amt 110, 228
Recklinghausen, Stadt 164
Recklinghausen, Vest 103, 136, 149, 151, 167, 184 f., 190, 217, 225, 228
Rechtsschöpfungen 138
Rees 157
Reform des Reiches 123
Regionalismus 269
Regulativ 250, 256
Rehme 40, 46, 194
Reichsarmee 196
Reichsdefensionalordnung 186
Reichsdeputationshauptschluß 215 ff., 218 f.
Reichsexekution 157, 181
Reichsexekutionsordnung 150
Reichsheer 149
Reichskreise 150 f.
- Bayrischer Kreis 174
- Fränkischer Kreis 185
- Kurkölnischer (Kurrheinischer) Kreis 151, 157, 185
- Niederrheinisch-westfälischer Kreis 139, 150, 155, 166, 169 f., 173 f., 184 f., 194, 206, 214, 269
- - Kreisdirektor, -direktorium 150 f., 161, 172
- - Kreishauptmann 151
- - Kreisoberst 150, 155, 172
- - Kreisordnung 251, 256
- - Kreisgeneral 186
- - Kreisstände 172
- - Redintegration 170, 172, 174
- - Truppen 183
- Niedersächsischer Kreis 161, 163
- Oberrheinischer Kreis 151
- Schwäbischer Kreis 185
- Westfälischer Kreis 151, 157
Reichsmatrikel 149
Reichsrat 264, 280
Reichsstädte 149, 215
Reichstruppen (1848) 246
Reineberg, Amt 193
Religionsvergleich (1666/72) 177
Rempel, R. 245, 247 f.
Republik 246
Reunionen 180
Reval 139
Revolution, 48er 243 f.
Rheda, Hft., EHn. von 77, 85, 110, 121, 123, 137, 209, 219, 224 f., 228
- Widukind, Vogt von 79, 109
- Burg 121
Rheda, Ort 108
Rheina-Wolbeck, Fstm. 217, 219, 224, 228
Rheinbund (1658–1668) 172
Rheinbund (1806) 219 ff., 224 f., 233, 235
Rheinbundakte 224
Rheine, Stadt, Amt 162, 165, 217, 266
Rheinischer Städtebund 123
Rheinland 221, 227, 240, 248, 256, 277, 279
Rheinprovinz 228
Rhein- und Wildgrafen 217
Rietberg, Gft. 121, 123, 136, 195, 209, 220, 225, 228
- Grafen 77, 121, 153 :
- - Johann 122, 151
- Burg 110
Rietberger Kreis 245

Riga 139
Rigdag 61, 67
Rinteln 97
– Universität 234
Ritterschaft 241
Roden, Grafen von 77, 115
Roßbach 196, 198, 202
Rüdenberg, EHn. von 104, 106, 125
– Burg 74
Ruhr 238, 241
Ruhr-Aufstand 266
Ruhrbergbau 260
Ruhrgebiet 277
Ruhrkessel 270
Ruhrschiffahrt 194
Rumpfparlament 246
Rußland 190, 222
Russisch-schwedisch 218

S

Sachsen, Name, Begriff 38, 269
Sachsen, Hzgt. 78
Sachsen, Kgr. 227, 248
Sachsen, Kftm. 194
– Kurfürst:
– – Moritz 154
Sachsenhagen 115
Sack, J. A. 238
Saint Germain en Laye, Friede von 180
Säkuralisation 215, 269
Salm, Grafen von 217, 225
Salm-Grumbach, Grafen von 217, 224
Salm-Horstmar 228
Salm-Kyrburg, Gft., Fstm. 217, 219, 228
Salm-Ottenstein, EHn. von 122
Salm-Salm, Grafen von, Fstm. 217, 219, 228
Salza, Friede von 50
Salzgewinnung 194
Salzkotten 84, 87, 164
Sauerland 167
Sayn, Grafen von 109, 126
Schalksburg (Haus zum Berge) 67, 115
Scharnhorst 209, 215
Schauenburg, H. 248
Schaumburg, Gft. 136, 149, 169, 186, 189, 234, 268
– Grafen 66, 121, 128, 137, 153:
– – Adolf 79 f.
– – Otto V. (VII.) 234
– Forstbann, Hagen 115
– Burg 115
Schaumburg-Lippe, Gft., Fstm., Freistaat, Kreis 219, 225, 227 f., 234, 236, 262
– Grafen pp.:
– – Wilhelm 196 f., 201, 203, 209, 234
– – Adolf, Prinz zu 236
Scheidemann, Ph., 266
Schell-Pyrmont 82, 86
Schieder 46
Schiedsmann 221
Schildesche 64, 109
Schlageter, A. L., 267
Schlesien 195, 203
Schlesische Kriege 194
Schleswig-Holstein, Provinz 256
Schloen, EHn. von 77
Schlottheim, Baron von 223
Schmalkalden, Stadt 220
Schmalkaldischer Krieg, Bund 153 f.
Schmuggel 239
Schnellfeuergeschütz 171
Schön, Th. H. 238
Schönbrunn, Vertrag von 219, 224
Schöneberg, EHn. von 77, 126
Schorlemer-Alst, B. von 254, 261
Schücking, Levin (1844) 238
Schulpflicht 208
Schulwesen 241
Schwaben, Friedrich von, Hzg. 75
Schwagsdorf 109
Schwalenberg, Gft., Grafen von 61, 66 f., 74 f., 79, 84, 104, 107, 109, 122, 128, 137
– Graf:
– – Widukind 79 f., 99, 120
Schweden 165 f., 169 ff., 180
– Könige:
– – Gustav Adolf 163
– – Christine 178
Schwelm 84
Schwerin, Grafen von 128, 154
Schwerte 126
Schwurgerichte 221
See, EH. vom 77
Selbstverwaltung 192, 206, 208 f., 211, 239, 250, 256 f., 268, 277 f.

299

Selve 263
Senden 156
Seritza, Schlacht an der 138
Severing, K. 265 f.
Siebenjähriger Krieg 189, 193 ff., 205
Siegen, Gft. 228
Sievern 38
Sigiburg 44
Sintfeld 50
Slaven 58, 66, 79
Smolino, Schlacht am See 138
Sögel 132
Soldatenverkäufe 194
Söldner, böhmisch-thüringische 134
Solms, Grafen von 126, 154
Solms-Braunfeld, Grafen von 154
Soltauer Heide, Schlacht auf der 156
Sommer, J. F. 241
Sophie Charlotte, Kftin. von Brandenburg 185
Soest 60 f., 77, 104, 123 f., 133, 137, 149, 153, 164, 166, 198 f.
– Soester Börde 104
– Soester Fehde 124, 126, 134
– Soester Stadtrecht 138
– Schultheiß von 85
– Patroklus-Kloster 60
Sozialdemokrat 245, 259
Sozialdemokratische Arbeiterpartei 249, 260 f.
Sozialisierung 265
Sozialismus 244
Sozialistengesetz 260
Spaen, General 180
Spanien 157, 162, 166, 221
Spanischer Erbfolgekrieg 175, 185, 188, 191
Sparrenberg, Burg, Amt 110, 150, 162 f., 179
Spartakusbund 265
Spenge, EHn. von 77, 110, 126
Speyer 186
Spiegel., Frhr. von 198
Spiegelberg-Lippe, Grafen von 122
Spinner 243 f.
Sprockhövel 152
Staatsrat, preußischer 264
Stablo-Malmédie 155
Städte 123
Städtebünde 139

Städteordnung, Steinsche 239
Stadthagen 97, 115
Stadtlohn 162, 164
Stände 174, 177, 241, 257
Stechschritt 204
Stecke-Dortmund, Grafen von 77, 104
Stedingen 116, 125
Stein, H. F. K., Frhr. vom und zum 208 ff., 214, 217, 222, 238 ff., 263, 268
Steinfurt, Hft., EHn. von 77, 106, 121 ff., 166, 209, 224 f., 228
Steinkohlenbergbau 194
Stellinga 58
Stemmern 201
Sternberg, Burg, Gft. 122, 137
Steuerbewilligungsrecht 171, 174, 178, 211, 235
Steuerverweigerung 246
St. Gotthard-Kloster 173
Stinnes 263
Stioringiwald 115
Stolberg 220
Straßburg 181
Straßenbau 241
Stromberg, Burg, Burggrafen von 106, 110, 126
Stumpenhausen, Grafen von 66, 116
Süddeutschland 248
Süntel, Schlacht am 46 f.
Syllabus 253

T

Tacitus Germania 224
Telleyrand 217
Tankmar 60
Tecklenburg, Gft. 106, 153, 188, 225, 262, 268
– Grafen 66, 79 ff., 98 f., 109, 112, 116, 121, 123, 125 ff., 136 f., 153:
– – Klaus 132
– – Adelheid 133
– Burg 82
– Legge 254
Tecklenburg, Ort 179
Tecklenburg-Bentheim, Grafen von 121
Tecklenburg-Lingen 226
Tecklenburg, Obergrafschaft 154

Telgte 106
Temme, J. D. H. 247 f.
Tenge, F. L. 122
Territorialisierung 102
Teutoburger Wald 199, 270
Theophanu 61
Thronfolge, polnische 190 f.
Thuin 227
Thüringen 219
Thyssen 263
Tilly 163
Tilsit, Friede von 219, 224
Timpkenfest in Enger 59
Tölcke, W. 249
Torgau 198
Treffurt, Amt 220
Trendelburg 126
Truchsessische Wirren 155
Turenne 180
Türkenkriege 173, 184

U

Überwasser 106
Uchte, Amt 156
Uculvi 48
Ulenburg 109
Ulm 215
Ungarn 59
Union der klevisch-märkisch-ravensbergischen Stände 177
Union der vorderen Reichskreise 183
Utrecht, Bst. 106
– Bischof:
– – Otto zur Lippe 85

V

Varenholte, EHn. von, Burg 108, 137
Varlar 75, 136
Vechta, Burg, Hft., Amt 106, 109, 216, 225
Vechta-Vlotho, Graf von 109
Velen, A. von 164 ff., 183
Velhagen, A. 263
Vellinghausen 204
Venlo 151
Verden, Bst. 47, 150, 170
– Bischof:
– – Franz Wilhelm von Wartenberg 163

Vereinigter Landtag 242
Verfassung, oktroyierte 247
Verl 180
Vernunftehe 252
Viebahn 263
Vierstädte 123
Vilsen, Burg 84
Vincke, G. 242, 247 f., 261
Vincke, L., Frhr., 208, 211, 217, 226, 238 ff., 242
Vlotho, EHn. von, Burg, Hft., Amt 77, 82, 87, 109 f., 116, 125, 163, 242
Vlotho-Valdorf, Schlacht bei 165
Vogtbefreiung 98
Volkening, Pastor 246
Volkmarsen 104
Volksfreund, Der 245
Volksverein Paderborn 246
Volmarstein, EHn. von, Hft., Burg 77, 103, 125
Voltaire 224
Vörden, Burg 113
Vore (Gevore), EHn. von 77
Vore-Bilstein, EHn. von 125
Vorläufiger Provinzialausschuß 279
Vormärz 243 f.
Vorpommern 169
Voerst, Frhr. von 126
Vossem, Friede von 180
Vreden, Stadt 165

W

Wahlrecht, neues 264
Walbert 69
Waldeck, Gft., Grafen von 86, 104, 107, 122, 136, 140, 151, 189, 210, 214, 219, 225, 227, 233, 235, 247, 262
– Grafen:
– – Georg Friedrich, Reichsfeldmarschall 183 f.
– – Phillipp, Statthalter 156
Waldeck, L. B. 242, 248
Waldeck-Pyrmont 228, 235
Waldenburg, Burg 82, 104, 126
Waldhausen 263
Warburg 149, 204, 243
Warendorf 162, 166
Warmenau 108
Waterloo 202, 222, 227
Watter, Frhr. von 266

Weber 244
Weber, F. W. 248
Weimarer Republik 263 ff.
Welfen 78 f., 81, 83, 86 f., 108, 115, 118, 126 ff., 137, 153, 156, 169 f., 176, 184 f., 210, 253, 269
Welfenpartei 234
Welfesholz 74 f.
Weltkrieg, Erster, Zweiter 262, 270, 277
Wend, Frhr. von 137
Wendenkreuzzug 79
Werden, Abtei, Terrt. 57, 103, 120, 181, 216 f., 219, 224 f., 228
Werl, Grafen von 61, 66, 68, 73, 77, 103, 128
– Graf:
– – Bernhard II. 67
Werl, Stadt 164 f., 243
Werner Lippebrücke 123
Werth, EHn. von, Hft. 77, 106, 127, 209
Wesel 191, 195 f., 198, 224 f.
Weser 86, 156
Weserdampfboot 245
Westerkappeln 109
Westfalen, Name, Begriff 51, 269
Westfalen-Gau 68
– Westfalen-Süd, -Nord 268
Westfalen, gemein, gesamt 139, 157, 171, 214, 235
Westfalen, Herzogtum (Arnsberg) 88, 149 f., 155, 184 f., 208, 217, 220, 225, 228
Westfalen, Königreich 219 f., 225, 239
– Verfassung 221
Westfalen, Provinz 227 f., 233 f., 263f, 268, 270
– Oberpräsidenten 264, 268, 277:
– – Vincke, L., Frhr. 238
– – Schaper, E. von 242
– – Flottwell, E. H. von 242, 252
– – Duesberg, F. von 252 f.
– – Kühlwetter, F. von 253 f.
– – Hagemeister, R. von 254
– – Studt, K. 259, 261
– – Recke, E. von der 262
– – Ratibor und Corvey, Prinz K. von 262
– – Würmeling, B. 265
– – Gronowski, J. 267
– – Lüninck, F. von 267, 270

– – Meyer, A. 267
– – Amelunxen, R. 277
Westfalen, Der Raum 118, 139, 171, 174, 225, 233
Westfalen, Staatsgedanke der 140, 214, 270 f.
Westfalen und Engern, Hzgt. 79 ff., 93, 102, 106, 118, 132
Westfalen-Lippe 270
Westfalenbewußtsein 268 f.
Westfalentum 262
Westfälinger 151
Westfälische Dampfboot, Das 245
Westfälischer Bauernkönig 242
Westfälischer Friede 169 f., 234
Westfälischer Heimatbund 270
Westhofen 46, 104, 126
Westminster, Konvention von 195
Westphalen, Ph., 197, 200
Westphälische Armee 221
Westsüntel 115
Wetter, Ruhr 103, 210
Wettin 118, 141, 158
Wettringen, EHn. von, Hft. 77, 106, 121, 125
Wewelsburg 59, 107
Wibald von Stablo 79
Wichart, Liborius 111, 158 f.
Widerstand, passiver 267
Widerstandsbewegung 267
Widukind, Hzg. 37, 45 ff., 52, 233
– Steinplastik 62
Widukind von Rheda 120 f.
Wiedenbrück 61, 110
Wien 233
Wiener Kongreß 114, 216, 227 f., 233 ff., 262, 268 f., 277
Wietersheim 223
Wildeshausen 48, 61, 126, 170, 186, 217, 225
Wilhelmstein 209
Windhorst, L. 254
Winzenburg, Hermann von 79
Wittelsbach 81, 118, 136, 155 ff., 163, 169 f., 175 f., 185, 187 ff., 205
Wittgenstein, Gft. 228
Wittlage, Burg 112
Wolbeck, Amt, Burg 125, 217
Wolfenbüttel, Philipp Magnus von 154
Wölpe, EHn. von, Grafen, Hft. 77, 115, 127

Worad, Pfalzgraf 46
Wormser Konkordat 73, 76
Worringen, Schlacht bei 132
Wrangel, General 166
Wrisberg, Ch. von 153
Wülferichskamp 85
Wulfhild, Billungerin 78
Wunsdorf-Roden, Grafen von 126
Würzburg 80

X

Xantener Abkommen 163, 170

Z

Zensur 240 ff.
Zentralverein der konstitutionellen Vereine 249
Zentrum, Partei 249, 253, 261, 267
Zeven, Konvention von Kloster 196
Zigarrenarbeiterverband 260
Zivilstandsregister 221
Zollschranken 259
Zollverein, preußischer 239
Zuhorn, K. 277 f.
Zülpich, Schlacht bei 86
Zünfte, Zunftkämpfe 137, 221
Zutphen, Gottschalk von 68
Zwangsimpfung 221
Zwischen Rhein und Weser 86, 118

II. Sachen

A

abtfrei 94
Adel 78
Allmende 96
allodial 95
Amtsgrafschaft 93

B

Banngewalt 93
Bede 98
Begebung 96
Besitz (possessio) 95 f.
bischofsfrei 94
Brinksitzer 239
Burg 94
Burgmann 95

C

Confoederatio cum principibus ecclesiasticis 102
curtis (Königshof) 46

E

Eigenherrschaft 77, 93
Eigentum (proprietas) 95 f.
Einzelallod 77
Erbexen 97

F

Forstbann 66, 97, 106, 129
frei 94
Freigericht 94
Freigraf 94
Freigrafschaft 94
Freilassung 42
Freistuhl 94
Frieling 42

G

Geblütsrecht 99
Gefolgschaft 76
Geleit 59, 102
gemeinfrei 42
Glockenschlag 55

Gogericht 94, 130, 221
Graf 55, 94
grafenfrei 94
Grafschaft 45, 55, 78, 93, 130
Grundherr 95
Grundherrschaft 42, 95, 209
Grundhold 96

H

Hagen (indago) 97, 129 f.
Häger 97, 108 f.
Haupthof 96
Heerschaft 41, 51
Heerschildordnung 76
Herrenburg 95
Herrschaft 93
Herzogtum 59, 78
Hintersasse 95
Hochstift (Fürstbistum) 57, 99 f., 106
Hölting 96
Holzgericht 96
Holzgrafschaft 96
hörig 95
Hufe 97

I

Immunität 63, 94, 98

K

Kartographie, territorialgeschichtliche 130
Kleinherrschaft, allodiale 77
Königszinser 94
Kötter 239

L

Land 93
Landeshoheit 99 f.
Late 42
Lehnsstaat 99
Lehnswesen 76, 103
leibeigen, -hörig 95 f., 99
Leibherr 95 f.
Leihezwang 103
Lite 42

M

Mark 96
Markenhoheit 96
Markenordnung 96
Markkötter 97, 239
Meyer 96
meyerstättische Freiheit 210
miles perpetuus 179
Miliz 55, 156, 164, 196, 207
minderfrei 94
Ministerial 78, 95, 129 f., 137
missi (Königsboten) 46
Munt, -schaft 95

O

Offenhaus 82

P

Patrimonialgericht 178, 211
Pauperismus 243
petersfrei 94

R

Regalien 97 f.
Ritter 78
Rodungsrecht 97
Römermonat 149

S

Sattelmeyer 49 f.
Schulte 96
schutzfrei 94

Simplum 173
Stadtgründung 97
Stände, sächsische 42
Ständestaat 208
Statutum in favorem principum 102
Sterbfall 129
Steuer 98
stuhlfrei 94

T

Territorialgeschichte 130
Territorium 102

U

Untertan 93

V

Verdedigung 96
Villikation, Villicus 95, 120
Vogtei 63, 98, 120 f., 130
Volksburg 95
Volksversammlung 42, 46

W

wachszinsigkeit 96
Wergeld 42
Wohnturmburg 77

Z

Zehnt 46
zugeordnet, dem Reiche 149
Zuschlag 97

III. Autoren, Quellen, Literatur

A

Abel, W. 243
Abel, S. 52
Acta pacis Westphalicae 176
Adam von Bremen 68
Adel und Bauer 101
Adelinus, J. Ph. 167
Aders, G. 90
Akten des Dreißigjährigen
  Krieges 167
Albert von Stade 88
Altmann, R. 167
Angermann, G. 62, 70, 145
Angreß, F. W. 272
Annalen: Lorsch, St. Amand, Metz,
  Gorze (Petaviani) 52
Annales Hildesheimenses 89
Annales Paterbrunnenses 88
Annalista Saxo 89
Arning, E. 266
Arnold von Lübeck 89
Arnold, K. 188
Aspern, F. A. von 117
Aubin, H. 30, 30, 143

B

Bach, E. 282
Ballke, W. 283
Bartels, G. 52
Bartels, P. 143
Barthold, F. W. 105
Bartholomäus Anglicus 127
Bauermann, J. 31, 31, 31, 52, 70,
  90, 283
Baumeister, L. 282
Beda Venerabilis 41
Behr, H. J. 26
Bei der Wieden, H. 117
Bentheim-Tecklemburg-Rheda, M.,
  Graf zu 89
Berentelg, H. 160
Bergenthal, J. 19, 261
Berger, G. 144
Bernhardi, W. 89
Bessen, G. J. 111
Beugnot, J. C., Graf 223, 226, 229
Beumann, H. 51, 69
Bevergern, A. 142

Bierbaum, W. 272
Bläute, H. 272
Blotevogel, H. 117
Bockshammer, U. 111, 130
Bodelschwingh, E. von 272
Böger, R. 112
Böke, H. 107
Böker, H. 101
Böll, H. 271
Bollnow, H. 70
Bömer, S. 24
Bosl, K. 98
Brand, A. 107
Brandi, K. 43, 52, 212
Branig, H. 26
Braubach, M. 188, 190, 191, 194,
  194, 195, 212, 218
Brebaum, H. 100
Brentano, Bettina 245
Breßlau, H. 69, 69, 88
Bruch, R. vom 144
Brühl, H. J. 212
Brünauer, U. 212
Brunhölzel, F. 69
Bruno (Buch vom Sachsenkriege)
  71, 81
Bühler, O. 30, 264
Bussche, G. von dem 114
Büttner, H. 70

C

Capelle, R. 100
Capelli, A. 33
Carsten, F. L. 182
Carsten, R. H. 43
Caesar von Heisterbach 89
Casser, P. 145, 160, 268, 269
Chronica praesulum . . . Coloniensis
  ecclesiae 141
Chronica regia Coloniensis 88
Chronik eines Augenzeugen,
  Münsterische 142
Chronik der Bischöfe von
  Münster 142
Chroniken der Städte Dortmund,
  Soest, Soest und Duisburg 25
Cohausz, A. 69
Cohausz, O. 101
Conze, W. 243

Corfey, L. F. von 176
Cornelius, C. A. 159, 160
Cramer, C. 111
Cramer, W. 160
Culemann, E. A. F. 111, 116

D

Däbritz, W. 263
Dalme, H. 160, 273
Daniels, E. 202
Dannenbauer, H. 49, 52
Darpe, F. 28, 59, 107, 218
Degering, H. 24
Dehio, G. 31
Dehio, L. 177
Detmar 114
Deus, W. H. 142
Dickmann, F. 176
Diekmann, K. 142
Dietrich, J, 70
Dietrich von Niem 184
Doelmer, R. 160
Dösseler, E. 26
Drake, H. 271, 282
Drögereit, R. 38, 41
Du Cange, Ch. 33

E

Edel, L. 24
Emminghaus, Th. G. G. 141, 144
Engel, G. 24, 25, 52, 90, 101, 112, 128, 144, 145, 159, 193
Engelsheym, D. von 143
Erconrad 69
Erhard, A. H. 160
Erler, G. 117
Ertman, E. 113, 144

F

Fabre, M. A. 223, 229
Fahne, A. 105
Falkmann, A. 25, 112, 160
Féaux de Lacroix, K. 142
Ficker, J. 90
Ficker, L. 253, 254, 255, 271
Flaskamp, F. 70
Flebbe, H. 104
Forst, H. 167
Först, W. 31, 282
Forwick, E. 160

Forwick, F. 70
Franz, G. 34, 183, 183
Freckmann, J. 176
Frensdorff, F. 144
Freytag, H.-J. 70
Frie, B. 117
Friedensburg, F. 33
Friedländer, E. 28
Friedrich II., der Große 194
Frings, Th. 30
Frisch, M. 28, 105
Fürstenberg, F. von 143
Fürstenberg-Heft 212

G

Gall, E. 31
Gallmeister, E. 100
Gaxotte, P. 119
Geiger, J. D. 167
Geisau, H. von 205
Geiso, F. von 168
Geist, B. von der 142
Gertzen, B. 114, 144
Geschichte und Funktion regionaler Selbstverwaltung in Westfalen 283
Geschichtsquellen, westfälische (Münster, Osnabrück, Minden, Lippe) 25
Giefers, W. E. 112
Gladiß, D. von 88
Gobel Person 110, 184
Göbel-Schöllkopf, R. 61, 100
Goecke 223
Gollwitzer, H. 269, 272
Görich, W. 111
Görlitz, W. 272
Göttker-Schnetmann, L. 218
Grauert, H. H. 90
Grautoff, F. H. 114
Gegorius, A. 112
Greiner, H. 271
Greiwing, J. 213
Grimmelshausen, H. J. Ch. 166
Gritzner, E. 33
Gröbel, F. 33
Grotefend, H. 34
Grun, P. A. 33
Grundmann, H. 76, 90
Gründung der Abtei Werden 142
Gruner, J. 218
Güterbock, F. 90

307

H

Haarland, H. 111, 117
Haase, C. 128
Habel, E. 33
Haberecht, K. 156, 188
Haberkorn, E. 34
Haeften, A. von 182
Hallermann, H. 111
Hamelmann, H. 144, 160
Hammerschmidt, W. 272
Handbuch der historischen Stätten 31
Hansen, J. 141
Hansen, W. 24
Hanschmidt, A. 212
Harder-Gersdorf, E. 283
Hartig, J. 29
Hartlieb von Wallthor, A. 228, 241, 272, 282, 282, 283
Hartmann, J. 29, 272
Hartung, F. 177, 240, 249, 263, 273
Hatzig, O. 212
Hauck, K. 38, 43, 70
Haxthausen, W. von 143, 271
Heck, Ph. 43
Heinrich von Herford 83, 116
Heller, F. 117
Hellermann, J. 117
Helmold von Bosau 89, 117
Henkel, W. 112
Hennicke, O. 272
Herberhold, F. 28, 282
Herbermann, C. 282
Hermann von Lerbeck 116, 117
Herzig, A. 272
Heuß, Th. 188
Hillebrand, W. 144
Hirsch, H. 88
Hirsch, S. 69
Hoche, H. G. 218
Hodenberg, W. von 114, 117
Hoederath, H. Th. 90
Hohmann, G. 273
Holsche, A. K. 114
Holtzmann, R. 62
Hömberg, A. K. 30, 31, 41, 67, 68, 76, 78, 81, 90, 90, 100, 108, 112, 128, 142, 145, 268
Hömberg, W. 229
Honselmann, K. 65, 69
Hopf, H. 177
Hoppe, W. 83, 102

Horst, K. A. von der 143
Horthon-Smith, N. 212
Hoster 189
Hoetzsch, O. 182
Hoeynck, A. 160
Hübinger, P. 70
Hüffer, J. H. 271
Hulshof, A. L. 90
Hundt, J. 272
Hunsche, F. E. 160
Huppertz, A. 205
Huret, J. 260
Hüser, K. 272
Hüttebräuker, L. 90

I, J

Jacobs, F. 212
Jacob von Soest 141
Jansen, M. 90
Janssen, W. 24
Jaspers, K. 140
Ilgen, Th. 33, 33, 105
Jordan, K. 70, 88
Jostes, F. 68
Irsigler, F. 70
Isaacson, W. 173, 176
Jung, H. J. 107
Justinus 89

K

Katz, J. 218
Kaufmann, F. 49
Kayser, E. 31
Kehr, P. 88
Keinemann, F. 213, 271, 272
Keller, L. 160
Keller, M. 166
Kerkhörde, J. von 141
Kerssenbrock, H. von 159
Kiewning, H. 112, 271
Kindlinger, N. 100
Kirchhoff, P. 142
Kittel, E. 33, 105, 108, 112, 227, 236
Kleinschmidt, A. 218, 229
Kleinsorgen, G. von 159
Kletke, K. 25
Klocke, F. von 21, 31, 42, 52, 70, 145
Klockner, M. 111
Klohn, O. 100

Klöntrup, J. Ä. 34
Kluppel, C. 159
Knapp, J. F. 105
Knops, A. 229
Knust, H. 167
Koch, M. J. 272
Köchling, A. 282
Kochendörffer, H. 229, 271
Kohl, W. 24, 176
Köhler, W. 282
Kölner Königschronik 88
Körholz, L. 177
Korte, F. 127
Koser, R. 252
Kötzschke, R. 28, 101
Kretschmar, J. 168
Krieg, M. 204
Kriegstagebuch des Oberkommandos der Wehrmacht 271
Krumbholz, R. 105
Krüger, G. 89
Krüger, H. 52, 69
Krüger, S. 61, 100
Kühl, E. 282
Kühlwein, F. K. 272
Kunst und Kultur im Weserraum I, II, III 31, 52

L

Lake, B. von der 141
Lamey, A. 111
Lammers, W. 43
Landsberg-Velen, F. von 107
Lang, H. O. 212
Lange, K. H. 89
Langer, H. 283
Langosch, K. 89
Last, M. 144
Leben Bischof Ottos von Hoya 142
Lebensbilder, Westfälische 31
Leesch, W. 24, 29, 127, 283
Lehmann, M. 177, 182
Leibniz, G. W. 220
Leiers, R. 282
Leidinger, P. 70, 89
Leist, F. 33
Leopold von Nordhof 104
Lilie, D. 144
Lipgens, W. 272
Lindner, Th. 144
Lintzel, M. 43, 52
Lobbedey, U. 48, 52, 109

Löffler, K. 89, 160
Loegel, O. 114
Löher, F. von 160
Lohmeyer, K. 101
Lübben, A. 34
Lübbing, H. 144
Lübenow, H. 90
Lüdicke, R. 143, 144

M

Marré, W. 105
Masen, J. 110
Meier-Wrekk, H. 272
Meiern, J. G. von 167, 176
Meinardus, O. 182
Meininghaus, A. 105
Meinders, H. A. 171, 174, 184
Meister, A. 181, 212, 213
Merian, M. 167
Merker, O. 70
Metzen, J. 143
Meurer, H. 168
Meyer, E. 33
Meyer, K. 182
Meyer-Detring, W. 272
Meyer von Knonau, G. 69, 88
Meyer-Schwickerath, K. 283
Meyer zu Stieghorst, A. 218
Mikoletzki, H. 68
Mitteis, H. 77
Molitor, E. 100
Möller, J. C. 107
Möller, J. F., der Pfarrer von Elsey 226
Moormeyer, W. 114
Mooyer, E. F. 34, 117
Möser, J. 171
Müller, E. 69
Müller, R. 265
Münsterische Chronik 1424 – 1537 142

N

Naunin, H. 265, 282, 282, 282, 283
Nedderhoff, J. 141
Nekrologe des Doms (zu Münster) 142
Neugliederung des Bundesgebietes 282
Neugliederung des Landes Nordrhein-Westfalen 282

309

Neutzer, E. 283
Nicolson, H. 229
Nieberding, C. H. 143
Niederdeutsche
 Bischofschronik 144
Niemann, F. W. 212
Niessen, J. 34
Nithard 51
Nitzsch, K. 112
Nohl, H. 261
Norbert von Iburg 88
Norden, E. 224
Nordsiek, H. 29, 272

O

Opel, J. O. 167
Orasus, H. 167
Ortmann, B. 45
Oertzen, P. von 272
Ostwestfälisch-weserländische
 Forschungen 31
Ottenthal, E. von 68, 88
Otto, E. F. 100
Overmann, A. 144

P

Pape, R. 59, 128
Paschasius (Vita Adalhardi,
 Vita Walae) 69
Penners, Th. 26
Pertz, G. H. 69, 272
Petri, F. 160, 282
Pfeiffer, G. 145
Philippi, D. 101
Philippi, F. 30, 33, 52, 105, 272
Philippson, M. 90, 182
Pieper, P. 30, 282
Piper, F. G. 101
Poeta Saxo 37, 50, 51
Portmann, H. 272
Poth, K. 143
Prange, J. 167
Preuß, O. 25
Prinz, J. 112, 114, 128, 144, 144
Prunelle, Brüder 204
Ptolomäus 37
Pütter, J. S. 158

R

Raum Westfalen, Der 30
Rauter, F. 142
Reichhold, H. 271
Reichsannalen, fränkische 44, 51
Reichsfreiherr vom und zum Stein,
 Der 282
Reimchroniken der Bischöfe
 von Osnabrück 143
Reimchornik, Soester 141
Reismann-Grone, Th. 90
Renard, E. 195
Renouard, A. 204
Richter, W. 127, 218
Richtering, H. 24, 25, 105
Riepenhausen, H. 282
Röchel, M. 160
Rode, B. 160
Roggendorf, H. J. 160
Rondorf, J. 142
Rothert, E. 34
Rothert, H. 22, 62, 74, 79, 106,
 123, 127, 132, 136, 155, 168,
 181, 182, 184, 193, 203, 208
Rosenkranz, G. J. 111
Roßberg, A. 112
Rößler, H. 183, 195
Roßmann, W. 160
Rübel, K. 182
Rückblende, Rheinisch-
 westfälische 31
Rudolf von Fulda 69
Ruhrgebiet und neues Land 282
Rundnagel, E. 52
Ruotger (Vita Brunonis) 68

S

Salge, K. 168
Sandhoff, J. E. 144
Sauerland, H. V. 141
Saxo Grammaticus 65
Schäffer, J. 143
Schafmeister, K. 167
Scharlach, F. 188
Schaten, N. 29, 111
Scheffer-Boichhorst, P. 88, 90
Schetter, R. 24
Schiller, K. 34
Schindeler, W. 205

Schlemmer, R. 116
Schlesinger, W. 100
Schlipstein, Th. 159
Schlözer, A. L. von 193
Schmidt, F. 107
Schmidt, G. 117
Schmidt, H. 229
Schmitz-Eckert, HG. 212
Schmitz-Kallenberg, L. 25, 143
Schnake, E. F. 272
Schnath, G. 30, 34, 111
Schneider, F. 168
Schönbach, A. E. 127
Schone, M. 213
Schoppmeyer, H. 128
Schotte, H. 100, 101
Schöttke, G. 177
Schramm, P. E. 271
Schröder, A. 218
Schröder, Edv. 42, 43
Schroeder, W. 117
Schücking, L. 100
Schücking, L. 229
Schulte, A. 272
Schulte, E. 218, 272
Schulte, H. 31
Schulte, H. K. 70
Schulte, W. 31, 240, 243, 243, 244, 245, 248, 260, 265, 271, 272
Schumacher, E. 213
Schumacher, H. A. 117
Schüren, G. van der 105
Schwarz, H. 105
Schwefe, J. von 141
Schwertfeger, B. 204
Schwidetzki, J. 30
Schwing, R. 90
Scriverius, D. 117
Scupin, O. 212
Seibertz, J. S. 25, 90, 104, 105
Selbstverwaltung einer Landschaft 282
Sello, G. 117, 130, 144
Severing, C. 271
Sichart, K. 143
Sickel, Th. 68
Siegesfeier von Varlar 142
Simson, B. 52
Six, F. A. 176
Skerhut, O. 100
Soll, K. 143, 250, 250, 257, 273, 277, 278
Sopp, K. 114

Soester Schrae, Die alte 144
Spancken, W. 112, 143
Spannagel, K. 105, 160, 181, 182
Spethmann, H. 272
Spießen, M. von 33
Spielcker, B. C. von 111
Stangefol, H. 29
Steffens, W. 272
Stegmann, R. 168
Steinbach, F. 38
Steindorff, E. 88
Stein, H. F. K., Frhr. vom und zum 228
Steinen, J. D. von 24, 29
Stengel, E. E. 111
Stentrup, F. 143
Stevermann, H. 176
Stoffers, A. 205
Stolte, B. 26
Stolte, H. 212
Stoob, H. 31, 34, 73, 89, 128
Storch, K. L. 179
Stöwer, H. 29
Strecker, A. 182
Stricker, F. 272
Strothotte, H. 218
Strunck, M. 111
Sturm, H. 33
Stüve, C. 114
Stüwer, W. 112
Sudeck, K. 90

T

Tackenberg, K. 43
Tenckhoff, F. 69
Teppe, K. 283
Territorien-Ploetz 105
Teschenmacher, W. 159
Theatrum Europäum 167
Theuerkauf, G. 143
Thiekötter, H. 24
Tigges, J. 105
Tobien, W. 105
Translatio Sancti Liborii 69
Translatio Sancti Viti 69
Trende, A. 272
Tribbe von Schlon, H. 116, 116
Truchseß von Waldburg, G. 159
Tumbült, G. 33
Tümpel, H. 112
Turck 105

U

Uhlirz, K. und M. 69
Ulrich, Th. 34

V

Varenhold-Auland, U. 105
Varnhagen, J. A. 111
Verdenhalven, F. 29
Verhandlungen des
    Provinziallandtages 271
Verwaltungsraum Westfalen,
    150 Jahre 282
Vincke, L., Frhr. 239
Vita Godofridi Cappenbergensis 88
Vita Idae 69
Vita Lebuini 43
Vita Mathildis Reginae 68
Vita Meinwerci 69
Vitae Sancti Ludgeri 69
Vogeler, E. 105
Voigt von Elspe, C. Ch. 176
Voltaire, F. M. A. 220
Vries, J. de 43

W

Wahl, F. 204
Wahl Ottos von Tecklenburg,
    Die 142
Waitz, G. 68
Wallach, J. F. 34
Walter, H. 30
Walter von der Vogelweide 84
Walther, J. L. 167
Weber, Ch. L. 142
Weber, W. 111
Webster, C. K. 229

Weerth, O. 205
Wegmann, D. 272
Wegmann, G. 273
Weigel, H. 101
Welz, M. 145
Werneburg, R. 100
Weskamp, A. 167
Westfälische Friedensvertrag, Der
    176
Westfälische Zustände 271
Westhoff, D. 141
Westphalen, Ch. H. P. 204
Westphalen, F. O. W. H. Von
    197, 202
Wevelinghovesche Chronik 142
Whiting, Ch. 272
Wibald von Stablo 88
Widukind von Corvey 41, 51
Wigand, K. 69
Wigand (Vita Waldgeri) 52
Winkelmann, W. 69
Winterfeld, L. von 127, 128,
    142, 145
Wippermann, K. W. 117
Wisplinghof, E. 90
Witte, B. 29
Wittich, W. 101
Wolf, A. 109
Wörterbuch, Mittellateinisches 34
Wrede, G. 90
Wülfrath, K. 24

Z

Zoest, H. 107
Zuhorn, K. 272, 282, 282
Zwischen Ruhrkampf und
    Wiederaufbau 283
Zylmann, P. 43